«Imagination is more important than knowledge, generally.
For knowledge is limited to all we now know and understand,
while imagination embraces the entire world, and all there
ever will be to know and understand».

Albert Einstein

a Bibi

Outsider Art

Contemporaneo Presente

The Contemporary Present

COLLEZIONE FABIO E LEO CEI

Casale Monferrato
Teatro Municipale | Castello del Monferrato

A cura di Giorgio Bedoni

Jaca Book

Comitato scientifico
Francesco Barale
Professore Ordinario di Psichiatria
Università di Pavia

Giorgio Bedoni
Psichiatra e Psicoterapeuta
Docente all'Accademia di Brera

Elisa Fazzi
Professore Ordinario di Neuropsichiatria Infantile
Università di Brescia

Nicola Mazzeo
Sociologo, gallerista, specialista di Outsider Art

Vera Minazzi
Editore

Fausto Petrella
Professore di Psichiatria
Università di Pavia

Fabio Pierotti Cei
Collezionista

Pierluigi Politi
Professore Ordinario di Psichiatria
Università di Pavia

Francesco Porzio
Storico dell'Arte Moderna
Docente all'Accademia di Brera

Claudio Saracco
Commercialista
Non Profit Advisor

Consulenza artistica
Francesco Masnata
Critico, Storico dell'Arte Contemporanea

Trascrizioni musicali
Pierluigi Politi
Hanna Shybayeva

Video
Slobodan D. Pešić
Paolo Rivoldi
Eden Rock Production

Crediti fotografici
Archivio Jaca Book / Enrico Pozzato
Archivio La Bertesca, Genova
© Atelier bild.Balance
Bruno Bani
© Biophoto Archive
Il Canneto Editore, Genova
© Claudio Costa, by SIAE 2015: *210, 211*
© Aurelio Amendola / Fondazione Palazzo
Albizzini – Collezione Burri, Città di Castello
©, by SIAE 2015: *66*
© Privatstiftung-Künstler aus Gugging, Austria: *65*
© The Israel Museum, Gerusalemme / Carole and
Ronald Lauder, New York / Bridgeman Images: *40*
© Mondadori Portfolio/Walter Mori: *48*
© Museum Gugging, Austria
Roberto Orlandi
© Raw Vision Magazine
© Roger-Viollet/Archivi Alinari: *45*
Foto Archivio fotografico del Polo Museale
del Veneto – Su concessione del Ministero dei beni
e delle attività culturali e del turismo: *14*

L'editore si dichiara disponibile ad assolvere
eventuali diritti relativi a immagini di cui non sia
stato possibile rintracciare gli aventi diritto.

Libro-catalogo a cura di
Giorgio Bedoni

Testi
Francesco Barale, Giorgio Bedoni
Gabriella Bottini, Elisa Fazzi
Johann Feilacher, Nina Katschnig
Nina Krstić, Nicola Mazzeo
Vera Minazzi, Simona Olivieri, Fausto Petrella
Pierluigi Politi, Francesco Porzio

Traduzioni
Contextus srl, Pavia (Vittoria Farallo)
Elisabeth Donnelan
Martin Esposito
Patti Garvin
Elisabetta Gnecchi Ruscone
Terry Pepiatt
Catherine Wrenn

Editing
Jaca Book / Break Point

Fotolito
Bruno Bani, Graphic & Digital Project srl

Impaginazione
Sara Salvi

Grafica e copertina
Flavio Guberti, Break Point

Stampa e confezione
Ingraf srl, Milano
novembre 2015

ISBN 978-88-16-41325-2

Ringraziamenti
Heidi e Ferdinand Altnöder, Salisburgo
Ellade Bandini
Alessandro Berto
Andrea Boccardi
Bolzani Cornici e Stampe, Milano
Charlie Cabaltera
Rosa Maria Cappa
Cristina Cremonesi
Sarah Di Benedetto e Luca Lo Coco, Osservatorio Outsider Art, Palermo
Fondazione Collegio Universitario Santa Caterina da Siena, Pavia
Maria Höger e Gerti Hacker, Galerie Gugging, Vienna
Antonia Jacchia, Galleria Maroncelli 12, Milano
Petar Jovanović, Museum of Naïve and Marginal Art
Milica e Vojislava Lopičić
Alessio Menesini, M&M Cornici, Genova
Daria Moldovan
Mon.d.o, Casale Monferrato
Caterina Nizzoli, Galleria Rizomi Art Brut, Torino
Riccardo Oliaro
Claudio Perelli
Aleksandra Prlinčević Milović, Atelje Otklon, Belgrado
Luciana Rastelli
Raw Vision Magazine, UK
Cornelia Renoldner, Atelier bild.Balance, Vienna
Gabriella Ripamonti
Manuela Valle
François Vertadier, Galerie Polysémie, Marsiglia

L'Orchestra Invisibile di Cascina Rossago nell'Oltrepo Pavese, per il concerto inaugurale.

La famiglia Hasbani per l'affettuosa disponibilità e collaborazione.

Eva di Stefano, presidente dell'Osservatorio Outsider Art dell'Università di Palermo per l'attività didattica e di ricerca.

IBL SpA e I-PAN SpA per il contributo all'allestimento della mostra.

Un sentito ringraziamento a Bianca, Martina e Gabriele Mazzotta per il sostegno e l'incoraggiamento.

Mostra e libro-catalogo sono stati ideati e prodotti in collaborazione con l'Assessorato Cultura e Turismo del Comune di Casale Monferrato e la casa editrice Jaca Book di Milano.

Il libro-catalogo è stato realizzato in occasione della mostra *Outsider Art. Contemporaneo Presente The Contemporary Present*
Castello del Monferrato, Casale Monferrato
(28 novembre 2015 – 4 aprile 2016)

In collaborazione con

Città di
Casale Monferrato

Con il patrocinio di

Regione Piemonte

Provincia di Alessandria

Con il contributo di

Banca Patrimoni
Sella & C.

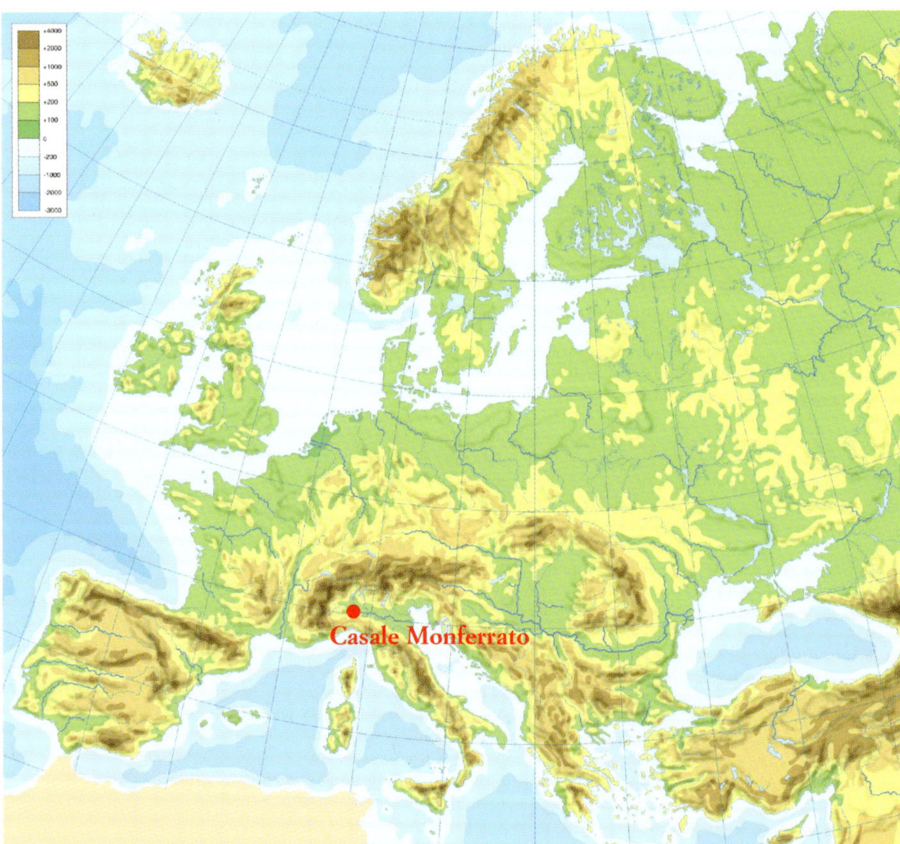
+4000
+2000
+1000
+500
+200
+100
0
-200
-1000
-2000
-3000
Casale Monferrato

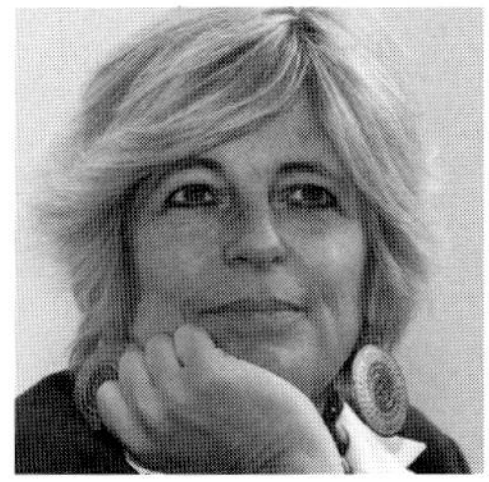

Antonella Parigi

Piemonte: dinamismo culturale
Piedmont: cultural dynamism

L'offerta artistica del Piemonte è andata in questi anni crescendo e affermandosi attraverso sempre più numerose occasioni di fruizione di qualità, proposte nelle città principali come nei centri più piccoli, che rappresentano una delle espressioni tangibili del dinamismo regionale in campo culturale, il frutto di quel composito panorama di realtà che animano ormai stabilmente il nostro territorio.
Un contesto in cui Casale Monferrato ha saputo ritagliarsi uno spazio significativo, portando, al di fuori dei più tradizionali circuiti dell'arte, preziosi spazi di confronto e approfondimento con dimensioni espressive talvolta inusuali, come in questo caso. Outsider Art rappresenta infatti una proposta che ci avvicina a una spontaneità creativa assoluta, al gesto libero e irrazionale al di fuori delle norme estetiche convenzionali proprie dell'*art brut*.
Un'esposizione stimolante, che apre la mente, da guardare con gli occhi e con il cuore, liberandosi da ogni preconcetto, da ogni sovrastruttura e condizionamento culturale.

The artistic patrimony offered by Piedmont has grown extensively over the last few years, asserting itself more and more frequently in numerous opportunities for the enjoyment of quality, proposed not only by the principal cities but also by smaller towns, representing one of the tangible expressions of our Region's dynamism in the cultural field, the fruits of that complex scenario of realities which currently and soundly animate our territory.
In this context Casale Monferrato has succeeded in carving out a significant role for itself, creating, outside the more traditional art venues, precious spaces for confrontation and in-depth study with sometimes, as in this case, unusual expressive dimensions. Indeed, Outsider Art represents a proposal drawing us closer to an absolute, creative spontaneity, to the free and irrational gesture beyond the conventional aesthetic norms proper to *art brut*.
A stimulating exhibition, opening up the mind, to be looked at with both eyes and heart, liberated from every preconception, from every culturally conditioning superstructure.

ANTONELLA PARIGI è Assessore alla Cultura e al Turismo della Regione Piemonte

ANTONELLA PARIGI is Councillor for Culture and Tourism of the Piedmont Region

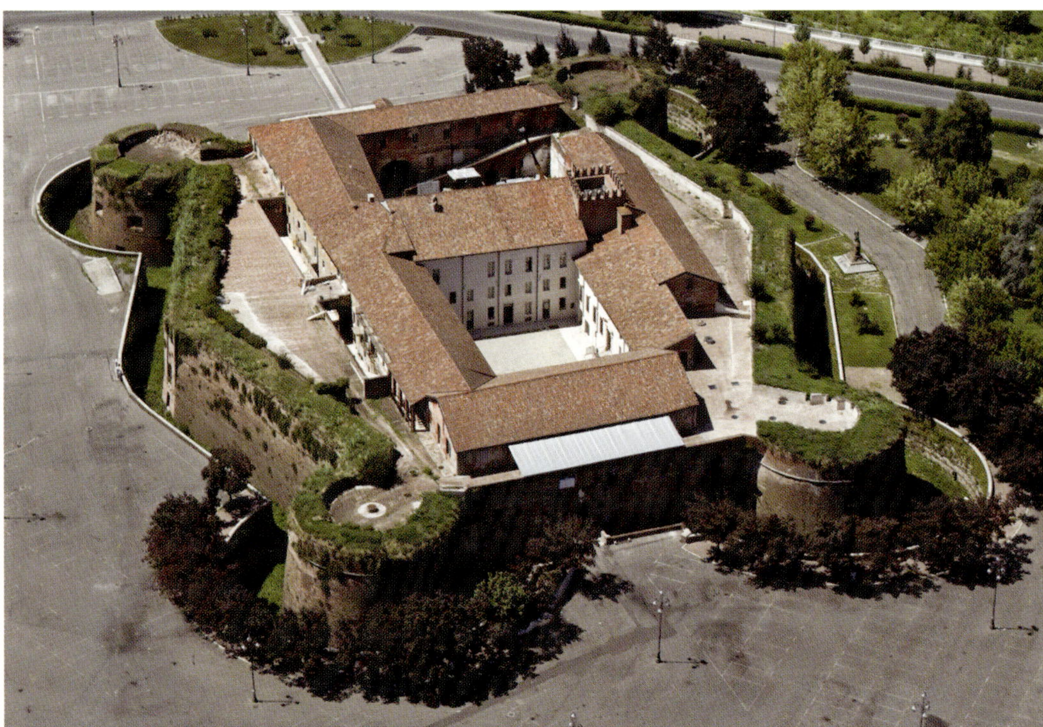

Castello del Monferrato / The Castle of Monferrato, Casale Monferrato

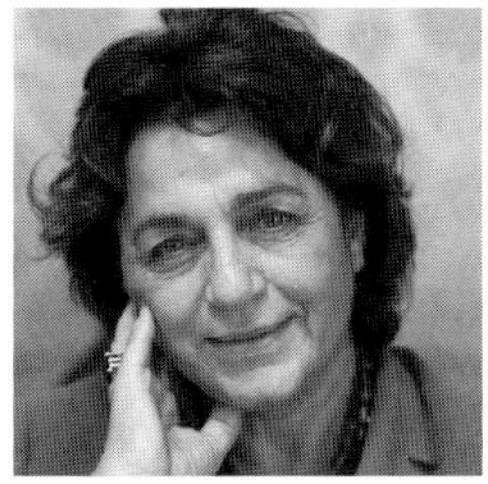

Titti Palazzetti

Un nuovo traguardo di consapevolezza
A new milestone of awareness

Il 2015 è stato l'anno dell'Esposizione Universale a Milano e occasione per riflettere sul patrimonio storico, culturale e sociale dell'Italia.
Anche la città di Casale Monferrato ha contribuito fattivamente al dibattito sullo stato dell'arte, sulle politiche di sviluppo, sul futuro del nostro paese e dei nostri territori.
A distanza di circa un anno dal 22 giugno 2014, quando siamo entrati nella lista del Patrimonio dell'Umanità Unesco per il sito Langhe-Roero e Monferrato, la città ha riscoperto come suo centro vitale il Castello del Monferrato.
In primavera abbiamo riaperto al pubblico molti spazi di questo splendido monumento – la cui prima edificazione risale al 1357 – restituendolo alla città nella sua funzione di cuore cittadino, di porta del Monferrato. Abbiamo organizzato un servizio di accoglienza adeguato a un pubblico internazionale, allestito tre grandi mostre accessibili per sei mesi, ospitato esposizioni temporanee, progetti itineranti, convegni, concerti e spettacoli teatrali; confrontandoci anche con la difficoltà di riorganizzare la pianificazione integrata di uno spazio ancora interessato da complessi restauri.
È stato, tutto ciò, il primo passo dell'importante lavoro di riposizionamento del Castello del Monferrato nel panorama cittadino e

2015 has been the year of the Universal Exposition in Milan and an occasion for in-depth reflexion on Italy's historic, cultural and social heritage.
Also the town of Casale Monferrato has actively contributed to the debate on the state of the art scenario, on the relevant development policies and on the future of our territory.
After about one year, from June 22, 2014 on, when our Langhe-Roero and Monferrato sites were listed in the Unesco World Heritage, our town has once again discovered its centre of vitality in the Castello del Monferrato.
In spring we reopened to the general public many parts of this splendid monument – first built in 1357 – restoring it to the populace in its role as heart of the of the town, of portal to Monferrato. We organized a welcoming service worthy of an international audience, setting up three large exhibitions accessible for six months; we hosted temporary exhibitions, itinerant projects, conventions, concerts and theatre shows; we also had to face up to the complications arising from the reorganization of integrated planning of an area still subject to complex restoration works.
All the above constituted the first step towards the crucial task of giving back to the Castello del Monferrato its rightful place in the munici-

nazionale e ci consente oggi di ospitare una mostra importantissima, elemento fondamentale del dibattito sulla produzione artistica e il sistema contemporaneo internazionale, segnando un nuovo traguardo di consapevolezza del ruolo della città e del territorio nel panorama del patrimonio culturale europeo, materiale e immateriale.
La mostra *Outsider Art. Contemporaneo Presente* è un passo avanti nella strada di sviluppo della città come centro di interesse internazionale per l'arte e per la qualità del territorio e inoltre di crescite individuali e collettive.
La visione di continuità fra la ricca e secolare storia che il Castello rappresenta e la vitalità intellettuale e innovativa che la *Collezione Fabio e Leo Cei* incarna sono una concreta reale immagine di sintesi anche del nostro «contemporaneo presente».

TITTI PALAZZETTI è Sindaco di Casale Monferrato

pal and national panorama and now allows us to host an extremely important exhibition, a fundamental feature in the debate on artistic production and the contemporary, international system, highlighting a new milestone of awareness regarding the roles played by the town and the territory in the European cultural heritage scenario, both tangible and intangible.
The Exhibition *Outsider Art. The Contemporary Present* is a step forward along the path to the development of the town as a centre of international interest for the art world, for the quality of the territory and, moreover, for individual and collective growth.
The vision of continuity between the rich and centuries-old history represented by the Castello and the intellectual and innovative vitality embodied by the *Fabio and Leo Cei Collection* are a concrete and very real image of such synthesis, also as regards our own «current contemporary».

TITTI PALAZZETTI is Mayor of Casale Monferrato

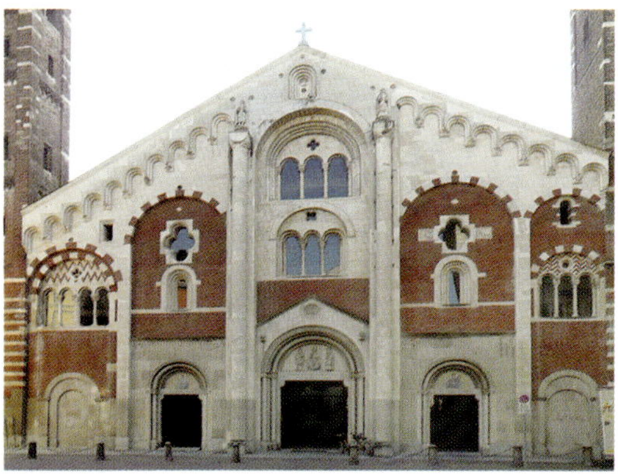

La Cattedrale di S. Evasio (XII secolo)
St. Evasio's Cathedral (12th Century)

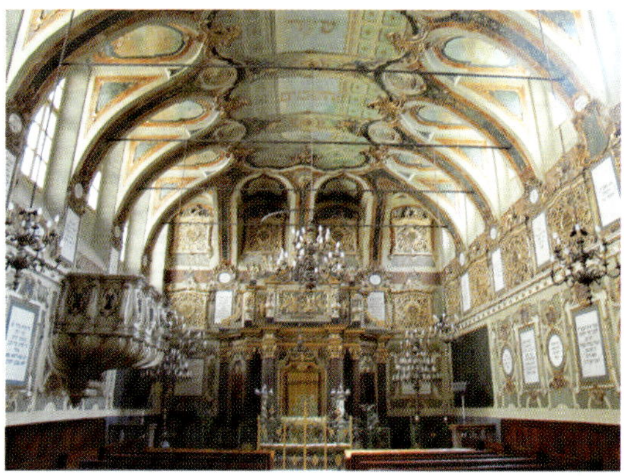

La sinagoga (XVI secolo)
The Sinagogue (16th Century)

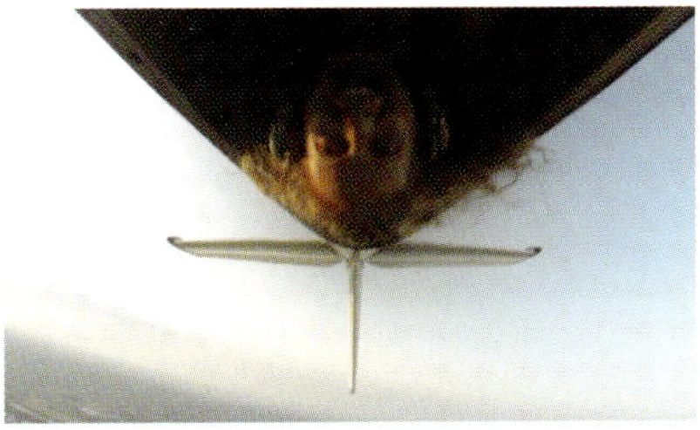

Daria Carmi

Il contemporaneo presente, che desideriamo
The contemporary present, we desire

L'arte è per l'autore luogo di autodeterminazione, di libertà del sé. Per il fruitore è luogo di osservazione, di contemplazione, di dibattito, di ricerca, anche di conflitto. Attorno all'arte viviamo emozioni intime e solleviamo discorsi pubblici politici e culturali, uniamo comunità, sviluppiamo pratiche e teorie sociali.
Arte è ciò che un sistema complesso di soggetti che abitano il mondo definisce arte. Fra questi ci sono gli artisti, gli storici, i critici, i collezionisti, le gallerie, le fondazioni, i musei e molti altri attori che concorrono a determinare il valore artistico, socio-culturale e quindi anche politico, di un'opera. La storia dell'arte beneficia della distanza temporale, di un punto di vista che riesce a mettere a fuoco gli elementi salienti dell'evoluzione umana, i dati storici sui gusti e costumi che hanno scandito il procedere socio-culturale.
Diversa è la lettura, analisi e storicizzazione del contemporaneo. Soprattutto in un'epoca, la nostra, in cui i processi di musealizzazione sono completamente cambiati rispetto a pochi decenni fa, dove un'idea si diffonde nel sistema virtuale senza alcuna aderenza spazio-temporale, dove la velocità di ascesa alla popolarità è pari alla velocità di dimenticanza, e dove il successo non coincide con la ricchezza

For the author, art is a place for self-determination, for the freedom of self. For the user, it is a place for observation, contemplation, debate, research and also for conflict. Close to the world of art we live intimate emotions, raise public, political and cultural discourses, we unite communities, develop social theories and practices.
Art is that which whatever a complex system of persons who live in this world call art. These persons include artists, historians, critics, collectors, galleries, foundations, museums and many other actors who come together to determine the artistic, social-cultural and, therefore, also political, value of an artwork. The history of art benefits from temporal distance, from a viewpoint which manages to focus on the salient features of human evolution, the historical data concerning the tastes and customs which have marked our social-cultural progress.
The reading, analysis and logging of the contemporary is different. Particularly in an era, our era, where the processes of museification have changed entirely compared to a few decades ago; where an idea spreads throughout the virtual system with no respect whatever for space or time; where the speed of a rise to popularity equals that of forgetfulness and where success does not coincide with the

di valori. Nella contemporaneità talvolta non riusciamo a distinguere l'artista dal personaggio, talvolta lo riduciamo a stereotipo, talvolta lo ignoriamo.
Facendo l'esercizio mentale di eliminare dal sistema dell'arte contemporanea il populismo, le mode, l'ironia forzata, le provocazioni e i finti scandali molte etichette cadono, molte diversificazioni si rivelano anacronistiche, molte ideologie sterili.
L'arte non è un fenomeno descrittivo e l'opera trae origine dal rapporto fra la percezione del mondo e l'inconscio, sempre. Anche se si manifesta attraverso una coscienza personale (da qui la possibilità del rapporto autore-opera-spettatore) ciascun uomo trae l'elemento umano di sé da questa base, senza rendersene conto, in modo elementare e immediato.
Per l'artista la produzione è un'immersione, più o meno cosciente, in sé stesso. Superato ciò che è individuale e contingente, l'artista affonda nel vivo germe della «umana totalità».
È ovvio, infatti, ciò che a prima vista può sembrare paradossale: cioè che quanto più ci immergiamo in noi stessi, tanto più siamo vicini al germe della nostra totalità, tanto più siamo vicini al germe della totalità di tutti gli uomini. Per poter assumere lo spirito della propria epoca occorre raggiungere la propria mitologia individuale, la propria base archetipica là dove coincide con la mitologia universale.
La difficoltà sta nel liberarsi dai fatti estranei, dai gesti inutili. Fatti e gesti che inquinano l'arte consueta dei nostri giorni, che a volte vengono evidenziati al punto da diventare insegne di modi artistici.
La fruizione dell'opera è un processo di autoanalisi più o meno consapevole: la nostra reazione si genera a partire da «immagini prime» degli autori e degli osservatori, poiché sono le variazioni storicamente determinate dei mitologeni primordiali (mitologia individuale e mitologia universale si identificano). Variazioni, poiché gli archetipi, questi elementi incrollabili dell'inconscio, cambiano forma con-

wealth of values. In the contemporary scenario sometimes we cannot distinguish the artist from the character, sometimes reduced to a stereotype, sometimes ignored.
By exercising the mind to eliminate the populism, fashions, forced irony, provocations and fake scandals from the system governing contemporary art, many labels fall, many diversifications appear anachronistic and many ideologies sterile.
Art is not a descriptive phenomenon and an artwork is born from the relationship between the perception of the world and the unconscious, always. Even if it manifests itself through a personal awareness (from which stems the possibility of the author-artwork-spectator link) each man or woman draws from him/herself the human element, primarily and immediately, without realizing it.
For the artist the production is, in itself, an immersion, more or less conscious. Having overcome whatever is individual and contingent, the artist plunges into the live seed of «human totality». Indeed, what is obvious is that which at first sight may seem to be a paradox; meaning that the more we sink into ourselves, the more we are close to the kernel of the totality of all humankind. To be able to take on the spirit of our era we all must reach our own, personal mythology, the individual, archetypical basis, right there, where it coincides with the mythology that is universal.
The difficulty lies in breaking free from extraneous facts, from useless gestures. Facts and gestures which pollute the customary art of our time, sometimes so highlighted that they become banners of artistic modes.
The enjoyment of the work of art is a process of more or less conscious self analysis: our reaction is generated starting from «the first images» of the authors and the spectators, because they are the variations historically determined by the primordial mythologems (individual mythology and universal mythology become identified). Variations because the archetypes, these indestructible element of the

tinuamente: in ogni istante essi non sono più gli stessi che erano prima. Per questo l'arte è in continua mutazione e in continua ricerca, perché noi singoli esseri umani siamo parte di un tutto, lo è la nostra psiche, lo è il nostro panorama onirico.

L'immagine vive, non vale per ciò che ricorda, spiega o esprime e neppure come allegoria di un processo fisico, essa vale solo in quanto «è». Tutto questo è valido per ogni forma d'arte e per ogni opera, materiale o immateriale che sia.

A partire da queste riflessioni, aprire oggi a Casale Monferrato la mostra *Outsider Art. Contemporaneo Presente* esprime due possibilità fondamentali.

La prima investe l'Art Brut in termini assoluti e riguarda il posizionamento di questa corrente artistica nel panorama globale. Molto spesso inquadriamo il valore delle opere di Art Brut a partire dall'appartenenza o meno dell'autore alla categoria del disagio psichico. Studiando la storia dell'arte, la filosofia, l'antropologia visiva, la psicologia dell'arte, la sociologia, applicando quindi i molteplici strumenti di percezione e interpretazione che la contemporaneità ci offre per leggere, anche in maniera retroattiva, la storia dell'uomo, è possibile ipotizzare che la distinzione fra poesia e follia sia stata forzata dalla necessità di creare categorie strumentali, che funzionano molto meglio nella teoria che nella pratica.

Nel 1573 Paolo Veronese produsse il capolavoro *Ultima Cena*. L'inquisizione decise che il quadro era offensivo nei confronti della Chiesa cattolica e lo chiamò per interrogarlo. L'inquisitore gli chiese quale era il suo mestiere e l'artista rispose: «Io dipingo et fazzo delle figure». Poi gli domandò il perché di quelle figure: «Perché aveva dipinto un tale cui esce il sangue dal naso? Perché quelli armati alla Todesca vestiti con una lambarda per uno in mano?». Paolo Veronese rispose allora: «Noi pittori ci pigliamo la licenza che si pigliano i poeti e i matti». Il titolo divenne *Cena a casa di Levi*, il valore del quadro fu spostato da «politico» a

unconscious, continuously change form: at every moment they are no longer the same as before. For this reason, art is subject to ongoing change and ongoing research, because each of us, each single human being is part of a whole, as is our psyche, as is our dreamscape.

The image lives, not as an application of what it recalls, explains or expresses nor as an allegory of a physical process, it is true for what it «is». All of this is valid for each and every art form and for each and every artwork, whether material or immaterial.

On the basis of these reflexions, today's opening at Casale Monferrato of the exhibition *Outsider Art. The Contemporary Present* expresses two fundamental possibilities.

The first involves Art Brut in absolute terms and concerns the placing of this artistic movement in the global panorama. Very often we classify the value of Art Brut works basing it on the artist's belonging, or not, to the category of the mentally distressed. By studying the history of art, philosophy, visual anthropology, sociology, by applying, therefore, the many instruments for perception and interpretation with which the contemporary world enables us to read, also retro-actively, the history of mankind, we can hypothesize that the distinction between poetry and madness may have been imposed by the need to create instrumental classifications, which function much better in theory than in practice.

In 1573 Paolo Veronese produced his masterpiece *Last Supper*. The Inquisition decided that the painting was offensive to the Catholic Church and summoned him for interrogation. The inquisitor asked him what his profession was and the artist replied: «I paint and make figures». Then he was asked: «Why had he painted a figure with blood spurting from his nose? Why those armed men German-style, each carrying a lamp in his hand?». Paolo Veronese then answered: «We painters take the licence assumed by poets and madmen». The title changed in *Feast in the house of Levi*, the value of the painting was shifted from «politi-

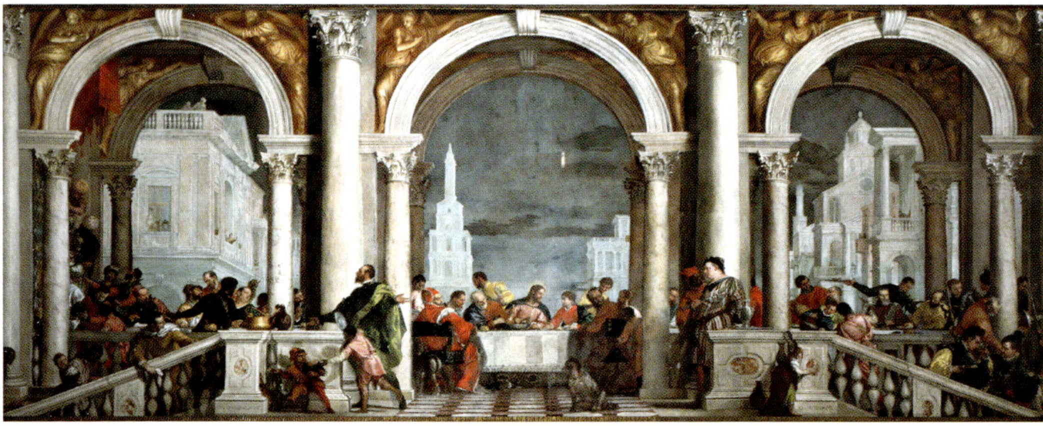

Paolo Caliari detto il Veronese, *Cena a casa Levi* (*Feast in the house of Leví*), 1573

«poetico», questo gli salvò la vita e modificò il piano del giudizio, rimettendo ai posteri la responsabilità di distinguere il poeta dal folle.
Qualcosa di analogo è forse contingente alla nascita dell'Art Brut. Quando, nel 1945, Jean Dubuffet comincia a usare e diffondere con intenzione consapevole il termine Art Brut per identificare una corrente artistica specifica, è il mondo intero a essere confuso, a essere «malato», ferito, nel suo essere materiale e immateriale. L'Europa è sventrata nella sua anima, lacerata anche fisicamente, è perduta e ha una necessità atavica di rinascere fondandosi su nuovi valori. Gli artisti si fanno testimoni di questo spirito del tempo e traducono nella pratica artistica i dolori e le speranze, elaborano i grandi temi e li investigano nella pratica artistica. Anche quegli artisti che professavano il cambiamento, il rinnovamento, la purificazione, devono fare i conti con i risultati di una guerra in cui hanno perso tutti.
Avviene uno spostamento generale dalla bandiera della rivoluzione politica a quella dell'innovazione formale. Nel 1947 la mostra di Jean Dubuffet *Foyer de l'Art Brut* alla galleria Drouin di Parigi fa scandalo suscitando reazioni anche violente, simili a quelle provocate da Picasso al *Salon de la Libération* nel 1944. Mentre il grande pubblico cerca un'arte che redime, che sublima, che alleggerisce e dere-

cal» to «poetic», this saved his life and modified the judgment plan, leaving to posterity the responsibility of distinguishing the poet from the madman.
Something similar is perhaps contingent to the birth of Art Brut. In 1945, when Jean Dubuffet began to use and, with conscious intent, disseminate the term Art Brut to identify a specific artistic movement, it is the entire world that becomes confused, «sick», wounded, in its tangible and intangible being. Europe is gutted of its soul, lacerated also physically – it is lost and has an atavistic need for rebirth based on new values. The artists become witnesses to this spirit of the time and translate into artistic practice the sorrows and hopes, they elaborate the great issues and investigate them in practicing their art. Also those artists who professed change, renewal, purification are forced to face up to the results of a war where all contenders were losers.
A general shifting takes place from the flag of political devolution to that of formal innovation. In 1947 Jean Dubuffet's exhibition *Foyer de l'Art* at the Drouin gallery in Paris created a scandal, provoking even violent reactions, similar to those caused by Picasso at the *Salon de la Libération* in 1944. While the general public is seeking an art which redeems, sublimes, simplifies and removes responsibility for

sponsabilizza dall'atroce violenza del passato recente, gli artisti sono in cerca di un nuovo inizio, di una nuova cultura. È allora che Dubuffet entra in contatto con la produzione artistica all'interno di strutture sanitarie: in primis fu la pubblicazione *L'attività plastica dei malati di mente* di Hans Prinzhorn, poi furono i dottori, gli ospedali, i centri psichiatrici.
Fu questa produzione artistica del tutto lontana dall'accademismo che venne in soccorso al genio creativo. Qui Dubuffet riconobbe l'urgenza autentica dell'espressione estetica, la purezza del gesto formale, l'aderenza originale, archetipica, fra la forma e il significato. Percepì la forza del panorama onirico, che diventa segno senza alcuna morale e senza giudizio, come esternalizzazione dell'anima nella sua cruda interezza, il senso comune e profondo della «umana totalità». L'Art Brut diventa per Dubuffet la risposta artistica e politica al disagio sociale collettivo, alla «asfissiante cultura».
Nel «contemporaneo presente» abbiamo la possibilità di uscire dagli schemi che il bisogno di sicurezza, il conforto che deriva dalle categorie strumentali, il pensiero polare, ci hanno indotto a costruire. Di fronte a questa collezione possiamo e dobbiamo superare l'idea che l'Art Brut sia parte di un sistema chiuso, autoreferenziale, e proiettare questa corrente nel sistema dell'arte *tout court*, studiarne le peculiarità in relazione alla produzione artistica in generale, applicare nella lettura delle opere quegli stessi criteri di valutazione che adottiamo davanti a qualsiasi opera d'arte.
La seconda possibilità riguarda invece l'ulteriore valorizzazione di Casale Monferrato in quanto città d'arte cardine della Regione Piemonte. Ospitare infatti questa prestigiosissima collezione nelle sale del Castello del Monferrato significa compiere un ulteriore passo in avanti verso il mondo dell'arte internazionale e condividere con la città un percorso mirato alla nascita di un nuovo polo culturale che potenzierebbe la rete di soggetti del territorio che si occupano di arte.

the atrocious violence of the recent past, the artists are looking for a new beginning, a new culture. It is then that Dubuffet comes into contact with the art produced within various health structures: first of all came the publication *The plastic activity of the mentally ill* by Hans Prinzhorn, then came the doctors, the hospitals, the psychiatric centres.
It was this artistic production, totally estranged from academicism, which came to the support of creative genius. Here Dubuffet recognized the authentic urgency of the aesthetic expression, the purity of the formal gesture, the original adherence, archetypical, between form and significance. He perceived the force of the dreamscape, which becomes a sign, with no moral and no judgement, as the out-sourcing of the soul in its raw entirety, the common and profound sense of «human totality». Art Brut became for Dubuffet the artistic and political answer to the collective social distress, to the «asphyxiating culture».
In the «contemporary present» we have the chance to escape from the moulds which the need for security, the comfort deriving from instrumental categories, the polar thought, have induced us to construct. Faced with this collection we can and must overcome the idea that Art Brut is part of a closed, self-referential system and must project this movement into the art system *tout court*. We must study its peculiarities in relation to the production of art in general, applying in our interpretation of such works those same evaluation guidelines we adopt when viewing any artwork whatever.
The second possibility, on the other hand, concerns the further value-improving development of Casale Monferrato as an Art Town, pivotal to the Piedmont Region. Indeed, hosting this prestigious collection in the halls of the Castello del Monferrato means taking a further step forward towards the world of International art and sharing with the town a pathway aimed at the birth of a new cultural centre which would strengthen the network

La posizione strategica della città, la presenza del secondo museo civico per importanza della Regione Piemonte, la valorizzazione della Rete *Momu* Monferrato Musei, i bellissimi monumenti, il Duomo, la Sinagoga e i palazzi storici, l'iscrizione del Monferrato nella lista dei siti UNESCO, il proliferare di progetti eccellenti a carattere sia pubblico che privato, sono elementi che fanno del nostro territorio uno dei soggetti più interessanti del panorama culturale.
In quest'ottica il progetto di Fabio Cei, anche in omaggio agli antichi legami familiari con il Monferrato, di recupero delle antiche ex carceri cittadine, acquistate dallo stato, rappresenta l'apertura verso il contemporaneo presente e il desiderio di arricchire la città con un nuovo centro di produzione e di ricerca artistica di livello europeo, capace di accogliere le istanze del mondo internazionale contemporaneo e metterle in relazione con l'identità locale.
È questo un nuovo e importante traguardo per la rinascita cittadina che mette al centro il valore sociale dell'arte e le sue ricadute nel quotidiano di ognuno. Se saremo capaci di mantenere come centro del nostro evolvere i valori universali e la qualità della vita, il cammino che abbiamo davanti sarà una sfida impegnativa ma che ci traghetterà nel futuro che desideriamo.

DARIA CARMI è Assessore alla Cultura e al Turismo
Casale Monferrato

of other territorial entities dealing with art.
The town's strategic location, the existence of the second most important civic museum in the Piedmont Region, the up-grading of the network *Momu* Monferrato Musei, the beautiful monuments, the Cathedral, the Sinagogue and the historic buildings, the insertion of Monferrato among the UNESCO sites, the proliferation of excellent projects, both public and private, are all features which make our territory one of the most interesting subjects in the cultural scenario.
In this context, the project conceived by Fabio Cei, also as a tribute to the ancient ties linking his family to Monferrato, concerning the recovery of the historical municipal prisons, acquired by the State, represents an opening towards the current contemporary and the desire to enhance the town with a new, European level center for artistic production and research, able to welcome the requests of the contemporary, international art world and to link them to our local identity.
This is the new and important objective – the rebirth of our town –, focusing on the social value of art and its influence on the daily life of all of us. If we are able to maintain as the centre of our evolution, universal values and the quality of life, the path we have in front of us will be a challenging task but one which will carry us towards the future we desire

DARIA CARMI is Councillor for Culture and Tourism, Casale Monferrato

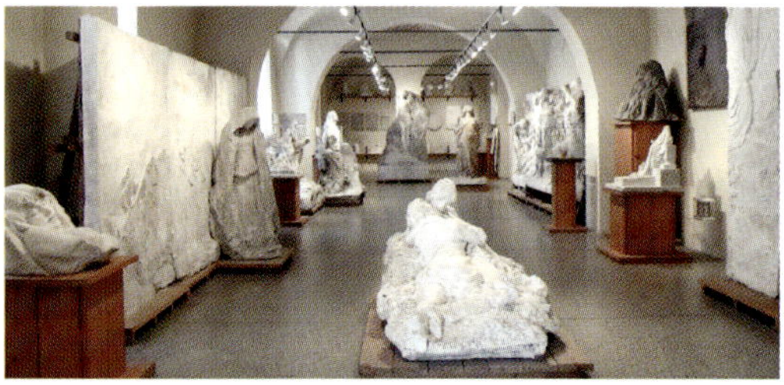

La Gipsoteca Bistolfi / Bistolfi's Plaster Cast gallery

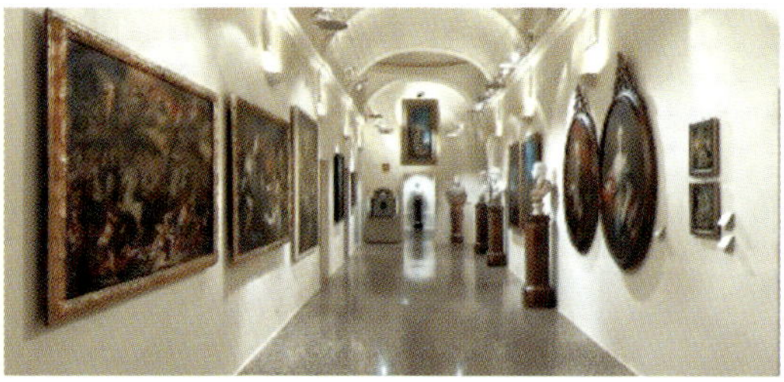

Il Museo Civico / The Civic Museum

Sommario
Contents

VERA MINAZZI

L'Umana Avventura
The Human Adventure

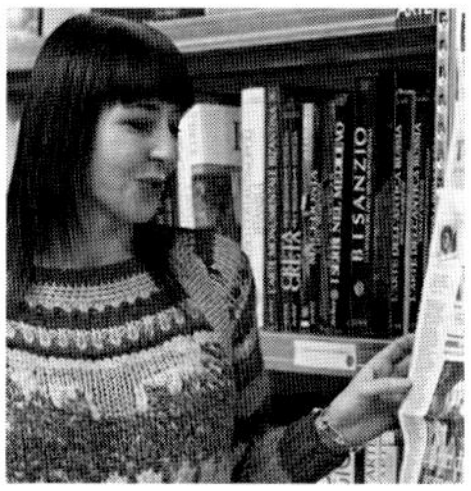

«Il viaggio che ci è dato è interamente
immaginario. Ecco la sua forza...
Basta chiudere gli occhi.
È dall'altra parte della vita.»
(Céline, *Viaggio al termine della notte*)

«Our journey is entirely imaginary, which
is its strength...
You just have to close your eyes.
It's on the other side of life.»
(Céline, *Journey to the End of Night*)

Jaca Book ha accolto senza esitazioni la proposta di pubblicare un libro sull'outsider art, ricco di immagini e testi, che trae spunto dall'esposizione della straordinaria *Collezione Fabio e Leo Cei* per mettere a fuoco le riflessioni attuali sul tema, oltre l'occasione del catalogo. Ciò non solo per la bellezza di molte opere rappresentate, ma anche perché questo libro si inscrive appieno nella tradizione della casa editrice che da sempre guarda agli ambiti di cui si occupa con un particolare interesse antropologico. Verso la metà degli anni '80 Jaca Book pubblica la rivista internazionale *L'Umana Avventura*, una sorta di atelier dove confluiscono riflessioni di antropologia, storia delle culture e delle religioni, antropologia del sacro, paleoantropologia, letterature e arte nel mondo, filosofia, rock art. Escono contributi e anteprime di autori e ambiti, spesso inediti in Italia o ancora poco diffusi. Voci in apparenza distanti, talvolta a contrasto, come quelle di Yves Coppens, Mircea Eliade, Julien Ries, Paul Ricoeur, e poi Derrida, Lévinas, Simone Weil, Jean Vanier, Wole Soyinka, il Vasilij Grossman di *Vita e destino* edito nel 1984, e molti altri. Nei decenni Jaca continua a pubblicare sempre sospinta da un'ostinata e sorpresa attenzione (solo in apparenza un ossimoro) per quell'*umana avventura*, scaturigine del pensiero, dell'arte, della musica. Per dirla con Eliade «Le immagini, i simboli, i miti, appartengono alla sostanza della vita spirituale, è possibile mascherarli, mutilarli,

Jaca Book has accepted without hesitation the proposal to publish a book about the outsider art, rich in images and texts, inspired by the exhibition of the extraordinary *Fabio and Leo Cei Collection,* that focuses on the current thoughts on this theme, besides the occasion of the catalog. This not only for the beauty of many works represented here, but also because this book belongs fully to the Publisher's tradition which is characterized by a particular anthropological interest. Towards the mid-1980s Jaca Book published *The Human Adventure,* an international review. It was a sort of forge for the publishing company, a place where considerations in the field of anthropology, history of cultures and religions, anthropology of the sacred, palaeoanthropology, literature and arts in the world, philosophy and rock art could flow together. It published articles, extracts, interviews, previews by authors and circles that were often unprecedented in Italy or still hardly widespread. Voices that were apparently distant from one another, at times in contrast, like those belonging to Yves Coppens, Mircea Eliade, Julien Ries, Paul Ricoeur, and then Derrida, Lévinas, Simone Weil, Teilhard de Chardin, Jean Vanier, Wole Soyinka, Vasilij Grossman who published *Life and Fate* in 1984 and many others. Jaca continued to publish over the decades, always urged on by its persistent and surprised attention (nearly an oxymoron?) for that *human adventure* (that also inspired the title of the review) at the origin of thought, art and

degradarli, ma non li si estirperà mai [...]; essi rispondono a una necessità e adempiono una funzione importante: mettere a nudo le modalità più segrete dell'essere. Ne consegue che il loro studio ci permette di conoscere meglio l'uomo, l'"uomo *tout court*", quello che non è sceso ancora a patti con le condizioni della storia». Eliade può sembrarci ora, a tratti, anche ingenuamente ottimista, persino semplificatorio, «l'uomo che non è sceso ancora a patti con le condizioni della storia»; ma, di fronte alle immagini di questo libro lo avvertiamo acutamente vicino: sono immagini che bucano il tempo, fuori di esso. Fred Licht, anni fa, scrisse che, contrariamente alle opere delle avanguardie artistiche «ufficiali» della storia dell'arte del '900, non c'è modo di situarle, nemmeno per opposizione, in un contesto stilistico o un'evoluzione, né di collegarle fra di loro, e neppure alle paure, alle speranze, agli eventi della loro epoca. Esse spiazzano le normali categorie interpretative, del critico, dello storico dell'arte, dello psichiatra o dello psicoanalista; hanno un impatto immediato, esteticamente perturbante, che cortocircuita la nostra tradizione figurativa. Sembrano abitare una storia diversa, o meglio, abitano una pre-storia. Ma proprio per questo paiono avere una capacità penetrante di interpellarci su alcuni elementi fondanti della vita mentale, su vicende di desiderio, perdita e ritrovamento che ci accomunano. C'è qualcosa di fondamentale riguardante l'umano che questi dipinti, questi disegni, fatti spesso per non comunicare, ci comunicano. Nati da una crisi profonda delle identità personali, ci interrogano sulle sorgenti delle nostre stesse identità e sui radicali dell'umano.
È dunque con tale sguardo antropologico, con tale «stupita meraviglia», lontani dai condizionamenti del politically correct, che pubblichiamo questo libro, che si colloca a un crocevia che sentiamo familiare e nel contempo irriducibile, come l'*umana avventura*.

music. To put it as Eliade would: «The symbol, the myth and the image are of the very substance of the spiritual life, they may become disguised, mutilated or degraded, but never extirpated [...]; they respond to a need and fulfil a function: that of bringing to light the most hidden modalities of being. Consequently, the study of them enables us to reach a better understanding of man – of man "as he is", before he has come to terms with the conditions of History». Although Eliade at times may seem to be «naively» optimistic and even simplistic (are we perhaps not eccentric for a «better understanding of man»?), in this context we feel him poignantly close: we stand before images that pierce through time, that stand outside of time itself. Fred Licht wrote, years ago, that there is no way of locating them (not even by opposition) within a stylistic context or an evolution, nor can they be connected with one another; neither with the fears, hopes and events of their era. They have an immediate impact, an aesthetically perturbing one, which short-circuits our tradition of figurative arts. They dwell in a different history, or better yet, they inhabit a pre-history. But it is exactly for this reason that they seem to have a particular skill in employing a direct manner when questioning us about some fundamental elements of mental life, about events involving desire, loss and recovery that we have in common. These paintings and these drawings communicate something fundamental to us about man, although they were often not created with the intention of communicating. They were born from a profound crisis in personal identity, questioning us about the sources of our own identities and about the roots of humanity. It is with this anthropological gaze, this «surprised wonder», which are distant from politically-correct constraints, that we publish this book. One marking the occasion of an exhibition, one that stands at a crossroads we are familiar with yet as indomitable, as the *human adventure*.

Vera Minazzi è editore di Jaca Book insieme con Sante Bagnoli che fondò la casa editrice nel 1965

Vera Minazzi is publisher of Jaca Book along with Sante Bagnoli the founder of the publishing company in 1965

Dalla tradizione alla libertà
From tradition to freedom

Genesi di una collezione | Genesis of a collection

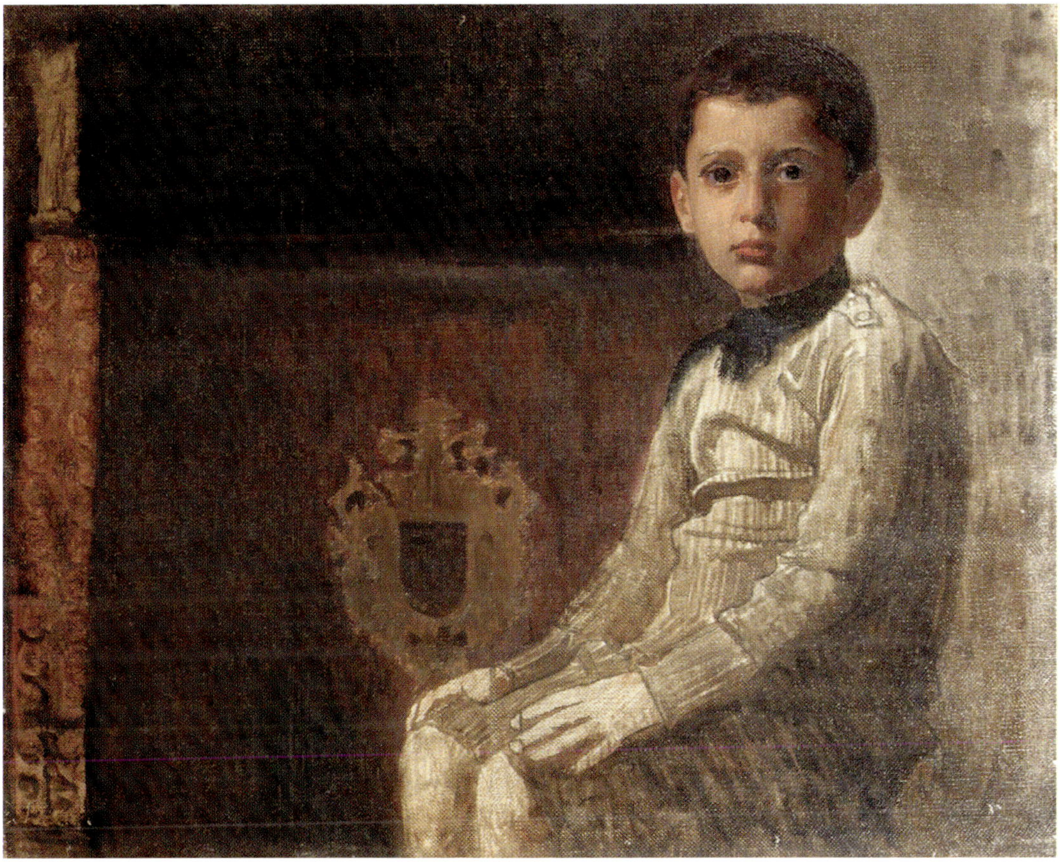

Cipriano Cei, *Giorgetto*, 1915

Cresciuto in un ambiente familiare caratterizzato dall'immanenza di forti personalità artistiche, pittoriche e musicali, Fabio Cei ha avvertito molto presto un forte bisogno di rompere con quella atmosfera figurativa fine Ottocento-primo Novecento senza tuttavia rinunciare ad alcuni valori positivi formali, etici ed eroici di

Grown up in a family characterised by the tangible influence of strong, artistic, pictorial and musical personalities, Fabio Cei felt, very early on, a powerful need to break away from such end of 19th-start of 20th century figurative atmosphere, without, however, repudiating some of the positive, formal, ethical and he-

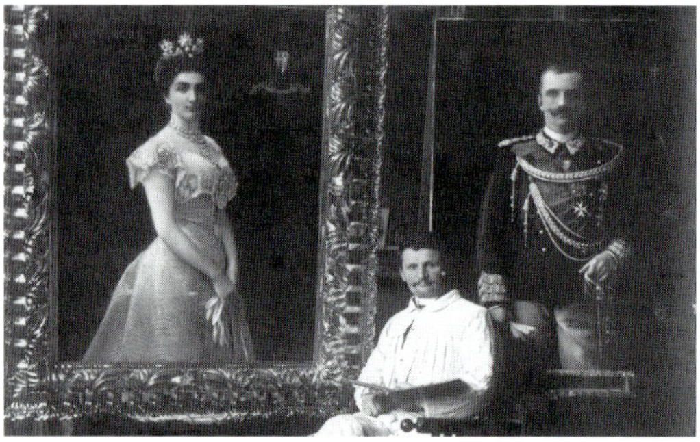

Cipriano Cei, «ritrattista di Casa Reale», 1912 / Cipriano Cei, «portraitist for the Royal Family», 1912

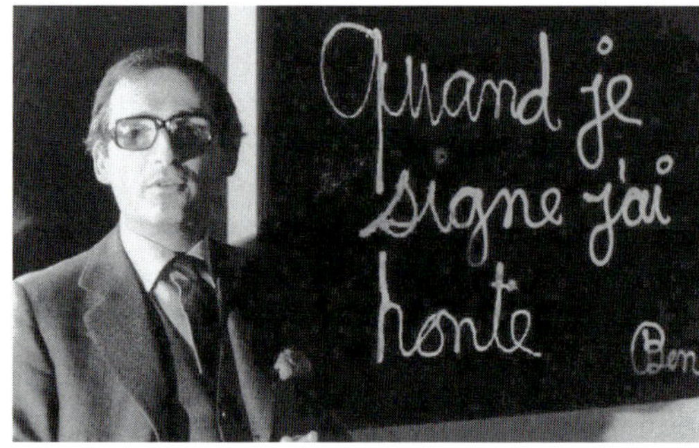

Fabio Cei alla Galleria La Bertesca, Milano, mostra di Ben Vautier, 1973 / Fabio Cei at the Galleria La Bertesca, Milan, Ben Vautier's exhibition, 1973

quel periodo. Con l'esigenza di cogliere nella contemporaneità gli elementi di evoluzione e di sperimentazione del pensiero, diventa presto testimone e partecipe dei molteplici cambiamenti dei linguaggi artistici nei quali individua la costante espressione di libertà di spirito e di pensiero, al di fuori della industria culturale dominante.

Catalizzatore di questa intima necessità giovanile è stato infatti l'incontro sui banchi del liceo con Francesco Masnata, fondatore poi a Genova della storica galleria d'avanguardia La Bertesca.

Giovanissimo, Fabio Cei ha vissuto in «tempo

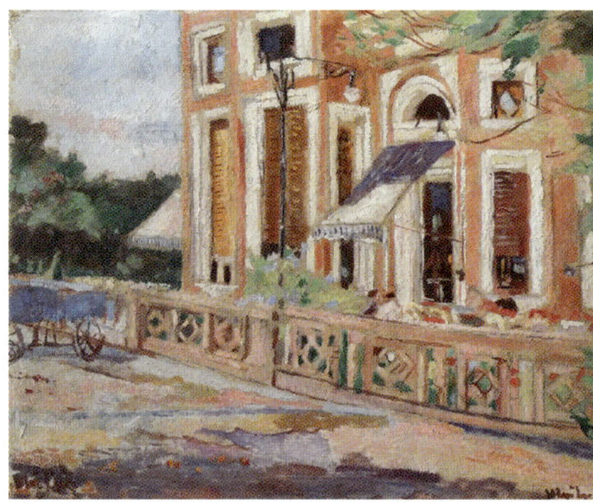

Ulvi Liegi (Moise Luigi Levi), *La baracchina*, 1908

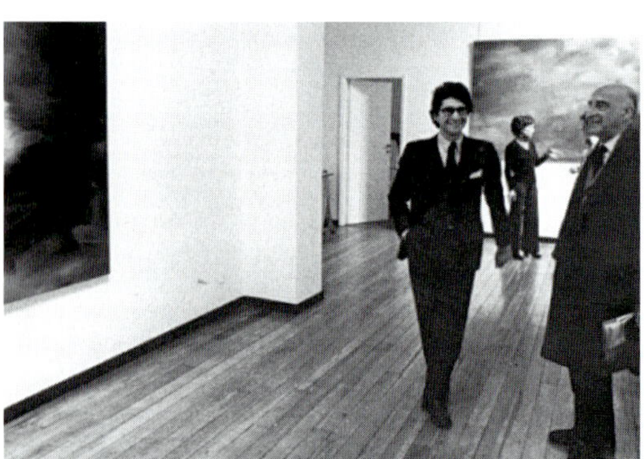

Francesco Masnata, Galleria La Bertesca, Milano, mostra di Gerhard Richter, 1973. A destra, Gillo Dorfles / Francesco Masnata, Galleria La Bertesca, Milan, Gerhard Richter's exhibition, 1973. On the right, Gillo Dorfles

roic values inherent to that period. Needing to grasp in the contemporary world the elements of evolution and experimentation in thought, he soon became witness to and participant in the multiple changes taking place in artistic languages. In these he identified the constant expression of freedom of spirit and thought, non-conformant with the dominating cultural industry.

The catalyst underlying this intimate, youthful need was, in fact, his meeting in his high school class with Francesco Masnata, who later founded in Genoa the historic avant-garde gallery, La Bertesca.

As a very young man Fabio Cei lived in «real

reale» la nascita della Pop Art, del Nouveau Réalisme, del Fluxus, dell'Arte Concettuale, interessandosi tra l'altro agli scritti e alle opere di Gianni Emilio Simonetti e alla ricerca artistico-antropologica di Claudio Costa, cui fu legato da lunga amicizia.

Nel corso degli anni ha poi sviluppato una forte attenzione per il concetto di libertà – propria degli artisti che possiedono uno spirito intellettuale non influenzato dalle Accademie e dalle Ideologie, ancora così presenti negli anni '60 del '900 – e per quei mezzi espressivi che hanno permesso alle avanguardie di avvicinarsi in maniera più pura al grande mistero dell'espressione artistica.

In quel periodo furono significative per Fabio Cei le opere e gli scritti di Jean Dubuffet e la sua grande nuova scoperta dell'Art Brut che «*possiede una dimensione spirituale che spesso manca all'arte contemporanea*».

Nasce così, all'inizio degli anni '90, un nuovo e spontaneo interesse a rinnovare la collezione, scegliendo opere «controcorrente» e an-

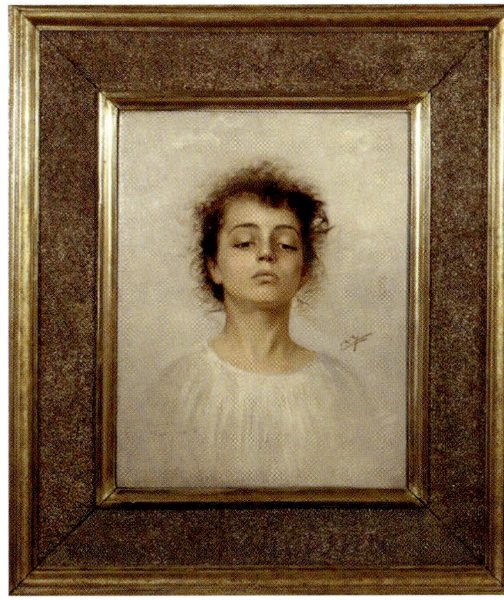

Cipriano Cei, *Ada*, 1910

Hermann Nitsch, *Untitled*, 1974

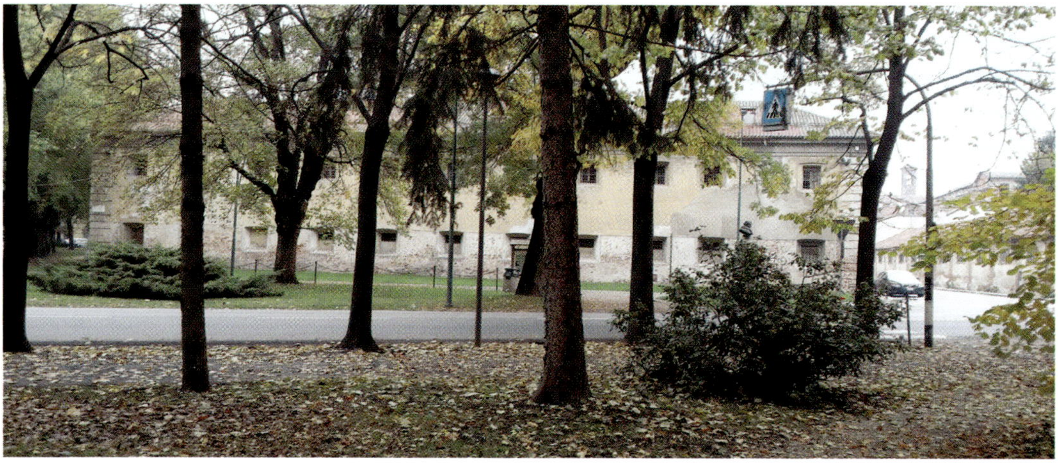

Storico e monumentale ex carcere di Casale Monferrato (Alessandria) nel centro cittadino /
Historical and monumental ex Prison of Casale Monferrato (Alessandria) in the city centre

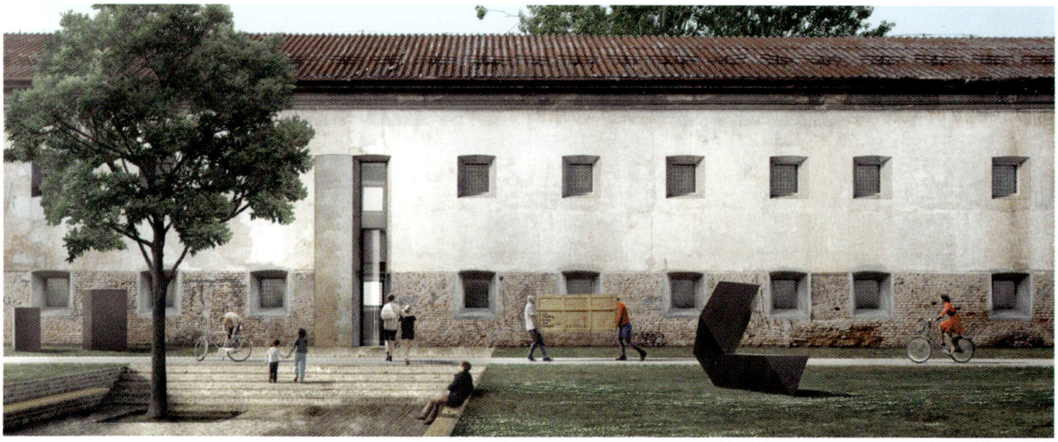

Ex carcere di Casale Monferrato, rendering dello Studio Lopičić & Lopičić Arhitekte, Belgrado, specialista nel restauro di edifici storici /
Ex Prison of Casale Monferrato, rendering by Lopičić & Lopičić Arhitekte, Belgrade, specialist in restoring historical buildings

ticipando le scelte al di fuori degli schemi e dalle logiche commerciali, considerando invece come priorità i valori rivoluzionari e liberi. In tempi più recenti l'incontro con Francesco Barale e Stefania Ucelli, fondatori di Cascina Rossago nell'Oltrepo pavese, prima *farm community* italiana per le esigenze esistenziali ed espressive di giovani affetti da autismo, ha rappresentato un nuovo viaggio culturale e spirituale; Cascina Rossago, un luogo dove il mondo dell'autismo ha svelato innate e mi-

time» the birth of Pop Art, New Realism, Fluxus and Conceptual Art, taking a keen interest, among other things, in the writings and works of Gianni Emilio Simonetti and in the artistic-anthropologic research carried out by Claudio Costa, linked to him by a long-standing friendship.
Later, over the years he developed a strong attraction to the concept of freedom – inherent in those artists gifted with an intellectual spirit uninfluenced by Academies and Ideologies, still

steriose sensibilità letterarie e musicali, come ha dimostrato l'esperienza ormai decennale dell'Orchestra Invisibile, resa possibile da Gigi Politi, professore di Psichiatria a Pavia e appassionato musicista.
Dall'incontro con Cascina Rossago è stata sviluppata l'idea di avvicinare l'esperienza storica dell'Outsider Art a quella della musica e della poesia, con logica libera e non convenzionale.
Dopo una vita di lavoro spesa promuovendo l'impresa e la cultura d'impresa, Fabio Cei si sta dedicando a un importante progetto funzionale alla nascita di un sistema per l'Outsider Art in Italia: la riconversione delle settecentesche ex carceri di Casale Monferrato, acquistate anni fa dallo Stato, in un centro polivalente per la documentazione, la formazione, la conservazione e la diffusione dell'arte libera e «visionaria», in cui troverà sede anche la collezione di Outsider Art di Fabio e Leo Cei, accanto a spazi per ospitalità turistica.

Un'impresa non può dirsi conclusa quando abbia realizzato il suo compito. Solo quando si è stati capaci di assicurare una stabilità durevole a tutto ciò che si è prodotto, solo allora potrà ritenersi che ogni cosa che andava fatta è stata fatta.

An enterprise cannot be said to be over when its task is fulfilled. Only when one has succeeded in securing a lasting stability to all that has been produced, Only then can one consider that everything that had to be done has been done.

PLATONE, *Leggi*, XIV

Fabio e/and Leo Cei, Pavia 2014

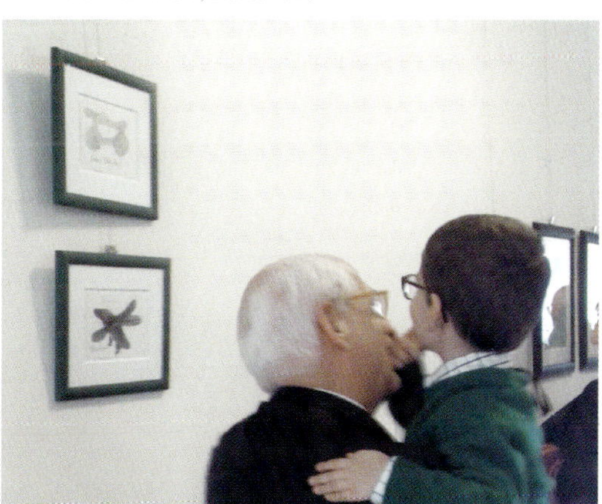

so very present in the '60s of the 19th century – and to those means of expression which have led the *avanguards* to approach with greater purity the immense mystery of artistic expression.
During that period for Fabio Cei the works and writings of Jean Dubuffet were highly significant as was his discovery of Art Brut which «*possesses a spiritual dimension often lacking in contemporary art*». This led, at the start of the '90s, to the birth of his new and spontaneous interest in renewing the collection, in choosing «counter-conformist» works, thus anticipating choices outside commercial logic and patterns, giving priority to free and revolutionary values.
More recently his meeting with Francesco Barale and Stefania Ucelli, founders of Cascina Rossago in the Oltrepo pavese, the first Italian farm community for the existential and expressive needs of young people suffering from autism, has represented a new cultural and spiritual journey; Cascina Rossago is a place where the world of autism has revealed innate and mysterious literary and musical sensibilities, proven by the now decades-long experience of the Invisible Orchestra, made possible by Gigi Politi, Professor of Psychiatry in Pavia and an ardent musician.
With Cascina Rossago it has been developed the idea of bringing the historic experience of Outsider Art closer to that of music and poetry, with free and unconventional logic.
After a life's work dedicated to develop the enterprise and the entrepreneurial culture, Fabio Cei is now devoting himself to an important project, effectively regarding the setting up of a new *integrated system* for Outsider Art in Italy: the reconversion of the 18th century ex-prisons in Casale Monferrato, purchased years ago by the State, into a centre for training and documentation and for the conservation, promotion and propagation of «visionary» art could be the starting point. The building will also host, among other things, spaces for temporary exhibitions, spaces for tourist reception and for the *Fabio and Leo Cei Collection* of Outsider Art.

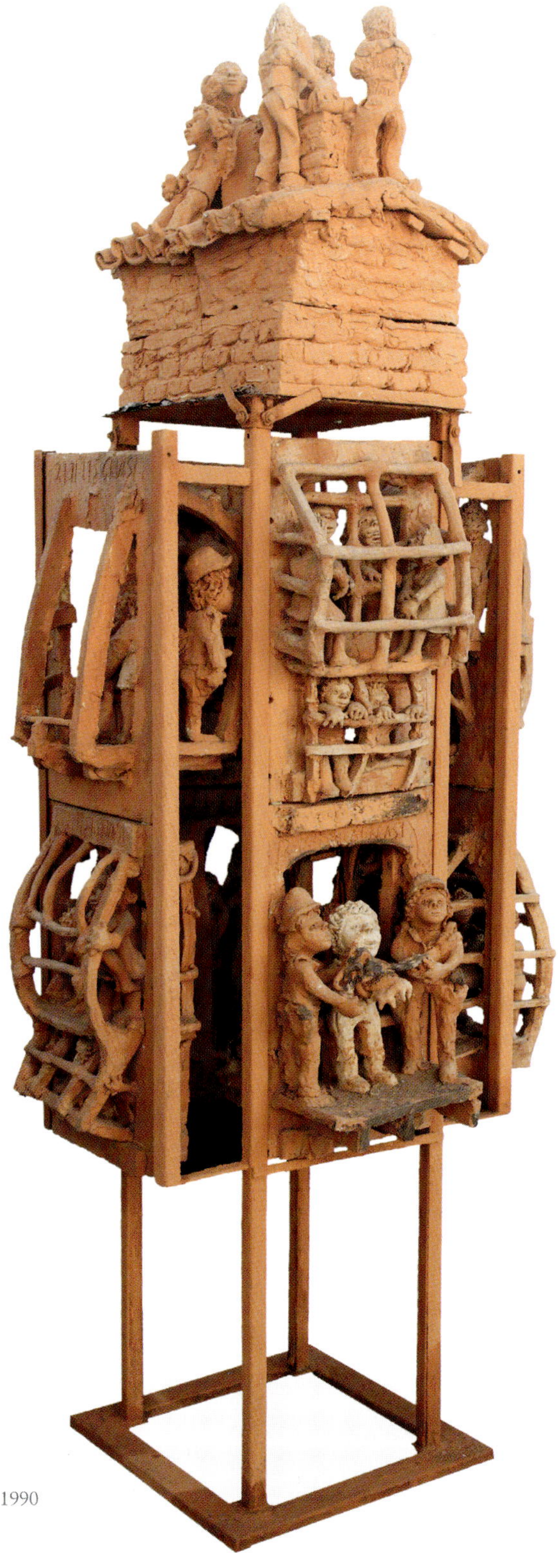

Umberto Gervasi, *Prigione* (*Prison*), 1990
Terracotta / Terracotta,
280 × 80 × 70 cm

GIORGIO BEDONI

Outsider Art. Il contemporaneo presente
Outsider Art. The Contemporary Present

Collezione Fabio e Leo Cei | Fabio and Leo Cei Collection

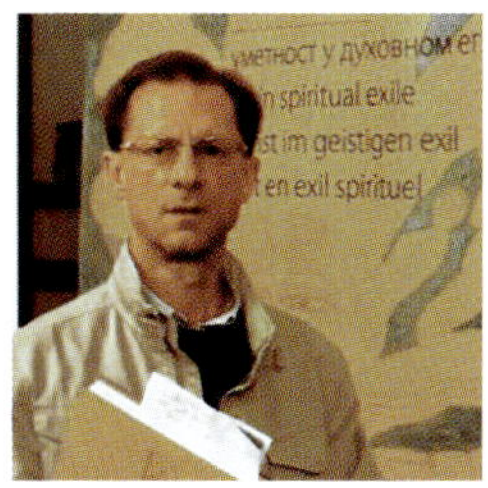

Una ricca e ormai varia letteratura racconta come il collezionismo nasca dall'incontro tra le più segrete traiettorie dell'anima e quelle istanze culturali che in un determinato scenario storico orientano idee e progetti. Anticipando, talvolta, lo stesso spirito dei tempi, quando la visione del mondo del collezionista segue percorsi non ancora battuti e volge la sua pionieristica ricerca verso quegli oggetti destinati alla distruzione e all'oblio.

È questo il caso di molte raccolte etnografiche e, forse ancor più vero, per le collezioni nate in nome dell'Art Brut: nella storia delle produzioni artistiche eterodosse, infatti, il collezionista ha sempre agito lungo linee di frontiera, come una specie di sismografo piantato nel cuore di territori instabili a registrare movimenti sotterranei che nessuno aveva ancora intercettato.

La vicenda dell'Art Brut è storia dei suoi autori e delle sue collezioni, figlie di poetiche solitarie e di progetti culturali, di sguardi critici e di eventi epocali che documentavano la necessità di un rinnovamento radicale. Non sfugge come le più importanti collezioni internazionali vedano la luce sulle macerie dei due grandi conflitti mondiali: dal mondo psichiatrico, la prima, costruita ad Heidelberg negli anni Venti da un autentico spirito outsider, lo psichiatra Hans Prinzhorn, dentro una visione animata

Abundant and now varied literature describes how collecting sprang up from the encounter between the innermost pathways of the soul and those cultural issues that steer ideas and projects within a determined historical scenario. At times anticipating the spirit of the times itself, when the collector's vision of the world follows roads yet to be trodden – aiming his groundbreaking research towards objects doomed for destruction and oblivion.

This is the case for many ethnographical collections and, perhaps even more so, for the collections born under the name of Art Brut: in fact, in the history of artistic unorthodox productions, collectors have always worked along boundaries – like a kind of seismograph sunk into the heart of unstable territories, recording underground movements yet to be intercepted by anyone.

The events of Art Brut lie in the stories of its authors and its collections, the offspring of solitary poetics and cultural projects, of critical gazes and momentous events that documented the need for radical change. It is obvious how the most important international collections came to light in the aftermath of two world wars: the first from the world of psychiatry, established in Heidelberg during the 1920s by an authentic outsider spirit – namely the psychiatrist

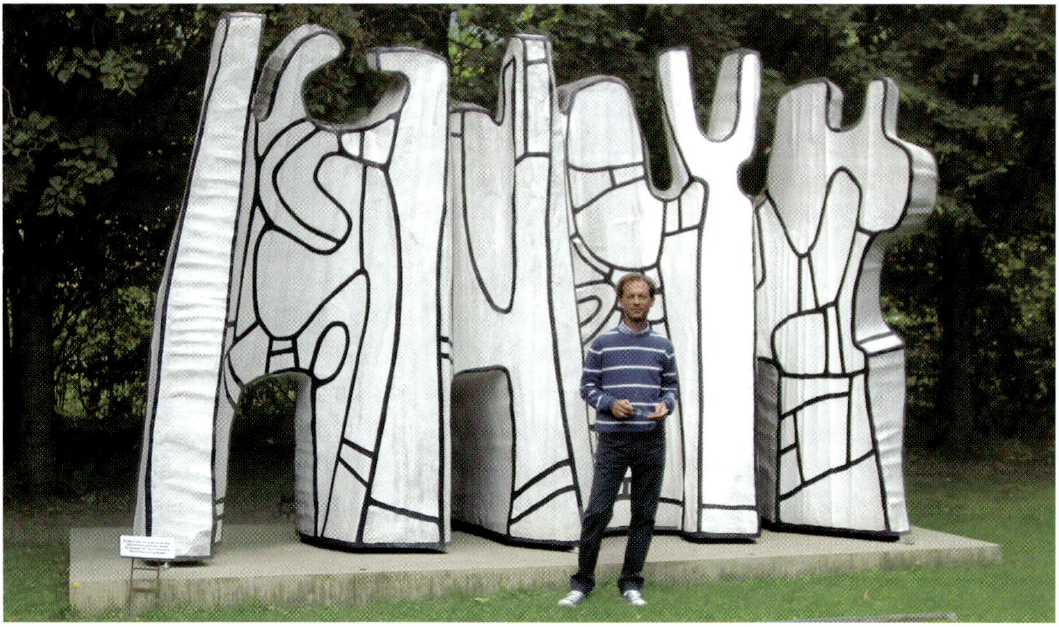

Giorgio Bedoni. Foto di / Photo by Emanuela Colombo

dalla nostalgia (parola chiave nell'universo psicologico del collezionista) per forme di creazione ispirata che valorizzava opere dall'affascinante estraneità. Un progetto concepito nel clima sociale convulso della Germania di Weimar e influenzato dalle suggestioni primitiviste delle avanguardie, che portarono Prinzhorn a compiere ricerche comparative tra le opere della collezione e le forme d'arte infantile ed extraeuropea. Dalle intuizioni di un artista la seconda, quando Jean Dubuffet, pochi mesi dopo la liberazione di Auschwitz, intraprende l'avventura dell'Art Brut nel corso di una sua personale e solitaria ricerca, le cui premesse Michel Thevoz rintraccia, oltre che nell'incontro del 1923 con la visionaria Clementine Ripoche, nel gennaio del 1943, quando l'artista francese è alle prese con il dipinto dal titolo *Gardes du corps*.

Le poetiche dell'Art Brut disegnano, dunque, un collezionismo particolare, che rivolge attenzioni e progetti a materiali in genere fragili, dove ciò che è familiare sfuma nell'ignoto, obbligando a rivedere gerarchie artistiche e

Hans Prinzhorn. His was a vision animated by nostalgia (key word in the collector's psychological universe) for forms of inspired creation that turned into account works of fascinating extraneousness. A project conceived in the convulsive social setting of Weimar Germany and influenced by primitivist suggestions of avant-garde movements, leading Prinzhorn into conducting comparative research between collection works and forms of child and non-European art. And the second from the intuitions of an artist when Jean Dubuffet, a few months following the liberation of Auschwitz, embarked upon the Art Brut adventure during the course of his personal and solitary research. Michel Thevoz traced back the premises of this research, in addition to the encounter that took place in 1923 with the visionary Clementine Ripoche, also to January 1943 when the French artist was in the throes of his painting entitled *Gardes du corps*.

Hence the poetics of Art Brut describes a particular sort of collection, one that aims its attention and its projects towards usually

mappe mentali in nome della libera ricerca. Non sfugge a questo discorso l'importante collezione di Art Brut di Fabio Cei, nata agli inizi degli anni Novanta, che spicca decisamente nel panorama odierno del collezionismo in Italia. La mostra dedicata a questa collezione diviene l'occasione per ripercorrere le vicende dell'Art Brut nel nostro paese e una sua storia, che trova origine in passaggi decisivi della cultura occidentale già dalla seconda metà dell'Ottocento.

Art Brut in Italia: appunti per una storia
Una prospettiva storica è viva quanto più libera dai protagonismi del presente: un discorso ancor più valido quando ci si inoltra su sentieri poco noti, sulle tracce di quelle produzioni artistiche eterodosse nate al di fuori degli scenari tradizionali. Arte figlia di un dio minore, che mai aveva posseduto una propria storia, nutrendo, tuttavia, con grande vitalità le poetiche d'avanguardia nel corso del Novecento.
Una lunga avventura, vissuta nel nome di singolari qualità artistiche, la cui scoperta aveva dato vita a un composito fronte occidentale, unito nell'elogio dell'arcaico e del primitivo, nell'attribuire valore all'infanzia e alla follia creativa. Un fronte abitato da poeti, artisti e psichiatri, che da varie prospettive si radunavano attorno al valore «selvaggio» dell'immaginario, di un segno imperfetto che aveva perduto le coordinate classiche, divenendo sintetico e immediato. Ammirazione d'avanguardia per quelle linee metamorfiche, per «l'imperizia» non accademica celebrata da Jacques Maritain[1], parola che assumeva ora un significato positivo, anticipando così, sul piano dei linguaggi, le future intuizioni di Jean Dubuffet.
Spicca in Italia la figura pionieristica di Ardengo Soffici, pittore e saggista, precoce nell'intercettare il nuovo gusto occidentale per quei «candidi» outsider che si affacciavano sulla scena europea agli inizi del Novecento, lungo una linea primitivista che verrà percorsa nel nostro paese da autori come Tullio Garbari e Alberto Magri[2].

fragile material, where the familiar fades into the unknown, forcing one into reconsidering artistic hierarchies and mindmaps in the name of free research.
This discussion does not escape the important collection of Art Brut belonging to Fabio Cei, which was established during the early 1990s and markedly stands out in the contemporary setting of Italian collections.
The exhibition dedicated to this collection represents an opportunity for travelling through the events and the history of Art Brut in our country – a history that has its roots in the crucial passages of western culture already during the second half of the nineteenth century.

Art Brut in Italy: history notes
A historical perspective is alive to the extent that it is free from attention-seeking behaviour of the present: an even more valid discourse when embarking upon paths that are quite unknown, in the footsteps of those unorthodox artistic productions born outside traditional scenarios. Art that is son of a lesser god, one that never possessed its own history yet fuelled (with great vitality) avant-garde poetics over the course of the twentieth century.
A long adventure, experienced in the name of singular artistic qualities, whose discovery gave life to a composite western front – united in praising the archaic and the primitive, in attributing value to childhood and creative folly. A front inhabited by poets, artists and psychiatrists: from various perspectives they gathered around the «primitive» value of imagination, the imperfect sign that had lost all classic coordinates, becoming concise and immediate. Avant-garde admiration for those metamorphic lines, for the non-academic «maladroitness» celebrated by Jacques Maritain[1]: a word that then assumed a positive meaning, hence anticipating the future insights of Jean Dubuffet in terms of languages.
The pioneering figure of Ardengo Soffici stands out in Italy. He was a painter and essayist, one

Nel 1910 Soffici pubblica su «La Voce» un articolo su Henri Rousseau, il Doganiere[3]. È un saggio importante, il primo in Italia, lontano nei toni da facili stereotipi su ingenui e primitivi, che individua caratteri costitutivi dell'universo outsider ancora validi nel dibattito contemporaneo. Un ritratto d'epoca il suo: Soffici intuisce le novità del Doganiere, di quei mondi apparentemente semplici, nudi di fronte alla vita e senza inganni. Un'arte senz'ombre, si direbbe, figlia di autodidatti e attraversata da lampi visionari, che prende forma in Europa dalla seconda metà dell'Ottocento. In Francia con le architetture di Ferdinand Cheval e le spettacolari tele del pittore «medianico» Augustin Lesage, minatore a Calais.

Rousseau, scrive Soffici, non sa dipingere «al modo che l'intende la scuola e con essa una grandissima parte della critica e del pubblico»: le sue opere sono, tuttavia, di rara profondità, «raffinate e magnifiche», manifestano «lo spavento delle anime vuote», «il comico orrore della folla gioiosa».

Soffici rintraccia in Rousseau quel suono nuovo che Dubuffet troverà nei «diamanti grezzi» dell'Art Brut. Un suono che nel laboratorio del Cavaliere Azzurro, Vassily Kandinsky aveva individuato nell'arte infantile, l'embrione di un «nuovo realismo», dove la musica interiore dell'oggetto si manifestava spontaneamente.

Se Ardengo Soffici è l'artefice di uno sguardo inedito, non sarà tuttavia il primo in Italia nel campo d'indagine delle forme d'arte eterodosse: lo aveva preceduto, già dalla seconda metà dell'Ottocento, nello specifico «dell'arte e follia», il noto criminologo veronese Cesare Lombroso. Con grande successo, tanto che la prima edizione del suo *Genio e follia*, pubblicato nel 1864, era stato tradotto in più paesi, con epigoni e discepoli che ne avevano percorso le tracce e le discutibili teorie, frutto del laboratorio positivista. Personaggio complesso, Lombroso, misuratore del bizzarro e dell'eccentrico con l'occhio del collezionista vero, dove il pregiudizio nelle sue diverse

who was precocious in intercepting a new western taste for those «candid» outsiders who were making their appearance on the European scene during the early twentieth century – along a primitivist path that would have been trodden in our country by authors such as Tullio Garbari and Alberto Magri[2].

In 1910 Soffici published an article on Henri Rousseau, Le Douanier[3] (the customs officer), in the literary magazine «La Voce». It was an important essay, the first one in Italy to distance itself from easy stereotypes concerning the naïve and primitive, identifying constitutional features of the outsider universe that are still valid in the current debate. His was a vintage portrait: Soffici grasped Le Douanier's innovations, those seemingly simple worlds that stood naked in front of life, without deceit. One could say a form of art without any shadows, offspring of the self-taught and crossed by visionary flashes, which took shape during the second half of the nineteenth century in Europe. In France through the architecture of Ferdinand Cheval and the spectacular paintings by the «mediumistic» artist Augustin Lesage, who worked as a coal miner in Calais.

According to Soffici, Rousseau could not paint «in the manner intended by schools and, in addition, by most critics and audiences alike»: nevertheless, his works are of rare depth, «elegant and magnificent», displaying «the fear of empty souls», «the comic horror of the joyful crowd».

Soffici senses in Rousseau a new sound that Dubuffet would find in the «rough diamonds» of Art Brut. A sound that in the workshop of the Blue Rider, Vassily Kandinsky had identified in children's art, the embryo of a «new realism» where the inner music of the object manifested itself spontaneously.

Should Ardengo Soffici have been the author of an unprecedented outlook, he was nevertheless not the first in Italy in the field of investigating unorthodox forms of art: he was preceded, already during the mid-nineteenth century in the specific field of «art and folly», by the famous

declinazioni (il genio, il folle, il criminale) si sposava con una autentica vocazione.
In questi antefatti troviamo le ragioni di una storia italiana, negli sguardi d'artista come nel profondo radicamento della ricerca psichiatrica, che saprà oltrepassare la visione naturalistica delle tesi lombrosiane grazie alle intuizioni della fenomenologia. Prospettiva, questa, fatta propria non a caso da Franco Basaglia che, da fenomenologo, scrive di questi temi affrontando con asprezza le derive estetizzanti tipiche dell'epoca, considerate incapaci di leggere le opere manicomiali «come linguaggio faticosamente costruito»[4].
In questo scenario anni Sessanta, caratterizzato dalla critica radicale dell'istituzione manicomiale, si farà strada in Italia l'Art Brut di Jean Dubuffet. Un percorso situato in un clima culturale di generale rinnovamento, dove sono protagonisti ateliers nati negli ospedali psichiatrici e diffusi sul territorio nazionale, a Verona come a Imola e Firenze, con lo storico laboratorio della Tinaia. Esperienze in dialogo con un mondo artistico che vedeva prevalere la versione naïve[5], con i suoi artisti, le mostre, i nuovi critici: figure pionieristiche come Dino Menozzi, fondatore di una storica rivista, che per lunghi anni è stata un ponte culturale di dialogo e confronto critico in Italia tra arte naïve e Art Brut[6]. Scrittori famosi, come Cesare Zavattini, a cui è dedicato il Museo Nazionale delle Arti Naïves di Luzzara, nato nel 1967.
Risale a quegli anni il carteggio tra la storica dell'arte Lorenza Trucchi e Jean Dubuffet[7], appassionato racconto di una lunga amicizia e documento prezioso se non insostituibile nella ricostruzione di una vicenda italiana. Sono pagine rivelatrici di gusti e indirizzi, che attestano il ruolo decisivo giocato nella storia dell'Art Brut in Italia da Lorenza Trucchi, sullo sfondo di una realtà ancora poco nota ma in grande movimento: realtà che Dubuffet è «impaziente» di conoscere, come testimonia la corrispondenza del gennaio 1962, la prima di un lungo scambio epistolare, che porterà il pittore francese alla

Verona-born criminologist Cesare Lombroso. He reaped great success, so much so that the first edition of his *Genio e follia* (*Genius and Folly*), published in 1864, was translated in many countries, with followers and disciples walking in its footsteps and its questionable theories that were the result of the positivist workshop. Lombroso was a complicated character, one who measured the bizarre and the eccentric with the eye of a true collector, where prejudice in all of its different manifestations (genius, folly, criminality) was embraced with a genuine vocation.
These antecedent facts can explain the reasons of an Italian story, with the gaze of an artist as in the profound roots of psychiatric research, going beyond a naturalistic vision of Lombroso's thesis thanks to phenomenological insights. It was not by coincidence that this perspective was formulated by Franco Basaglia who, as a phenomenologist, wrote about these issues and bitterly confronted the aestheticism drifts that were typical of that era – considered incapable of interpreting asylum works «as a painstakingly built language»[4].
Jean Dubuffet's Art Brut would have made its way in this Italian scenario from the 1960s, characterized by radical criticism of mental institutions. A path set in a cultural climate of general renewal, where the protagonists were ateliers born in psychiatric hospitals and scattered all over the country, from Verona to Imola and Florence, thanks to the historical Tinaia workshop. Experiences coupled with an artistic universe in which the naïve[5] version prevailed, with its artists, exhibitions and new critics: pioneering figures such as Dino Menozzi, the founder of a historical review that for many years was the cultural bridge for dialogue and critical confrontation in Italy between naïve art and Art Brut[6]. Famous writers such as Cesare Zavattini, to whom the National Museum of Naïve Arts in Luzzara (founded in 1967) is dedicated.
Correspondence between art historian Lorenza Trucchi and Jean Dubuffet[7] dates back

scoperta e alla successiva acquisizione per la futura collezione losannese di opere di Filippo Bentivegna[8] e di Carlo Zinelli.
Cronache di un'epoca che ci è ancora vicina, di scelte dettate da umori e da convinzioni profonde che non temono disaccordi: Dubuffet è infatti alla ricerca di autori che confermino il suo progetto. Nel suo incontro con l'Italia non amerà Ligabue, che era invece al centro di un animato dibattito culturale. Troverà «impressionante» un'opera che gli viene presentata in catalogo, considerandolo, tuttavia, un'artista ancora legato «all'arte tradizionale»: lontano, dunque, dal quel nuovo percorso che aveva intrapreso, radicato in una poetica intransigente che amava disorientare regole e convenzioni[9].
Poetica che più volte ritorna in quelle lettere italiane, nelle quali Dubuffet celebra come vero *brut* l'autore solitario che, nell'isolamento manicomiale e nel segreto della stanza, spontaneamente e senza alcun intervento esterno fornisce vita creativa alle sue ossessioni, unica ragione d'esistenza[10]: una lettura lontana da quella compiuta, negli stessi anni, da un vasto e composito movimento nella psichiatria italiana, che considerava quella condizione come di assoluta deprivazione. Posizione che farà leggere le produzioni artistiche asilari come la ricerca di un interlocutore assente, in alcuni casi come forma ultima ed estrema di sopravvivenza psichica.
Non è dunque un caso che scenario di questo discorso siano le attività dei primi ateliers, che Dubuffet incrocia nel suo «viaggio» italiano: luoghi dove nascono vicende artistiche ormai storiche, maturate nel clima accogliente di laboratori pionieristici. Nell'ospedale psichiatrico veronese di San Giacomo alla Tomba, ad esempio, nel laboratorio guidato dal 1957 con laica intelligenza, senza l'affermazione di nessun modello che non fosse rispetto, fiducia e condivisione dall'artista scozzese Michael Noble e da Pino Castagna. Qui prenderà corpo l'opera di Carlo Zinelli, che Vittorino Andreoli

to those years – the passionate story of a long friendship and a valuable (if not irreplaceable) document in the reconstruction of an Italian event. Its pages reveal tastes and trends, attesting to the decisive role played by Lorenza Trucchi in the history of Art Brut in Italy. All set against the background of a reality that was still hardly known but in great ferment: a reality that Dubuffet was «eager» to become acquainted with, as proven by their correspondence in January 1962 – the first of a long exchange of letters that would bring the French painter into discovering and later acquiring works for the future Filippo Bentivegna[8] and Carlo Zinelli collection in Lausanne.
Those were the chronicles of an era that is still close at hand, with choices dictated by moods and profound convictions that did not fear disagreement: in fact, Dubuffet was searching for authors who could confirm his project. In his encounter with Italy, he was not fond of Ligabue – who, on the contrary, was at the centre of a lively cultural debate. He found one of Ligabue's works that was presented to him in a catalogue as «impressive», yet considered him an artist who was still bound «to traditional art»: hence distant from that new path he had embarked upon, rooted in uncompromising poetics that loved to disorient rules and conventions[9].
Poetics that repeatedly returned to those Italian letters in which Dubuffet celebrated as true *brut* those solitary authors who, in their asylum isolation and in the secret of their rooms, spontaneously and without external interventions, provided a creative life to their obsessions, their sole reason for existence[10]: an interpretation that was distant from the one conducted, during those same years, by a vast and composite movement in Italian psychiatry, which considered the said condition as one of absolute depravation. It was a position that considered asylum artistic productions as the search for an absent interlocutor, in some cases as a final and extreme form of psychic survival.

porterà nei primi anni Sessanta a Parigi, da Jean Dubuffet.
L'Italia di quegli anni, ancora ferita dalla guerra, era dunque attraversata da esperienze nuove, che sorprendevano i più attenti osservatori del mondo culturale: le «stupefacenti» carte di Carlo Zinelli e della «singolare scuola veronese» divengono un caso esemplare negli articoli di Alfredo Todisco e Dino Buzzati, mentre in tempi più recenti Gillo Dorfles scriverà dell'opera monumentale di Filippo Bentivegna e del suo «Giardino incantato»[11].
Esperienze che si facevano strada tra le più familiari immagini dell'universo naïve, che dal primo Novecento celebrava in Europa il candore espressivo e le atmosfere oniriche di mondi incantati: un fenomeno fortemente legato, come per certi versi l'Art Brut, a quelle forme di arte popolare che nascevano in contesti rurali o nel cuore di universi fluviali, la cui vitalità è testimoniata dalla saga mitologica sulle terre del Po, il fiume di una grande avventura visionaria, con i suoi protagonisti, autori in molti casi di un'opera attraversata da autentiche tensioni espressioniste.
Di quegli anni rimane un grande archivio dell'immaginario, oggi fuori dall'ombra, a percorrere quelle linee di confine che attraversano la dialettica contemporanea tra insiders e outsiders. Frontiere percorse nel recente passato da altri protagonisti di una storia italiana, provenienti da singolari esperienze artistiche: Gianni Emilio Simonetti, storico esponente di Fluxus e interprete originale degli scritti storici sul terreno dei rapporti tra arte e psichiatria, tra i primi in Italia a estendere le sue originali ricerche a quelle esperienze europee di Art Brut allora poco note che nascevano nei paesi di lingua tedesca; Claudio Costa, che già dal 1969, all'epoca della sua prima mostra alla galleria La Bertesca di Genova, indirizza le sue sperimentazioni agli scenari antropologici, che lo porteranno negli anni Settanta a viaggi di ricerca presso culture primitive: sensibile già agli inizi dell'attività artistica alle intuizioni

Therefore it is not by chance that the setting for this discourse was activities of the early ateliers, the ones that Dubuffet met during his Italian «journey»: places where the artistic events that have become historical were born, blooming in the welcoming setting of pioneering workshops. For example, in the San Giacomo alla Tomba psychiatric hospital in Verona, within its workshop led since 1957 with secular intelligence by the Scottish artist Michael Noble and by Pino Castagna – without the emergence of any model that was not respect, trust and sharing. This is where the works of Carlo Zinelli took shape, which Vittorino Andreoli brought to Jean Dubuffet in Paris during the early 1960s.
Italy during that period, still wounded by the war, was therefore crossed by new experiences that surprised the most attentive observers of the cultural world: the «stupefying» sheets of paper by Carlo Zinelli and the «singular Verona school» became a landmark in the articles by Alfredo Todisco and Dino Buzzati; while in more recent times, Gillo Dorfles wrote about the monumental work of Filippo Bentivegna and his «Giardino incantato»[11] (Enchanted Garden).
Experiences that made their way amongst the most familiar images of the naïve universe, which from the early 1900s celebrated the expressive innocence and dreamlike atmospheres of enchanted worlds in Europe: a phenomenon that was strongly linked (as Art Brut was, in some ways) to forms of popular art that sprung up in rural contexts or in the heart of fluvial universes. This vitality was witnessed by the legendary saga regarding the lands of the Po, the river of a great visionary adventure, with its protagonists being in many cases authors of artworks imbued with authentic expressionist tensions.
A great archive of the imagination remains of those years, which has presently emerged from the shadows, travelling through boundary lines crossing contemporary dialectics between insiders and outsiders. Boundary lines travelled in the recent past by other protagonists of an

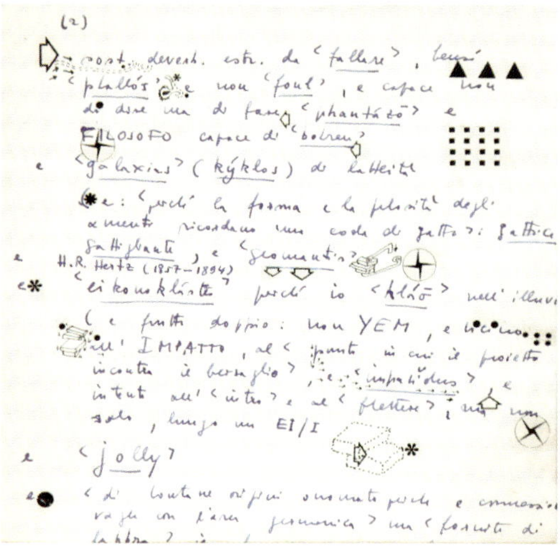

Giovanni Emilio Simonetti, *a pAge from: ANayse du vir.age*, 1967

dell'Art Brut, sarà tra i fondatori del museo delle Materie e Forme inconsapevoli all'ospedale psichiatrico genovese di Quarto.

Art Brut, Outsider Art: il contemporaneo presente

Nelle pagine, ormai classiche, di «Asfissiante cultura»[12] Jean Dubuffet ironizzava su quanti, non senza imbarazzo, piantano «nei punti giusti il picchetto dell'Art Brut», ignorando, che l'invenzione creativa, come «lo stato selvaggio e la libertà», non possono essere concepiti al modo «di luoghi fissi, ma come direzioni, aspirazioni, tendenze». Un discorso che conserva, inalterato, il suo valore e ben si presta alle vicende italiane: una realtà ricca di autori solitari come nelle migliori tradizioni e di laboratori affermati, sempre esposti, tuttavia, al rischio di una produzione «industriale»[13], piegata alle ragioni di un sistema dell'arte affamato di novità, nel peggiore dei casi di mode volatili destinate a un rapido consumo. Una realtà che oggi vive di ricerche diffuse su tutto il territorio nazionale, impegnate in più direzioni: nella valorizzazione di autori e di luoghi[14], nella realizzazione di mostre costruite sulle frontiere mobili dell'arte, lungo il crinale dialettico insider/outsider. Una

Italian story, coming from singular artistic experiences: Gianni Emilio Simonetti, historical leader of Fluxus and original interpreter of the historical writings on the subject of relations between art and psychiatry – one of the first to extend his original research to those European experiences in Art Brut that were still hardly known and were springing up in German-speaking countries; Claudio Costa, who already in 1969 (during the times of his first exhibition held in the La Bertesca Gallery in Genoa) addressed his experiments towards anthropological scenarios, which during the 1970s would have led him into conducting research on primitive cultures during his travels: demonstrating a certain sensitivity towards the intuitions of Art Brut already during his early artistic activities, he went on to become one of the founders of the Museo delle Materie e Forme Inconsapevoli on the premises of the Quarto dei Mille psychiatric hospital in Genoa.

Art Brut, Outsider Art: the contemporary present

In the pages of his by now classic book entitled «Asphyxiating Culture»[12], Jean Dubuffet mocked (not without embarrassment) those who planted «the picket of Art Brut in the right places», ignoring that creative invention as «primitive state and freedom» could not be conceived as «fixed places, but as directions, aspirations, tendencies». A topic that still preserves its value unaltered and soon was well-suited to Italian events: a reality rich in solitary authors, as in the best traditions and established ateliers; yet always exposed to the risk of «industrial»[13] production, bent to the will of an art system starved for innovation, in the worst case for volatile fashions doomed to quick consumption. A reality that today strives on research that is widespread over the entire national territory, being engaged in various directions: in the appreciation of authors and locations[14], in the establishment of exhibitions built on the shifting border lines of art, along the dialectic insider/outsider ridge. A scene enlivened by pioneering

scena animata da pionieristiche gallerie, da giovani attività editoriali e da realtà consolidate[15], che si rivolgono con sempre maggiore interesse a questo campo.
Non da ultimo, come da solida tradizione italiana, gli studi nel campo dell'arte e psichiatria, con tutte le possibili declinazioni della dimensione terapeutica, le affinità e le differenze con esperienze outsider. Un tema oggi non eludibile, a patto di scivolosi ritorni verso ambigue posizioni para-manicomiali.
L'«arte e psichiatria», superata la lunga stagione dell'arte psicopatologica, è oggi luogo di nuove socialità e cittadinanza, e, nelle stanze d'atelier, di un delicato rapporto tra immagine e immaginario, che solo se rispettato può risuonare, al di là dell'opera prodotta, del suo silenzio o della sua concreta visibilità. L'Outsider Art in Italia, dunque, prendendo a prestito le parole di Fernand Braudel, è oggi un insieme di possibilità, dove esperienze storiche, nuovi autori e progetti museali devono essere attraversati da una visione polisemica, che sappia destreggiarsi tra quella di stretta osservanza dubuffettiana e letture aperte ai vari contributi disciplinari.
Un discorso che porta al «Contemporaneo presente», titolo di una mostra e tappa di un progetto, che infine vive, prima ancora delle letture possibili, della forza dell'immagine. Di queste immagini, che attraggono il nostro tempo per vitalità e immediatezza perdute altrove. Ragione, tuttavia, non sufficiente per comprenderne appieno forza e fascinazione. Forse, per quei paradossi fecondi che richiedono oggi altre poetiche, quest'arte è radicalmente contemporanea perché lontana e tuttavia riposta nelle pieghe del suo tempo[16]: arte che danza sui fili della storia, distante dagli spifferi del presente ma non dal suo spirito profondo. Arte, che nei suoi migliori interpreti, è simile a un lampo che attraversa la realtà viva di questo mondo, ne vede il buio e l'assenza ma ne afferra la luce, esplorando meandri e recessi dell'esistenza umana.

galleries, by emerging editorial activities and by consolidated realities[15] – which turn their attention to this field, with growing interest.
And last but not least, according to solid Italian tradition, studies in the field of art and psychiatry with all the possible forms of the therapy dimension, similarities and differences with outsider experiences. Today an inescapable theme, provided some slippery returns towards ambiguous para-asylum positions.
Today «Art and psychiatry», after the long season of psychopathological art, is the place for new social relations and belonging and, inside the atelier rooms, for a delicate relationship between image and imagination, which only through respect can resound (beyond the artwork produced) of its own silence or of its own concrete visibility. Therefore Outsider Art in Italy, in borrowing the words of Fernand Braudel, is today a collection of possibilities where historical experiences, new authors and museum projects must be travelled through by a polysemic vision that skilfully juggles a strict observance of Dubuffet and interpretations open to contributions from various disciplines.
This discourse leads to the «Contemporaneo Presente» (Contemporary Present) that is the title of an exhibition and stage of a project that ultimately lives, even before any possible interpretations, through the power of images. Through these images, which attract our times for their vitality and immediacy that have been lost elsewhere. However, a reason that is not sufficient in fully grasping its strength and fascination. Perhaps, due to those fertile paradoxes today requiring other poetics, this art is radically contemporary because[16] distant and yet nestled between the folds of its times: an art that dances on the threads of history, far from the draughts of the present but not from its profound spirit. An art, that in its most outstanding performers, is similar to a flash of lightning that bolts across the living reality of this world, observes its darkness and absence yet grabs its light, exploring the meanders and recesses of human existence.

La Collezione Fabio e Leo Cei

Nata agli inizi degli anni Novanta, la collezione è figlia di una sensibilità artistica respirata nell'ambiente familiare. Tracce biografiche attraversate dal gusto della rottura, dal bisogno di nuove avventure conoscitive che portano Fabio Cei all'incontro con l'Art Brut e con le forme contemporanee di Outsider Art.

L'Art Brut diviene un vero e proprio campo di libertà, fondato sul piacere per la scoperta e dalla curiosità nei confronti di autori lontani da logiche strettamente commerciali e dai vincoli della cultura ufficiale.

Sin dagli esordi si tratta di una collezione dalla chiara impronta danubiana, nel suo ricco nucleo fondativo e nello sguardo di oggi, rivolto per nuove acquisizioni al mondo outsider internazionale e verso autori dell'area balcanica: artisti storici e grandi protagonisti dell'Art Brut come Sava Sekulić, Vojislav Jakić o Joškin Šiljan, tra i più rappresentativi sulla scena dell'Outsider Art contemporanea in Serbia. Un progetto che segue proprie intuizioni e declinazioni culturali, lungo un percorso che si dipana tra Vienna, Belgrado e il Mar Nero.

Una collezione arricchita da autori outsider di varia provenienza, che vede al suo interno opere di Claudio Costa, artista storicamente sensibile e attivo nel campo delle produzioni artistiche nate negli ospedali psichiatrici.

Il cuore viennese della collezione è ben rappresentato dagli autori storici della Casa degli Artisti di Gugging: Johann Hauser, August Walla, Oswald Tschirtner, Johann Fischer, Franz Kamlander, Johann Korec, Franz Kernbeis, Johann Garber, Arnold Schmidt, Karl Vondal, Heinrich Reisenbauer. Autori che appartengono alla storia dell'Art Brut, dalle biografie aspre e tormentate, capaci di dar vita nello scenario di Gugging a inusuali vicende artistiche, visionarie e tuttavia ben radicate nel cuore profondo della cultura mitteleuropea.

Una libertà assoluta di pulsioni ed espressione, che nelle numerose opere in collezione di August Walla parlano di un rapporto continuo

The Fabio and Leo Cei Collection

The collection was established during the early 1990s and it is the result of an artistic sort of sensitivity that was experienced in the family environment. Biographical notes crossed by a flair for severance, of a need for new cognitive adventures led Fabio Cei into his encounter with Art Brut and with contemporary forms of Outsider Art.

Art Brut becomes an actual field of freedom, based upon the pleasure of discovery and curiosity about authors distant from strictly commercial logics and from the constraints of official culture.

Right from its beginning, it is a collection of clear Danubian influence, in its rich founding influence and in its contemporary gaze addressed towards the international outsider world for its new acquisitions, and towards authors from the Balkan area: historical artists and the great protagonists of Art Brut such as Sava Sekulić, Vojislav Jakić or Joškin Šiljan – among the most representative artists on the scene of contemporary Outsider Art in Serbia. A project following its own intuitions and cultural declinations, along a path that makes its way between Vienna, Belgrade and the Black Sea.

A collection enriched by Outsider authors of various origins, including works by Claudio Costa – a historically sensitive artist and one active in the field of artistic productions born between the walls of psychiatric wards.

The Viennese heart of the collection is very well represented by historical authors from the Gugging House of Artists: Johann Hauser, August Walla, Oswald Tschirtner, Johann Fischer, Franz Kamlander, Johann Korec, Franz Kernbeis, Johann Garber, Arnold Schmidt, Karl Vondal and Heinrich Reisenbauer. Authors who belong to the history of Art Brut, possessing bitter and tormenting biographies, capable of giving life (within the Gugging scenario) to unusual artistic events, ones that are visionary and yet well-rooted in the innermost heart of Central European culture.

An absolute freedom of expression and urges that, in the many works by August Walla present

con i linguaggi visivi: un'opera, la sua, ad alta tensione, labirintica e debordante, a soffocare lo spazio di scritte e di simboli espliciti, politici e sessuali. Opera monumentale, ironica e poetica, che vive di un linguaggio fluviale privato e segreto: un mondo musicale e ipnotico, dai suoni poco usati, con parole ignote che Walla farà proprie ispirando viaggi immaginari.
Oswald Tschirtner, invece, firma i suoi «Menschen» con segno scabro ed essenziale: figure ascetiche e raffinate, cifra di un silenzio visivo che ben si accorda con le fitte trame ornamentali di Garber, con le sequenze seriali di Heinrich Reisenbauer, con il romanzo erotico di Johann Korec.
Sempre di marca viennese sono le opere in collezione dell'atelier bild.Balance, fondato nel 2001, che presenta, tra gli altri, i treni e le incisioni su legno di Ewald Wikidal, nate da una sua particolare passione cartografica, la paziente serialità di Gerhard Kobrc, che sostiene l'anima profonda del suo racconto grafico, le scritture ipnotiche di Rebecca Souradjou.
Di Janz Franz, autore «selvaggio», nato a Graz negli anni Quaranta, sono invece due grandi tele, espressioniste e materiche, mentre raccontano sul filo dell'invisibile le mappe-dizionari di Joškin Šiljan. Tra gli autori inediti, spicca il genere figurativo di una giovane artista di Belgrado, Katarina Savic, che predilige ritratti e rappresentazioni del corpo femminile.
Lavora con tele di grandi dimensioni Philippe Azéma, che vive nei pressi di Tolosa, a dar vita a un mondo simultaneo e complesso. Azéma è autore di un'azione pittorica che pare indirizzata contro il vuoto e l'assenza del segno, lasciando sulle carte dal fondo cromatico acceso un mondo popolato da figure sintetiche e stilizzate e da un bestiario fantastico.
Francese di Melun (Seine et Marne) è invece Jean Pierre Nadau, che dall'inchiostro di china ricava architetture labirintiche e universi privati: una cartografia del fantastico che talvolta assume dimensioni monumentali, come nel lavoro in mostra, dal titolo *La Seine eau pale masquée*.

in the collection, express a continuous relationship with visual languages: his works are high-tension, labyrinthine and overflowing, stifling the space with writing and symbols that are explicit, political and sexual. A monumental, ironical and poetic corpus of works that thrive on a private and secret fluvial language: a musical and hypnotic world, one with unfamiliar sounds, with unknown words that Walla made his own and that inspired imaginary journeys.
Whereas Oswald Tschirtner signed his «Menschen» with a rough and essential mark: ascetic and refined figures, the signature of a visual silence that agrees well with the thick ornamental wefts by Garber, the serial sequences by Heinrich Reisenbauer, the erotic tales by Johann Korec.
Again of Viennese matrix are the collection works from the Bild Balance atelier, which was founded in 2001; amongst other things, it presents the train and wood engravings by Ewald Wikidal that stem from his particular passion for cartography; the patient serialism of Gerhard Kobrc, who supported the profound soul of his graphic tale; and the hypnotic writings by Rebecca Souradjou.
Instead by Janz Franz, a «primitive» author born in Graz during the 1940s, there are two large expressionist and material canvases, as the map-dictionaries by Joškin Šiljan are told on the edge of the invisible. Amongst the unprecedented authors, there stands out the figurative genre of a young artist from Belgrade named Katarina Savic who has a preference for portraits and representations of the female body.
Philippe Azéma, who lives in the vicinity of Toulouse, works on canvases of large dimensions that give life to a simultaneous and complex universe. Azéma is the author of a pictorial action that seems directed against emptiness and the absence of a sign, leaving a world inhabited by synthetic and stylized figures, in addition to an imaginary bestiary, on sheets of paper with a bright chromatic background.
Whereas Jean Pierre Nadau is a Frenchman

Tra i diversi autori italiani presenti nella raccolta, sono infine di particolare interesse le rarissime colate di cera del 1968/'72 di Nelly Valenti, una straordinaria paragnostica visionaria; i *collages* e le grandi tele di F.M. Bibesco che con la scrittura dei segni interpretano il viaggio e il tempo; i discontinui lavori di Roberto Maini, «l'uomo che urla» nelle strade di Genova; le opere di Gino P., «il trattorista», singolare figura di *bricoleur* alla Levi-Strauss, animatore di un suo mondo costruito nel legno.

La mostra, accolta nelle sale del Castello di Casale Monferrato, è anche tappa di un progetto dedicato alle forme espressive libere, alle diverse esperienze dell'Art Brut e alle nuove frontiere dell'Outsider Art, nei loro rapporti con la storia e con le pratiche artistiche contemporanee. Un progetto situato in uno scenario europeo che vede, accanto alle storiche esperienze di Losanna, della collezione Prinzhorn di Heidelberg, dell'Art Brut Center di Gugging, realtà museali di grande rilievo, come il Museum of Naïve and Marginal Art di Jagodina, in Serbia, le parigine Halle Saint Pierre e collection abcd, gli innovativi Gaia Museum of Outsider Art di Randers, in Danimarca, e Kunsthaus Kannen a Munster, Germania, o l'Oliva Creative Factory Art Museum di São João de Madeira, in Portogallo.

Un progetto che prevede anche la riconversione delle settecentesche ex carceri di Casale Monferrato in un centro polifunzionale per la formazione, la conservazione, la promozione e la diffusione, attraverso mostre temporanee e altre attività culturali, di autori e opere, e nel quale troverà collocazione permanente anche la *Collezione Fabio e Leo Cei*.

born in Melun (Seine et Marne), who uses Indian ink in creating labyrinthine architectures and private universes: a fantastic cartography that sometimes assumes monumental dimensions, such as the work on exhibition entitled *La Seine eau pale masquée*.

Among the several Italian authors who are part of the collection, of particular interest are the very rare 1968/'72 wax castings by Nelly Valenti, an extraordinary paranormal visionary; *collages* and great canvases by F.M. Bibesco who uses signwriting to interpret travels and time; the discontinuous works by Roberto Maini, «the man who shouts» in the streets of Genoa; works by Gino P., «the tractor driver», a singular figure of *bricoleur* in the style of Levi-Strauss and animator of his own world built in wood.

The exhibition, hosted on the premises of the Casale Monferrato Castle, is also one of the stages for a project dedicated to free forms of expression, to the different experiences of Art Brut and to the new frontiers of Outsider Art, in their relations with history and with contemporary artistic practices. A project set in a European scenario that witnesses, alongside the historical experiences in Lausanne, those of the Prinzhorn collection in Heidelberg and the Gugging Art Brut Center – some other museum realities of great importance such as the Museum of Naïve and Marginal Art in Jagodina (Serbia), Halle Saint Pierre and abcd collection in Paris, the innovative Gaia Museum of Outsider Art in Randers (Denmark), Kunsthaus Kannen in Munster (Germany), or the Oliva Creative Factory Art Museum in São João de Madeira (Portugal).

A project that also plans the conversion of former eighteenth century prisons in Casale Monferrato into a multifunctional centre for the formation, preservation, promotion and dissemination (through temporary exhibitions and other cultural activities) of authors and artworks. The centre will also act as permanent premises also for the *Fabio and Leo Cei Collection*.

[1] Jacques Maritain scrive nel 1921 (in «Art et scolastique») di «maladresse», di quell'imperizia che restituiva valori espressivi nuovi e immediati.
[2] Su questi temi si veda Elena Pontiggia, «Il Doganiere Rousseau e l'arte italiana della prima metà del Novecento», in *Henri Rousseau. Il candore arcaico*, a cura di Gabriella Belli e Guy Cogeval, 24 ORE Cultura, 2015.
[3] Ardengo Soffici, «Henri Rousseau», in «La Voce», 15 settembre 1910, n. 40.
[4] Franco Basaglia, «Kitsch ed espressione figurativa psicopatologica», in *Psicopatologia dell'espressione*, Il Verri, n. 15, Feltrinelli, Milano 1964.
[5] Sui rapporti tra Art Brut e mondo naïve in Italia si veda il recente articolo di Laurent Danchin «Dall'arte Naïve all'Art Brut. La vicenda italiana», in «O.O.A. rivista di outsider art», n. 6, Glifo Edizioni, ottobre 2013.
[6] «L'arte naïve», fondata nel 1974.
[7] *Carteggio Dubuffet Trucchi*», a cura di Lorenza Trucchi, De Luca Ed., Roma 2014.
[8] Lettera di Dubuffet a Lorenza Trucchi dell'8 agosto 1964, in *Carteggio*..., op. cit. Sull'opera di Bentivegna si veda Eva di Stefano, *Irregolari. Art Brut e Outsider Art in Sicilia*, Kalos Ed., Palermo 2008.
[9] Lettera di Dubuffet del 14 dicembre 1962, *Carteggio*..., op. cit. In quella stessa lettera Dubuffet chiede invece notizie degli autori che frequentavano l'atelier veronese di Noble, in particolare di Carlo Zinelli.
[10] Lettera del 6 maggio 1963, *Carteggio*..., op. cit.
[11] Gillo Dorfles, *Il giardino incantato di Filippo Bentivegna*, Novecento Ed., 1989.
[12] Saggio pubblicato nel 1968.
[13] Questione storica nel campo dell'arte outsider, che Dubuffet aveva intuito sin dalle origini: si veda, a proposito, la lettera a Lorenza Trucchi del 20 giugno 1963, in *Carteggio*..., op. cit.
[14] Si veda, ad esempio, la vivace realtà siciliana, con le recenti giornate di studi di Sciacca dedicate a Filippo Bentivegna («Outsider Art. L'altro dell'Arte. Storia, tutela e valori selvaggi»).
[15] In un settore che vede storiche edizioni, tra queste quelle di Gabriele Mazzotta, presenza costante con saggi e cataloghi dal 1997, con *Arte necessaria. Storie di dodici artisti outsider d'Italia*, curata da Alessandra Ottieri, alla recente *Borderline. Artisti tra normalità e follia* del 2013.
[16] Su questo tema è di grande rilievo il contributo di Giorgio Agamben (in *Che cos'è il contemporaneo?*, Nottetempo, Roma 2008).

[1] Jacques Maritain wrote in 1921 (in «Art et scolastique») about «maladresse», the sort of unskillfulness that rendered new and immediate expressive values.
[2] On this topic, see Elena Pontiggia, «Il Doganiere Rousseau e l'arte italiana della prima metà del Novecento», in *Henri Rousseau. Il candore arcaico*, edited by Gabriella Belli and Guy Cogeval, 24 ORE Cultura, 2015.
[3] Ardengo Soffici, «Henri Rousseau», in «La Voce», 15 September 1910, no. 40.
[4] Franco Basaglia, «Kitsch ed espressione figurativa psicopatologica», in «Psicopatologia dell'espressione», Il Verri, no. 15, Feltrinelli, Milan 1964.
[5] On the relation between Art Brut and the naïve world in Italy, see the recent article by Laurent Danchin «Dall'arte Naïve all'Art Brut. La vicenda italiana», in «O.O.A. rivista di outsider art», no. 6, Glifo Edizioni, October 2013.
[6] «L'arte naïve», founded in 1974.
[7] *Carteggio Dubuffet Trucchi*, edited by Lorenza Trucchi, De Luca Ed., Rome 2014.
[8] Letter from Dubuffet to Lorenza Trucchi dated 8th August 1964, in *Carteggio*, opera cit. Regarding the works of Bentivegna, see Eva di Stefano, *Irregolari. Art Brut e Outsider Art in Sicilia*, Kalos Ed., Palermo 2008.
[9] Letter written by Dubuffet on 14th December 1962, *Carteggio*, op. cit. In that same letter, Dubuffet asked for news about the authors attending Noble's atelier in Verona, in particular regarding Carlo Zinelli.
[10] Letter written on 6 May 1963, *Carteggio*, op. cit.
[11] Gillo Dorfles, *Il giardino incantato di Filippo Bentivegna*, Novecento Ed., 1989.
[12] Essay published in 1968.
[13] A historical question in the field of Outsider Art, which Dubuffet had sensed from its origins: to this effect, see the letter to Lorenza Trucchi dated 20th June 1963, in *Carteggio*, op. cit.
[14] See, for example, the lively Sicilian environment, with recent days of study in Sciacca dedicated to Filippo Bentivegna («Outsider Art. L'altro dell'Arte. Storia, tutela e valori selvaggi»).
[15] In a sector possessing historical editions, such as the ones by Gabriele Mazzotta, a constant presence with essays and catalogues since 1997, with *Arte necessaria. Storie di dodici artisti outsider d'Italia*, edited by Alessandra Ottieri, to the recent *Borderline. Artisti tra normalità e follia* published in 2013.
[16] Of great relevance, regarding this topic, is the contribution by Giorgio Agamben (in *Che cos'è il contemporaneo?*, Nottetempo, Rome 2008).

GIORGIO BEDONI è Psichiatra, Psicoterapeuta
Docente all'Accademia di Belle Arti di Brera – Milano

GIORGIO BEDONI is Psychiatrist, Psychotherapist
Professor at the Brera Academy of Fine Arts – Milan

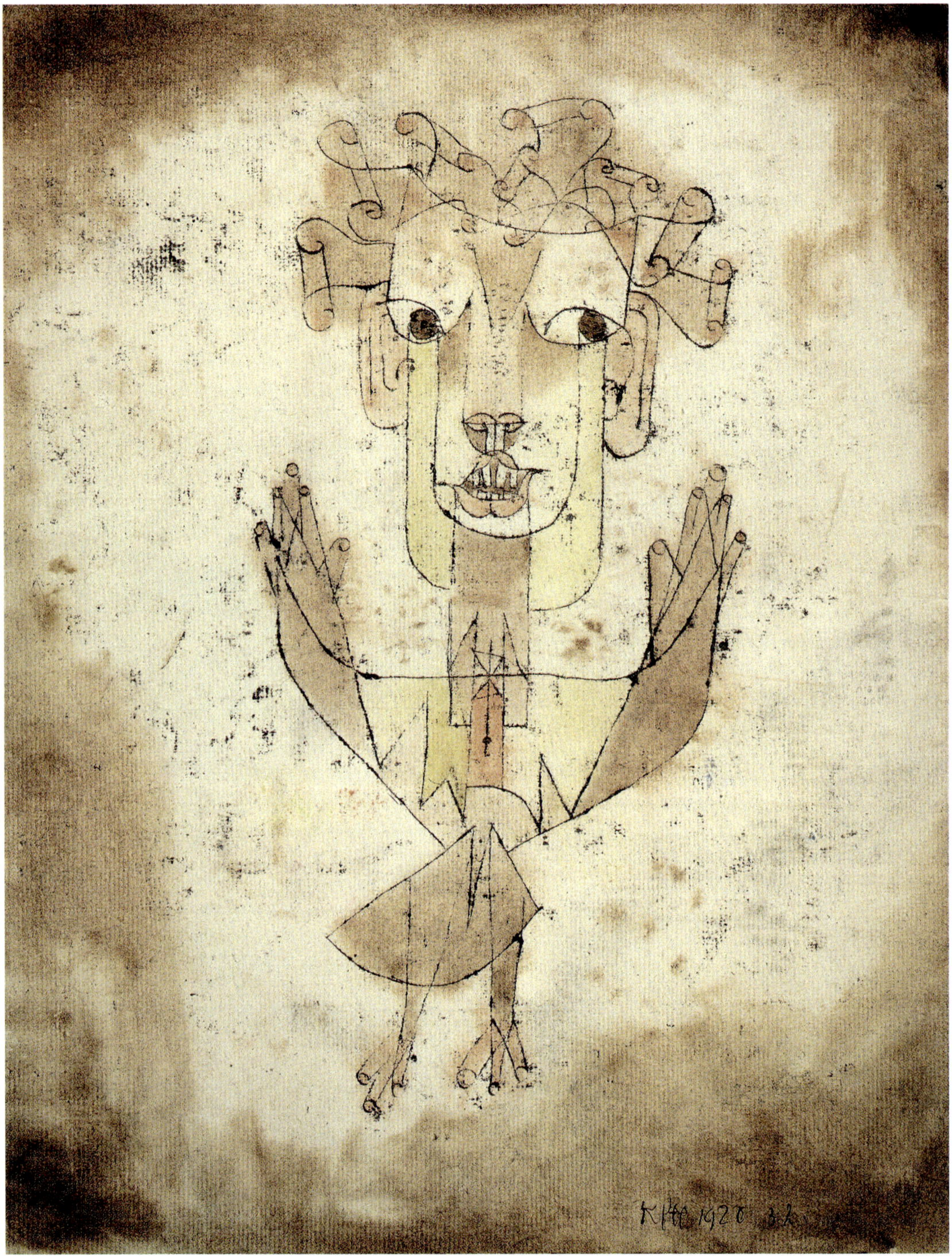

Paul Klee, *Angelus Novus*, china, gesso colorato e acquerello su carta / Indian ink, colored chalk and watercolor on paper, 1920.
The Israel Museum, Gerusalemme / Carole and Roland Lauder, New York / Bridgeman Images

FRANCESCO BARALE

Arte, psicopatologia, psicoanalisi
Art, psychopathology, psychoanalysis

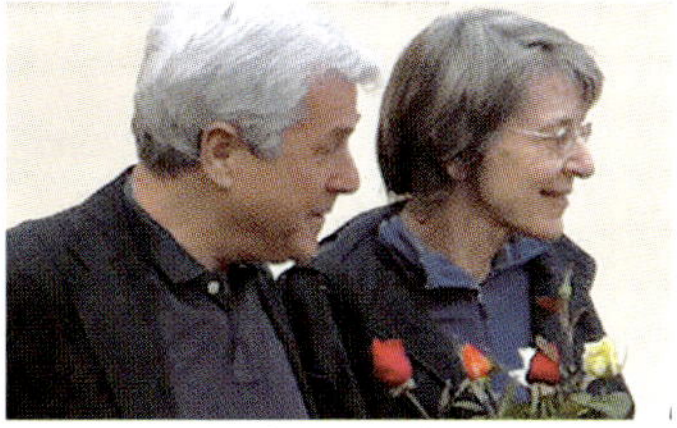

Francesco e Stefania Barale

«Quel che tento di tradurvi è più misterioso, s'aggroviglia alle radici stesse dell'essere, alla sorgente impalpabile delle sensazioni».
(Joachim Gasquet, *Cézanne*)

«That which I attempt to convey is more mysterious, entangled in the very roots of being, to the intangible source of feelings».
(Joachim Gasquet, *Cézanne*)

«L'arte non riproduce il visibile, ma rende visibile».
(Paul Klee)

«Art does not reproduce the visible, rather it makes visible».
(Paul Klee)

Di fronte a raccolte di «arte psicopatologica» come quella, straordinaria, di Hans Prinzhorn[1] o quella della Casa degli Artisti di Gugging[2], l'osservatore che riesca a sospendere le abituali attitudini semeiologiche professionali è investito da sensazioni contraddittorie: vicinanza ed estraneità, ammirazione e fastidio, curiosità e inquietudine. Da questo groviglio originano poi, quasi inevitabilmente, quegli interrogativi radicali sulla natura della sofferenza mentale e della creatività artistica che un discorso accademicamente ben educato dovrebbe lasciare sullo sfondo, bonariamente o ironicamente, per non apparire ingenuo.

C'è qualcosa di fondamentale riguardante l'umano che questi dipinti, questi disegni, queste sculture, fatti spesso per non comunicare, immediatamente ci comunicano. Nati da una crisi profonda delle identità personali, ci interrogano sulle sorgenti delle nostre stesse identità. Poi, le identità personali e professionali, riprendendo fiato, ristabiliscono una distanza

Faced with collections of «psychopathological art», such as the extraordinary one of Hans Prinzhorn[1] or that of the Artists' Home of Gugging[2], the observer who is able to suspend customary professional semeiological opinions is struck by contradictory sensations: familiarity yet strangeness, admiration yet annoyance, curiosity yet uneasiness. From this dichotomy, there arise, almost inevitably, those radical questions on mental illness and artistic creativity that polite academic discourse should, well-meaningly or ironically, allow to remain in the background, so as to not appear naïve.

There is something fundamental about humanity that is immediately conveyed by these paintings, drawings and sculptures, even though they are often created in order not to communicate. Stemming from profound personal identity crises, they make us question momentarily the roots of our own identity. But then, personal and professional identities take control once again, a distance is restored and,

e, attraverso di essa, organizzano, almeno entro certi limiti, quelle sensazioni.
Lo storico dell'arte, allora, di fronte alle disposizioni singolari verso il mondo di cui queste forme sono espressione (e all'inquietante bellezza di alcune, almeno, di esse), le situerà in un sistema di differenze e similitudini con alcune correnti dell'arte contemporanea; ripercorrerà magari le riflessioni teoriche di Klee, Kandinsky, Dubuffet.
Malgrado ciò, con tutta probabilità rimarrà in lui, difficilmente riducibile, quel sentimento perturbante che la particolare rottura schizofrenica dei codici comunicativi consensuali produce. Rottura enigmatica, diversa da tutte le altre; rottura, spesso, non *per* il linguaggio (per sovvertirne e ampliarne le capacità) ma *contro* le possibilità stesse del linguaggio. Eppure rottura che, nelle sue forme, proprio per questo contiene non solo la testimonianza della forza insopprimibile della creatività e dell'espressività umana, ma il segno più radicale dei paradossi da cui espressività e creatività sono attraversate, dell'impossibilità che le alimenta.
Lo psichiatra, dal canto suo... quante cose lo psichiatra può trovare in queste opere! Tutta la semeiologia dell'esperienza schizofrenica, infrangersi del senso, perdita dei confini dell'io, distorsione e dissociazione radicale dell'esperienza del mondo, del sé, della corporeità propria, stereotipie, manierismo, tracce dell'esperienza allucinatoria o del delirio... Oppure, su un diverso piano di comprensione, il nostro psichiatra osservatore rintraccerà in queste opere la radicale crisi della forma che travaglia l'espressività schizofrenica: la contraddizione insolubile tra penoso sentimento dello svanire delle capacità, da parte delle forme, di dire davvero una qualunque esperienza e vitale bisogno espressivo; tra perdita del contatto e *horror vacui*; tra indicibilità e nostalgia di una pienezza impossibile. Contraddizione che produce quell'oscillazione brusca o quella compresenza di espressività «bruta» e manierismo[3], crisi della significazione e proliferazione

thanks to this, it becomes possible, within certain parameters, to categorise these sensations.
The art historian, grappling with the individual attitudes towards the world that these works express (and the unsettling beauty of some of them), categorises them according to their similarities and dissimilarities to certain streams of contemporary art; he may retrace the theoretical reflections of Klee, Kandinsky and Dubuffet.
Unfortunately, and most probably, he will not be able to quell the sense of perturbation evoked by this distinctive, schizophrenic breach of the generally accepted codes of communication. It is a mysterious breach, different from all the others, because its source lies not *in* language (language overturned or used in a way to amplify its purpose), but in *negation* of the inherent possibilities of language. And yet it is a breach that, in the forms it takes, not only bears witness to the irrepressible power of human creativity and expression, but also contains the most radical sign of the paradoxes that run through expression and creativity and of the impossibility that fuels them.
For the psychiatrist, on the other hand, there is plenty to be found in these works! The entire semeiology of the schizophrenic experience, the breakdown of common sense, the loss of personal boundaries, the radical disassociation from and distortion of worldly experience, of the self, of one's own corporality, stereotypes, mannerisms, traces of hallucinatory and delusional tendencies, and so on... Alternatively, our psychiatrist, interpreting them in a different vein, may trace the extreme crisis of form that permeates schizophrenic expression: the insoluble contradiction between the painful awareness of the loss of the ability of forms to truly convey any experience and the vital need to express; between loss of contact and *horror vacui*; between inexpressibility and nostalgia for an impossible entirety. Such contradictions produce abrupt oscillations or the coexistence of «brut» expressivity and mannerism[3], crises

di un puro gioco di significanti, deformazione e formalismo, dissolversi del senso e ipercondensazione simbolica, tensione formale (talvolta elevatissima) e autodistruzione della forma, concretezza e astrazione[4], tipica delle produzioni schizofreniche. Ma solo di esse?
E il rapporto tra creazione artistica e delirio non sarà per caso qualcosa di più profondo? Non sarà la creazione artistica dello psicotico in se stessa qualcosa di profondamente analogo al delirio, un suo equivalente e una sua alternativa; qualcosa che del delirio ha la stessa urgenza e necessità, lo stesso valore vitale di sopravvivenza, la stessa funzione di ricreazione e ricostruzione di un ordine a partire dal caos di un'esperienza dissolutiva? La stessa rudimentale funzione reintegrativa (Kant) o «riparativa» (Klein)?
Sulla copertina di un trattato americano sulla schizofrenia[5] campeggia (segni dei tempi!) la riproduzione di un disegno (matita, pastello, inchiostro e carboncino) di Martin Ramírez, i cui lavori sono stati esposti in una mostra postuma a Filadelfia, nel 1985. Rappresenta un idolo-feticcio-oggetto-sé bizzarro, un corpo assemblato, smembrato e riorganizzato come un luogo di proiezioni; un Odradek primitivo, macchina da influenzamento e influenzata che si erge, cinta da una corona regale, sullo sfondo di una sorta di scenario teatrale, a dominare un'enorme fessura, vagamente a forma di genitale femminile, tra due cortine di tende.
L'immagine è piuttosto «tipica», simile a molte altre ricorrenti nell'arte psicopatologica, a certi idoli della raccolta Prinzhorn, per esempio, o, per qualche verso – anche se assai più vaga e sfuggente, più irrigidita, molto meno forte ed espressiva – ad alcuni pupazzi-feticci grotteschi di August Walla[6]. Ha le braccia levate, in un gesto un po' simile all'«angelo della storia» di Klee, reso celebre da Benjamin; ma qui l'orrore di fronte alle rovine della storia non fa retrocedere drammaticamente ad ali spiegate verso nessun utopico futuro, ma, sullo sfondo del teatro schizofrenico, si trasforma in un ge-

of signification and proliferation of a pure game of signifiers, deformation and formalism, dissolution of meaning and hypercondensation of symbols, formal tension (which sometimes reaches extremely high levels) and formal self-destruction, concreteness and abstraction[4], all of which is typical of schizophrenic works. But does all of this really apply only to schizophrenic works?
Is the relationship between artistic creation and delirium not something deeper, perhaps? Might it not be that the artistic creation of the psychotic individual is, in itself, something profoundly analogous to delirium, its equivalent and its alternative; something that has the same sense of urgency and necessity that delirium does, the same vital need for survival, both serving to recreate and reconstruct order from the chaotic dissolutive experience? The same fundamental function of reintegration (Kant) or «reparation» (Klein)?
The cover of an American treatise on schizophrenia[5] bears (a sign of the times!) a reproduction of a drawing (pencil, pastels, ink and carbon) by Martin Ramírez, whose works were exhibited posthumously in Philadelphia in 1985. It depicts a bizarre fetishistic-idol-object-being, an assembled body, dismembered and rearranged as a set of projections; a striking primitive Odradek who stands, wearing a regal crown, against a sort of theatrical backdrop, dominated by a huge crack, vaguely resembling the female genitalia, between two curtains.
The image is rather «typical», similar to many others recurring in psychopathological art, such as the idols in Prinzhorn's collection, or, in some ways – even though it is more vague and evasive, stiffer, and much less strong and expressive –, to some of the grotesque fetishist puppets by August Walla[6]. Its arms are raised, in a gesture reminiscent of the «Angelus Novus» by Klee, made famous by Benjamin; but here the horror in the face of the ruins of history does not recede dramatically, wings

sto sospeso nel vuoto, un gesto quasi immoto di manieratissimo trionfo.
Martin Ramírez, messicano affetto da schizofrenia paranoide, trascorse quasi tutta la vita in un ospedale psichiatrico californiano. Non comunicava pressoché mai verbalmente. I curatori del trattato così raccontano la sua vicenda: «Non aveva mai seguito alcun corso di formazione e sviluppò una passione per la sua arte dopo vent'anni in ospedale. Quando non disponeva di carta appropriata, spesso attaccava insieme frammenti di carta, utilizzando saliva e patate. Per proteggere le sue opere dal personale dell'ospedale, che aveva l'ordine di confiscare e bruciare i lavori dei pazienti, Ramírez spesso le nascondeva sotto il materasso. Benché intrappolato in una forma di mutismo [...] è riuscito a esprimersi in una forma d'arte brillante e unica». I suoi lavori cominciano ora a circolare, apprezzati, nel mercato dell'arte americano. Curioso destino.
Molte considerazioni si imporrebbero. Chi conosce la storia della psichiatria asilare, così diversa da quella degli attuali laboratori di arte-terapia, conosce anche la storia di queste tenaci attività espressive: tragiche forme di sopravvivenza a un tempo dalle esperienze dissolutive della follia e dell'istituzione psichiatrica, nei cui anfratti, nelle condizioni più incredibili – come certe pianticelle nel deserto o nei più inospitali luoghi di montagna – riuscivano a radicarsi. Funzione necessaria, analoga a quella del delirio, appunto.
Viene in mente l'importanza del corpo in certi filoni dell'arte contemporanea. Certo, nell'arte asilare era la corporeità propria, innanzitutto, a essere in gioco. Nel valore vitale di quelle produzioni si rifletteva proprio questo: gli «artisti» dei manicomi dipingevano *con* il corpo proprio e *il* corpo proprio. Ma, come dice Valéry, il pittore non «si dà sempre con il suo corpo»? Non è sempre (anche se certo in modi diversi) la corporeità propria, il corpo senziente nel suo originario aprirsi al mondo,

unfolded, towards some utopian future, but against the backdrop of a schizophrenic theatre, it is merely transformed into a gesture suspended in emptiness, an almost motionless gesture of studied triumph.
Martin Ramírez, a Mexican paranoid schizophrenic, spent almost his whole life in a Californian psychiatric hospital. He never communicated verbally. The authors of the treatise explain his story thus: «He never formally studied and developed a passion for his art after twenty years in hospital. When he had no suitable paper, he often glued pieces of paper together, using saliva and potatoes. In order to protect his works from the hospital personnel, who had been ordered to confiscate and burn the patients' works, Ramírez would often hide them under his mattress. Although trapped in a form of muteness [...] he was able to express himself through a brilliant and unique form of art». His works have now begun to circulate and gain appreciation in the American art world – an interesting twist of fate.
There are many considerations to be made. Anyone familiar with the history of psychiatric asylums, so different from today's art therapy labs, will be aware of these tenacious forms of expression: tragic forms of survival of the dissolutive experience of madness and the psychiatric institution that, in the hidden recesses of these places and in the most incredible conditions, like little plants in the desert or in the remotest corners of mountains, managed to take root. A necessary function, as we have said, similar to delirium.
All this brings to mind the importance of the body for certain contemporary artistic currents. The primary focus of asylum art was one's own corporality, a concept precisely reflected in the fundamental value of these works; the asylum «artists» painted their own bodies *with* their own bodies. However, as Valéry asks, does not the painter «always give himself with his own body»? Is it not (albeit in different ways) one's own corporality, the sentient body in the mo-

ciò che è in questione nella pittura? Certo, nell'arte manicomiale il valore di elementare sopravvivenza del sé che la produzione artistica assumeva fa riflettere.
Problemi inquietanti si aprono tuttavia a partire da questa analogia tra produzioni artistiche e delirio, che potrebbe riguardare la creatività artistica in generale... oltre che i modi di pensare il delirio. Comunque anche lo psichiatra, alla fine, se ha un minimo di sensibilità estetica, rimarrà interdetto di fronte alla sorprendente bellezza di certe opere.
Come metterla allora con le idee ricevute? Come ammettere che le figurazioni più estreme dell'autismo e della follia incontrino la bellezza?
Starobinski[7] ha ricordato come la questione della follia e del suo legame con l'ispirazione artistica attraversi tutta la storia della cultura occidentale, da Platone in avanti. L'arte cosiddetta «psicopatologica» sembra fatta apposta per risollevare tutto questo antico dibattito, e anche per mostrare l'insufficienza di ogni soluzione «semplice»: che sia quella romantica ed estremista dell'Art Brut e di Dubuffet («la creazione artistica, ovunque compaia, è in tutti i casi sempre patologica») o quella colta ed educata di Kris[8] (e prima di lui di Freud) dell'arte come «regressione al servizio dell'io», che contrappone «alla costrizione dello psicotico la libertà dell'artista». Non c'è arte «bruta», c'è arte quando l'io educato e competente riprende il governo della sofferenza e delle fonti, più o meno regressive, dell'ispirazione. Nessuna arte è immediata o «spontanea»; ogni arte richiede, in ogni caso, la «culla di spago» della cultura. «Gli artisti non provengono dalla loro infanzia [...] dal loro mondo informe [...] ma dalla loro lotta contro la forma che altri hanno imposto al mondo»[9]. Ovvero: la sublimazione è un lungo e complicato tragitto e altrettanto complesso è quello tra il prodotto della sublimazione e l'oggetto artistico.
Ripercorrere le vicende dei singoli creatori folli, sia esperti che non esperti, ci mette in

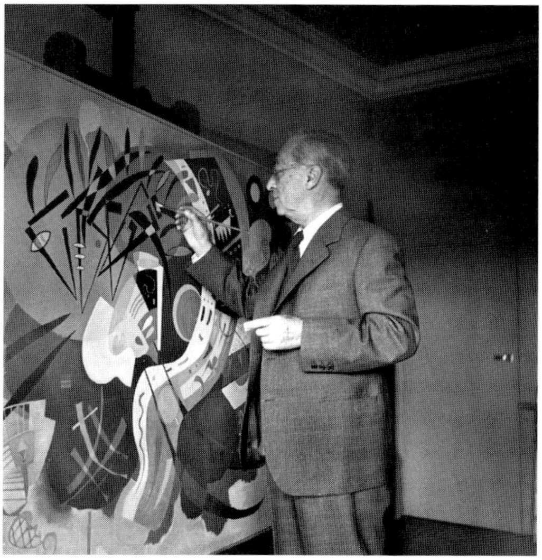

Wassily Kandinsky (1866-1944) in uno scatto del dicembre 1936, Roger-Viollet/ Archivi Alinari
Wassily Kandinsky (1866-1944) in December 1936, Roger-Viollet/ Archivi Alinari

ment in which it opens up to the world, that is the very stuff of painting? Surely, in asylum art, the fundamental role played by the survival of the self in artistic production provides food for thought.
However, disturbing questions arise from this analogy between artistic production and delirium, questions that may concern artistic creation in general... as well as ways of perceiving delirium. In any case, if the psychiatrist has even a trace of aesthetic sensitivity, he will be dumbfounded by the beauty of some of these works.
How then, can this be framed in relation to received knowledge? How does one admit that the most extreme images of autism and madness overlap with beauty?
Starobinski[7] reminds us that the question of madness and its relationship with artistic inspiration permeates the entire history of Western culture, from Plato onwards. So-called «psychopathological art» seems deliberately created to revive this old debate, as well as to demonstrate the insufficiency of any «simple» answer: whether it be Dubuffet's romantic and

realtà di fronte alle cose più diverse e inaspettate. Josephson, pittore svedese (1851-1906) descritto da Kris, che a 37 anni andò incontro a una psicosi, sembra manifestare nel corso della malattia un irrigidimento del tratto (soprattutto nella figura umana) e una scomparsa della precedente raffinata perizia tecnica, sopraffatta da oscuri simbolismi psicotici, che avvicinano le sue produzioni a quelle di artisti psicotici «inesperti». Ma in altri casi non è affatto così. Certo, la sofferenza mentale di per sé non regala il talento. Tuttavia, tanto in artisti inesperti quanto in artisti esperti diventati psicotici, l'esperienza psicopatologica non solo non sembra compromettere necessariamente la creatività o le capacità tecnico-espressive, ma talvolta libera disposizioni e capacità, modi di vedere. E l'evoluzione stilistica, nel bene e nel male, non sembra affatto solo una funzione dell'io, manifestazione com'è di quella originaria apprensione del mondo, di quella «deformazione coerente» (Merleau-Ponty), a partire dalla quale io e mondo insieme si costituiscono. «Quando lavora il pittore non sa nulla dell'antitesi tra io e mondo, tra la significazione e l'assurdo, tra lo stile e la 'rappresentazione': è troppo intento a esprimere il suo commercio con il mondo per inorgoglirsi di uno stile che nasce a sua insaputa»[10].

Che dire del resto di fronte alle ultime straordinarie opere di Tancredi, colme di disperazione, pervase dall'esperienza dissociativa? Che dire di fronte ai disegni alla mescalina di Michaux, agli album dell'esperienza della follia di Mary Barnes?

Il variegato e contraddittorio panorama dell'arte psicopatologica, che sia quella degli artisti divenuti folli o quella dei folli divenuti artisti, che sia quella spontanea fiorita di nascosto nei manicomi o quella coltivata nei laboratori di arte-terapia, sembra fatto apposta per consegnarci, intatto, un enigma. Da esso possono originare le derive e i fraintendimenti più vari. Che non sono solo l'erigere frontiere tra follia e normalità, tra arte «vera»

extreme view of Art Brut («Artistic creation, wherever it may appear, is always pathological»), or Kris'[8] polite and cultured view of this art (like that of Freud before him) as «a regression at the service of the id» which contrasts «the constraint of the psychotic with the freedom of the artist». There is no «brut» art; art exists when the educated and competent id regains control of its suffering and of the more or less regressive sources of inspiration. No art is immediate or «spontaneous»; all art requires, in each instance, a cultural «cradle». «Artists do not stem from their childhood [...] from their unformed world [...] but from their fight against the shape that others have imposed on the world»[9]. That is to say: sublimation is a long and complicated road and just as complex is that between the product of the sublimation and the artistic product.

Going over the experiences of individual insane creators, be they experts or not, actually brings us face to face with the most unexpected and diverse realities. Kris describes Josephson, the Swedish painter (1851-1906), who at 37 developed a psychosis and, during the course of his illness, manifested a more rigid touch (especially when reproducing the human form) and a lack of his previous technical skills, replaced instead by obscure psychotic symbols, which drew him closer to the art of «inexpert» psychotic artists. Other cases are quite different, however. Obviously, mental anguish does not in itself confer talent. Furthermore, as shown by artists (both expert and non-expert) who developed psychosis, the psychopathogical experience does not seem to impair creativity or technical expression; rather, in some cases, it frees the mind, capabilities and outlook. And the technical evolution, for better or for worse, certainly does not appear to depend purely on the id, given that it is a manifestation of that original apprehension of the world, of that «coherent deformation» (Merleau-Ponty) that is the starting point from which the id and the world, together, take shape. «When the

e arte alienata o «degenerata», ma anche le idealizzazioni *tout court* di quell'esperienza tragica e distruttiva che è comunque la psicosi; quegli estetismi così sempre fastidiosi a chi, impegnato nell'assistenza, ben sa quanto faticoso sia cercare di trasformare realmente «il dolore psichico in segno dell'umano»: «muse e dei circolano poco da queste parti», ci ricorda Petrella[11].
Forse le nostre categorie sono troppo semplificatorie o, viceversa, troppo scivolose. Forse i modi della sofferenza mentale e del suo rapporto con la «pulsione di *Gestaltung*» (ma esiste?) sono i più vari. Forse le generalizzazioni, in un ambito come questo, sono davvero difficili.
Eppure, malgrado tutte queste prudenti premesse, le produzioni artistiche della sofferenza mentale, con il loro impatto immediato che cortocircuita in un lampo tutta la tradizione figurativa, continuano da un lato a testimoniarci una irriducibile capacità di redenzione della sofferenza, dall'altro a interrogarci su alcuni radicali della vita mentale in generale, su vicende di desiderio, perdita e ritrovamento che ci accomunano.

Come pensare questo sfondo comune? La rudimentale metafisica della *Gestaltung* derivata da Klages, che Prinzhorn ci propone, ci offre un quadro concettuale accettabile? Ma abbiamo realmente a disposizione un quadro concettuale in grado di facilitarci il compito? Proviamo a riprendere la questione da un altro punto di vista: cosa dipingono davvero i pittori?
Cézanne ha dipinto almeno una ventina di volte, credo, la montagna Sainte-Victorie. Quante bottiglie ha dipinto Morandi? Quante dune, fari, alberi, quadrati, Mondrian? In queste riprese instancabili dello stesso soggetto appare evidente la sua natura generale di pretesto e di maschera provvisoria; ma anche, nello stesso tempo, la sua inevitabilità. Certo, la posizione di un oggetto, comunque raffigurato, implica necessariamente l'attraversamento di reale e

painter is working, he has no idea of the antithesis between the id and the world, between meaning and the absurd, between style and 'representation': he is too intent on expressing his relationship with the world to be proud of a style which he unwittingly created»[10].
What of the latest extraordinary works by Tancredi, full of desperation, permeated with dissociative experience? And what of the mescaline induced drawings by Michaux, or the albums of Mary Barnes' madness?
The varied and contradictory panorama of psychopathological art (that of artists who became insane and of insane individuals who became artists), whether it flourished spontaneously within the walls of asylums or was cultivated in art therapy labs, seems almost deliberate, serving to present us with an enigma. It can give rise to the most varied digressions and misunderstandings, leading not only to the erection of boundaries between normality and insanity, between «real» art and «outsider» or «degenerate» art, but also resulting in actual idealisations of the tragic and destructive experience that is psychosis; such aestheticisms are always disturbing those who care for the mentally ill and know very well how hard it can be trying to truly transform «mental pain into something more humane»: «muses and gods rarely make an appearance around here», says Petrella[11].
Perhaps our categorisations are too simplistic, or vice versa, too slick. Perhaps the expressions of mental suffering and of its relationship with the «*Gestaltung* instinct» (does this really exist?) are extremely diverse. Maybe generalisations in this field are too complex.
Yet, in spite of all these cautious premises, the artistic products of mental suffering, which, with their immediate impact, instantly short-circuit all figurative tradition, continue on the one hand to bear witness to an unshakable ability to portray suffering, and on the other, to make us question certain foundations of mental health as a whole, such as desire, loss and recovery, which are common to us all.

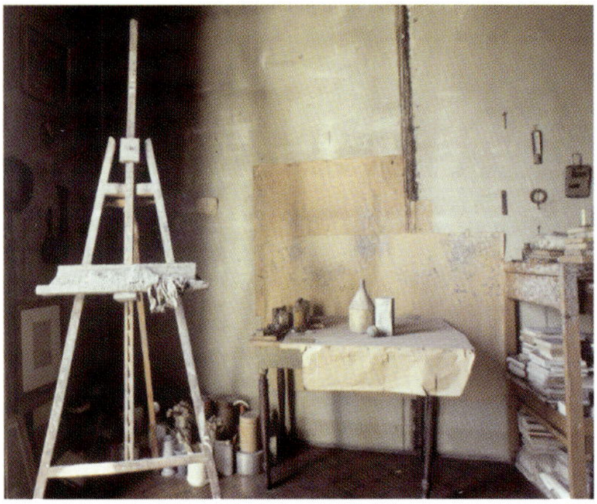

L'atelier del pittore Giorgio Morandi / The atelier of the painter Giorgio Morandi in via Fondazza 33, Bologna. Mondadori Portfolio / Walter Mori

linguaggio e quindi, con loro, in qualche modo l'incontro con il «terzo»: ma per cercare di ridire, di questo incontro, i fondamenti; per ritrovare e dire quell'«istante del mondo» (inevitabilmente passato!) che Cézanne eternamente inseguiva, quella mitica «prima volta» al di là e prima della tradizione formale ricevuta. In questo tragitto dal compimento impossibile, l'ossessivo riprodurre lo stesso soggetto è testimonianza dunque da un lato dell'inevitabile rapporto con il linguaggio e con la tradizione rappresentativa, dall'altro della tensione per «liberarsi» dalle limitazioni e dai vincoli che essi impongono, alla ricerca di una soluzione migliore per l'interminabile costruzione-ricostruzione dell'originario. «Ogni artista, in ogni epoca, che ne sia cosciente o meno, dipinge non il 'soggetto' (due mele in un piatto) ma, in definitiva, il suo desiderio narcisistico», scrisse Mendel[12] più di trent'anni fa, in un saggio memorabile. O, meglio, dipinge in modi più o meno in tensione con i linguaggi ricevuti la sua nostalgia per una pienezza narcisistica irraggiungibile, a partire dalla quale si costituisce il mondo per lui. Dipinge le vicissitudini più o meno conflittuali, più o meno cariche di angoscia, di questa tensione nostalgica, le forme e i modi attraverso cui questo desiderio anima il

How should we think of this common ground? Does Klages' rudimentary metaphysical *Gestaltung*, proposed by Prinzhorn, offer an acceptable picture? Do we actually have a conceptual framework that can help us in our task? Let us try to approach the question again from another angle: what are these painters really painting?

Cézanne must have painted the Sainte-Victoire Mountain at least twenty times. How many bottles did Morandi paint? And Mondrian, how many dunes, beacons, trees and squares? The tireless repetition of the same subject clearly highlights its nature as a pretext and provisional mask; but also, at the same time, its inevitability. Certainly, the position of an object, however it is portrayed, obviously entails a passage through reality and language, and, therefore, somehow, an encounter with «the third», but with the aim of trying to recount the fundamentals of that encounter, as well as recapture that «moment in time» (inevitably gone) that Cézanne was always chasing, that mythical «first time» that lies at once beyond and before any received formal tradition.

In this impossible task, the obsessive reproduction of the same subject is therefore testimony on one hand to the inevitable relationship with language and with the tradition of representation, and on the other to the strain of «freeing oneself» from the constraints and restrictions that these impose, in search of a better solution to the never-ending reconstruction and perfection of the original. More than thirty years ago, in a memorable thesis, Mendel[12] wrote: «Every artist, in every age, depicts not the 'subject' (two apples on a plate), but rather, by definition, his own narcissistic desire». Or, put differently, he paints, in ways that are more or less in tune with received languages, his nostalgia for an unattainable narcissistic realisation, upon which his world is founded. He paints the vicissitudes, more or less conflictual and full of anguish, of this nostalgic tension, the forms and ways through which this desire animates

suo rapporto con gli oggetti, con il linguaggio, con i luoghi, le situazioni.
«Movimento verso» per definizione, dunque destinato a rimanere aperto e sospeso, sia dalla parte dell'autore che del suo fruitore. Movimento che proprio da questa sospensione e apertura trae il suo illimitato potere fascinatorio; oppure che evoca, in taluni casi, l'angoscia che attraversa la spinta creativa, il vuoto dissolutivo cui essa sembra rispondere, la «perdita del centro» (e del sé) che anima la tensione formale.
Nel 1896, nella decisione di Kandinsky di dedicarsi definitivamente alla pittura ebbe una parte, come è noto, l'impatto su di lui sconvolgente della scoperta, da parte di Becquerel, della divisibilità dell'atomo, scoperta che abbatté la fede di Kandinsky nella solidità del reale.
Klee inizia le sue lezioni parlando del caos, delle forze cosmiche che inglobano l'io e attraverso le quali esso cerca di orientarsi.
Nella spinta creativa è riconoscibile, ovunque, qualcosa che ha a che fare con un tentativo magico di ricreazione a un tempo del mondo e del sé. L'«incantesimo della creazione»[13] non è una caratteristica *solo* dell'arte psicopatologica.
Quanti straordinari autoritratti davanti allo specchio, alla ricerca dell'espressione e della fisionomia, dell'identità e del sé, ha scolpito Messerschmidt, scultore psicotico del Settecento tedesco? Quante grottesche, provocatorie rielaborazioni di fotografie di un se stesso continuamente in metamorfosi ha prodotto, ai nostri giorni, Arnulf Rainer, nell'impossibile ricerca di «un punto d'appoggio fermo come il granito»[14]? Quanti tormentosi autoritratti di Ludwig Meindner o Richard Gerstl?
Questa oscillazione tra pienezza e interminabilità, tra necessità e apertura, assolutezza e provvisorio, tensione e risoluzione è tipica del resto a un tempo della fruizione estetica e del movimento creativo: «Non si è mai finito di vedere e di osservare un quadro, in una gioia irritata che precede o segue un piacere che non possiamo definire perfetto se non in modo allusivo»[15].
Può la riflessione psicoanalitica illuminare in

his relationship with objects, language, places and situations.
By definition, therefore, a «movement towards» is destined to remain open and suspended, both by the author and by the observer. A movement whose boundless power of fascination derives precisely from this openness and suspension; or that maybe in some cases evokes the anguish running through the creative drive, the dissolutive emptiness which it seems to fill, the loss of the «centre» (and of the self) that underlies the formal tension.
When, in 1896, Kandinsky decided to devote himself exclusively to painting, this decision was partly prompted, as is well known, by Becquerel's discovery of the divisibility of the atom, which had a traumatising effect on him. It was a discovery that destroyed Kandinsky's faith in the solidity of reality.
Klee began his lessons by discussing chaos, the cosmic forces which engulf the id and through which he tries to get his bearings.
It is possible to recognise clearly, in all creative drive, some magical attempt to reconstruct, at once, the world and the self. The «spell of creation»[13] is not a characteristic *only* of psychopathological art.
Think of the numerous extraordinary self-portraits created, in front of mirrors, by eighteenth-century German psychotic sculptor Messerschmidt in his study of expression, physiognomy, identity and the self. Or of the many grotesque and provocative re-elaborations of photographs of himself produced by Arnulf Rainer in his search for a «firm point of support, like granite»[14]. Think of the many agonising self-portraits by Ludwig Meindner and Richard Gerstl.
This oscillation between completeness and endlessness, between necessity and openness, absoluteness and temporality, tension and resoluteness, is, after all, typical both of creative fruition and of the creative process: «One can never finish observing a painting in that state of irritated delight that precedes

qualche modo quest'area sfuggente? E, semmai, quale psicoanalisi può aiutarci? E può tutto ciò offrirci qualche strumento per intendere meglio le produzioni artistiche cosiddette «psicopatologiche»? O non sarà piuttosto, come dicono gli estremisti dell'Art Brut, l'incontro con quel fondo irriducibile dell'umano che è *Gestaltung* psicotica a illuminare su alcuni caratteri sia dell'arte sia di quelle zone della vita mentale di cui la psicoanalisi si occupa? Per la verità anche Ehrenzweig[16] ha sostenuto che sarà semmai la psicoanalisi a dover fare i conti sia con le evidenze dell'arte contemporanea sia con quelle delle produzioni psicopatologiche, inoltrandosi così nello sfondo inconscio dell'attività percettiva e della costituzione del mondo degli oggetti.

L'arte, in definitiva, è irriducibile alla conoscenza; altrettanto quanto, come ci ricorda Ricoeur[17], il processo secondario è sempre in ritardo rispetto a quello primario. Ma che vuol dire, poi, «arte psicopatologica»? Ne esiste davvero una?

Come ha scritto Kris[18], il processo di creazione formale ha molti tratti in comune in *ogni* produzione artistica, psicopatologica o non: «La differenza non si rivela nello studio della creazione, intesa come processo psichico, o nell'esame delle peculiarità psicologiche dell'individuo creatore; si manifesta invece nell'opera compiuta». Nella qualità del lavoro formale ci sarebbe la testimonianza di quanto l'io dell'artista, acculturato e rivolto comunque all'«altro» (magari trasgressivamente), governi in definitiva il processo di sublimazione, mantenga al suo servizio la permeabilità che si costituisce tra preconscio e conscio, incontri il «terzo» e faccia assumere al suo prodotto valore comunicativo (magari di sovversione delle tradizioni e dei linguaggi formali). È lì, in un fallimento di questo processo, che si possono dunque definire differenze e specialità («molto nette e radicali», secondo Kris)[19] di un'arte psicopatologica.

Ma sono poi queste differenze davvero così «nette e radicali» come Kris (e tutta la concezione della psicologia dell'io) vuole? Abbiamo

or follows a pleasure that we cannot define as perfect except in an allusive way»[15].

Is psychoanalytical reflection able to offer any light on this elusive topic? And is it able to offer us a tool to better understand these so-called psychopathological works? Or might it not actually be, as extremists in the Art Brut world think, the encounter with that unshakable human condition that is the psychotic *Gestaltung* that sheds light on some aspects both of the arts and the areas of mental life with which psychoanalysis is concerned? Actually, Ehrenzweig[16], too, argued that psychoanalysis would have to reckon with the evidence both from contemporary art, and from psychopathological works, exploring the unconscious depths of perceptual activity and of the creation of the world of objects.

Put simply, art cannot be reduced to knowledge; equally, as Ricoeur[17] reminds us, the secondary process always lags behind the primary one. But what does «psychopathological» art mean? Does it truly exist?

As Kris[18] wrote, the process of formal creation has many similarities with *all* artistic creation, psychopathological or not: «The difference is not revealed through the study of creation, meant as a mental process, nor through examination of the psychological peculiarities of the individual creator; instead, it is manifested in the completed work.» The nature of formal work should provide evidence of the extent to which the id of the artist, cultured and, in any case directed at «the other» (perhaps transgressively), ultimately governs the process of sublimation, continues to make use of the permeability that is established between the preconscious and the conscious, meets «the third», and gives his work communicative value (perhaps that of subversion of tradition and of formal language). It is here, therefore, in a failure in this process, that it becomes possible to define the differences and special features («very clear-cut and radical», according to Kris)[19] of psychopathological art.

già detto che di fatto non è così, almeno in molti casi. La riflessione di Prinzhorn sulla *Gestaltung* schizofrenica, ad esempio, mostra quanto questi confini siano tutt'altro che «netti e radicali»[20].
E soprattutto, senza fare, come Borgna[21], della «schizofrenicità» una «categoria dello spirito» che si rispecchia in molti aspetti dell'esistenza e dell'arte contemporanea (crisi della forma, rottura dell'unità di io e soggetto, estetica antinaturalistica e manieristica, sentimento enigmatico dell'esistenza e del reale ecc.), certamente molti sviluppi dell'arte contemporanea gettano più di un dubbio che quelle distinzioni siano così semplici; e, per quel che riguarda la psicoanalisi, che sia il contesto teorico della psicologia dell'io quello più adeguato a una comprensione del fenomeno.

Ripercorriamo alcuni passaggi teorici. Secondo Ehrenzweig[22] (e prima di lui già Kris) la migliore analisi freudiana dell'opera d'arte si trova nel *Motto di spirito*, che è il modello di ogni spiegazione psicoanalitica del fatto artistico. È lì che Freud si sottrae alle insidie tante volte denunciate della «psicoanalisi applicata» o della patobiografia per occuparsi del processo formale della creazione dell'oggetto (il motto di spirito) e della sua funzione. Ma, come nota Liotard[23], la funzione della forma rimane, nel *Motto di spirito*, una funzione anestetica e ipnotica, simile a quella del sonno che consente ai contenuti dell'inconscio di superare censure e resistenze e farsi strada nel sogno.
Come lo stesso Freud ha scritto, qualche anno dopo, in *Il poeta e la fantasia*, «l'*ars poetica* consiste nella tecnica per superare la nostra ripugnanza [...] il poeta addolcisce il carattere della sua fantasia [...] ci seduce con un profitto di piacere puramente formale, cioè estetico»; piacere tuttavia che è solo un «piacere preliminare [...] per rendere possibile [...] un piacere maggiore [...] il vero godimento dell'opera poetica proviene dalla liberazione di tensioni della nostra psiche [...] gustare le nostre fantasie senza alcun rimprovero o vergogna».

But are these differences really as «clear-cut and radical» as Kris believes? We have already explained that, in many cases at least, this is actually not how it is at all. For instance, Prinzhorn's reflections on the schizophrenic *Gestaltung* reveal how these boundaries are anything but «clear-cut and radical»[20].
And above all, without wanting to do the same as Borgna[21] does and turn schizophrenia into a «category of the spirit», reflected in many aspects of contemporary art (crisis of form, breakdown of the relationship between the self and the subject, anti-naturalistic and mannerist aesthetics, enigmatic perception of existence and reality, etc.), it has to be seen that many developments in contemporary art cast doubt on the simplicity of such distinctions; and as far as psychoanalysis is concerned, they make one wonder whether the psychology of the self is not perhaps the most appropriate theoretical context for an understanding of the phenomenon.

Let us look at some theoretical passages. According to Ehrenzweig[22] (and before him Kris), the best Freudian analysis of artistic work is found in *The Joke and Its Relation to the Unconscious*, which is the model for every psychoanalytical interpretation of artistic expression. It is here that Freud avoids the frequently lamented pitfalls of «applied psychoanalysis» or patho-biography to focus on the formal process of the creation of the object (the joke) and of its function. But, as Liotard[23] notes, the function of the form remains, in *The Joke*, an anaesthetic and hypnotic function, similar to that of sleep, which allows the unconscious to overcome censure and resistance, and reveal itself.
A few years later, Freud also wrote in *The Relation of the Poet to Day-Dreaming*: «The art of poetry relies on technique to overcome our disgust [...] the poet softens the character of his fantasies [...], he seduces us through purely formal, that is aesthetic, pleasure»; pleasure which is, nevertheless, merely «preliminary pleasure [...] to allow [...] for greater pleasure [...] true

Dunque la funzione e il piacere dell'organizzazione formale sarebbero «preliminari»: essi consentirebbero l'emergenza e (con un residuo del linguaggio catartico) la «scarica» (la «liberazione di tensioni») dei contenuti inconsci. L'interesse rimane rivolto a questi contenuti, già costituiti, che il ruolo ipnotico della forma consente di liberare.

Quanto ci appare lontana questa funzione piacevole, anestetica, quasi edificante dell'arte (che ci consente di «non provare vergogna» di fronte all'inconscio) non solo dall'arte psicopatologica o dall'Art Brut, ma *tout court* da buona parte dell'arte contemporanea!

La difficoltà del discorso psicoanalitico a situarsi sul livello formale e a intenderne il significato non di anestetico ma di luogo specifico dell'economia della produzione artistica, è certamente una difficoltà storica. Freud ha dedicato in effetti una quantità impressionante di pagine alle produzioni artistiche, utilizzandole in vario modo come esemplificazioni extracliniche, ma ben poche alla creazione artistica in quanto tale; onestamente riconoscendo, del resto, che vi era, al riguardo, molto di oscuro che sfuggiva alla sua comprensione. Ci ha lasciato peraltro, come è noto, la nozione di «sublimazione», nozione geniale, strana e feconda, che segnala lo stretto rapporto tra fonti dell'ispirazione artistica, organizzazioni pregenitali e perversione, ma che rimane, forse non a caso, una delle più sfuggenti, contraddittorie e mal definite dell'intero edificio teorico freudiano.

La funzione costitutiva della dimensione rappresentazionale che l'atto di produzione estetica esercita non è viceversa presa in considerazione.

Ci si può interrogare se sia possibile vedere in questa riduzione a funzione «preliminare» e ad «addolcimento» (per usare i termini di Freud) attribuita all'arte un riflesso dei gusti classicisti e accademisti di Freud. Nella sua avversione verso ogni irrazionalismo e misticismo Freud, profondamente legato alla tradizione dell'*Aufklärung,* aveva incluso, come è noto, anche l'arte sua contemporanea.

enjoyment of the poetic work, stems from the liberation of the tensions in our mind [...] taking pleasure in our fantasies without reproach or shame». Therefore, according to this view, the function and pleasure of formal organisation are «preliminary»: they allow the emergence and (with residual cathartic language) the «unloading» (the «liberation of tensions») of the content of the unconscious. Interest remains focused on this content, already established, that the hypnotic role of form makes it possible to set free.

But this pleasurable, anesthetising and even edifying function of art (which allows us not to feel «shame» when faced with the unconscious) seems so remote, not only from psychopathological art or Art Brut, but much of contemporary art generally!

The difficulty psychoanalysis encounters in adopting a formal standpoint, and interpreting its significance not as anaesthesia but rather as a specific point in the economy of the artistic creation, is certainly an ancient one.

Freud actually devoted an astonishing amount of pages to artistic works, using them in various ways as non-clinical examples, but very few pages to artistic creation as such, admitting, quite honestly, that there was something obscure about it that eluded his comprehension. However, he did, of course, leave us the notion of «sublimation»: a brilliant, peculiar and fruitful notion, that highlights the close relationship between artistic inspiration, pre-genital organisations and perversion, but which remains, perhaps not by chance, one of the most evasive, contradictory and poorly defined notions of Freud's entire theoretical construction. The role of the act of aesthetic production as a constituent of the representational dimension, on the other hand, is not taken into consideration.

We might therefore ask ourselves whether it is possible to see this reduction of art to a «preliminary» and «softening» (Freud's terms) function as a reflection of Freud's own classical and academic preferences. It is well known that Freud, deeply bound to the *Aufklärung*

Freud, straordinario innovatore, fu conservatore da questo punto di vista. I surrealisti lo fecero oggetto di un amore assai poco ricambiato («matti al 95%, come si dice dell'alcol»).
L'avversione di Freud per buona parte delle avanguardie artistiche della sua epoca si espresse in numerosissime occasioni. In taluni casi, anche con sconcertanti cadute di stile. A Pfister: «Ho preso in mano il suo opuscolo sull'espressionismo [...] nella vita privata non ho per niente pazienza con i matti [...] questi individui non possono pretendere al titolo di artisti». In altri casi, più spiritoso. Ad Abraham, che gli aveva inviato un ritratto fattogli da un suo paziente: «Caro amico, ho ricevuto il disegno che presumibilmente dovrebbe rappresentare la sua testa. È spaventoso. So quale brava persona lei sia e sono tanto più urtato che una piccola lacuna nella sua personalità come la sua tolleranza o simpatia per l''arte' moderna debba essere stata punita così crudelmente»[24].
Quel che è certo è che Freud non attribuiva alcun valore artistico al processo primario in quanto tale ed era infastidito per ogni diretta «poetica dell'inconscio» (che del resto doveva puzzargli ampiamente di misticismo o di estetismo). Non c'era alcun merito, per Freud, nel far tracimare direttamente l'inconscio: tutti in definitiva, artisti e non, ne possiedono uno. Semmai, l'abilità dell'artista era nel delicato equilibrio che consentiva di tenere nei limiti il rapporto tra inconscio e preconscio (ciò che diverrà poi appunto, in Kris e nella psicologia dell'io, la «regressione al servizio dell'io»).
Ma oltre al particolare gusto di Freud, in questa impostazione originaria della riflessione psicoanalitica sulla creazione estetica, giocano un ruolo diversi altri aspetti. Ad esempio, quel «realismo dell'inconscio» che tutta la tradizione fenomenologica ha poi criticato; così come il primato implicito assegnato alla dimensione rappresentazionale, al mondo delle rappresentazioni come entità già costituite (magari inconsce) e depositate come tali in quel luogo chiamato «inconscio».

tradition, had an aversion to all forms of irrationalism and mysticism, which he extended to the art of his time.
From this point of view, Freud, who was an extraordinary innovator, instead turned out to be a conservative. Surrealists made him the object of a love that he very little reciprocated («95% mad, if we measure madness as we do the alcohol content of drinks»).
Freud on many occasions expressed his aversion to the majority of the artistic avant-garde movements of his time, and sometimes did so with disconcerting lapses of style. Talking about Pfister he said: «I read his pamphlet about expressionism, [...] in my private life, I have no patience with madmen [...] those people cannot claim to be artists». In other cases, he seems to inject more humour. When Abraham sent him a portrait of himself, painted by a patient of his, Freud commented: «Dear friend, I received the drawing presumably representing your head. It is frightful. I know you are a very kind person, and it pains me that a small gap in your personality, namely your tolerance and sympathy for modern 'art', should have punished you in such a cruel manner»[24].
Surely, Freud did not attribute any artistic value to the primary process as such, and was irritated by any direct form of «poetry of the unconscious» (which to him, after all, undoubtedly stank of mysticism and aestheticism). According to Freud, there was no merit in letting the unconscious overflow freely: everyone has an unconscious, whether they are artists or not. If anything, the artist's skill lies in the frail equilibrium that makes it possible to limit the relationship between unconscious and preconscious (that which will become, in Kris' theories and in the id psychology, «regression at the service of the id»).
However, Freud's personal tastes aside, there are several other aspects that play a role in this original formulation of psychoanalytic reflections on aesthetic creation. Examples include the «realism of the unconscious», which the

Questi diversi aspetti (gusto personale di Freud, realismo dell'inconscio, primato del rappresentazionale) in qualche modo convergono. In ogni caso, ciò che è assente in questa impostazione è l'idea che il movimento di organizzazione formale che l'atto estetico produce non deve affatto essere necessariamente rispettoso, per svolgere la sua funzione, dell'ordine rappresentazionale, del processo secondario e tantomeno delle esigenze della censura. Su questo snodo si sono sviluppati molti fraintendimenti nel discorso psicoanalitico sull'arte e si è prodotta una divaricazione tra l'impianto della psicoanalisi classica e la comprensione dell'arte moderna.
Caratteristica di gran parte dell'arte contemporanea, «pittura del percepire invece che del percepito»[25], è l'eclisse del convincimento che essa riguardi un riferimento o un'idea che precede l'opera; l'opera «ci volta le spalle»[26], precede il suo significato: si pensi ai sacchi di Burri o ai muri di Tàpies.
E il fascino della pittura moderna consiste proprio nel ridare corpo a quella dimensione prerappresentazionale e originaria della percezione e dell'incontro col mondo, in cui la distinzione oggettivo-soggettivo non si è ancora posta; ben lungi dall'essere al servizio dell'io, la regressione dell'atto creativo riguarda la possibilità stessa di un io e, insieme, di un mondo.
La funzione trasgressiva riconosciuta all'arte non è banale: è intrinseca al carattere originario dell'esperienza che essa cerca di ricreare; dimensione in cui ogni antinomia già costituita tra interno ed esterno, soggettivo e oggettivo, distinto e indistinto, visibile e invisibile viene sospesa e, come nel pensiero magico, la visione ridiventa un «fare», re-instituisce un ordine provvisorio. La natura stessa è tutto tranne che riferimento o modello; è ambigua, incompiuta, in metamorfosi; i suoi rapporti con il soggetto percipiente sono di co-implicazione; «l'essere non è davanti a me ma mi attraversa» (Merleau-Ponty). «Più volte, in una foresta, ho sentito che non ero io a guardare la foresta [...]

whole of phenomenological tradition went on to criticise, and the implicit primacy attributed to the representational dimension, i.e. to the world of representations as entities already structured (perhaps unconsciously) and filed away as such in that place that is called the «unconscious».
All these different aspects (Freud's personal tastes, the realism of the unconscious, and the primacy of the representational dimension) come together to some extent. In any case, what this formulation lacks is the idea that the formal organising movement generated by the aesthetic act does not necessarily have to observe, in order to perform its function, the representational order or the secondary process, let alone the needs of censorship. This crucial point led to many misunderstandings in the psychoanalytic debate about art, producing a gap between the framework of classic psychoanalysis and understanding of modern art.
A typical characteristic of the majority of contemporary art, based on the concept of «painting the act of perceiving rather than the perceived object»[25], is the disappearance of the belief that it is about a reference point or an idea that precedes the work of art, which «turns its back to us»[26], and precedes its meaning: one need only think of Burri's sacks or Tàpies' walls.
The charm of modern painting actually lies in the ability to restore substance to that pre-representational and original dimension of perception and of the encounter with the world, where the distinction between the objective and the subjective was not yet established; far from being at the service of the id, the regression produced by the creative act actually considers the possibility itself that an id and a world can coexist.
The transgressive function attributed to art is not banal, but rather inherent to the original nature of the experience it tries to recreate: a dimension where every established antinomy – between inside and outside, subjective and objective, distinct and indistinct, visible and invisible – is suspended and, as in esoteric thought, «seeing» becomes «doing», re-establishing a temporary

che erano gli alberi che mi guardavano, che mi parlavano [...] credo che il pittore debba lasciarsi penetrare dall'universo [...] forse dipingo per nascere»[27].
L'arte, allora, ci restituisce al suo «inframondo», che è anche il nostro, «rimettendo la terra sotto i nostri piedi, mentre abbiamo tutti dentro di noi un re Mida che minaccia di trasformare in idea tutto ciò che si è toccato con lo sguardo, compresa la nostra stessa realtà»[28].
La produzione artistica, dunque, ci collocherebbe in una particolare condizione di dedifferenziazione, di sospensione delle barriere costituite tra realtà esterna e interna, quella stessa dimensione sulla quale drammaticamente si collocano le produzioni psicopatologiche. Se è così, forse altri percorsi della riflessione psicoanalitica contemporanea (Winnicott, ad esempio, ma anche Bion) che si sono indirizzati proprio a questa dimensione costitutiva possono essere uno sfondo teorico più adeguato alla comprensione di rapporti tra arte, psicopatologia e psicoanalisi.
Non per nulla Milner[29], in una formidabile conferenza sostenne, anticipando per certi versi alcune tesi di Bion, che una rinnovata riflessione psicoanalitica su quest'area di problemi avrebbe probabilmente richiesto una revisione della stessa concezione psicoanalitica dell'inconscio.

Il discorso si farebbe qui davvero troppo lungo e complesso. Oltre a ciò, ci si può chiedere se sarebbe davvero utile, oppure se non appesantirebbe semplicemente il nostro intelletto e i nostri sensi; dopotutto, anche i sensi dello psichiatra, se vuol capire davvero qualcosa dell'esperienza della follia, hanno bisogno di un certo *dérèglement,* magari limitato e provvisorio e, perché no, al servizio dell'io...
È opportuno guardare i ritratti fotografici dei maestri dell'arte psicopatologica. Ad esempio quelli di Gugging. I volti di Walla, Kernbeis, Koller, Korec, Till, Prinz, Schopke... Niente di romantico (ma neanche di lombrosiano...),

order. Nature itself is anything but a model or reference point; it is ambiguous, incomplete, ever changing; its relationships with the perceiving subject are relationships of co-implication; «the being is not in front of me but runs through me» (Merleau-Ponty). «Several times, in a forest, I felt that it was not me looking at the forest [...] but rather the trees were looking at me, speaking to me [...] I think the painter should let the universe penetrate him [...] maybe I'm painting in order to be born»[27].
Art, therefore, brings us back to its «underworld», which is ours too, «putting earth under our feet again, while we all have a King Midas threatening to turn into ideas anything we look at, including our own reality»[28].
Thus, artistic production seems to place us in a particular condition of de-differentiation, of suspension of the barriers represented by internal and external reality, which is the same dimension in which psychopathological works are dramatically set. If this is indeed the case, other paths of contemporary psychoanalytic reflection (for example Winnicott, but also Bion), precisely oriented towards this constitutive dimension, could represent a more suitable theoretical background for understanding the relationships between art, psychopathology and psychoanalysis. It is not by chance that Milner[29] in an amazing conference declared, anticipating to some extent some of Bion's theories, that a new psychoanalytic reflection on issues of this kind would probably require a review of the psychoanalytic concept of the unconscious itself.

This opens a debate that is far too long and complex to address here. In addition, one might ask whether such a debate would really be useful, or whether it would only overload our intellect and our senses; after all, even the senses of a psychiatrist, if he really wants to understand something of the experience of madness, needs a certain *dérèglement*, perhaps limited and temporary and, why not, in service of the id...
It is worth looking at the photographic por-

tipo «genio e follia». Sono, in parte, i volti, le pesanti posture, le dolenti, offese corporeità dei «cronici» che molti di noi hanno conosciuto. Certo meglio curati; e, soprattutto, con una certa luce di riconoscimento.
È bene guardarli, questi ritratti. Almeno per due buone ragioni. Intanto perché questa non deve essere una storia che si ripete. Se ha senso tutto questo discorso, è perché questa storia non si ripeta. O almeno per provarci, come nella casa degli artisti di Gugging, ad esempio.
Poi, perché questo è un buon antidoto per non cadere in una delle trappole più pericolose che ogni discorso su arte e psicopatologia apre sotto i nostri piedi, la trappola della fascinazione narcisistica su cui De Martis tante volte ha insistito[30] e che bisogna rasentare per evitarla con successo: trasformare i nostri pazienti in idealizzati testimoni dell'enigmatico fondo della condizione umana, intonando attorno a essi e alle produzioni della loro sofferenza canti romantici sul vuoto a essere che è (in generale) l'esistenza (loro e nostra). È bene dunque guardarle, quelle facce, per non distrarci troppo dalla sofferenza concreta che ci mostrano (che non è solo la nostra in generale).
Ma il paradosso è che per questa fascinazione forse è necessario, appunto, anche passare. Perché è solo attraverso la partecipazione piena alla significazione umana della psicosi, attraverso il riconoscimento dei radicali antropologici che ci uniscono a essa, che una qualunque esperienza condivisa, una qualunque trasformazione terapeutica vera (che non sia pura ortopedia dei comportamenti) può nascere.
L'arte contemporanea, è stato detto, è per certi versi «fenomenologia realizzata»[31]. L'arte cosiddetta «psicopatologica» è certo fenomenologia dell'esperienza psicotica; quest'ultima, un modo fondamentale e sofferente dell'umano.

Non vi è dunque, in definitiva, un'uscita facile dal groviglio di sensazioni contraddittorie che investe l'osservatore davanti ai prodotti

traits painted by the masters of psychopathological art, such as the Gugging artists, or the faces painted by Walla, Kernbeis, Koller, Korec, Till, Prinz and Schopke. They contain nothing romantic (or Lombrosian…) in the «between genius and madness» mould. They are, in part, the faces, the heavy postures, the painful, injured bodies of chronically ill patients whom many of us have known, even though the latter were better treated and, most important, recognised to some extent.
These portraits should be observed for two good reasons at least. First of all, because this story must not be repeated. If this whole discussion is to have any meaning, it is to ensure that this story is not repeated, or at least to try and ensure this, as the Gugging House of Artists did, for example. Second, because this is a good way not to fall in one of the most dangerous traps laid by every debate about art and psychopathology: the narcissistic fascination trap which De Martis has pointed out so many times[30] and which we have to carefully skirt in order to avoid it – the trap of turning our patients into idealised witnesses of the enigmatic depths of the human condition, singing romantic songs about them and the works produced by their suffering, about the emptiness of – their and our – existence (existence in general). So it is good to look at those faces, so as not to be too distracted from the concrete pain (which is not only ours, but general) that they show us.
The paradox, however, lies in the fact that it could also be necessary to work through this fascination. Because it is only through full participation in the human meaning of psychosis, through recognition of the anthropological roots that unite us with it, that any shared experience, any real therapeutic transformation (which is not mere orthopaedic correction of behaviours) can take place.
Contemporary art, it has been said, is to some extent «concretised phenomenology»[31]. So-called «psychopathological art» is certainly a phenomenology of psychotic experience, which

dell'arte psicopatologica e dal quale il nostro discorso è partito. Probabilmente è bene stare abbastanza a lungo a bagno in quelle sensazioni. Ogni via d'uscita troppo rapida o troppo «bella» sembra, in definitiva, accentare difensivamente certi aspetti, lasciandone cadere altri. In ciò sta, tra l'altro, uno degli interessi degli attuali laboratori di arte-terapia: situazioni in cui quella dialettica di perdita e di possibile ritrovamento, di dissoluzione e di riparazione, di smarrimento e di recupero del senso, che accomuna l'arte psicopatologica all'arte in generale, possa aprirsi, magari a poco a poco, magari a tratti, al gioco condiviso, all'illusione, alla comunità dell'umano.

In fondo, se, come dice Ehrenzweig[32], «la psicosi è una creatività che si è mal girata», il compito è quello di porre le condizioni per riavviare il processo creativo mutilato o, classicamente, per un interscambio migliore tra preconscio e conscio. Per far ciò è tuttavia necessario intendere e partecipare al singolare regime di de-differenziazione che le produzioni psicotiche ci propongono; essere disposti a un certo abbandono o almeno saper oscillare tra differenziato e indifferenziato, per ampliare e potenziare questo spazio potenziale, questo luogo di de-differenziazione che è anche barriera di contatto.
Nella convinzione di fondo che comunque «ogni frammento del mondo», compresi quelli che l'esperienza psicotica ci presenta, «contiene ogni specie di figure dell'essere e, a seconda del modo in cui risponde all'attacco dello sguardo, evoca una serie di varianti possibili e ci fa conoscere, oltre che se stesso, un modo generale di dire l'essere»[33].

is a fundamental and painful aspect of the human condition.

So, there is no easy way out of the tangle of contradictory feelings that overwhelm the observer who stands in front of psychopathological art works and who provided us with the starting point of our discussion. It is probably a good thing to remain immersed in those feelings for a sufficiently long time. Any way out that is too quick or too «perfect» seems, ultimately, to highlight, in a defensive way, certain aspects while ignoring others. This is, furthermore, one of the focuses of interest of today's art therapy laboratories: situations in which that contraposition between loss and possible recovery, dissolution and repair, confusion and recovery of a sense of direction, which is typical of the whole psychopathological art current, can open up, maybe gradually, maybe in stops and starts, to a shared experience, to illusion, and to the human sense of community.

In the end, if, as Ehrenzweig[32] says, «psychosis is a skewed form of creativity», the goal is to create the right conditions to restart the damaged creative process or, to use more classical terms, to promote a better exchange between the preconscious and the conscious. In order to do this, however, we need to understand and enter the peculiar de-differentiation process suggested by psychotic works of art: we need to be ready to abandon ourselves to some extent, or at least to allow ourselves to oscillate between the differentiated and the undifferentiated, in order to expand and enhance this potential space, this point of dedifferentiation which is also an interface. In the fundamental belief that «each piece of the world», including those produced by psychotic experience, «contains all kinds of figures of being and, according to the way it responds to the attack of the observer's eye, evokes a range of possible variations, allowing us to know not only itself, but also a general way of expressing being»[33].

[1] H. Prinzhorn, *L'expression de la folie*, Gallimard, Paris 1984; traduzione francese di *Bildnerei der Geisteskranken*, Springer Verlag, Berlin-Heidelberg 1922.
[2] L. Navatril, *Die Künstler aus Gugging*, Medusa, Berlin 1983.
[3] Sul manierismo, fenomeno fondamentale dell'espressività schizofrenica, esiste, come è noto, una ricca tradizione di riflessione psicopatologica, soprattutto fenomenologica, da Binswanger e Barison a Borgna. In anni più recenti (1977) Barale e Ucelli hanno provato a ripensare il fenomeno alla luce dell'essenziale «crisi della forma» schizofrenica. Da questo punto di vista, vi è più di una convergenza tematica (con tutti gli ovvi limiti di questi accostamenti) tra la riflessione sul manierismo nella storia dell'arte (cfr. Hauser, Sipher ecc.) e quella sul manierismo come fenomeno psicopatologico.
[4] Per la verità l'astrazione non è una caratteristica dell'arte cosiddetta psicopatologica. La purificazione della forma, il rigore, la riduzione all'essenza richiedono un controllo che è l'opposto della crisi della forma schizofrenica.
[5] *Contemporary Issues in the Treatment of Schizophrenia*, a cura di C.L. Shriqui e H.A. Nasrallah, American Psychiatric Press, Washington 1996.
[6] In L. Navatril, *Die Künstler...*, cit.
[7] J. Starobinski, *Préface* a H. Prinzhorn, *L'expression...*, cit.
[8] E. Kris, *Ricerche psicoanalitiche sull'arte* (1952), Einaudi, Torino 1967.
[9] A. Malraux, *La voix du silence*, cit. in G. Mendel, *La sublimation et l'art*, in «Revue Française de Psychanalyse», a. XXVIII, n. 5-6, 1964.
[10] M. Merleau-Ponty, *Il linguaggio indiretto e le voci del silenzio*, in *Segni*, Il Saggiatore, Milano 1952.
[11] F. Petrella (1997), *Terapia con l'arte, l'arte della terapia*, in «Quaderni di Psichiatria», n. 2, 1997.
[12] G. Mendel, *La sublimation...*, cit.
[13] E. Kris, *Ricerche...*, cit.
[14] Cit. in *La ricerca dell'dentità*, cat. mostra, a cura di G. Bruno, Electa, Milano 1974.
[15] G. Mendel, *La sublimation...*, cit.
[16] A. Ehrenzweig, *La psicoanalisi della percezione* (1965), Astrolabio, Roma 1977.
[17] P. Ricoeur, *Dell'«Interpretazione». Saggio su Freud*, Il Saggiatore, Milano 1965.
[18] E. Kris, *Ricerche...*, cit.
[19] *Ibid.*
[20] Ricordiamo qui le conclusioni di Prinzhorn: «1) Alcuni alienati inesperti, in particolare schizofrenici, creano talvolta opere che si avvicinano a veri capolavori; 2) la sorprendente somiglianza di queste opere

[1] H. Prinzhorn, *L'expression de la folie,* Gallimard, Paris, 1984; French translation of *Bildnerei der Geisteskranken*, Springer Verlag, Berlin-Heidelberg 1922.
[2] L. Navatril, *Die Künstler aus Gugging*, Medusa, Berlin 1983.
[3] On mannerism, a key phenomenon of schizophrenic expressivity, there of course exists a rich tradition of psychopathological, especially phenomenological, reflection from Binswanger and Barison to Borgna. In more recent years (1977) Barale and Ucelli tried to rethink the phenomenon in the light of the essential schizophrenic «crisis of form». From this perspective, there is more than one convergence (with all the obvious limitations of such juxtapositions) between reflection on the mannerism in art history (cf. Hauser, Sipher etc.) and reflection on mannerism as psychopathological phenomenon.
[4] Abstraction is not actually a characteristic of so-called psychopathological art. Purification of the form, rigour, the reduction to the essence all require a control that is the opposite of the schizophrenic crisis of form.
[5] *Contemporary Issues in the Treatment of Schizophrenia,* edited by C.L. Shriqui and H.A. Nasrallah, American Psychiatric Press, Washington 1996.
[6] In L. Navratil, *Die Künstler...*, op. cit.
[7] J. Starobinski, *Préface* a H. Prinzhorn, *L'expression...*, op. cit.
[8] E. Kris, *Ricerche psicoanalitiche sull'arte* (1952), Einaudi, Turin 1967.
[9] A. Malraux, *La voix du silence,* cited in G. Mendel, *La sublimation et l'art,* in «Revue Française de Psychanalyse», a. XXVIII, n. 5-6, 1964.
[10] M. Merleau-Ponty, *Il linguaggio indiretto e le voci del silenzio*, in *Segni*, Il Saggiatore, Milan 1952.
[11] F. Petrella (1997), *Terapia con l'arte, l'arte della terapia*, in «Quaderni di Psichiatria», n. 2, 1997.
[12] G. Mendel, *La sublimation...*, op. cit.
[13] E. Kris, *Ricerche...*, op. cit.
[14] Cited in *La ricerca dell'dentità*, exhibition catalogue, edited by G. Bruno, Electa, Milan 1974.
[15] G. Mendel, *La sublimation...*, op. cit.
[16] A. Ehrenzweig, *La psicoanalisi della percezione* (1965), Astrolabio, Rome 1977.
[17] P. Ricoeur, *Dell'«Interpretazione». Saggio su Freud*, Il Saggiatore, Milan 1965.
[18] E. Kris, *Ricerche...*, op. cit.
[19] *Ibid.*
[20] We here recall Prinzhorn's conclusions: «1) Some alienated novices, particularly schizophrenics, sometimes create works that come close to being true masterpieces; 2) the surprising similarity between

con quelle dei bambini e dei primitivi [...] ci obbliga a verificare il fondo magico del potere creatore stesso; 3) gli ultimi sviluppi dell'arte attuale mostrano una affinità più profonda e sorprendente con l'essenza caratteristica di queste opere [...]; 4) è superficiale dedurre da ciò una alienazione generale degli artisti [...]; 5) la varietà delle opere degli alienati è talmente grande che rende impossibile stabilire, a partire da segni esterni, dei criteri di differenza con l'arte 'normale'» (H. Prinzhorn, *L'expression...*, cit.).

[21] E. Borgna, *Lineamenti di psicopatologia dell'espressione*, Cortina, Milano 1978.

[22] A. Ehrenzweig, *The Psycho-analysis of Artistic Vision and Hearing*, Geo. Braziller, New York 1965.

[23] J.F. Liotard, introduzione ad A. Ehrenzweig, *L'ordre caché de l'art*, Gallimard, Paris 1974.

[24] E.H. Gombrich, *Freud e la psicologia dell'arte*, Einaudi, Torino 1967.

[25] M. Merleau-Ponty, *Il dubbio di Cézanne*, in *Senso e non Senso*, Il Saggiatore, Milano 1948.

[26] J. Paulhan, *L'art informel (éloge)*, cit. in R. Klein, *La forma e l'intelligibile*, Einaudi, Torino 1970.

[27] G. Charbonnier, *Le monologue du peintre*, cit. in M. Merleau-Ponty, *L'occhio e lo spirito* (1964), SE, Milano 1989.

[28] J. Paulhan, *L'art informel*, cit.

[29] M. Milner, *Psycho-analysis and Art*, in *Psycho-analysis and Contemporary Thought*, Hogarth Press, London 1958.

[30] D. De Martis, *Realtà e fantasma nella relazione terapeutica*, Pensiero Scientifico, Roma 1987.

[31] R. Klein, *Pittura moderna e fenomenologia*, in *La forma e l'intelligibile*, cit.

[32] A. Ehrenzweig, *L'ordre caché...*, cit.

[33] M. Merleau-Ponty, *Il linguaggio indiretto...*, cit.

these works and those of children and primitive men [...] forces us to examine the magical basis of creative power itself; 3) the latest developments in contemporary art show a deeper and surprising affinity with the typical essence of these works [...]; 4) it is superficial is to infer from this a general alienation of artists [...]; 5) the variety of the works of the insane is so great that it makes it impossible to determine, from their external signs, criteria of difference from 'normal' art» (H. Prinzhorn, *L'expression...*, op. cit.).

[21] E. Borgna, *Lineamenti di psicopatologia dell'espressione*, Cortina, Milan 1978.

[22] A. Ehrenzweig, *The Psycho-analysis of Artistic Vision and Hearing*, Geo. Braziller, New York 1965.

[23] J.F. Liotard, introduction to A. Ehrenzweig, *L'ordre caché de l'art*, Gallimard, Paris 1974.

[24] E.H. Gombrich, *Freud e la psicologia dell'arte*, Einaudi, Turin 1967.

[25] M. Merleau-Ponty, *Il dubbio di Cézanne*, in *Senso e non Senso*, Il Saggiatore, Milan 1948.

[26] J. Paulhan, *L'art informel (éloge)*, cited in R. Klein, *La forma e l'intelligibile*, Einaudi, Turin 1970.

[27] G. Charbonnier, *Le monologue du peintre*, cited in M. Merleau-Ponty, *L'occhio e lo spirito* (1964), SE, Milan 1989.

[28] J. Paulhan, *L'art informel*, op. cit.

[29] M. Milner, *Psycho-analysis and Art*, in *Psycho-analysis and Contemporary Thought*, Hogarth Press, London 1958.

[30] D. De Martis, *Realtà e fantasma nella relazione terapeutica*, Pensiero Scientifico, Rome 1987.

[31] R. Klein, *Pittura moderna e fenomenologia*, in *La forma e l'intelligibile*, op. cit.

[32] A. Ehrenzweig, *L'ordre caché...*, op. cit.

[33] M. Merleau-Ponty, *Il linguaggio indiretto...*, op. cit.

Francesco Barale è Professore Ordinario
di Psichiatria all'Università degli Studi di Pavia.
Membro ordinario con funzioni di training della
Società Psicoanalitica Italiana e dell'IPA.
Fondatore di Cascina Rossago

Francesco Barale is Full Professor of Psychiatry
at the Università degli Studi of Pavia.
Full member and training analyst
of the Italian Psychoanalytical Society and of IPA.
Founder of Cascina Rossago

«O God, I could be bounded in a nutshell, and count myself a king of infinite space»

Shakespeare, *Hamlet*

ELISA FAZZI

Outsider Art, Bellezza e Necessità
Outsider Art, Beauty and Need

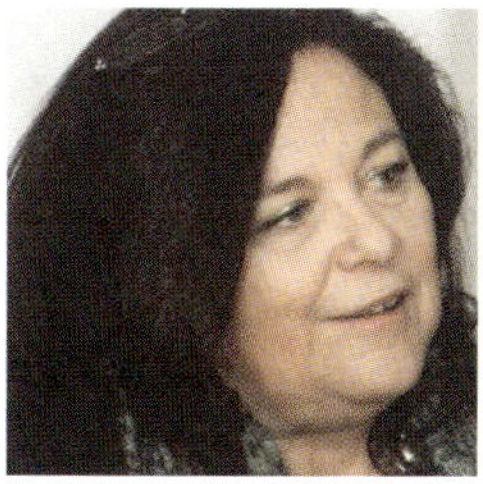

In questa mostra *Outsider Art. Contemporaneo Presente,* che prosegue il percorso iniziato con *Outsider Art, Espressioni artistiche di libertà o disagio* al Collegio Universitario Santa Caterina di Pavia nel 2014, trovano spazio i problemi di tutti, i temi di sempre, i temi più profondi di ogni percorso esistenziale: il bisogno di libertà e di realizzazione del sé, l'incomunicabilità, la difficoltà di condivisione, la solitudine, l'abbandono, le ossessioni, le paure, l'angoscia della malattia o della morte, l'esperienza del trauma o della violenza, ma anche la leggerezza e la lievità. Questi artisti difficili danno figure, forme, colori, suoni, parole agli archetipi del mistero della vita con un'immediatezza e una potenza non mediata dai condizionamenti culturali o dalle difese razionali.

Noi spesso rimaniamo intrappolati dal limite del buon senso, della razionalità, del lasciare andare, del cedere al compromesso, alla fatica e all'impotenza. Loro no, dai ceppi delle più gravi patologie psichiche e mentali riescono a far nascere il fiore dell'espressione artistica, fiore di libertà e di speranza.

Quale messaggio potente, artistico, sociale, educativo, liberatorio e anche di consolazione che nasce da queste opere e da queste vite.

Le immagini raccolte, ma anche la musica e la poesia invitano a esplorare quegli sconosciuti luoghi della mente, difficili da raggiungere, se

This exhibition, *Outsider Art. The Contemporary Present*, continuing the way begun with *Outsider Art, Expression of Freedom or Distress*, in Pavia in 2014 is, precisely, a space accommodating the problems touching everyone, universal issues and the deepest questions of every existential journey: the needs of individual freedom and self-realization, the inability to communicate, the difficulty of sharing, loneliness, abandonment, obsessions, fears, the anguish of illness or death, and the experience of trauma or violence. Yet, there is scope for lightness and levity, too. These troubled artists give figures, shapes, colours, sounds and words to the archetypal mysteries of life with an immediacy and a power not mediated by cultural conditioning or rational defences.

We often remain trapped within narrow confines determined by good sense, rationality, our perceived need to let things go or to give in to compromise, and by fatigue and impotence. These artists, on the other hand, do not. Despite their hampering bonds, forged by the severest mental and psychological disorders, they manage to bring forth and cultivate the flower of artistic expression – the flower of hope and freedom.

These works and lives thus convey a powerful artistic, social and educational message, but also a message of liberation and consolation.

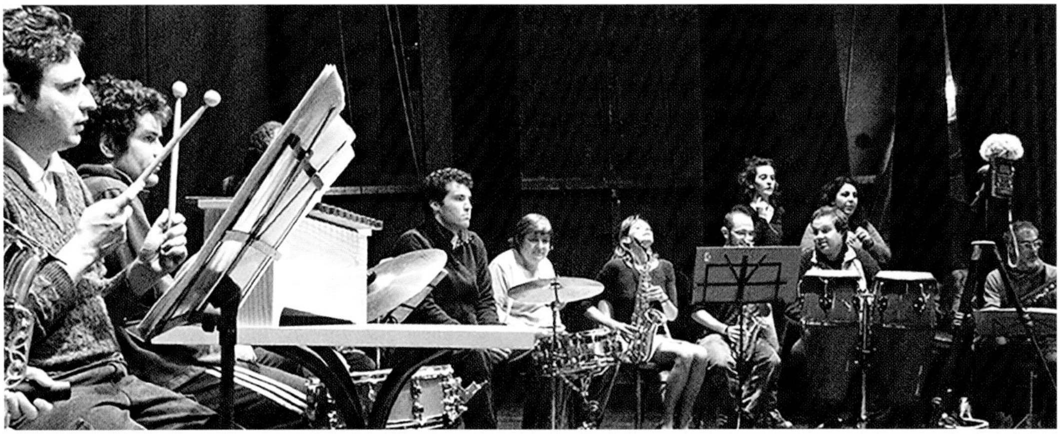

Orchestra Invisibile in concerto | Invisible Orchestra in concert

non attraverso i sentieri misteriosi che riescono a proporsi anche attraverso le scelte di libertà che solo dal profondo o dall'inconsapevole possono emergere e talvolta esplodere. Questi artisti differenti e liberi, primitivi e genuini hanno creato le loro opere per una necessità interiore, per il grande bisogno di comunicare e per un probabilmente non sempre consapevole desiderio di libertà e di riscatto.
Le loro immagini ma anche le loro note o le loro poesie, scaturite da un mondo invisibile, possono sorprendere, emozionare, coinvolgere e possono scuotere come un lampo nel buio, ma riescono sempre a sprigionare tutta la forza della vita e l'energia di una bellezza intensa, inquieta, convulsa, ma anche lieta che assume il colore della speranza.

The artworks, but also the music and poetry, encourage visitors to explore these unfamiliar corners of the mind, so difficult to reach, except via the mysterious paths that present themselves thanks, in part, to free choices of the kind that can emerge – sometimes explosively – only from an individual's most profound depths or unconscious mind. The works created by these «anomalous» artists, primitive and authentic, are the result of an inner need, an enormous need to communicate, and a (probably not always conscious) desire for freedom and redemption.
Their images, but also their notes and their poetry, springing from an invisible world, can surprise, excite and involve, but can also give us a jolt, like a flash in the dark. At the same time, they always manage to unleash the full power of life and the energy of an intense, restless and convulsive beauty that, nevertheless, is also infused with a gladness that takes on the colour of hope.

Elisa Fazzi è Professore Ordinario di Neuropsichiatria Infantile, Dipartimento di Scienze Cliniche e Sperimentali, Università di Brescia. Direttore Neuropsichiatria Infanzia e Adolescenza, Ospedali Civili, Brescia

Elisa Fazzi is Full Professor of Child Neurology and Psychiatry, Dept. of Clinical and Experimental Sciences, University of Brescia. Director Unit of Child Neurology and Psychiatry, Civil Hospital, Brescia

FAUSTO PETRELLA

Appunti su arte e psicopatologia
Notes on art and psychopathology

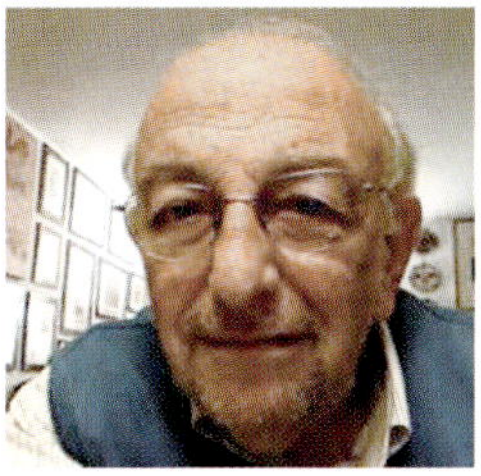

Con queste note senza pretese rispondo alla richiesta di Giorgio Bedoni di esprimermi sinteticamente sulla cosiddetta *Art Brut* o *Arte psicopatologica* o *Outsider Art* o *Arte irregolare*.
Eviterò di dilungarmi sulla storia complessa dell'interazione tra arte e psicopatologia. Una volta trovato per queste produzioni un nome e una sorta di collocazione sotto un ombrello terminologico comprensivo, bisogna riconoscere che così non si costituisce alcun «genere» stilistico omogeneo, ma certamente neppure quel paradossale genere-«degenere» che fu voluto da Hitler con l'*Entartete Kunst*. L'«arte degenerata» prese inizio con la famosa mostra di Monaco del 1934 e deve la sua pseudounità alla paranoia di Hitler in persona, che aveva investito del suo risentito e radicale disprezzo una manciata di opere molto differenti tra loro, tra le quali si annoveravano parecchi capolavori.
L'esperienza psicoanalitica mi ha messo di fronte a un certo numero di casi clinici nei quali, nel corso della cura, il paziente si apriva spontaneamente a una creatività nuova, sia che sviluppasse ex novo un'attività artistica che non si era mai manifestata prima, sia che spontaneamente rinnovasse, nelle forme dell'espressione e nello stile, un'attività artistica alla quale già in precedenza si era dedicato. In base alla mia esperienza, penso si debba considerare un

I am writing these modest notes in response to Giorgio Bedoni's request that I briefly say something on so-called *Art Brut* or *Psychopathological Art* or *Outsider Art* or *Irregular Art*.
I will not dwell on the complex history of interactions between art and psychopathology. Once a name and some sort of collocation within a comprehensive terminological category have been attributed to these artistic productions, what must be recognised is that they do not constitute a homogeneous stylistic «genre», but neither are they that paradoxical «degenerate» genre established by Hitler with the *Entartete Kunst*. «Degenerate art» began with the famous exhibition in Munich in 1934, and owes its pseudo-unity to the paranoia of Hitler himself; he had endowed works that were very different from each other, and among which were several masterpieces, with his own personal resentful and radical disgust.
My psychoanalytical experience has brought before me quite a number of clinical cases in which, during the course of therapy, the patient spontaneously opened up to a new creativity; whether by developing ex-novo an artistic activity which he had never manifested before, or by spontaneously renovating, in its expressive forms or style, an artistic activity to which he had already applied himself. On the basis of my experience, I think we should

pregiudizio erroneo che le cure psicologiche isteriliscano una creatività autentica, come spesso si sente dire. È vero invece il contrario: una vita psichica risanata in profondità migliora la qualità dell'esperienza e dell'agire artistico, arricchendolo in varie direzioni imprevedibili e sempre molto positive.

I fenomeni psicologici, mentali e personali che accompagnano il lavoro artistico sono molto complessi e pongono questioni cruciali al pensiero critico: questioni estetologiche, storiche, psicologiche e psicopatologiche, e anche sociologiche e antropologiche. Lo psicopatologo, che attinge a tutte queste variegate forme di sapere, si trova coinvolto nella difficile complessità che caratterizza l'agire artistico e creativo. Tutto questo vale non solo nell'ambito delle cosiddette «belle arti», che interessano l'immagine, ma anche nel teatro e nella musica. Non è un caso che musica, teatro e arti della figurazione siano divenute materia e strumenti di esperienze riabilitative, che sfruttano le caratteristiche comunicative, espressive e costruttive delle arti, il loro carattere eminentemente corporeo, articolato con tecniche, con l'immaginazione comunicante e con l'azione che incide sul mondo e sul reale, inducendo a prendere contatto con i vincoli che la realtà impone alla fantasia e a ricontrattarli e trasformarli. Il processo creativo che così si sviluppa può avere inedite potenzialità terapeutiche e creare circoli virtuosi e rinnovati nell'area di quella relazione Io-Corpo-Mondo entro la quale si installa sia la patologia sia la salute mentale.

Sul variegato terreno di germinazione dell'arte si è fatta strada, soprattutto nel corso del secolo passato, l'evidenza della cosiddetta *Arte psicopatologica*. Una figura celeberrima come Vincent van Gogh vi apparterrebbe di diritto, ma ci troviamo di fronte al paradosso che le opere di questo grande malato hanno avuto l'enorme successo e le quotazioni da capogiro che sappiamo, ottenendo una sorta di riabilitazione postuma che lo ha collocato tra i massimi pittori d'ogni tempo. Siamo catturati dalle sue opere e

consider the often-repeated view that psychological healing results in authentic creativity becoming sterile as an erroneous prejudice. The contrary is true: a deeply healed psychic life improves the quality of artistic experience and action, enriching it in several unpredictable, and always highly positive, directions.

The psychological, mental and personal phenomena that accompany artistic work are very complex and pose crucial questions to critical consideration: aesthetic, historical, psychological and psychopathological, but also socio-biological and anthropological questions. The psychopathologist, who draws on all these variegated forms of knowledge, finds himself involved in the difficult complexity that characterises artistic and creative action. All this is not only true for so-called «fine arts» concerning images, but also for theatre and music. It is not coincidental that music, theatre and figurative arts have become means and tools for those rehabilitation experiences that exploit the communicative, expressive and constructive characteristics of the arts. Their eminently bodily character in articulation with techniques, imagination and actions impinging upon the world and reality, induce one to come in contact with the constraints imposed on imagination by reality, to renegotiate and transform them. The creative process that is thus developed can have unheard of therapeutic potential and create renewed virtuous circles in the area of that I-Body-World relationship within which both metal pathology and health are found.

Especially in the course of the last century, evidence of so-called *Psychopathological Art* has made inroads in the varied and fertile field of art. A universally renowned figure like Vincent van Gogh should belong there by rights, but we find ourselves in a paradoxical situation in which the works of this seriously ill person have had the enormous success and the exorbitant valuations we all know about, obtaining a sort of posthumous rehabilitation that placed him among the greatest painters of all times. We are captured by his works and we

dimentichiamo l'inferno di esperienze straordinariamente negative che hanno caratterizzato la sua esistenza sin dall'infanzia.
L'intersezione tra l'arte, tra ogni genere di attività artistica da un lato, e la psicopatologia e le funzioni terapeutiche dall'altro, è documentata da evidenze antropologiche incontrovertibili, nelle quali ogni psichiatra prima o poi si imbatte necessariamente. Nello stesso tempo da questi punti di incrocio può diramarsi un insieme di vie molto problematiche e di incerto significato. I fenomeni che testimoniano queste connessioni sono cioè i più vari, ma, almeno in apparenza, sembrano contraddirsi fra loro. Conosciamo grandi artisti che sono anche grandi malati di mente, e artisti di valore in cui al contrario si verifica la perdita delle capacità espressive e creative col sopraggiungere della malattia psichica.
Palesi sono i nessi tra creatività e follia, ma sia nel senso di una follia che alimenta il prodursi di opere artistiche, dove il mezzo artistico può talora apparire come il pressoché esclusivo strumento espressivo di chi sembra aver perduto ogni capacità comunicativa ordinaria; sia nel senso opposto, quando constatiamo che la produzione artistica viene fortemente limitata dal processo morboso, sino a realizzare quell'«assenza d'opera» di cui parla Foucault, e che sarebbe una delle caratteristiche salienti della devastazione prodotta dalla malattia mentale. Ciascuno può evocare casi celebri e proprie esperienze che sembrano avvalorare questi fatti contraddittori, ma che in realtà mi sembra mostrino soltanto la complessità del problema e l'incidenza di innumerevoli variabili. Stando così le cose, si pongono per noi due grandi problemi preliminari: *a*) il primo è relativo a certe attenzioni che dovrebbero porsi alla coscienza critica del fruitore che si accinge a considerare e ad analizzare le opere dell'Art Brut; *b*) l'altro è relativo a come intendere il progetto di una terapia mediante l'arte. Mi limiterò a considerare in estrema sintesi il punto *a*.
Un primo motivo di complessità sta nel fatto

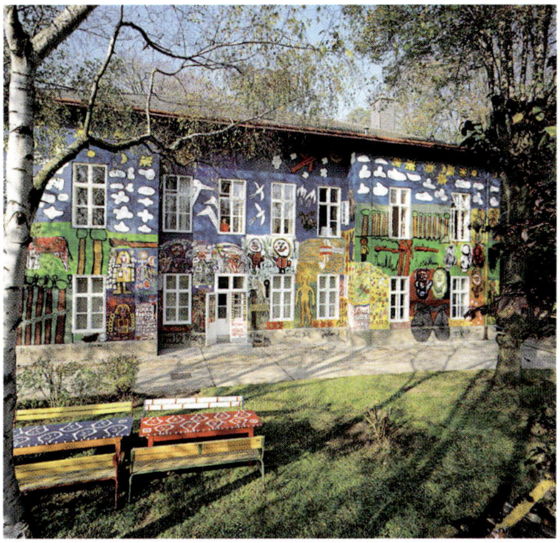

Haus der Künstler, Gugging Galerie, facciata est. Per gentile concessione Privatstiftung-Künstler aus Gugging
Haus der Künstler, Gugging Galerie, façade East. Courtesy Privatstiftung-Künstler aus Gugging

forget about the sheer hell of extraordinarily negative experiences that have characterised his entire existence since childhood.
The intersection between art, any kind of artistic activity, on one hand and psychopathology and therapeutic functions on the other, is documented by incontrovertible anthropological evidence that every psychiatrist necessarily comes across sooner or later. At the same time these crossing points may give rise to a very problematic system of paths, of uncertain significance. The phenomena testifying such connections are most varied and, at least in appearance, they seem to contradict each other. We know both of great artists who are also seriously mentally ill and of esteemed artists who, on the contrary, loose their expressive and creative abilities with the occurrence of psychic illness.
The nexus between creativity and folly are patent, both in the sense of folly alimenting the production of artworks, where the artistic means can sometimes appear almost as the only expressive instrument for those who have apparently lost all the ordinary expressive skills; and in the opposite sense, wherein we

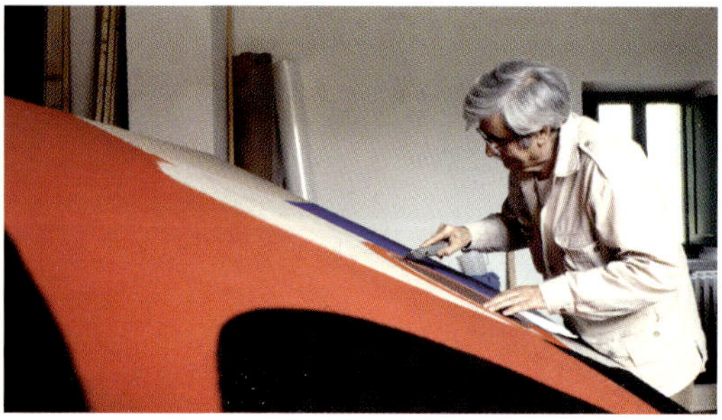

Alberto Burri, Case Nove di Morra, 1982
© Aurelio Amendola / Fondazione Palazzo Albizzini – Collezione Burri, Città di Castello ©, by SIAE 2015

che la stessa «arte» è qualcosa di mal definibile, che può includere molti fatti e processi eterogenei: mentali, comunicativi, gruppali e sociali. I metodi di approccio critico e valutativo, da chiunque prodotti, sia dallo psicopatologo, sia dal critico e dallo storico dell'arte o da chi opera in funzione di una terapeutica artistica, devono anche tenere nel debito conto aspetti che riguardano il rapporto dell'opera che abbiamo sotto gli occhi con una storia e una vicenda personale di chi quell'opera ha prodotto. Le opere non possono essere presentate in isolamento, senza che si sappia a sufficienza chi le ha prodotte: dove e quando, in quale contesto di vita, entro quali vicissitudini umane. Si tratta di navigare tra vari rischi. La precisa consapevolezza dei limiti della recinzione psicopatologica mostra la necessità di correlare ogni produzione singolare e anomala con le tensioni presenti nell'arte europea del Novecento e oltre, mettendo così in crisi e anche tendenzialmente abbattendo quelle recinzioni. E tuttavia ciò non può far dimenticare la singolarità morbosa di opere che sono espressione talvolta convulsa ed esasperata di bisogni radicali e umanissimi, che interrogano lo spettatore sulle vicissitudini umane che hanno generato opere dall'apparenza sofferta e sofferente, talora mostruosamente dolorante. Dove la visionarietà non prestabilita, libera dalle catene di formule troppo codificate, rivela allo spettatore il piacere e la folle gioia rischiosa di

ascertain that artistic production is strongly limited by the diseased processes, to the point of bringing about that «absence of work» that Foucault talks about, supposedly one of the salient features of the devastation produced by mental illness. We can all evoke famous cases and our own experiences to substantiate such contradictory facts. What this shows, I feel, is really just the complexity of the problem and the bearing that innumerable variables have on it. Things being so, two great preliminary problems present themselves: *a*) the first relates to certain considerations that should be exposed to the critical conscience of a viewer who is about to consider and analyse Art Brut artworks; *b*) the other one relates to how we might intend the project of a therapy through art. I will limit myself to a very synthetic consideration of point *a*.

A first ground for complexity lies in the very fact that «art» itself is very hard to define, that it may include many heterogeneous facts and processes: mental, communicative, and relating to group and social life. The methods of a critical and evaluative approach, whoever produces them – be it a psychopathologist, a critic, an art historian of someone operating in function of an artistic therapy – must also consider those factors involved in the relationship of the work we are looking at with the personal events and history of who produced it. Artworks cannot be presented in isolation, without knowing enough about who produced them: where and when, in what life context, within what human vicissitudes. It is a question of navigating between different risks. A precise awareness of the limits of the psychopathological enclosure demonstrates the need to correlate each singular and anomalous production with the tensions to be found in European art of the twentieth century and beyond, thus challenging and possibly demolishing that same enclosure. And nevertheless this cannot make us forget the morbid singularity of works which are an expression, at times frenzied and exasperated, of radical and very human needs, and which interrogate

una rappresentazione e di un segno svincolati dalle convenzioni formali del momento e dal bisogno di soddisfare le richieste dell'utenza. In molti casi l'attrazione che nonostante ciò le opere suscitano sarebbe assurdo riferirla esclusivamente alle qualità estetiche delle opere stesse. Esse sono espressione di contesti e situazioni specifiche e soltanto la loro conoscenza può permette di ampliare in modo decisivo la comprensione di ciò che si osserva.
Vi sono almeno due direttrici generali che è necessario percorrere per non cadere in pregiudizi estetizzanti che inducono a isolare l'opera e a considerarla come una realtà autonoma a sé stante. Una direttrice è temporale e storica. Si tratta di opere che si presentano come risposta a una minaccia imminente e annunciata di un crollo e di una catastrofe; oppure, al contrario, il cui autore sta attraversando una crisi psicotica in atto, dove l'opera svolge precise funzioni ogni volta da comprendere; troviamo qui ancoraggi, paratie, riempimenti del vuoto minaccioso o evacuazioni di un troppo pieno esplosivo, e altro ancora. Oppure si tratta di una produzione postcatastrofica che tenta in vario modo di dare testimonianza del disastro prodottosi e dei tentativi di rappresentarlo, costruendo o ricostruendo il mondo. Certe opere della cronicità psicotica sono espressione di un ruinismo senza apparenti rovine riconoscibili, dove a essere costruito non è solo un mondo andato in frantumi, ma anche una funzione rappresentativa necessaria per ordinare in qualche modo l'esperienza e la realtà frammentata (ora attivando modalità più consensuali, ora in maniera più arbitraria e megalomaniacamente assertiva e riparativa).
Il momento di produzione dell'opera lungo la storia dell'esperienza dell'autore è un punto importante per poter intendere il senso delle sue operazioni di connessione (una connettività spesso nascosta, ma a ben guardare rispondente a esigenze di assoluta necessità rispetto all'emergenza di bisogni vitali). Se si evita di identificarsi con gli aspetti angosciosi

viewers about the human vicissitudes that have generated works of such suffered and suffering appearance, at times monstrously painful. Works where non-predetermined vision, free form the chains of excessively codified formulae, reveal to the spectator the pleasure and the crazy, risky joy of a representation and of a sign freed from the formal conventions of the times and from the need to satisfy consumers' requirements. In many cases it would be absurd to attribute the attraction engendered by such works exclusively to their aesthetic qualities. They are the expression of specific contexts and situations and only knowing about these allows a decisive widening of our comprehension of what we are looking at.
There are at least two general trajectories that it is necessary to follow to avoid falling onto aestheticizing prejudices inducing us to isolate a work and to consider it as an autonomous, self-standing reality. One trajectory is temporal and historical. These works may be presented as response to an imminent and announced threat of a collapse and of a catastrophe; or, on the contrary, their author is currently living through a psychotic crisis, and the work fulfils precise functions which are to be understood in each instance. We find here anchorages, bulkheads, fillings of menacing voids or evacuations of an explosive fullness, and more still. Or else it may be a post-catastrophic production, which variously tries to bear witness to the disaster that occurred and to the attempts at representing it, thus constructing or re-constructing the world. Certain works, products of psychotic chronicity, are expression of a fondness of ruins in the absence of recognisable ruins, where what is built is not just a world that has gone to pieces, but also a representative function necessary to bring some order to fragmented experience and reality (at times enacting more consensual modes, at other times in a more arbitrary and megalomaniacally assertive and reparative manner).
The time when the work was made and the author's life history are important elements for

dell'esperienza adombrati in certe costruzioni artistiche, è facile per lo spettatore assumere una posizione svagata e di rigetto di fronte a opere presso le quali è difficile soggiornare senza reazioni difensive o evasive.

Per questo è importante sapere *dove* l'opera è stata prodotta, cioè in quale contesto e situazione, in relazione a quale condizione ambientale e di esistenza. Un conto è se l'opera è stata prodotta durante un ricovero manicomiale violento e senza speranza (come quasi sempre nei casi di Art Brut), oppure in condizioni di libertà e di libera scelta. Sovente brevi indicazioni sull'autore e l'ambiente di produzione dell'opera sono fornite dalle schede che accompagnano le opere nelle mostre di Art Brut meglio presentate. Queste informazioni sono importanti e suggestive, ma quasi sempre del tutto insufficienti a permettere un vero orientamento sull'opera e sull'autore.

L'incrocio tra arte e psicopatologia solleva insomma numerose questioni e interrogativi e genera anche parecchi equivoci problematici. Sotto queste varie voci vengono incluse realtà troppo eterogenee, che richiedono precisazioni circa la loro genesi. Una considerazione puramente artistica dell'opera può non significare granché. L'area di ciò che si considera «bello» e artisticamente significativo ha subìto trasformazioni sensibili nel corso del secoli. Ma soprattutto nel Novecento, e dopo le due guerre mondiali, la devastazione della realtà sociale e culturale ha introdotto nel recinto delle arti formule ed eventi che in un passato anche recente non vi avrebbero trovato posto. L'arte si è confrontata con l'informe e il negativo della distruttività operante nell'uomo, esercitata su cose e persone in una scala d'estensione non più negabile o confinabile all'episodico o a un singolo evento unico e circoscritto. La rappresentazione della confusione diventa confusa essa stessa, l'orrore invade l'opera, il gesto artistico diventa debordante a causa del dolore e del lutto che s'insinua nella costituzione del gesto espressivo, lo cimenta e lo altera,

understanding the sense of his connecting operations (a connectivity that is often well hidden, but that in fact responds to requirements of absolute necessity with respect to the emergence of vital needs). If viewers shun from identifying with the distressing aspects of the experience shaded in within certain artistic constructions, it becomes easy for them to adopt inattentive and rejecting stances when looking at works that are hard to stand by without adopting defensive or evasive reactions.

For this reason it is important to know *where* a work was made, that is in which context and situation, in relation to which environmental and existential condition. One thing is a work produced during a violent and hopeless hospitalisation (as is almost always the case for Art Brut), quite another is when it is made in conditions of freedom and free choice. Often brief notes on the author and the production context of the work are provided in the captions accompanying the works in the better-curated exhibitions of Art Brut. Such information is important and suggestive, but almost always insufficient to allow us to truly get our bearings on the work and its author.

The cross-point between art and psychopathology thus raises numerous issues and questions and also generates several problematic misunderstandings. These different categories include realities that are too heterogeneous and require clarification about their genesis. A purely artistic consideration of the work can mean very little. The area of what is considered «beautiful» and artistically significant has undergone considerable transformation in the course of the centuries. But in particular during the twentieth century, and after the two world wars, the devastation of social and cultural reality has introduced into the arena of art formulae and events that, even in a recent past, would not have found place in it. Art has confronted itself with the formlessness and negativity of the destructiveness operating in mankind, exercised on things and people on

minando le capacità sublimative dell'arte e creando contrasti inediti tra una violenza che esige espressione e formalizzazione e la generazione di un ideale stilistico non contaminato. Dalla negatività dell'esperienza non è possibile fuggire, e negarne l'evidenza appare evasivo, insufficiente e inautentico.

Le opere dei malati di mente finiscono così per conoscere la nuova fruibilità di una «Art Brut Renaissance». La rappresentazione del dissesto personale o il duro cimento con i tentativi di ricostruzione artistica di una condizione umana divenuta critica finiscono per diventare, almeno in certi casi, un emblema di realtà e situazioni a cui le disastrose sindromi psicosociali del nostro tempo ci hanno resi sensibili. Queste opere divenute emblematiche mostrano spesso una forza che lascia trasparire il bisogno di sopravvivenza e la necessità di un moto di rappresentazione anche dell'orribile e del funesto. La persecuzione acquista così nell'arte un diritto di cittadinanza, mentre in epoche passate non poteva trovare la medesima udienza.

Il nostro mondo interno è chiamato a contenere molta della realtà negativa circostante, che ci assale da ogni parte. Accade così che uno dei motivi di interesse dell'effetto dello psicopatologico sull'attività artistica consista nel fatto che essa permetta di accedere con relativa evidenza e precisione a una figurazione della realtà psichica di un paziente nel quale rende molto più facile rispecchiarsi. Il cosiddetto «mondo interno», poco esprimibile a parole e destinato all'incerto lavoro congetturale dell'analisi, può trovare, per mezzo dell'arte, formulazioni e cristallizzazioni chiarificatrici di grande interesse e valore conoscitivo. Attraverso la rappresentazione artistica l'interiorità non accessibile – la cosiddetta «realtà psichica» – assume forme di visibilità, permettendo una partecipazione e una simbolizzazione altrimenti impossibile o soltanto molto indiretta. Comunicazione in analisi e comunicazione artistica si incrociano in modo talora intenso, evidenziando una molteplicità

scale that is undeniable, no longer confineable to the episodic or to a single, unique and circumscribed event. The representation of confusion becomes itself confused, horror invades the oeuvre, the artistic gesture overflows because of the pain and grief that insinuate themselves into the constitution of the expressive gesture, provoking and altering it, undermining art's sublimating capabilities and creating new contrasts between a violence that demands expression and formalization and the generation of an uncontaminated stylistic ideal. It is impossible to escape from the negativity of experience, and to deny its evidence would mean to be evasive, unsatisfactory and inauthentic.

The works of mental patients thus came to experience the new usability of an «Art Brut Renaissance». The representation of personal instability and the challenging attempts at artistic reconstruction of a human condition that has become critical, end up becoming, at least in some cases, an emblem of reality and of situations to which the disastrous psychosocial syndromes of our times have made us sensible. Those works that have thus become emblematic often show a force that betrays the need to survive and the necessity for acts of representation: of the horrible and the ruinous too. Thus persecution acquires a right to citizenship in art, whereas in the past it could not find the same audience.

Our interior world is called upon to contain much of the surrounding negative reality that is attacking us on all sides. It so happens that one of the reasons for the interest in the effect of the psychopathological on artistic activity lies in the fact that it allows access to a relatively precise figuration of the psychic reality of a patient, in which it therefore becomes much easier to mirror oneself. The so-called «inside world», difficult to express in words and destined to the uncertain conjectural work of analysis, may find through art some clarifying formulations and crystallizations of great

di aspetti importanti sia del lavoro analitico in atto, sia della «visione del mondo interno» dell'artefice dell'opera. Si viene in contatto con una *Innenweltanschauung* figurale e con quella che potremmo considerare una iconografia dell'invisibile e dell'inconscio.

Esattamente come accade per i sogni, la cui forma e il cui contenuto finiscono per «partecipare al discorso» istituito dall'analisi, come Freud scriveva in *Die Traumdeutung*, anche l'attività creativa partecipa in vario modo al discorso dell'analisi. Essa ci parla anche della relazione analitica, oltre che di tante altre cose. Per inciso, quando mi riferisco all'attività creativa, metto sul medesimo piano funzionale sia le più modeste attività inventive dell'analizzando, sia quelle più complesse ed elaborate, che possiamo chiamare artistiche senza il timore di sopravvalutarne la portata e il valore.

L'opera può in molti casi essere considerata come l'autosimbolizzazione del processo psichico in atto nel suo produttore. Mi riferisco qui alla nozione di *percezione endopsichica* (*endopsychische Wahrnehmung*), un fenomeno che Freud nomina spesso nel corso della sua opera[1] e che ritengo importante, benché sia spesso trascurato. Si tratta della capacità dell'Io di percepire certe caratteristiche dell'apparato psichico, del mondo interno e dei fenomeni inconsci che vi si svolgono, così da realizzarne una sorta di conoscenza oscura, intuitiva e inconscia. Una conoscenza che si manifesta essenzialmente nella formazione dei miti, nel fantasma, nel sogno, nel delirio e, certamente, anche nelle figure del discorso e nella figurazione dell'arte.

Sul piano tecnico, se così si può dire, tutte le produzioni artistiche – che siano realizzate in corso di analisi o meno – sono potenziali «materiali d'analisi», come ogni comunicazione umana. Tuttavia le produzioni dell'arte godono in genere di uno statuto speciale e privilegiato.

Nella nostra cultura, e a differenza dei sogni, le espressioni artistiche sono accettate come dispositivi specifici e riconosciuti della co-

interest and cognitive value. Through artistic representation the inaccessible inner self – the so-called psychic reality – assumes forms of visibility, allowing otherwise impossible, or at most indirect, participation and symbolization. Communication in analysis and artistic communication intersect in a sometimes intense way, highlighting a multiplicity of important aspects of the on-going work of analysis as well as the «vision of the interior world» of the work's maker. We come in contact with a figural *Innenweltanschauung* and with what might be considered an iconography of the invisible and of the unconscious.

Exactly as happens for dreams, whose form and content, as Freud wrote in *Die Traumdeutung*, end up «participating in the discourse» instituted by analysis, also creative activity participates in various ways to the discourse of analysis. It also tells us about the analytical relationship, and many other things besides. Incidentally, when I refer to creative activity, I place the most modest inventive activities of the analysed on the same functional level as the most complex and elaborate ones, those that we may call artistic without fear of overvaluing their significance and value.

The work may in many cases be considered as the auto-symbolization of the psychic process undergone by its producer. I am referring here to the notion of *endopsychic perception* (*endopsychische Wahrnehmung*), a phenomenon that Freud often mentioned in his work[1] and one that I regard to be important though often neglected. It concerns the Self's capacity to perceive certain characteristics of the psychic apparatus, of the inner world and of the unconscious phenomena occurring therein, thus producing a sort of shady, intuitive and unconscious knowledge; a knowledge that is essentially manifested in the formation of myths, in the phantom, in the dream, in delirium and, certainly, also in art's figuration.

On the technical side, if I may say so, all artistic productions – be they realised in the course

municazione sociale. Gli apparati formali e simbolici delle arti sono finalizzati al contatto e alla partecipazione. Se l'arte si serve di linguaggi convenzionali, la loro «apertura» e trasgressione, nella forma e nei contenuti, è ammessa e addirittura richiesta per attivare processi espressivi direzionati e sensati e insieme di alta temperatura emotiva. Occorre che un processo espressivo sia dichiarato «arte» perché le sue licenze immaginative e di linguaggio siano accolte con la dovuta tolleranza. Una tolleranza atta a suscitare discussioni circa i suoi confini, che sono mobili e variano assai, secondo i contesti e i momenti storici.

Anche questi pochi appunti, tratti in gran parte da miei scritti e riflessioni sull'arte, spero abbiano mostrato che lo spazio culturale ed esperienziale di grande densità dell'arte irregolare apre una vasta e appassionante problematica, i cui temi si orientano spontaneamente verso le mete e le esigenze della terapeutica artistica, alla quale ho qui deciso di accennare soltanto.

[1] Su questa nozione centrale rimando a F. Petrella, *Percezione endopsichica / Fenomeno funzionale*, in «Rivista di Psicoanalisi», n. 1, 2003, pp. 101-120.

FAUSTO PETRELLA è stato Professore di Psichiatria all'Università degli Studi di Pavia fino al 2008 e Presidente della Società Psicoanalitica Italiana dal 1997 al 2001

of analysis or not – are potentially «analysis material», just like all human communication. Nonetheless the products of art generally benefit from a special and privileged status.

In our culture, and unlike dreams, artistic expressions are accepted as specific and recognised tools of social communication. The formal and symbolic apparatus of the arts are aimed at contact and participation. If art makes use of conventional languages, «openness» and transgression in form and content is admitted and even requested to activate direct and sensible expressive processes, which at the same time carry a highly emotional charge. It is necessary for an expressive process to be declared as «art» for its imaginative licenses to be welcomed with due tolerance, a tolerance suited for stimulating discussions concerning its borders, which are mobile and change considerably according to context and to the historical contingency.

I hope that these few notes, taken in great part from my writings and musings on art, have shown that the extremely dense cultural and experiential space of irregular art opens a vast and exciting problem area, whose themes are spontaneously oriented towards the requirements of art therapy, to which I have only made a passing reference here.

[1] On this central notion I refer the reader to F. Petrella, *Percezione endopsichica / Fenomeno funzionale*, in «Rivista di Psicoanalisi», n. 1, 2003, pp. 101-120.

FAUSTO PETRELLA has been Professor of Psychiatry at the Università degli Studi of Pavia, and President of the Italian Psychoanalytical Society from 1997 to 2001

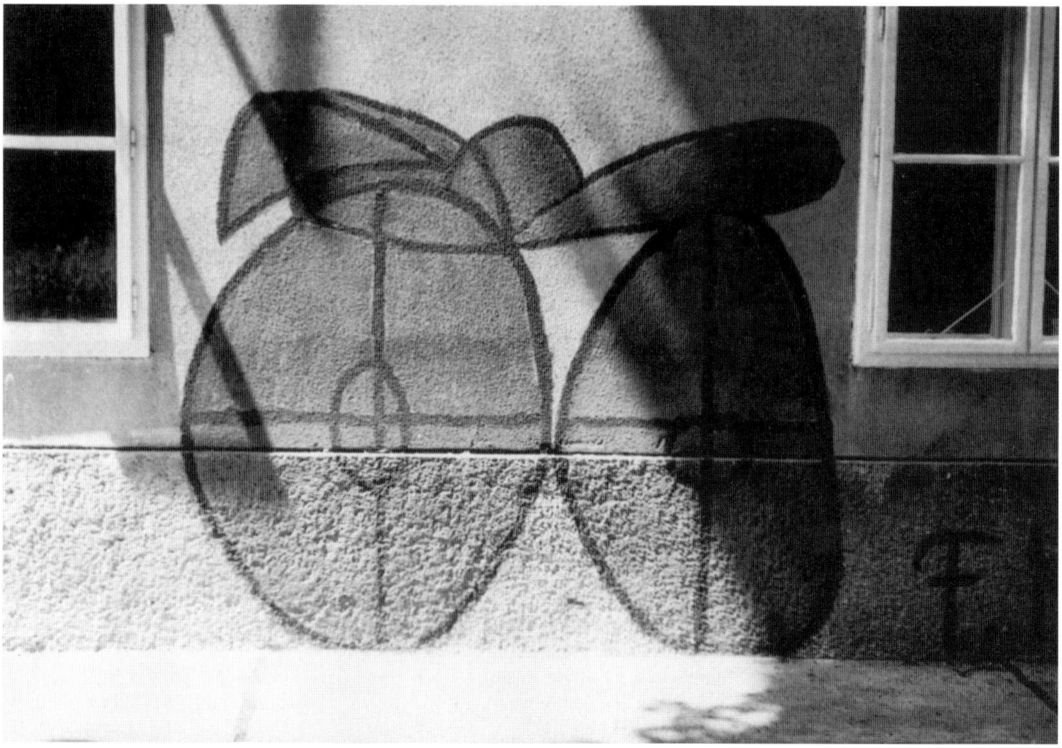

Particolare della facciata est di Gugging: *Bicicletta* di Franz Kernbeis / Detail of the East facade of Gugging: *Bicycle* by Franz Kernbeis

JOHANN FEILACHER

Gugging ieri e oggi
Gugging yesterday and today

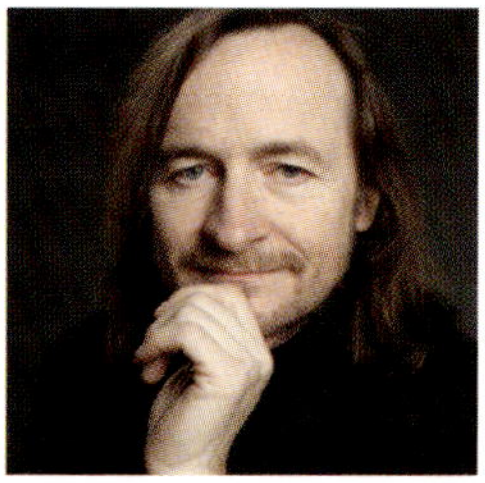

Foto Braschler/Fischer

La percezione dell'Outsider Art iniziò a svilupparsi in psichiatria. L'opera più rivoluzionaria fu scritta dallo psichiatra svizzero Walter Morgenthaler, che nel 1921 ebbe il coraggio di definire artista un «malato mentale», cioè Adolf Wölfli. L'anno successivo apparve *Die Bildnerei der Geisteskranken* (*L'attività plastica dei malati mentali*) di Hans Prinzhorn, che raccoglieva migliaia di opere realizzate spontaneamente da pazienti psichiatrici. La dittatura radicale del nazismo impedì un ulteriore sviluppo fino alla metà degli anni Quaranta, quando l'Art Brut fu qualificata da Jean Dubuffet come controcorrente. Con una definizione davvero «antipsichiatrica» dell'Outsider Art (anche se la maggior parte dei rappresentanti dell'Art Brut sono persone malate di mente) Dubuffet indicava soltanto l'espressività genuina e l'antiaccademismo.

Negli anni Sessanta del secolo scorso lo psichiatra Leo Navratil iniziò a far produrre, a scopo diagnostico, disegni dai pazienti dello Heil- und Pflegeanstalt Gugging (Ospedale e Casa di Cura di Gugging), nelle vicinanze di Vienna. Tra le migliaia di disegni in formato cartolina ne trovò alcuni che non si potevano classificare, ma che mostravano una certa creatività. In seguito Navratil scrisse nel 1965 *Schizophrenie und Kunst* (Schizofrenia e arte), che ebbe un effetto analogo all'opera di Prinzhorn del 1922. Il mondo della psichiatria

The concept of Outsider Art was initially developed within psychiatry, the first revolutionary work was written by Swiss psychiatrist Walter Morgenthaler. In 1921 he had the courage to define as artist a «mentally ill» person, Adolf Wölfli. The following year Hans Prinzhorn's *Die Bildnerei der Geisteskranken* (*Artistry of the mentally ill*) appeared, in which he collected thousands of works spontaneously produced by psychiatric patients. The radical dictatorship of Nazism prevented any further developments until the mid nineteen-forties, when Jean Dubuffet qualified Art Brut as a counter current movement. With a truly «anti-psychiatric» definition of Outsider Art (even though most representatives od Art Brut are mentally ill persons) Dubuffet only made reference to its genuine expressiveness and anti-academism.

In the nineteen-sixties psychiatrist Leo Navratil of the Heil- und Pflegeanstalt Gugging (Gugging Hospital and Nursing Home) near Vienna, began to use his patients' drawings for diagnostic purposes. Among the thousands of post-card sized drawings he found several that were unclassifiable but showed some creativity. Later, in 1965, Navratil wrote *Schizophrenie und Kunst* (Schizophrenia and art), which had a similar effect as Prinzhorn's 1922 work. The world of psychiatry seemed uninterested, while the artists of the time showed great appreciation

apparve poco interessato, ma gli artisti del tempo apprezzarono molto il libro. Negli anni '70 ebbero luogo le prime mostre di questi disegnatori e nel 1981 Navratil poté fondare il Zentrum für Kunst-Psychotherapie (Centro per la Psicoterapia Artistica).
Quando nel 1983 arrivai a Gugging, questo Centro esisteva da due anni e Navratil aveva cercato un successore affinché i suoi sforzi non dovessero in seguito cadere nell'oblio.
I residenti nel Centro avevano già ottenuto un primo riconoscimento come artisti e sporadicamente iniziavano anche a guadagnare del denaro. Era stata indicata la via per un'integrazione artistica e sociale. Tuttavia c'erano ancora alcuni ostacoli da superare per essere davvero accettati in questo mestiere: non soltanto come «pazienti artisti», bensì come artisti «autentici», senza pregiudizi o implicazioni psicopatologiche. Essi avevano diritto al pieno riconoscimento. Si sarebbe dovuto lottare non per ottenere un'elemosina sociale alle loro opere meravigliose, ma per la loro equiparazione a tutti gli altri artisti, cioè il medesimo riconoscimento per la stessa buona arte.
Il Centro per la Psicoterapia Artistica divenne per me una casa in cui, innanzitutto, abitavano gli artisti, e così di conseguenza fu ribattezzata nel 1986, dopo che ne assunsi la direzione, Haus der Künstler (Casa degli Artisti). Questo passaggio dallo stato di «pazienti» della clinica a quello di comunità residenziale restituì la dignità umana a quelle persone.
Varie mostre in musei e gallerie e diverse pubblicazioni contribuirono alla notorietà delle loro opere anche negli Stati Uniti e in Giappone.
Quando August Walla dipinse grandi opere di tre metri per sei, dovette farlo nella ex cantina del carbone perché non c'era spazio da nessuna parte per queste dimensioni, e si iniziò a stare stretti nella Casa.
In seguito fondai un'associazione che, a causa della sua connotazione benefica, diede la possibilità di assumere temporaneamente collaboratori a pagamento. Ma gli artisti dovevano anche otte-

for the book. In the nineteen-seventies the first exhibitions of such drawings took place and in 1981 Navratil was able to institute the Zentrum für Kunst-Psychotherapie (Centre for Artistic Psychotherapy).
When I arrived in Gugging in 1983, the centre had been in existence for two years and Navratil was looking for a successor so that his efforts would not fall into oblivion in the future.
The residents of the Centre had already achieved some recognition as artists and were even beginning to earn some money occasionally. The pathway for artistic and social integration had been marked out. However, there were still some obstacles to overcome in order for the artists to be truly accepted in this profession: not just as «artist patients» but rather as «authentic» artists, free of prejudices or psychopathological implications. They were entitled to full recognition. Rather than accepting a mere social handout for their marvellous works of art, they struggled to achieve comparable status to all other artists: the same recognition for the same good art.
The Centre for Artistic Psychotherapy for me became a home where, in the first instance, artists lived. Consequently, when I took up its management in 1986, this was renamed Haus der Künstler (Artists' Home). The transition from the state of «patients» of a nursing home to that of members of a residential community restored their human dignity to those persons.
Several exhibitions in museums and galleries and numerous publications contributed to their art's notoriety, which spread as far as the United States and Japan.
When August Walla painted huge pictures measuring three metres by six, he had to do so in the previous coal cellar, because there was not enough space for such dimensions anywhere else, and the Home began to feel cramped.
Later I founded an association that, with its charitable statute, allowed for the employment of temporary paid staff. But it was also important for the artists to acquire a higher

nere una posizione sociale più elevata. Ci vollero tre anni per elaborare uno statuto e istituire una società in accomandita che li rese membri di una società privata e perciò operatori con una propria indipendenza economica. Era stata posta la prima pietra per la nuova galleria.
Non appena furono disponibili gli spazi dell'edificio adiacente, a centocinquanta metri di distanza, vi fu l'occasione di sviluppare le nostre possibilità. Due anni dopo fu disponibile l'intero edificio, e apparve chiaro che si dovesse cogliere quell'opportunità: 3500 metri quadrati di superficie utilizzabile erano perfetti. Vari collaboratori donarono ore di lavoro non pagato per restaurare con noi gli spazi e per trasformarli in una galleria: una vera galleria indipendente nella quale si potessero presentare comodamente le opere degli artisti di Gugging, con ampi spazi per il magazzino e l'atelier.
Cominciammo a pensare di creare una collezione per la Fondazione, così che le opere degli artisti non andassero disperse ai quattro venti ma potessero rimanere in loco ed essere presentate insieme. Anche la Casa degli Artisti doveva seguire la strada dell'indipendenza, e dopo lunghi negoziati con i membri del governo della Bassa Austria potemmo ottenere il supporto all'idea di un'organizzazione indipendente di aiuto sociale. Nel 2000 fu così costituito il Verein der Freunde des Hauses der Künstler (Associazione degli amici della Casa degli Artisti).
L'edificio nel quale fu allestita la galleria era in gran parte in rovina. Si cercò dunque di utilizzare al meglio questo spazio. La logica conseguenza fu l'idea di creare un vero e proprio museo per gli artisti di Gugging: una casa nella quale le loro opere potessero essere mostrate a un vasto pubblico internazionale; un museo per l'Art Brut, ma non soltanto per essa, bensì un luogo dove si potesse mettere a confronto l'Art Brut con qualsiasi altra tendenza artistica. Questo per dimostrare che l'Art Brut non è un genere di arte «psicopatologica» o «malata», ma semplicemente un'arte che non teme confronti con altre correnti artistiche e anzi in

social status. It took three years to elaborate a statute and to institute a limited partnership in which they were defined as members of a private society, and thus as agents with their own economic independence.
The first stone for the new gallery had been laid. When the spaces in the neighboring building, only one hundred and fifty metres away, became available, we saw a chance to develop our potential. Two years later the whole building became available, and it was clear to us that we should take that opportunity: 3500 square metres of usable surface were perfect. Several associates donated free labour to help us restore the spaces and make them into a gallery: a true independent gallery where we could easily show the Gugging artists' pieces, with ample storage room and a workshop.
We began to think about creating a collection for the Foundation, so that the artists' works would not be dispersed to the four corners of the earth, but could stay in loco and be shown together.
Also the Artists' Home had to take the path to independence, and after long negotiations with members of the Government of Lower Austria we were able to obtain support for an independent social welfare organisation. In the year 2000 we therefore constituted the Verein der Freunde des Hauses der Künstler (Association of the friends of the Artists' Home). The building where the gallery was set up was mostly in ruins. So we made great efforts to make use of this space. The idea of creating a true and proper museum for the Gugging artists came as a logical consequence: a home where their artworks could be shown to a wide international public. A museum for Art Brut, but furthermore, a place where Art Brut could be shown beside any other artistic current, demonstrating that Art Brut is not a «psychopathological» or «diseased» art genre, but simply a form of art that does not fear comparison with other artistic trends and in many cases can even

molti casi le supera. I grandi musei, piuttosto conservatori, non mostravano mai l'Art Brut ritenendo che sotto tale formula fossero incluse molte opere che non meritavano il titolo di «arte». Questo nuovo museo doveva diventare un marchio di qualità per gli artisti in mostra, alla stessa stregua del Museum of Modern Art di New York per i maestri dell'arte moderna e contemporanea.

Nina Katschnig e io elaborammo l'idea e ci vollero quattro anni e mezzo perché il museo potesse essere inaugurato, con l'ausilio di un progetto per disoccupati, adattando il primo piano alle nuove finalità. Il risultato fu convincente. E gli artisti di Gugging presero immediatamente possesso dei nuovi locali, cominciarono a usare gli atelier o ad andarci spesso anche soltanto per conversare, utilizzando i nuovi spazi come punti d'incontro per comunicare. Johann Korec, Arnold Schmidt e Karl Vondal ebbero così a disposizione, come i loro compagni, una nuova sede.

Dopo il completamento del primo piano, con la galleria e gli atelier, ottenemmo dal governo della Bassa Austria il denaro per restaurare il secondo piano per il museo. Venne creata una Privatstiftung - Künstler aus Gugging (Fondazione privata - Artisti di Gugging) che attualmente possiede più di 700 opere donate dagli artisti. A queste si sono aggiunte donazioni private che hanno accresciuto il numero delle opere fino alle attuali circa 800 opere, tra pezzi originali e incisioni, anche di artisti internazionali.

La mostra di apertura si intitolò *Blug*, termine ricavato da un'opera di Franz Kernbeis. Un neologismo che logicamente seguiva la scia dei titoli di pubblicazioni precedenti, come *Sonneastro*, *Carom.!* e *Guggging*. *Blug* significa «aratro» e dunque può essere inteso simbolicamente nel senso di campo arato per rendere possibile questo museo per gli artisti di Gugging. Johann Garber configurò la prima stanza del museo e poi dipinse le pareti di un cortile, nel quale anche Johann Fischer e Johann Korec avevano già lasciato i loro segni. Le mostre successive

surpass them. The great museums, rather conservatively, never used to show Art Brut, as they held that under such a label were included many works that did not deserve the title of «art». This new museum was to provide a mark of quality for the artists exhibited, just as the Museum of Modern Art of New York does for the masters of modern and contemporary art. Nina Katschnig and myself elaborated the idea. It took four and a half years, and the help of a project for the unemployed, for the first floor to be adapted to its new purposes and the museum to be inaugurated. The result was convincing and the Gugging artists immediately took possession of the new site, they began to use the workshops or sometimes just went there to talk, using the new spaces as places to meet and communicate. Johann Korec, Arnold Schmidt, Karl Vondal and their fellow artists thus had a new venue at their disposal.

After the first floor was completed, with its gallery and workshops, we obtained finances to restore the second floor to accommodate the museum from the government of Lower Austria. The Privatstiftung-Künstler aus Gugging (Private Foundation-Gugging Artists) was created. Currently it owns more than 700 works donated by the artists; some more artworks have been added from private donations so that the number of works is now around 800, several are original pieces and engravings, some of which by international artists.

The opening exhibition was titled *Blug*, a term taken from a piece by Franz Kernbeis. A neologism that followed logically in the wake of titles of previous publications such as *Sonneastro*, *Carom!* and *Guggging*. *Blug* means «plough» and can therefore symbolise a field ploughed to make the museum for Gugging artists possible. Johann Garber configured the first room in the museum, then proceeded to paint the walls of the courtyard, where Johann Fischer and Johann Korec had left their mark before him. The shows that followed exhibited

presentarono Art Brut internazionale ma anche altri esempi di arte contemporanea, da Adolf Wölfli a Nedjar, ma anche Shitaro Mijake e Bill Traylor. Nel 2009 la società fu rilevata dal Museumsbestriebs GmbH della Bassa Austria, che garantisce la sopravvivenza del museo stesso.
Il 2012 fu dedicato all'esponente forse più versatile in assoluto dell'Art Brut, August Walla. Su 1300 metri quadrati furono esposte cinquecento opere di tutti i suoi periodi, inoltre un compendio in quattro spessi volumi di 740 pagine passava in rassegna l'intero lavoro dell'artista.
Poiché negli ultimi anni la Casa degli Artisti accusava problemi strutturali, nel 2010, con l'aiuto del governo della Bassa Austria, fu costruita una dépendance che tuttora offre standard confortevoli agli artisti che qui ancora vivono, lasciando spazio anche per futuri talenti. Naturalmente sono benvenute anche le donne, purtroppo rare nel mondo dell'arte. Attualmente ci sono ancora posti liberi.
L'Art Brut come tendenza artistica deve seguire tutti i parametri dell'arte perché non è un'«istituzione sociale». Ciò significa che la qualità delle opere va giudicata secondo l'estetica dei rispettivi artisti e curatori contemporanei. Se le cose stanno così, può essere apprezzata e confrontata a livello internazionale con tutte le altre tendenze artistiche. Il successo degli artisti di Gugging, la cui infermità o malattia è da considerare una loro questione privata, si basa su questi criteri rigorosi e dunque consente che essi raccolgano anche i frutti della loro arte.
Gli sviluppi degli ultimi decenni hanno dimostrato che la Casa degli Artisti di Gugging è diventata un luogo in cui artisti con particolari necessità scoprono una opportunità professionale e un aiuto che permette loro di accedere al mondo dell'arte e a una socialità come altrimenti non sarebbe possibile.

Johann Feilacher è Professore, Psichiatra.
Curatore e Direttore del Museo Gugging di Vienna

international Art Brut but also other examples of contemporary art, from Adolf Wölfli to Nedjar, but also Shitaro Mijake and Bill Traylor. In 2009 the association was taken over by the Museumsbestriebs GmbH of Lower Austria, to guarantee the museum's survival.
2012 was dedicated to the most versatile member of the Art Brut movement, August Walla. Five hundred works representing all of his artistic phases were exposed in 1300 square metres, and a 740-page compendium in four volumes was produced to review the whole corpus of this artist's work.
Since the Artists' Home had lately shown signs of structural problems, in 2010 a new annex was built with the help of the Government of Lower Austria. This continues to provide comfortable accommodation to the artists who still live here, and allows space for future talents. Naturally also women are welcome, though unfortunately they are rare in the world of art. Currently there are still some free places.
Art Brut as artistic current must follow all the parameters of art if it is not to be a «social institution». This means that the works' quality must be judged according to the aesthetics of the respective artists and contemporary curators. If this is so, then Art Brut can be appreciated and compared at international level, with all other artistic trends. The success of the Gugging artists, whose infirmity or illness is to be considered as their own private business, is based on such rigorous criteria, and this allows them to reap the benefits of their art.
The developments of the last decades have shown that the Gugging Artist' Home has become a site in which artists with particular needs can find those professional opportunities and help which consents them to access the world of art and a social life which would otherwise be impossible for them.

Johann Feilacher is Professor, Psychiatrist.
Curator and Director of Museum Gugging in Vienna

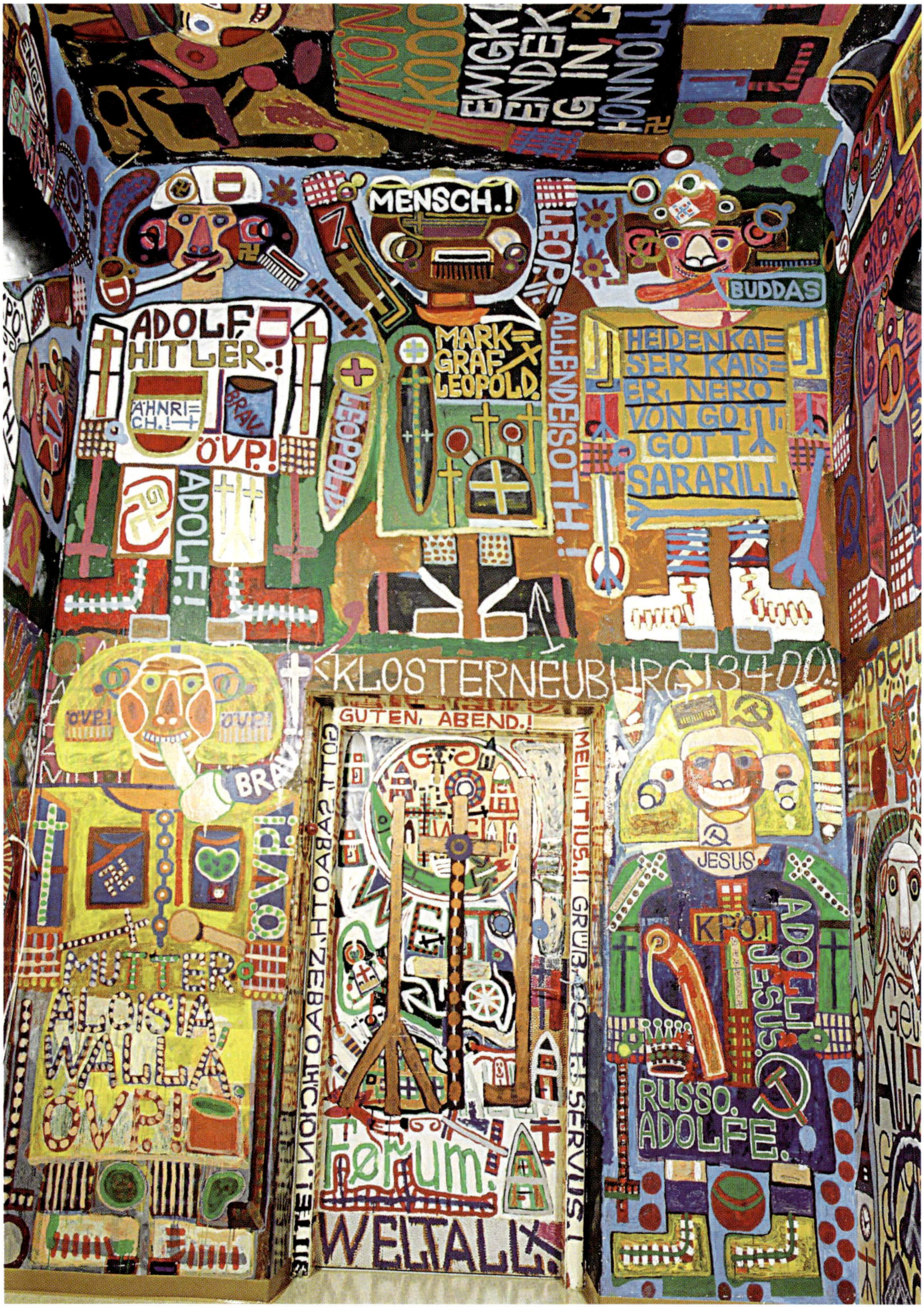

Stanza di August Walla / August Walla's room

NINA KATSCHNIG

Gli Artisti di Gugging. Pregiudizio e Realtà
The Gugging Artists. Prejudice and Reality

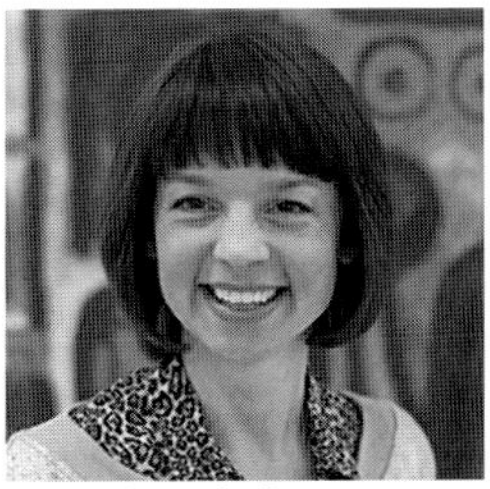

Foto Ludwig Schedl

Questo saggio getta uno sguardo sui pregiudizi che le persone nutrono nei riguardi degli Artisti di Gugging e sulla realtà nella quale vivono, nella speranza che ciò conduca a una migliore comprensione, benché la vera esperienza possarealizzarsi soltanto recandosi *in situ*.
Le opere prodotte dagli Artisti di Gugging, e perfino gli artisti stessi, sono superfici di proiezione per fantasie e desideri. Quasi nessuno viene alla Casa degli Artisti o alla Galleria di Gugging senza preconcetti o pregiudizi.
Questi pregiudizi vengono prodotti dalla storia personale e unica, propria di ogni individuo e/o della società e non dovrebbero essere considerati né positivi né negativi. Esistono soltanto, e sono precisamente quello che sono: pre-giudizi – pensieri, opinioni o immagini che abbiamo su certi argomenti, luoghi o persone senza averli esaminati in profondità e anche senza rendercene conto.
La società ha un anelito insaziabile verso l'esotico – e gli artisti sono esotici. Da quando fu pubblicato il libro di Cesare Lombroso *Genio e Follia*, la nozione romantica che il genio artistico e la malattia mentale siano intimamente collegati è diventata popolare. Poiché molte persone pensano che la natura degli artisti abbia qualcosa di ingegnoso, la follia non può essere lontana.

This essay takes a look at the prejudices people have about the Gugging Artists and at the reality in which they live. The hope is that it will produce better understanding. But actual experience can only take place on location. The works by the Gugging Artists, and even the artists themselves, are projection surfaces for fantasies and desires. Hardly anyone comes to the House of Artists or the Gallery of Gugging Artists without preconceptions or prejudices. These prejudices are produced by each person's unique personal history and/or by society and should neither be viewed as positive nor negative. They simply exist, and they are precisely that: pre-judices – thoughts opinions, or images that we have about certain topics, places, or persons without having examined them in detail or without having realized it.
Society has an insatiable yearning for the exotic – and artists are considered exotic. Ever since Cesare Lombroso's book *Genio e follia* was published, the romantic notion that artistic genius and insanity are closely related has been popular. Since many people think that artists have something ingenious about them, insanity is never far off. To be an artist is still something special for today's society. It's something different than pursuing a conventional profession. As a percentage of the population, there

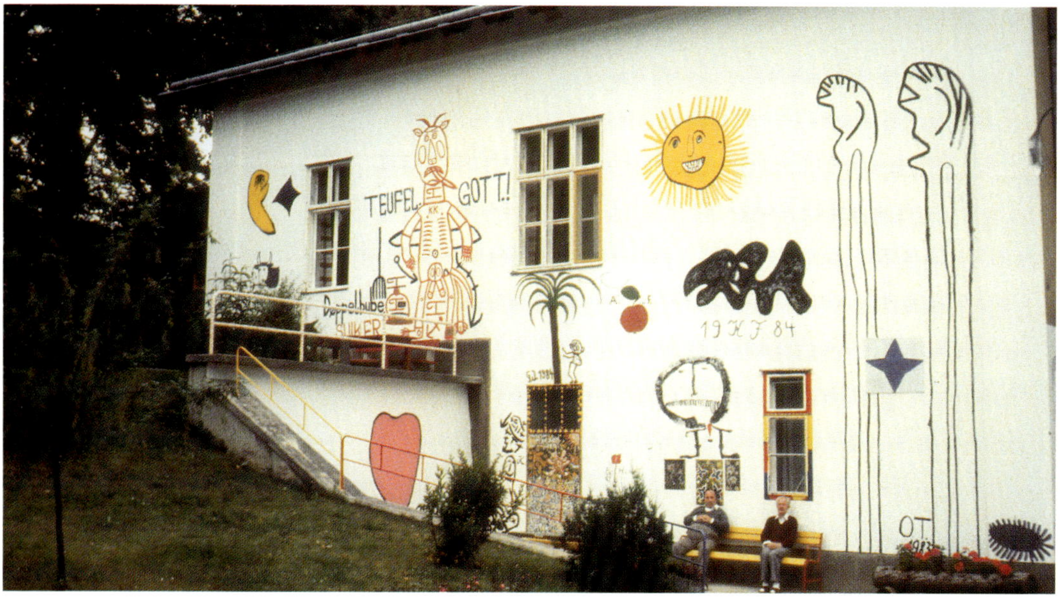

Facciata sud della Haus der Künstler (Casa degli Artisti), 1984 / South facade of the Haus der Künstler, 1984

Essere artista è tuttora qualcosa di speciale per la società di oggi, qualcosa che esula il perseguire di una professione convenzionale. La percentuale degli artisti nella società odierna è relativamente esigua. Quindi godono di uno status speciale. Ma cosa dire degli Artisti di Gugging?

Questi artisti sono stati in cura psichiatrica per decenni poiché le loro malattie erano divenute croniche. Finalmente, nel 1982, trovarono un rifugio in quella che ora è la Casa degli Artisti – tutto ciò per via del loro talento.

Il loro talento consiste nel possedere un proprio vocabolario riguardo alla forma e nell'abilità di esprimerlo.

Un'insegna che reca una stella azzurra conduce i visitatori attraverso il parco della Donauklinikum – conosciuta in precedenza come la Landesnervenklinik Gugging (Clinica Psichiatrica di Gugging) –, verso la Casa degli Artisti, situata ai bordi di una foresta, decorata con motivi creati dagli artisti stessi, circondata da uccelliere dipinte appese agli alberi, lettere dipinte a mano lungo la strada e simboli sugli alberi e le pietre. Ecco come si presenta ai

are relatively few artists. So they already have a special status. But what about the Gugging Artists? These artists were under psychiatric care for decades because their illnesses had become chronic. In 1981, finally, they found a home in what is now the House of Artists – all because of their talent. Their talent is to have their own vocabulary of form and the ability to express it.

A signpost with a blue star leads visitors through the grounds of the Donauklinikum, formerly known as the Landesnervenklinik Gugging (Gugging Psychiatric Clinic), to the House of Artists. It is situated at the edge of a forest, decorated with motifs by the artists, surrounded by painted birdhouses hanging on the trees, hand-painted lettering along the road, and symbols on the trees and stones. This is how the House of Artists presents itself to visitors. But what do the visitors actually expect?

You might compare it with a visit to Native American reservation in the USA – the amazement and in part disappointment about seeing the Natives wearing Ray-Ban glasses, jeans, and shirts driving around in cars while a historic bread oven or a typical kitchen is pointed

visitatori la Casa degli Artisti. Ma che cosa veramente si aspettano i visitatori?
Potreste paragonarla alla visita a una riserva di nativi americani negli USA – stupore e in parte delusione nel vedere i nativi indossare occhiali Ray-Ban, jeans e camicie, guidare automobili mentre un forno da pane storico o una cucina tipica vengono indicati qua e là. Dopo tutti i film sugli indiani e i romanzi sul Selvaggio West, pensavate sarebbe stato molto diverso.
I nostri visitatori potrebbero avere un'esperienza simile. Non vi sono «matti» mezzi nudi, urlanti, selvaggiamente gesticolanti che corrono qua e là. Tutto è piuttosto «normale» – anche se è incerto cosa sia «normale» – e potrebbe sembrare perfino un po' noioso.
La Casa degli Artisti fu descritta da un famoso scrittore austriaco, Gerhard Roth, come la «casa della ragione dormiente». I visitatori che ne erano a conoscenza vi si recarono pensando di trovare qualcosa di molto infantile, puro, quasi paradisiaco. Qualcosa che loro stessi avevano perduto. Altri, invece, la visitano con il desiderio di trovare conferma alla propria normalità.
Superate le proprie riserve mentali, i visitatori possono incontrare gli artisti che accade siano presenti. Tutto è privo di spettacolarità e il «baraccone dei mostri», spesso atteso o temuto, è del tutto assente.
La Galleria degli Artisti di Gugging si trova nel Centro Gugging Art / Brut, un edificio di 3.500 mq. situato di fronte alla Casa degli Artisti, a 200 metri. La maggior parte dei visitatori vengono alla galleria, in funzione dal 1994. È una galleria di produzione e fu fondata per dare a questi artisti le stesse opportunità nel mercato dell'arte offerte agli altri. In altre parole, le loro opere devono poter essere esposte nelle gallerie e nei musei, e anche vendute. L'obiettivo era, e rimane, dare agli artisti una possibilità di beneficiare in vita del loro successo. Non li aiuta che le proprie opere vengano vendute a un prezzo alto dopo la loro morte. Come risultato di queste attività espositive, gli artisti viaggiano in tutto il mondo – da Basilea a New

out here and there. After all the movies about Redskins and the novels about the Wild West, you thought it would be a lot different. Our visitors might have a similar experience. There are no half-naked, screaming, wildly gesticulating «lunatics» running around here. Everything is pretty much «normal» – whatever that is – and it might even appear a little boring.
The House of Artists was referred to by a well-known Austrian writer, Gerhard Roth, as the «house of sleeping reason». Visitors who knew that came in the expectation of finding something very childlike, pure, almost paradisiacal. Something they themselves had lost. Others, in turn, visit in a desire to confirm their own normalcy.
Once the visitors have gotten over their reservations, they can meet the artists who happen to be present. It's completely unspectacular and the often anticipated or feared freak show is absent.

The Gallery of Gugging Artists is in the Art / Brut Center Gugging, a 3,500-square-meter building that is 200 meters in front of the House of Artists. Most visitors come to the gallery, which has been operating for the artists since 1994. It is a production gallery and was founded to give these artists the same opportunities in the art market that other artists have. In other words, their works are meant to be exhibited in galleries and museums and are meant to be sold, too. The objective was and remains to give the artists a chance to benefit from their success during their lifetime. It doesn't help the artist if his works are sold at a high price after his death. As a result of the exhibition activities, the artists travel around the world – from Basel to New York – and present their works at openings. And just like any other artist, they enjoy it. Just like other artists, they earn an income from the sale of their work.
Do the artists in fact want that? Is it all right with them that their works are exhibited? Do

York – e presentano le loro opere ai *vernissage* delle mostre. E proprio come gli altri artisti ne godono e traggono un reddito dalla vendita del loro lavoro.
Ma è veramente ciò che desiderano? Va bene per loro se le loro opere vengono esposte? Vogliono davvero separarsene? Vogliono guadagnare denaro o non gliene importa nulla? Che cosa ne fanno del denaro guadagnato? Questi sono soltanto alcuni dei quesiti posti ripetutamente dalle persone. E spesso non si può rispondere. La maggioranza degli Artisti di Gugging non vuole soltanto che la propria arte sia ben accetta in modo che il riconoscimento aumenti la loro autostima, vogliono anche che il loro lavoro sia acquistato. È così che il lavoro che fanno viene premiato, proprio come qualsiasi altro lavoro. E non solo, ne ricevono qualcosa. Guadagnano denaro e – proprio come chiunque altro – possono permettersi di comprare varie cose, come una vacanza, un televisore, una poltrona, una giacca nuova, o qualcosa di banale come un pacchetto di sigarette. Tuttavia l'obbiettivo primario della loro arte non è poter vendere qualcosa, ma se questo succede, aiuta a migliorare la qualità della vita e anche l'autostima.
Gli artisti usano il denaro guadagnato non soltanto per soddisfare i propri bisogni personali – in parte, pagano anche il loro soggiorno nella Casa degli Artisti di Gugging. Non sono «parassiti sociali» che vivono a spese della società. Al contrario, uno o due di loro sono persino riusciti a lasciare del denaro ai loro eredi.
Riguardo al tema se gli artisti vogliano o meno separarsi delle loro opere, proprio come la maggior parte degli artisti, è l'atto della creazione ad essere importante per gli Artisti di Gugging. Una volta completata l'opera, generalmente è facile separarsene. Uno degli artisti di Gugging che non sempre permette alla galleria di vendere le sue opere è Johann Garber. Le usa per decorare la sua stanza. Ha più di 240 dipinti e disegni nella sua camera, ed è felice di mostrarli ai visitatori che vi si recano. Ne ascoltano di racconti!

they even want to part with them? Do they want to earn money or do they not care? What do they do with the money they earn? These are just some of the questions people ask again and again. And they can't be answered often enough. The majority of the Gugging Artists not only want their art to be well received so that the recognition can bolster their self-esteem, they also want their work to be purchased. This is how the work they do as artists is rewarded. Just like any other work is rewarded. Not only that, they get something out of it. They earn money and – just like anyone else – they can afford to buy various things, like a vacation, a TV, an easy chair, a new jacket, or something completely banal like a pack of cigarettes. Their art is not first and foremost produced to be able to sell something – but if it happens that way, it helps improve their quality of life and self-esteem.
The artists not only use the money they earn to satisfy their personal needs – in part, they also pay for their stay at the House of Artists in Gugging. They are not «social parasites» who live on the costs of society. On the contrary, one or two of them have even been able to leave money to their heirs. As for the question whether the artists want to part with their works, just as for most artists, the process of creation is important to the Gugging Artists. Once the work is complete, it's usually easy to part with it. One of the Gugging artists who does not always permit the gallery to sell his works is Johann Garber. He decorates his room with them. He has more than 240 paintings and drawings in his room, and is happy to show them to visitors who come here. These visitors really get to hear some stories.
Then there is the misconception that works by the Gugging Artists and many other Art Brut artists primarily sell because of the stories. Stories are important in the art world in general. Why is that so? Can't people simply allow a painting, a sculpture, a photograph, or a video to affect them without knowing the life history

Vi è poi l'equivoco che le opere degli Artisti di Gugging e di molti altri artisti dell'Art Brut si vendano principalmente per via delle vicende personali degli autori. I racconti sono importanti nel mondo dell'arte in generale. Perché le persone non possono semplicemente lasciare che un dipinto, una scultura, una fotografia o un video li colpiscano, senza conoscere la vita dell'artista? Conoscerla rende più facile comprendere l'opera? Non possiamo soltanto «vedere»?
La persona che produce un'opera non è mai priva di importanza. Non importa se quella persona sia cuoco, falegname, banchiere o artista. Con gli artisti, però, solitamente vogliamo sapere di più del semplice processo produttivo. La biografia dell'artista dalla prima infanzia spesso suscita più interesse dell'opera stessa.
Tutto il personale della Casa degli Artisti e del Centro Gugging Art / Brut considerano che le anamnesi mediche appartengono alla sfera privata degli artisti, e i visitatori non otterranno quel tipo di informazione. I racconti vengono limitati alla metodologia dell'artista, assieme a qualche dato biografico, ma niente di più.
Alla Galleria degli Artisti di Gugging, e in molte altre gallerie che trattano l'Art Brut, è l'arte che ci interessa e non la malattia dell'artista. In questo contesto è secondaria. Le opere vengono correttamente montate su pass-partout e incorniciate – non, come si aspettano certi visitatori, inchiodate alla parete o esposte in una cornice fatta a mano.
Un'altra considerazione errata è che le opere degli Artisti di Gugging dovrebbero essere a buon mercato poiché, dopo tutto, la società paga le rette della clinica psichiatrica. Come detto prima, non è così. Un esempio potrà venirci in aiuto. Più di 30 anni fa, Leo Navratil, il fondatore di quella che più tardi divenne la Casa degli Artisti, regalò molti disegni dei suoi «pazienti artisti», come li chiamava, in modo da far conoscere il loro lavoro. Fu un'ottima scelta – dopo la prima mostra in cui si registrarono delle vendite nel 1970, le opere crebbero

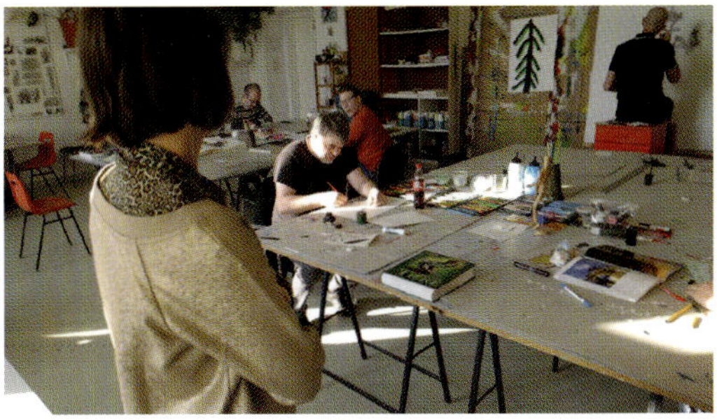

Nina Katschnig, atelier

of the artist? Does it make the work easier to understand? Can't we «see»?
The person behind a work product is never unimportant. It doesn't matter whether that person is a cook, a carpenter, a banker, or an artist. With artists, though, we usually want to know about more than just the production process. The artist's biography from early childhood often sparks more interest than the work itself.
All of the staff at the House of Artists and the Art / Brut Center Gugging consider medical histories to be the private concern of the artists, so the visitors will not get any of this kind of information. The storytelling is limited to the methodology of the artist and some general biographical data, but that's it.
At the Gallery of the Artists of Gugging, and at many other galleries that deal in Art Brut, we are interested in the art and not in the artist's illness. It is secondary in this context. The works are appropriately matted and framed – not, like some visitors of an Art Brut show expect, nailed to the wall or displayed in a handmade frame.
Another very common misconception is that works by Gugging Artists should be cheap because, after all, society pays for their stay at the psychiatric clinic. As mentioned earlier, this is not the case. The following genesis might help to illustrate: more than 30 years ago, Leo Navratil, the founder of what later became the House of Artists, gave away many drawings by his «artist patients», as

di valore. Oggi, dopo oltre 40 anni, il valore di mercato delle opere degli Artisti di Gugging è in continuo aumento. Come tutti gli altri artisti, sono partiti da prezzi molto bassi. Le loro opere sono state esposte in tutto il mondo, nei musei più famosi come il Philadelphia Art Museum, il Setagaya di Tokyo, il Museum moderner Kunst e l'Albertina di Vienna, e sono state acquistate per le relative collezioni museali.
Un certo numero di collezionisti e clienti che da diverso tempo collezionano arte di Gugging si lamentano dell'aumento dei prezzi, poiché soltanto poco tempo fa tutto costava virtualmente nulla. Ma dimenticano che anche le opere che già possiedono hanno guadagnato in valore.
La società deve pagare il soggiorno dei pazienti nella clinica psichiatrica – con il denaro delle tasse – allora perché l'arte deve costare così tanto? Un altro fattore che certamente rafforza questa percezione è l'attuale collocazione della Casa degli Artisti e del Centro Gugging Art / Brut. Ma la clinica psichiatrica traslocherà tra due anni e verrà presto sostituita da un'Università dell'Eccellenza. La Casa degli Artisti e il Centro Gugging Art / Brut allora saranno strutture autonome e una fonte importante di ostacoli – dovuta al passaggio obbligato attraverso il parco della clinica psichiatrica prima di arrivare a destinazione – verrà eliminata. Ma non saranno soltanto gli ostacoli a essere eliminati. Lentamente, ma con certezza, l'immagine psichiatrica della Casa degli Artisti e quindi degli Artisti di Gugging passerà sempre più in secondo piano, mentre l'enfasi sull'aspetto artistico conquisterà una posizione predominante.
Riconoscimento e apprezzamento per l'artista e il suo lavoro vengono espressi nelle somme che il cliente è disposto a pagare per un'opera d'arte. Secondo questo principio, le opere che producono gli artisti dovrebbero essere adeguatamente e ben ricompensate. Il banale luogo comune «se non costa nulla, non vale nulla» ha rilevanza anche qui. Il valore creato nel corso

he referred to them, in order to make their work known. It was a good choice – after the first exhibition with sales in 1970, the works gained in value. For more than 40 years now, the market value of the works by the Gugging Artists has been increasing. Like all other artists, they started at very low prices. The works by the Gugging Artists have been exhibited worldwide in renowned museums like the Philadelphia Art Museum, the Setagaya Museum in Tokyo, the Museum moderner Kunst and the Albertina in Vienna, and they have also been purchased for these museums' collections. A number of collectors and customers who have been collecting art from Gugging sometime complain about the rise in prices, since just a while ago it all cost virtually nothing. But they forget that the works in their own collections have gained in value as well.
Society has to pay for the patients' stay in the psychiatric clinic – with tax money – so why should the art cost so much? Another factor that certainly strengthens this perception is the current position of the House of Artists and the Art / Brut Center Gugging. But the psychiatric clinic will relocate in the next two years and will soon be replaced with a University of Excellence. The House of Artists and the Art/ Brut Center Gugging will then be stand-alone facilities, and an important source of inhibitions – having to pass through the grounds of the psychiatric clinic before arriving at the destination – will be eliminated. But it's not just inhibitions that will be overcome. Slowly, but surely, the psychiatric image of the House of Artists and hence the Gugging Artists will become increasingly secondary, while the emphasis on the artistic aspect will gain a more dominant position.
Recognition and appreciation for the artist and his work are expressed in how much a customer is prepared to pay for a work of art. According to this principle, the work they produce should be appropriately and well rewarded. The com-

di decenni dovrebbe trovare riscontro nella remunerazione.
Infine, vi è l'opinione diffusa che comprare un'opera sostiene socialmente il «progetto Gugging». Non è così. Come altre gallerie, la Galleria degli Artisti di Gugging si orienta secondo il mercato dell'arte, ed è quindi curioso notare che alcuni clienti non sono tanto interessati all'acquisto di un'opera d'arte quanto al sostenere il progetto e l'artista. Un tale acquisto ha un significato del tutto differente. Non si tratta del lavoro in sé, ma nel fare qualcosa di buono, in un certo senso quasi un patrocinio. Non dovrebbe importare se acquisti un'opera di Arnulf Rainer, Egon Schiele, Johann Garber, o di Hauser. La gente compra l'arte di Michel Nedjar soltanto per sostenerlo?
In molti anni di attività espositive e di presenza degli artisti sul mercato, le loro opere hanno raggiunto un livello di prezzi ove l'approccio «supporto sociale» diviene un po' più difficile. Una persona che colleziona dagli inizi ha detto «non è più così facile comprare arte di Gugging. Ora costa soldi veri». Questa persona ha ragione ma ha anche torto. Le opere degli «artisti nuovi» possono ancora essere comprate a prezzi ragionevoli. Anche l'arte grafica veramente notevole costituisce un'eccellente fonte d'investimento. In altre parole, oggi si tratta più del lavoro artistico in sé – non è più così facile per chiunque tirar fuori diverse centinaia di euro per una «causa sociale».
Oggi è anche possibile fare parte attiva del nuovo Centro Gugging Art / Brut, che accanto alla Galleria degli Artisti, aperta nuovamente, all'Atelier Gugging, alla struttura per eventi «Die Villa» e al Museo ospiterà anche la Fondazione degli Artisti di Gugging. Sarà il centro per l'Art Brut più grande del mondo, esteso su oltre 3.000 metri quadrati. Gli sponsor sono più che benvenuti. Nel Centro Art / Brut, situato ad appena 200 metri dalla Casa degli Artisti, gli artisti ora dispongono di studi più grandi, spazi espositivi ampi, luminosi e un luogo dove le loro opere possono conti-

mon platitude that «if it doesn't cost anything, it isn't worth anything» is relevant here, too. The value created in the course of the decades should be reflected in the remuneration.
Finally, there is the widespread opinion that purchasing a work supports the «Gugging project» socially. This is not the case.
Like other galleries, the Gallery of Gugging Artists orients itself to the art market, and so it is puzzling to note that some customers are not so much interested in purchasing a work of art as in supporting the project or the artist. Such a purchase has an entirely different meaning. It's not about the work itself, but about doing something good, almost a patronage in a sense. It shouldn't matter whether you're buying a work by Arnulf Rainer, Egon Schiele, Johann Garber, or Hauser. Do people buy art by Michel Nedjar in order to support him?
Through the many years of exhibition activities and the presence of the artists on the market, their works have achieved a price level where the «social support» approach becomes a little more difficult. A person who has been collecting from the very beginning once said: «It's not so easy to buy Gugging art anymore – now it costs real money». She's right, but she's also wrong. The works of the «new artists» can still be purchased at a reasonable price. Outstanding graphic art also is excellent value for money. In other words, it's more about the artwork itself these days – it's not so easy for anyone to lay out several hundred euros for a quick «social cause».
It's now also possible to become actively involved in the new Art / Brut Center Gugging, which alongside the newly opened Gallery of Gugging Artists and «Atelier Gugging», the «DieVilla» event facility, and the Gugging Museum will also house the Foundation of Gugging Artists. It will be the largest center for Art Brut in the world with more than 3,000 square meters of space, and sponsors are more than welcome. In the Art / Brut Center, just 200

nuamente essere presentate in un ambiente museale. Gli artisti spesso fanno visita ai nuovi studi e alla galleria con piacere. Sono aperti ai cambiamenti poiché ne riconoscono i vantaggi e sono in grado di accettarli. Noi speriamo che i nostri visitatori provino gli stessi sentimenti e che non rimangano ancorati al pregiudizio che le «opere reali» siano quelle che furono create nella Casa degli Artisti, le tele prodotte nel deposito di carbone.

meters from the source – the House of Artists – the artists now have larger studios, large, bright exhibition spaces, and a place where their own works can continuously be presented in a museum setting. The artists visit the new studios and the gallery often and with pleasure. They are open to the changes because they recognize the advantages and are able to accept them. We hope our visitors will feel the same way and will not get stuck on the prejudice that the «real works» were those created in the House of Artists, the canvases produced in the coal cellar.

NINA KATSCHNIG è Direttore della Galleria Gugging, Vienna

NINA KATSCHNIG is Director of Gugging Gallery, Vienna

Opere
Works

«L'art ne vient pas coucher dans les lits
qu'on a faits pour lui;
il se sauve aussitôt qu'on prononce son nom:
ce qu'il aime c'est l'incognito.
Ses meilleurs moments
sont quand il oublie comment il s'appelle»

Jean Dubuffet

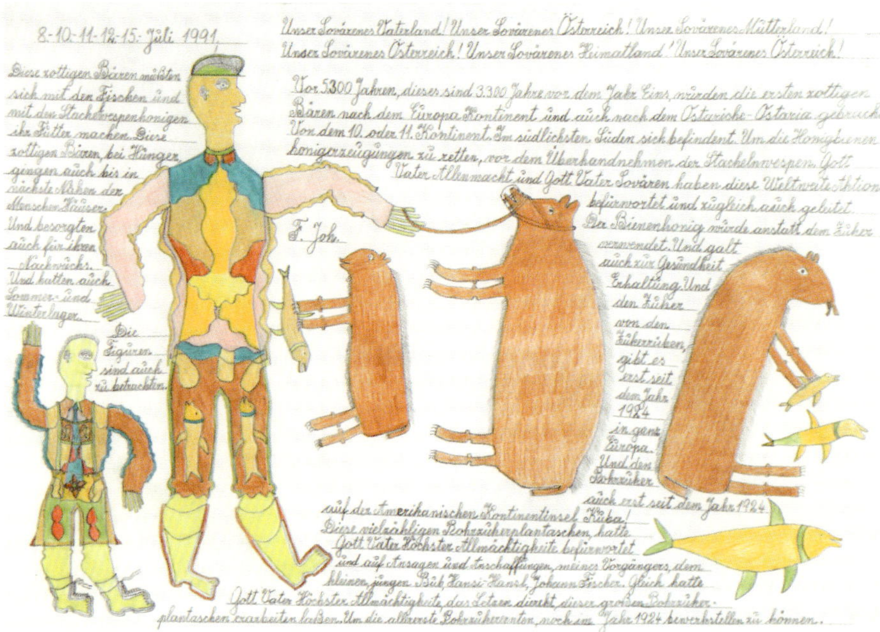

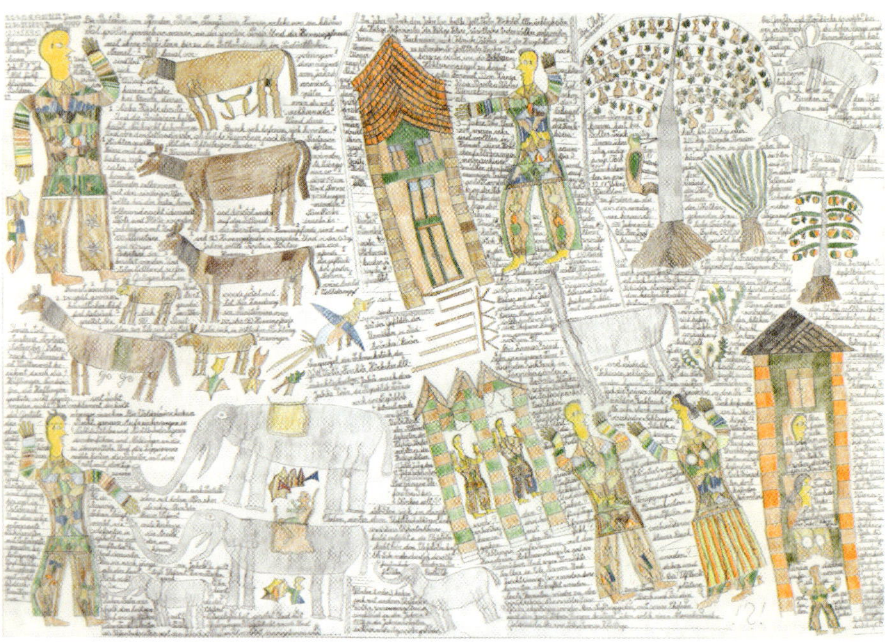

Johann Fischer, *Diese zottigen Bären* (*Questi orsi arruffati / These dishevelled bears*), 1991
Matita e matite colorate su carta / Pencil and colored pencils on paper, 44 × 62,5 cm

Johann Fischer, *Die Betreuer von Pferden*... (*Gli assistenti dei cavalli... / The horses' assistants*), 1999
Matita e matite colorate su carta / Pencil and colored pencils on paper, 72,8 × 102 cm

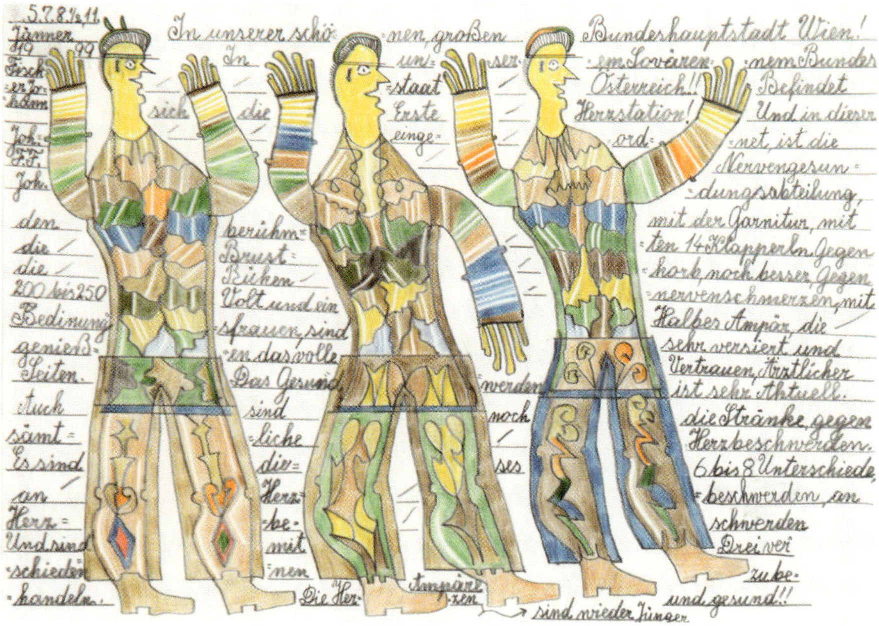

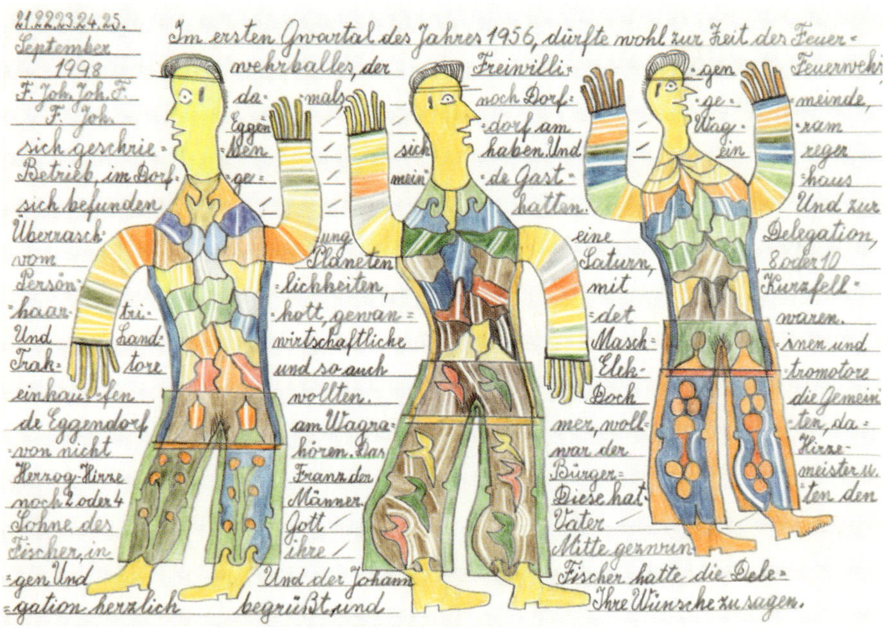

Johann Fischer, *In unserer schönen, großen Bundes…* (*Nella nostra bella, grande capitale... / In our beautiful, great capital*), 1999
Matita e matite colorate su carta / Pencil and colored pencils on paper, 20,9 × 29,6 cm

Johann Fischer, *Im ersten Gwartal des Jahres 1956…* (*Nel primo quarto dell'anno 1956… / In the first quarter of the year 1956*), 1998
Matita e matite colorate su carta / Pencil and colored pencils on paper, 21 × 29,7 cm

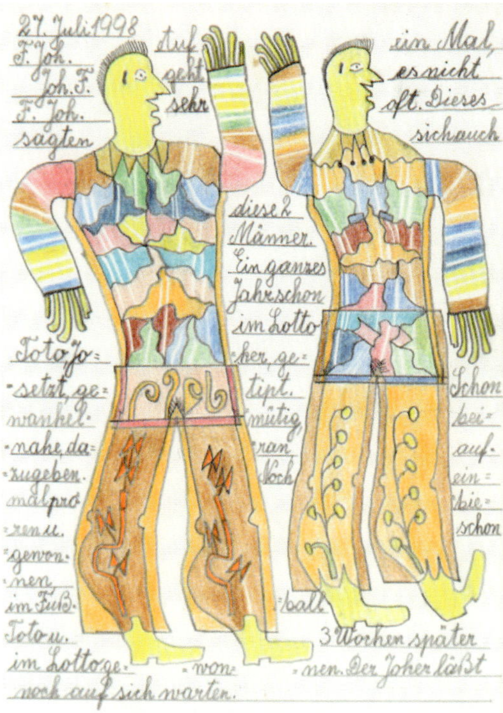

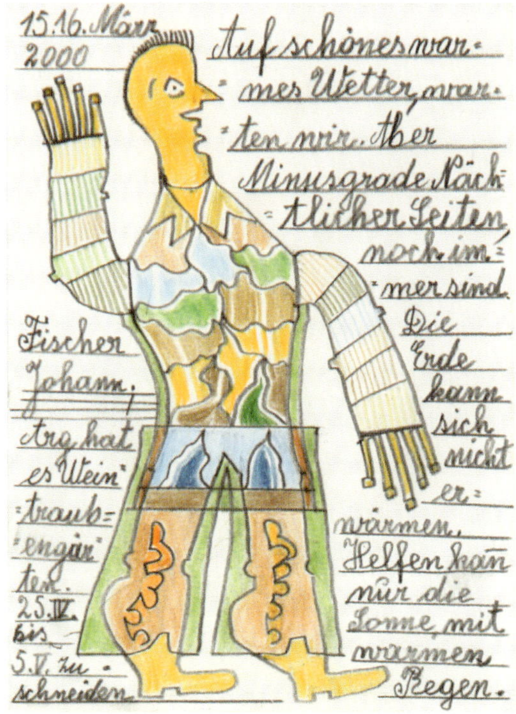

Johann Fischer, *Auf ein Mal, geht es nicht...* (*D'un tratto non va... / Suddenly it's not working...*), 1998
Matita e matite colorate su carta / Pencil and colored pencils on paper, 20,9 × 14,8 cm

Johann Fischer, *Auf schönes warmes Wetter...* (*Il bel tempo caldo... / Nice warm weather...*), 2000
Matita e matite colorate su carta / Pencil and colored pencils on paper, 14,7 × 10,4 cm

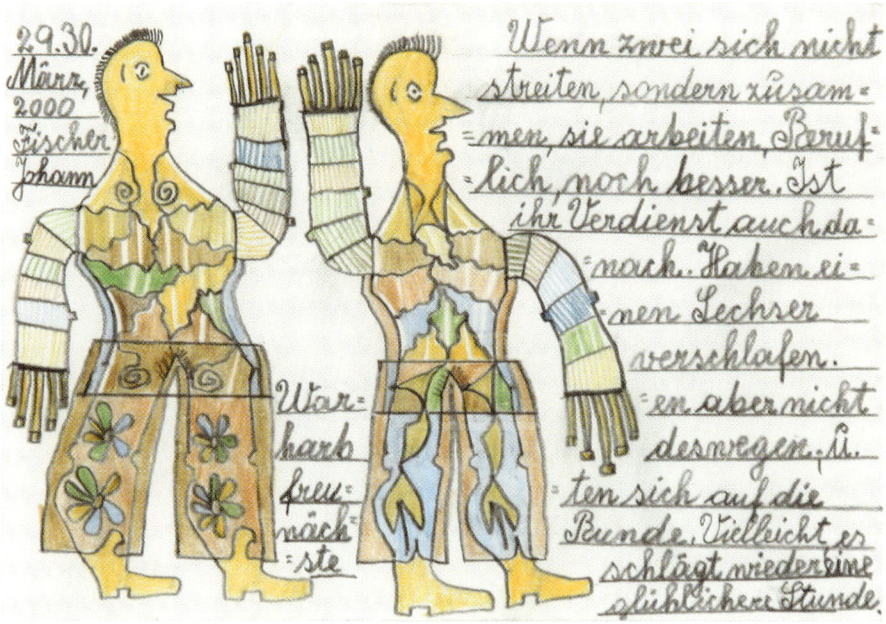

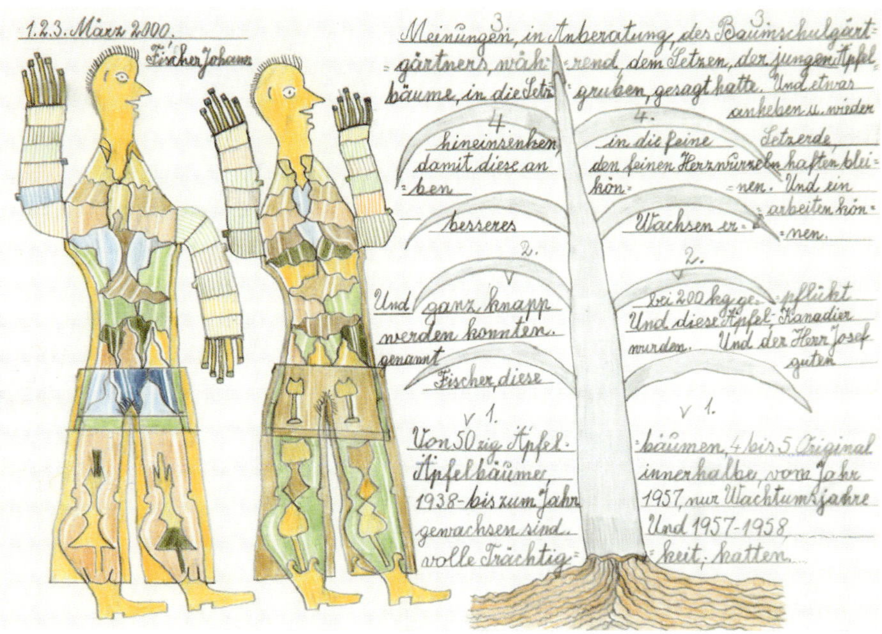

Johann Fischer, *Wenn zwei sich nicht streiten…* (*Quando due non litigano... / When two people don't argue…*), 2000
Matita e matite colorate su carta / Pencil and colored pencils on paper, 10,4 × 14,7 cm

Johann Fischer, *Meinungen, in Anberatung…* (*Opinioni, consigliandosi... / Opinions, taking counsel…*), 2000
Matita e matite colorate su carta / Pencil and colored pencils on paper, 20,9 × 29,6 cm

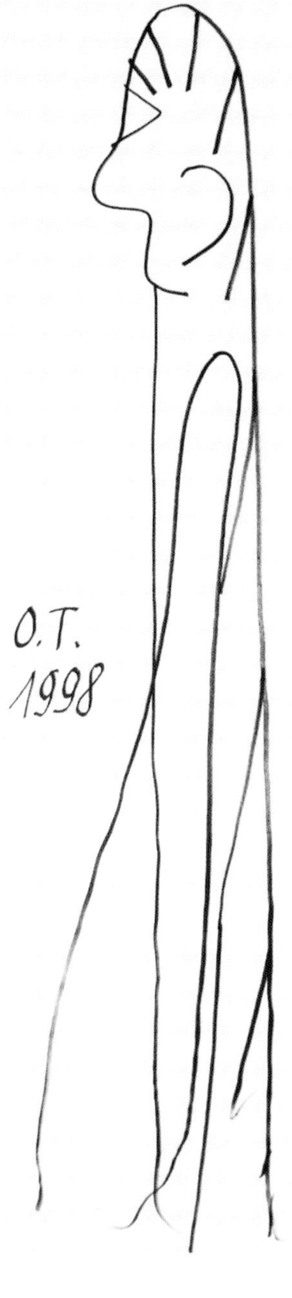

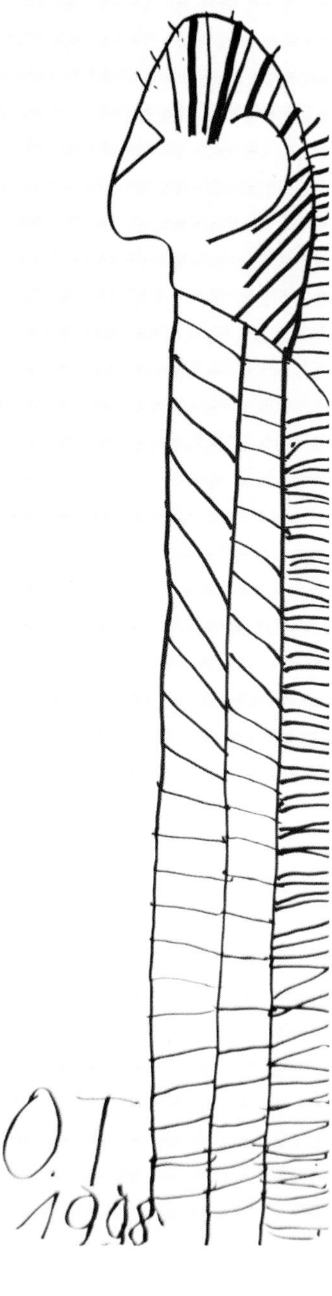

Oswald Tschirtner, *Mensch* (*Persona / Person*), 1998
Pennarello su tela / Felt-tip pen on canvas, 180 × 45 cm

Oswald Tschirtner, *Ein Mensch* (*Una persona / One person*), 1998
Pennarello su tela / Felt-tip pen on canvas, 180 × 45 cm

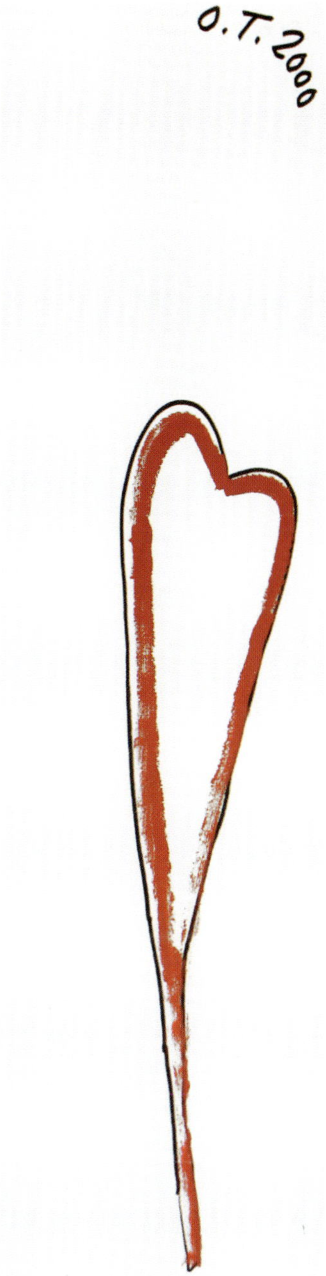

Oswald Tschirtner, *Herz* (*Cuore / Heart*), 2000
Pennarello e acrilico su tela / Felt-tip pen and acrylic on canvas, 180 × 45 cm

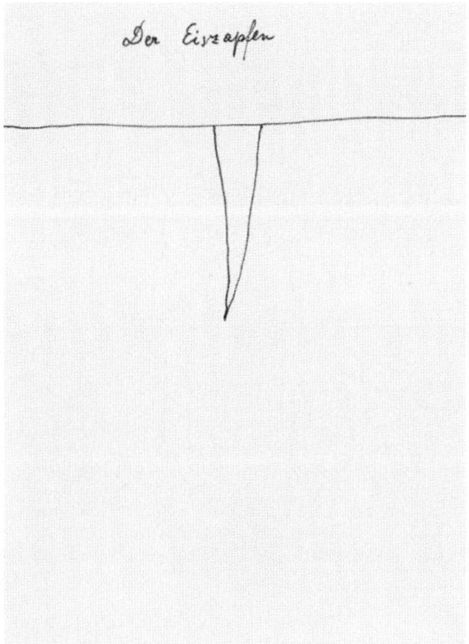

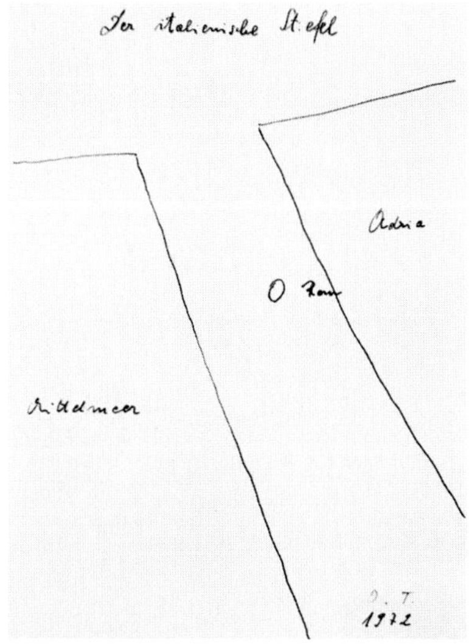

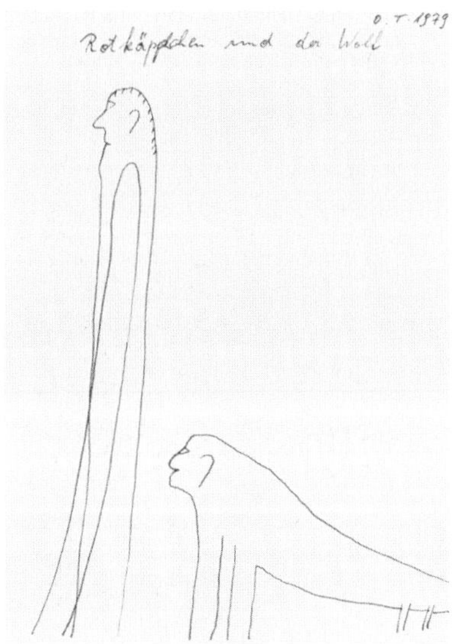

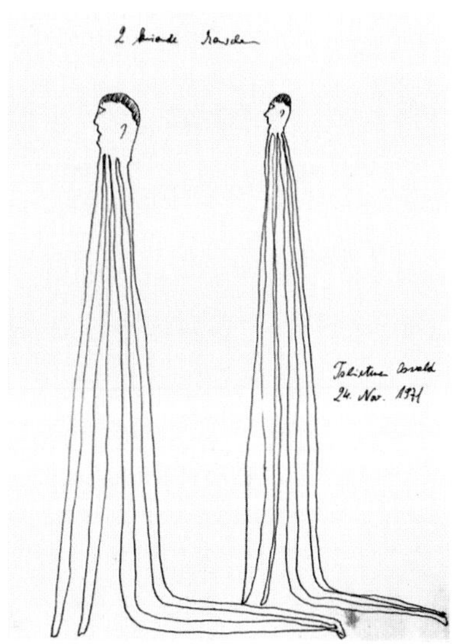

Oswald Tschirtner, *Der Eiszapfen* (*I ghiaccioli / The icicles*)
Inchiostro su carta / Ink on paper, 20,9 × 14,7 cm

Oswald Tschirtner, *Der italienische Stiefel* (*Lo stivale italiano / The Italian boot*), 1972
China su carta / Indian ink on paper, 14,8 × 10,5 cm

Oswald Tschirtner, *Rotkäppchen und der Wolf* (*Cappuccetto Rosso e il lupo / Little Red Riding Hood and the Wolf*), 1979
Inchiostro su carta / Ink on paper, 21 × 15cm

Oswald Tschirtner, *2 kniende Menschen* (*2 persone inginocchiate / 2 kneeling people*), 1971
China su carta / Indian ink on paper

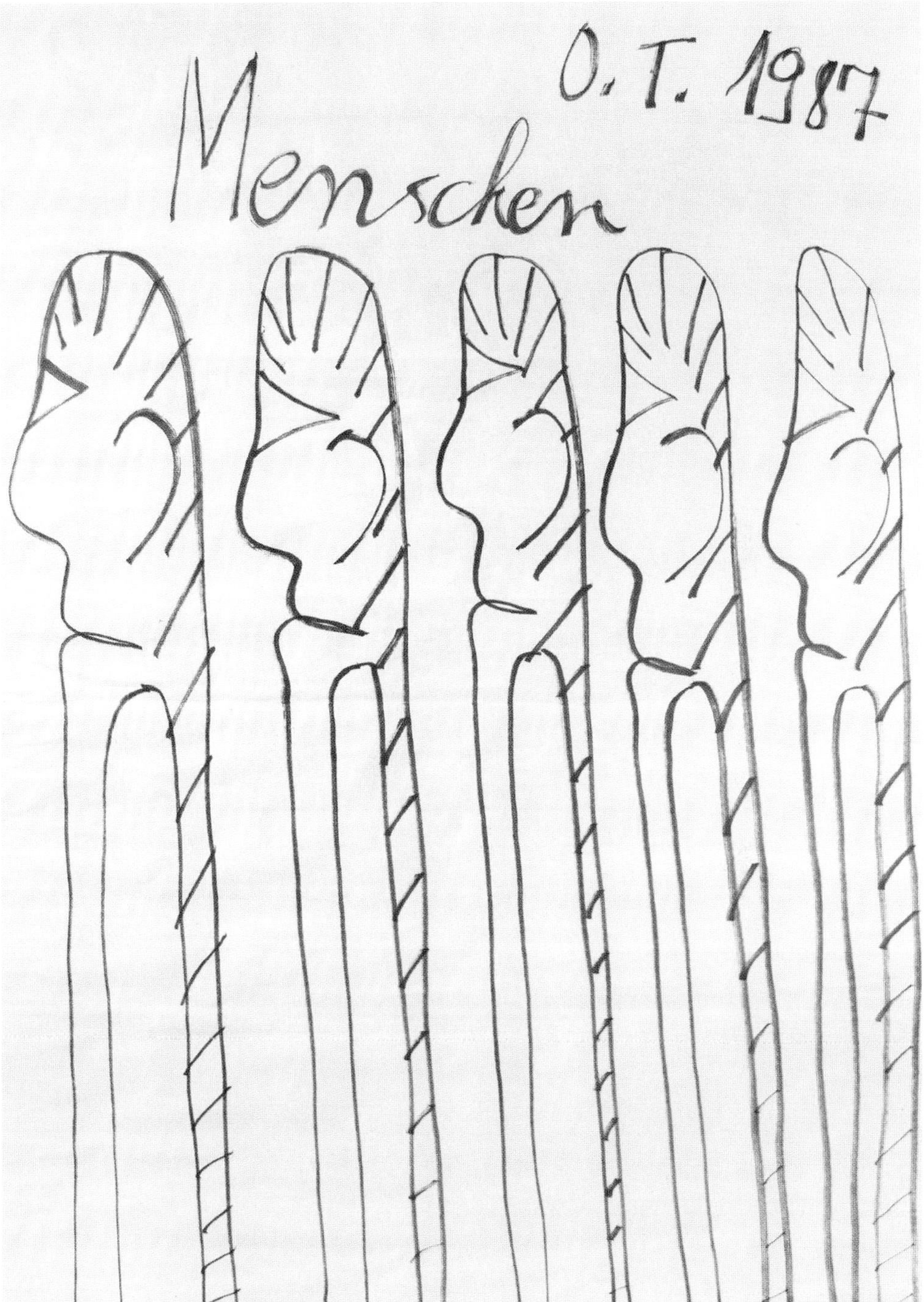

Oswald Tschirtner, *Menschen* (*Persone / People*), 1987
Pennarello su carta da pacchi / Felt-tip pen on packing paper, 125,3 × 89,6 cm

Oswald Tschirtner, *Menschen* (*Persone / People*), 1992
China su carta / Indian ink on paper, 62,5 × 87,9 cm

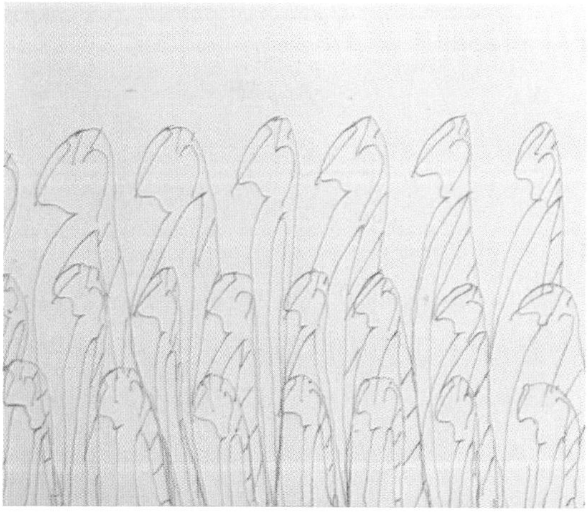

(Particolare / Detail)

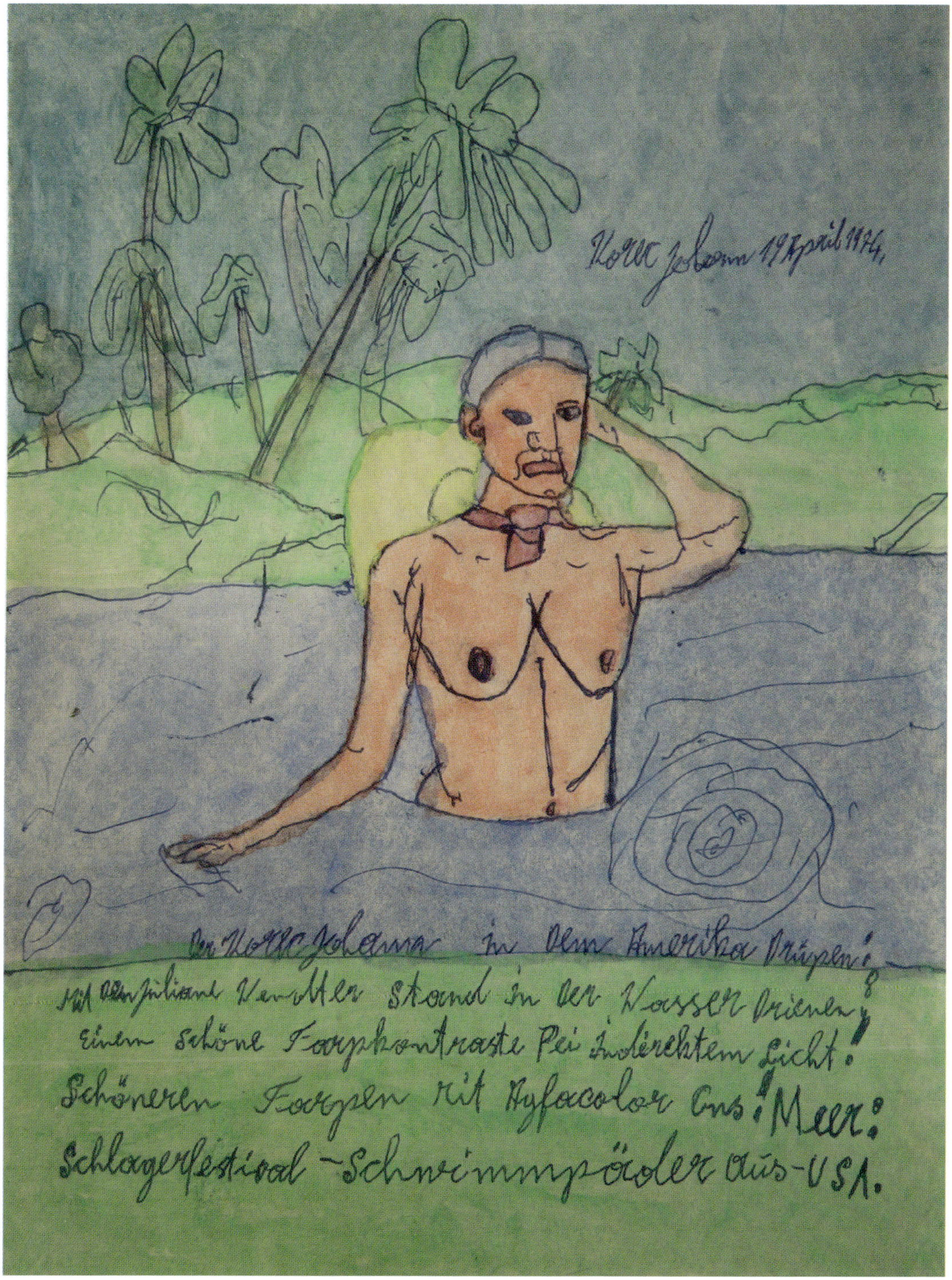

Johann Korec, *In dem Amerika* (*In America / In America*), 1974
Penna a sfera e acquarello su carta / Ballpen and watercolor on paper, 31,1 × 22,4 cm

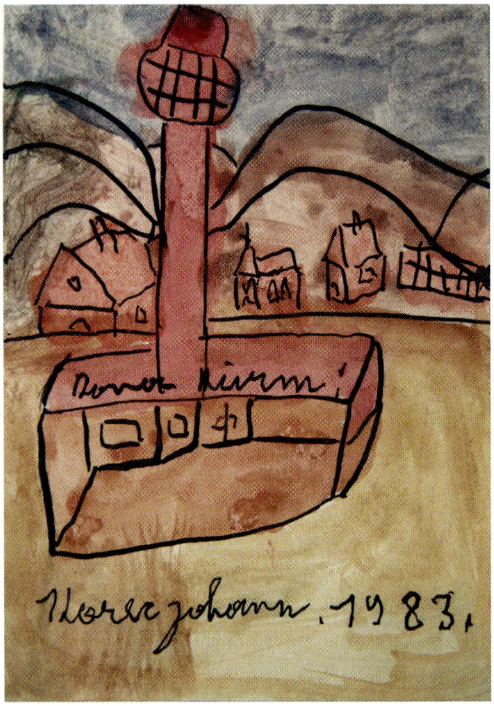

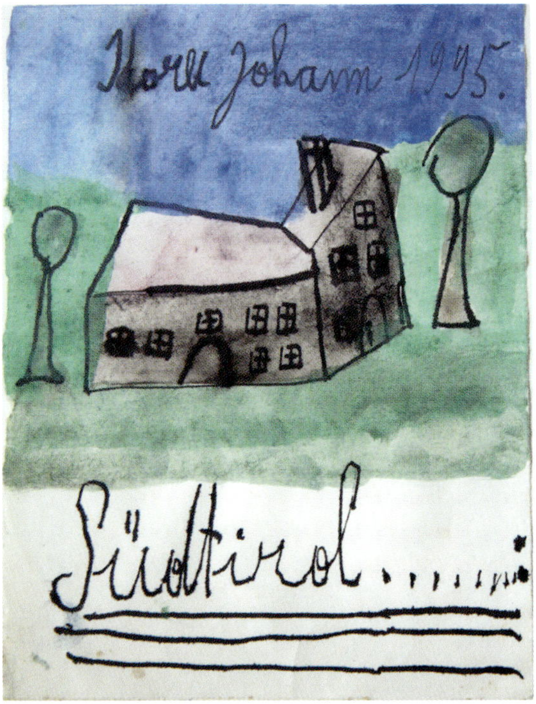

Johann Korec, *Donau Turm* (*Torre sul Danubio / Tower on the Danube*), 1983
China e acquarello su carta / Indian ink and watercolor on paper, 14,8 × 10,4 cm

Johann Korec, *Südtirol...* (*Sudtirolo.../ South Tyrol...*), 1995
China e acquarello su carta / Indian ink and watercolor on paper, 20,3 × 15,1 cm

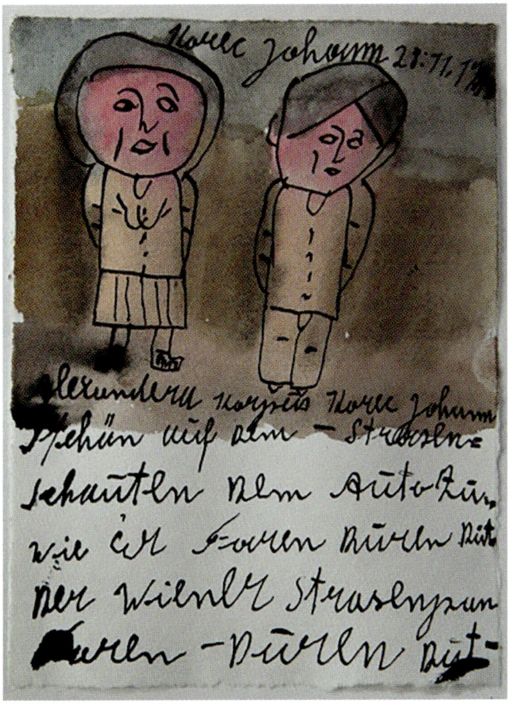

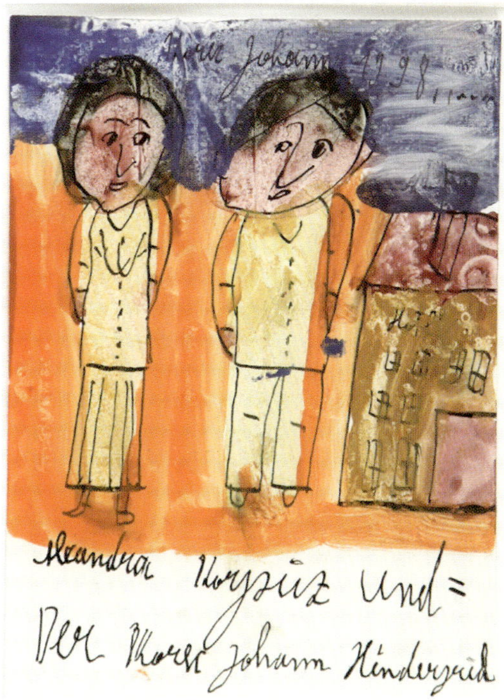

Johann Korec, *Alexandera Korpuz - Korec Johann*, 1999
China e acquarello su carta / Indian ink and watercolor on paper, 19 × 14 cm

Johann Korec, *Alexandra Korpuz und = Der Korec Johann*, 1998
China e acquarello su carta / Indian ink and watercolor on paper, 20,9 × 14,7 cm

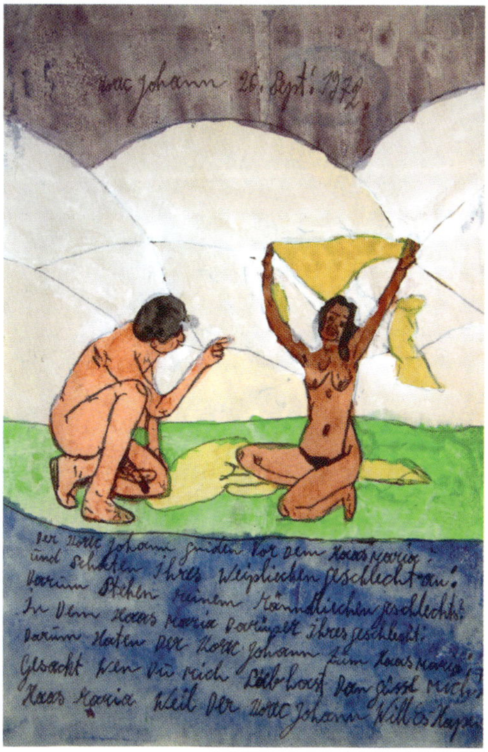

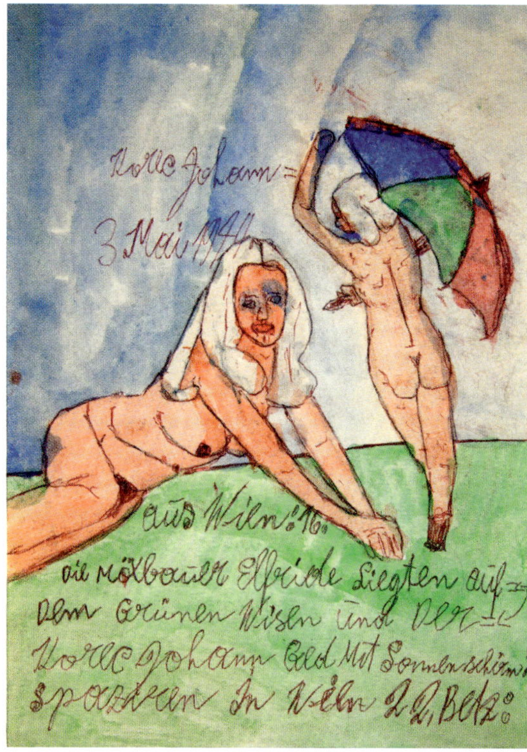

Johann Korec, *Auf der Wiese* (*Sul prato / On the lawn*), 1972
Inchiostro tipografico blu, china e acquarello su carta da pacchi / Blue printing ink, indian ink and watercolor on packing paper, 29,8 × 21 cm

Johann Korec, *Aus Wien: 16.* (*Da Vienna: 16. / From Vienna: 16.*), 1974
Penna a sfera, inchiostro tipografico grigio e acquarello su carta da pacchi / Ball pen, grey printing ink and watercolor on packing paper, 31,2 × 22,9 cm

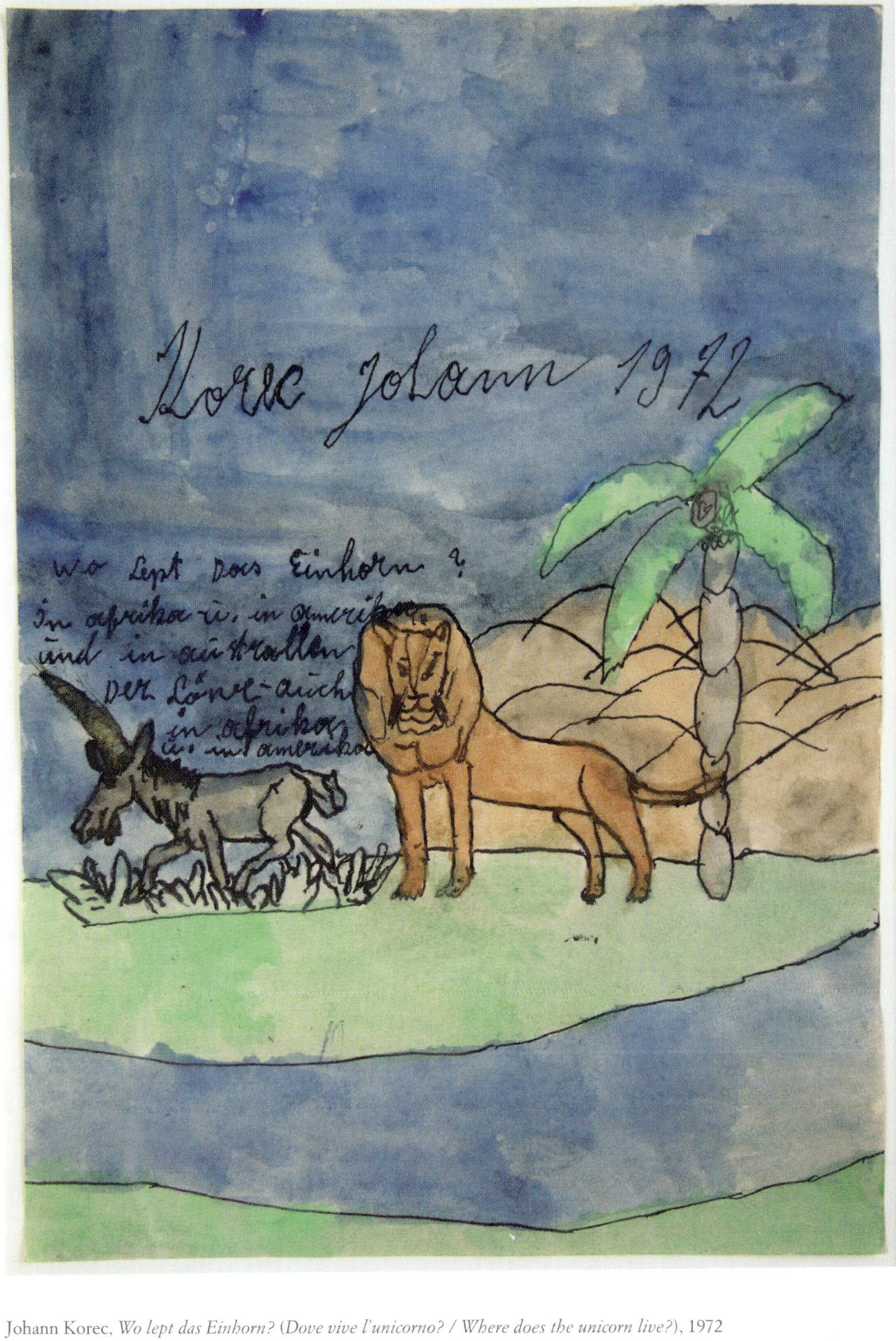

Johann Korec, *Wo lept das Einhorn?* (*Dove vive l'unicorno? / Where does the unicorn live?*), 1972
China e acquarello su carta / Indian ink and watercolor on paper, 29,9 × 21 cm

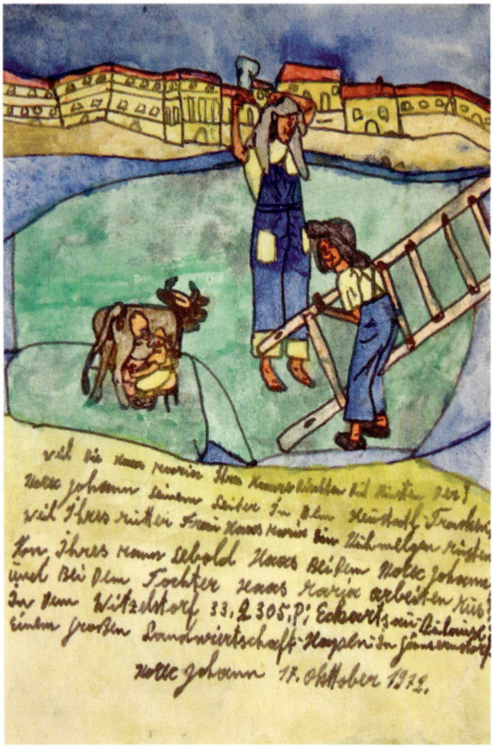

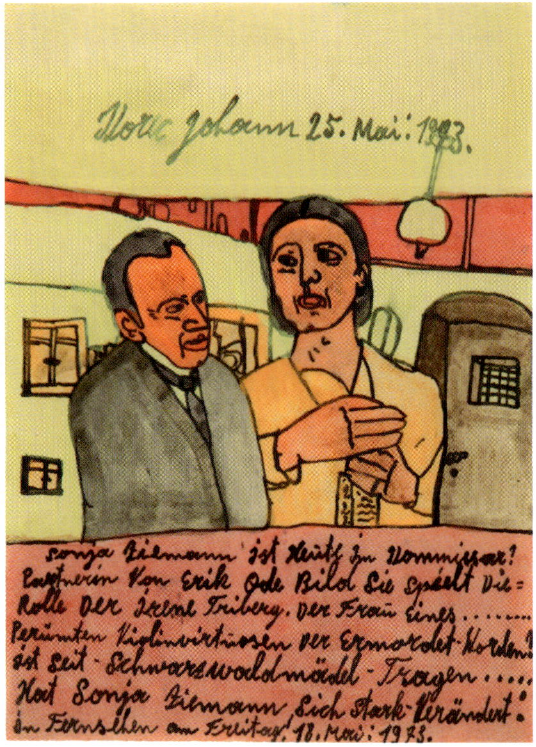

Johann Korec, *Weil Die zum Marin...* (*Perché questa al Marin... / Because this one at the Marin...*), 1972
China e acquarello su carta / Indian ink and watercolor on paper, 29,7 × 20,9 cm

Johann Korec, *Sonja Ziemann* (*Sonja Ziemann / Sonja Ziemann*), 1973
Inchiostro tipografico blu, china e acquarello su carta / Blue printing ink, indian ink and watercolor on paper, 31,3 × 22,5 cm

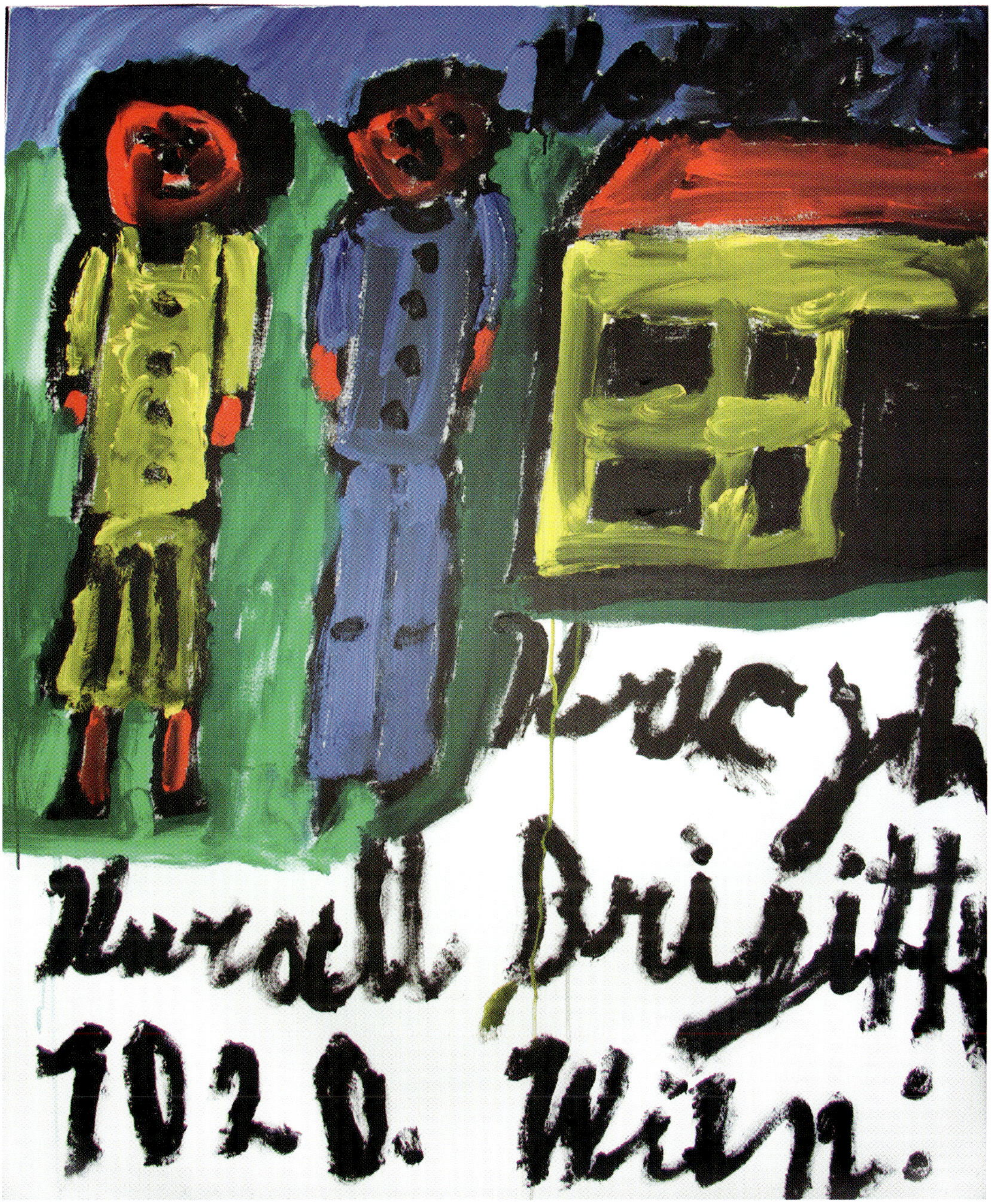

Johann Korec, *Korec Joh. Karall Brigitte 1020 Wien*, 1998
Acrilico su tela / Acrylic on canvas, 120 × 100 cm

«In my mind's eye»

Shakespeare, *Hamlet*

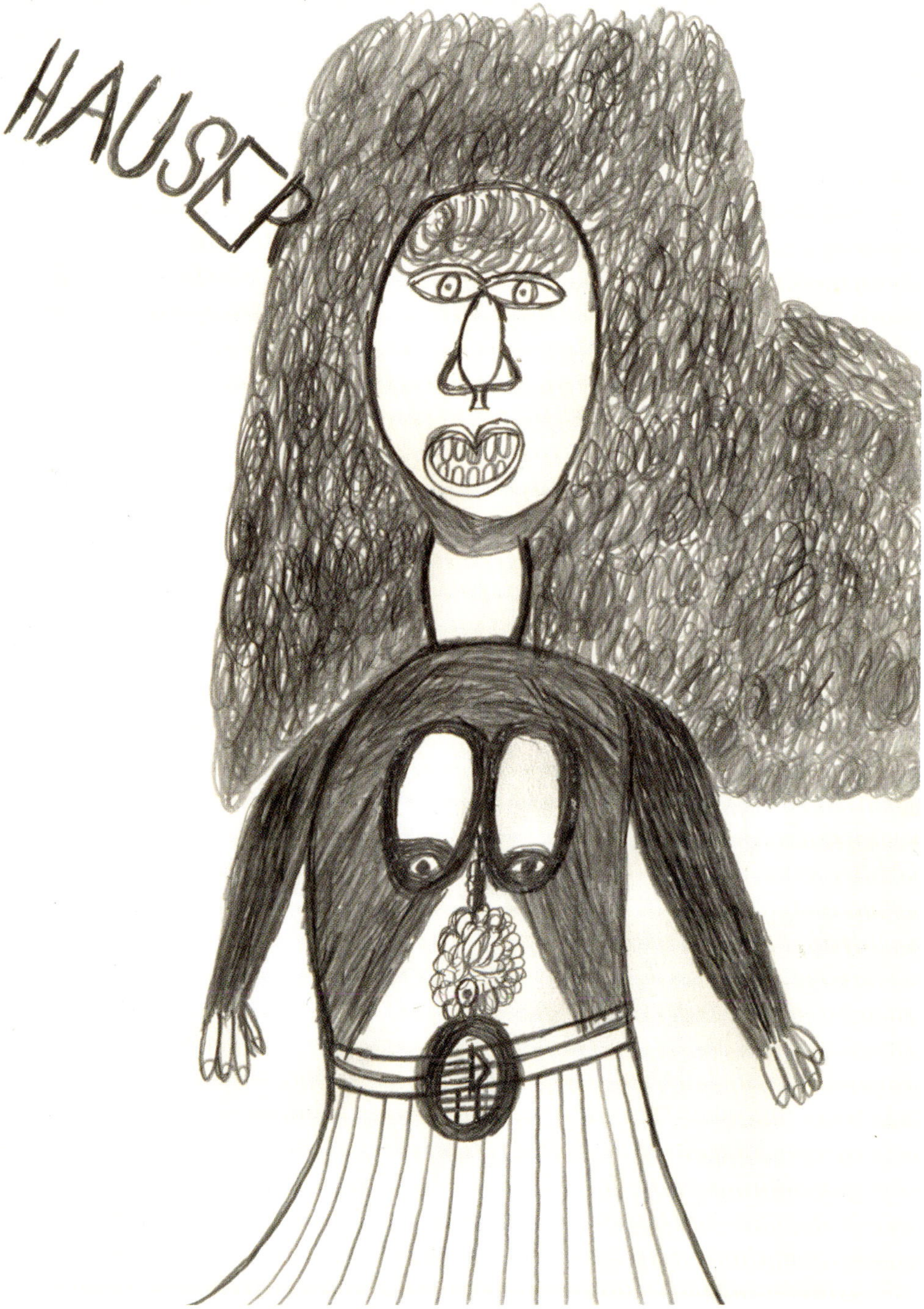

Johann Hauser, *Frau* (*Donna / Woman*)
Matita su carta / Pencil on paper, 30,7 × 22 cm

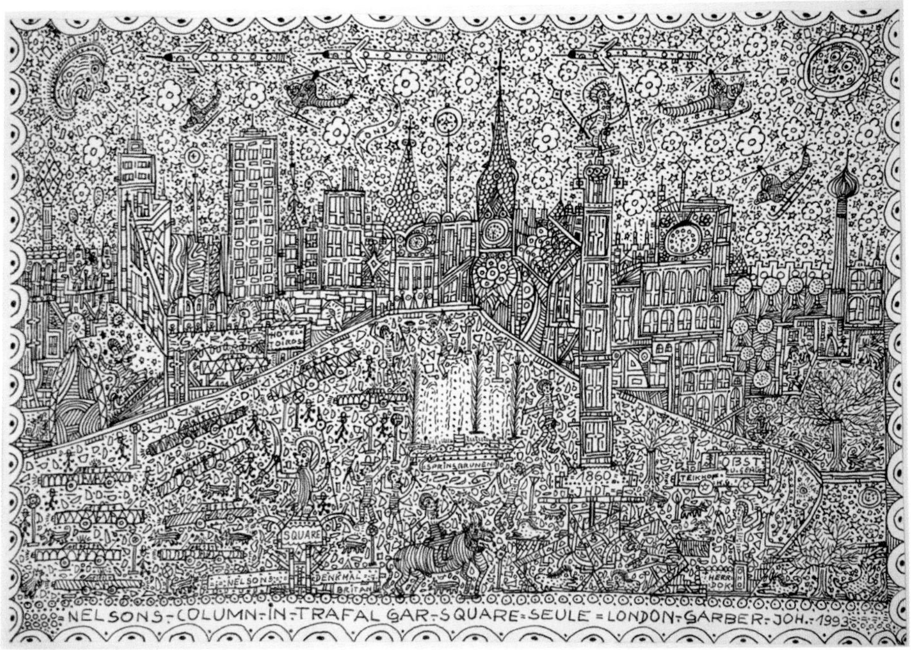

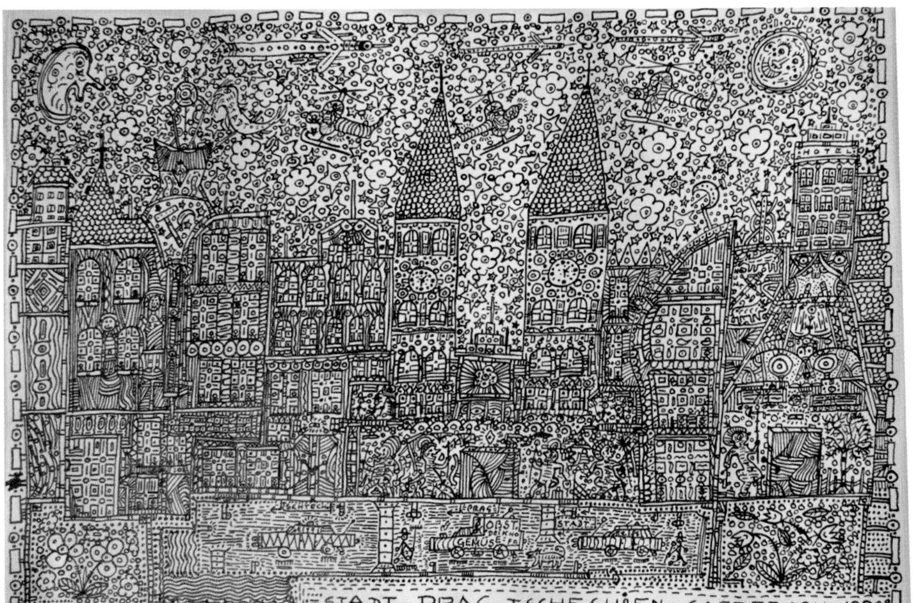

Johann Garber, *Nelsons Column in Trafalgar-Square Seule London* (*Colonna di Nelson in Trafalgar-Square Londra / Nelsons Column in Trafalgar-Square London*), 1993
China su carta / Indian ink on paper, 31,3 × 43,9 cm

Johann Garber, *Stadt Prag* (*Città di Praga / City of Prague*), 1998
China su carta / Indian ink on paper, 31,3 × 43,9 cm

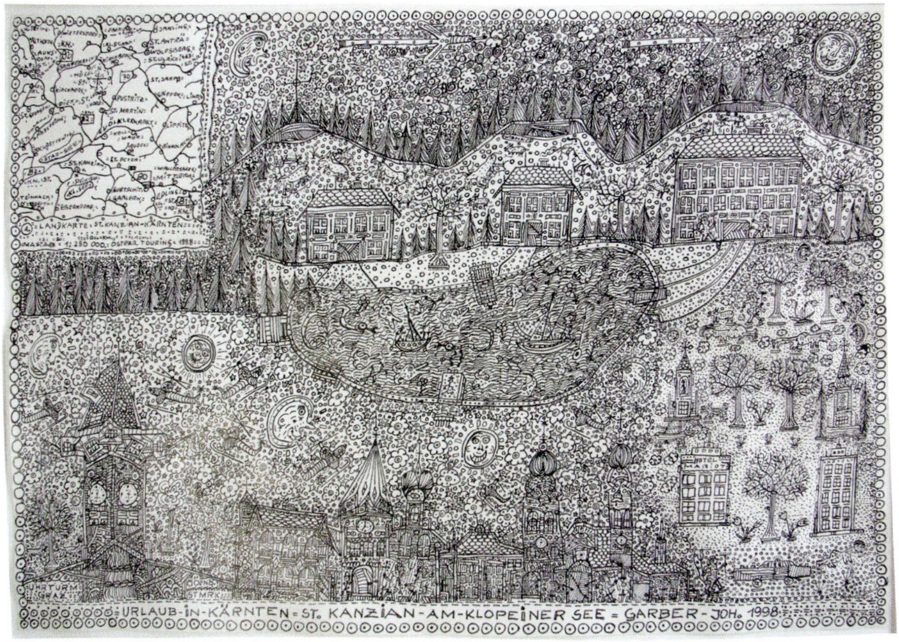

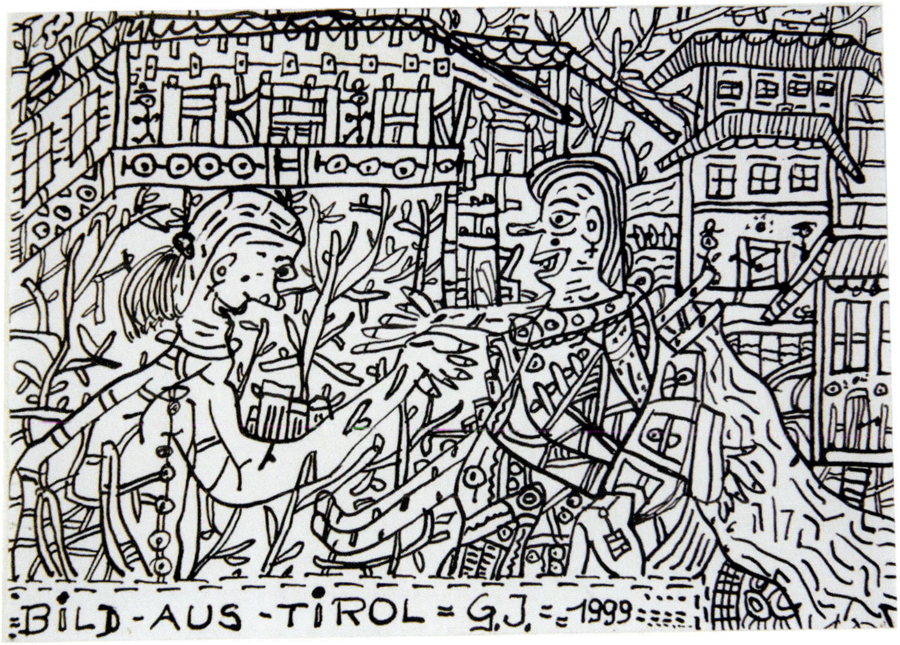

Johann Garber, *Urlaub-in-Kärnten = St. Kanzian* (*Vacanza-in-Carinzia = St. Kanzian / Holiday in Carinthia = St. Kanzian*), 1998
China su carta / Indian ink on paper, 44 × 62,6 cm

Johann Garber, *Bild aus Tirol* (*Immagine del Tirolo / Image of Tyrol*), 1999
China su carta / Indian ink on paper, 10,4 × 14,7 cm

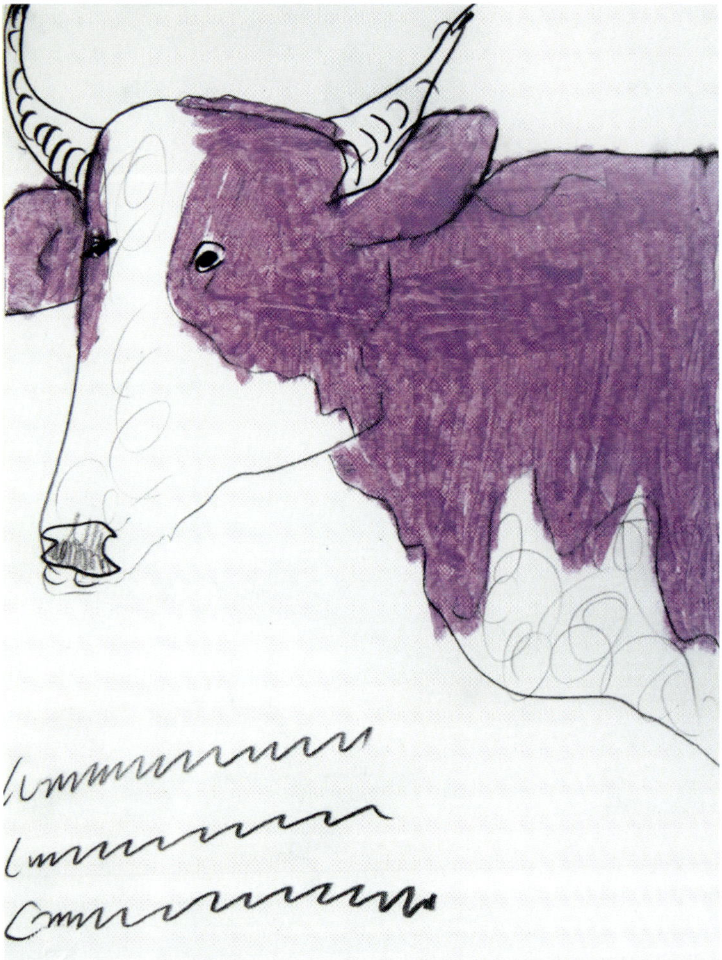

Franz Kamlander,
Kuh (*Mucca / Cow*)
Matita e matite colorate su carta / Pencil and colored pencils on paper, 30 × 22 cm

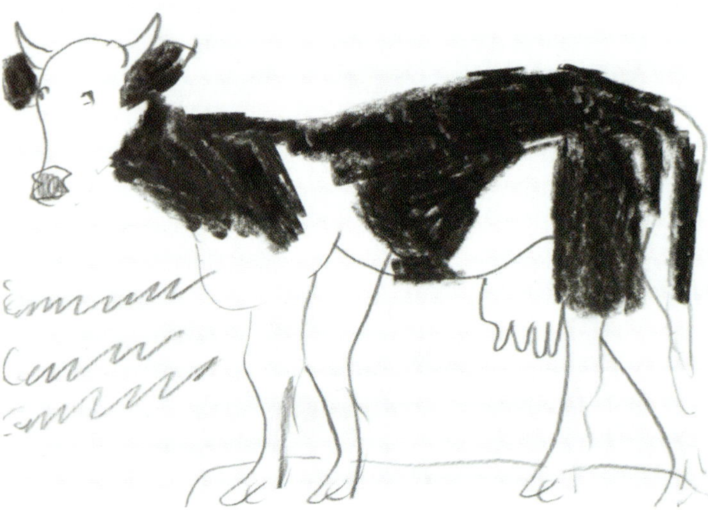

Franz Kamlander,
Kuh (*Mucca / Cow*)
Matita su carta / Pencil on paper, 10,4 × 14,6 cm

Franz Kernbeis,
Schloß (*Castello / Castle*), 1994
Matita e matite colorate
su carta / Pencil and colored
pencils on paper, 44 × 62,6 cm

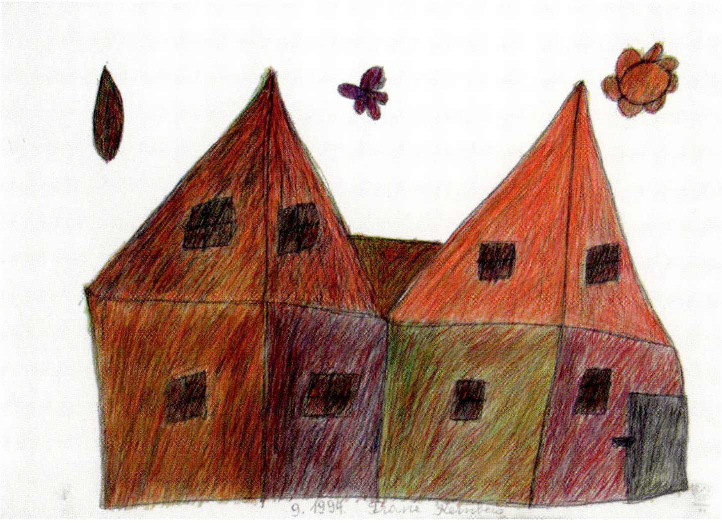

Franz Kernbeis,
Kirche (*Chiesa / Church*), 1990
Matita e matite colorate
su carta / Pencil and colored
pencils on paper, 60,1 × 44 cm

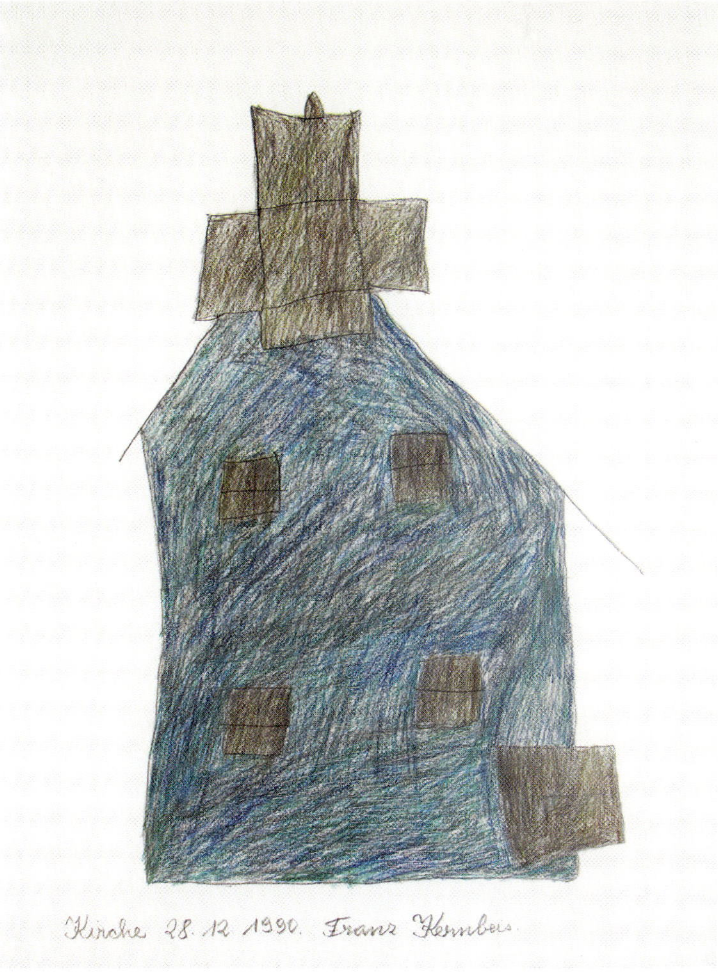

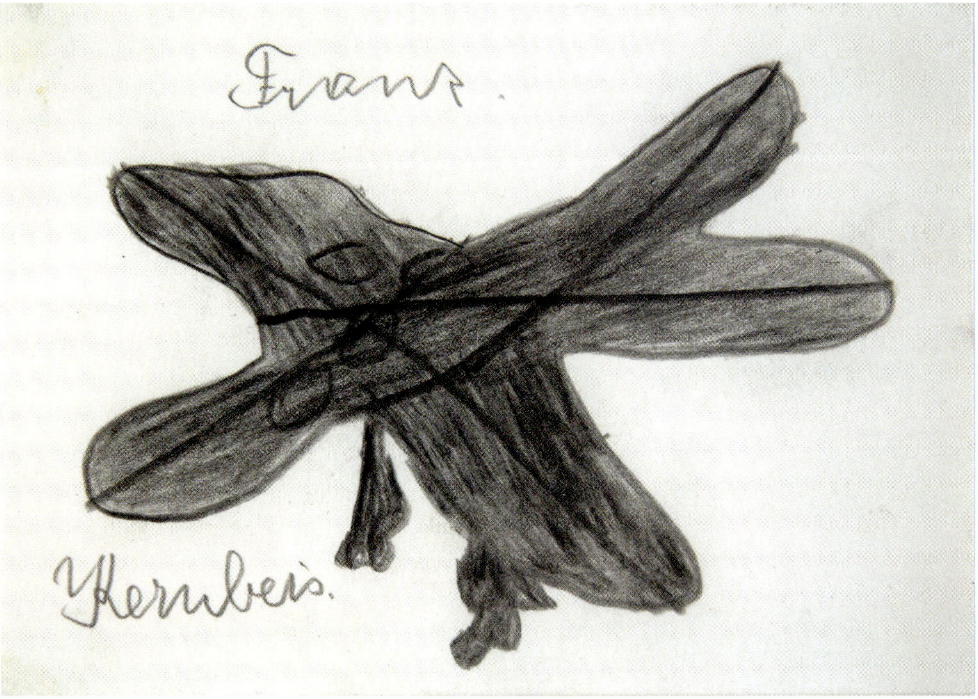

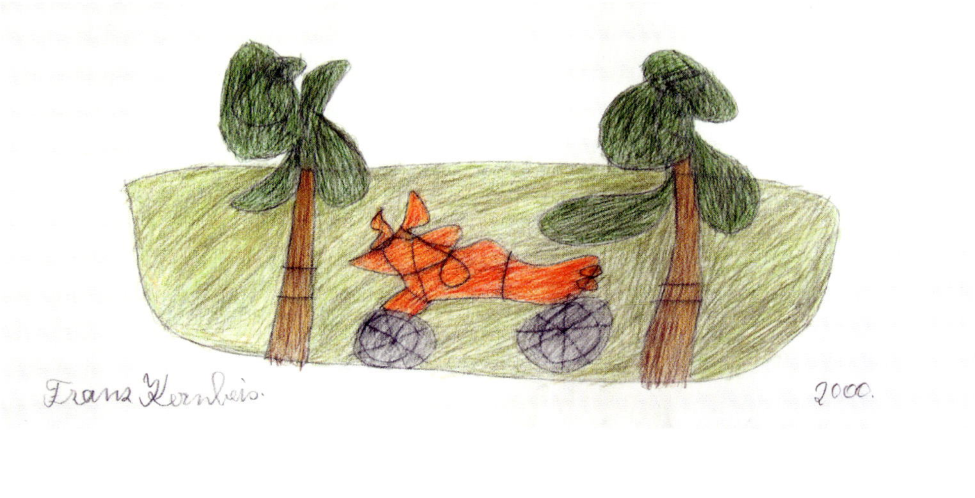

Franz Kernbeis, *Vogel* (*Uccello / Bird*), 1987
Matita e matite colorate su carta / Pencil and colored pencils on paper, 10,4 × 14,7 cm

Franz Kernbeis, *Motorrad zwischen zwei Bäumen* (*Motocicletta tra due alberi / Motorbike between two trees*), 2000
Matita e matite colorate su carta / Pencil and colored pencils on paper, 21,6 × 50,1 cm

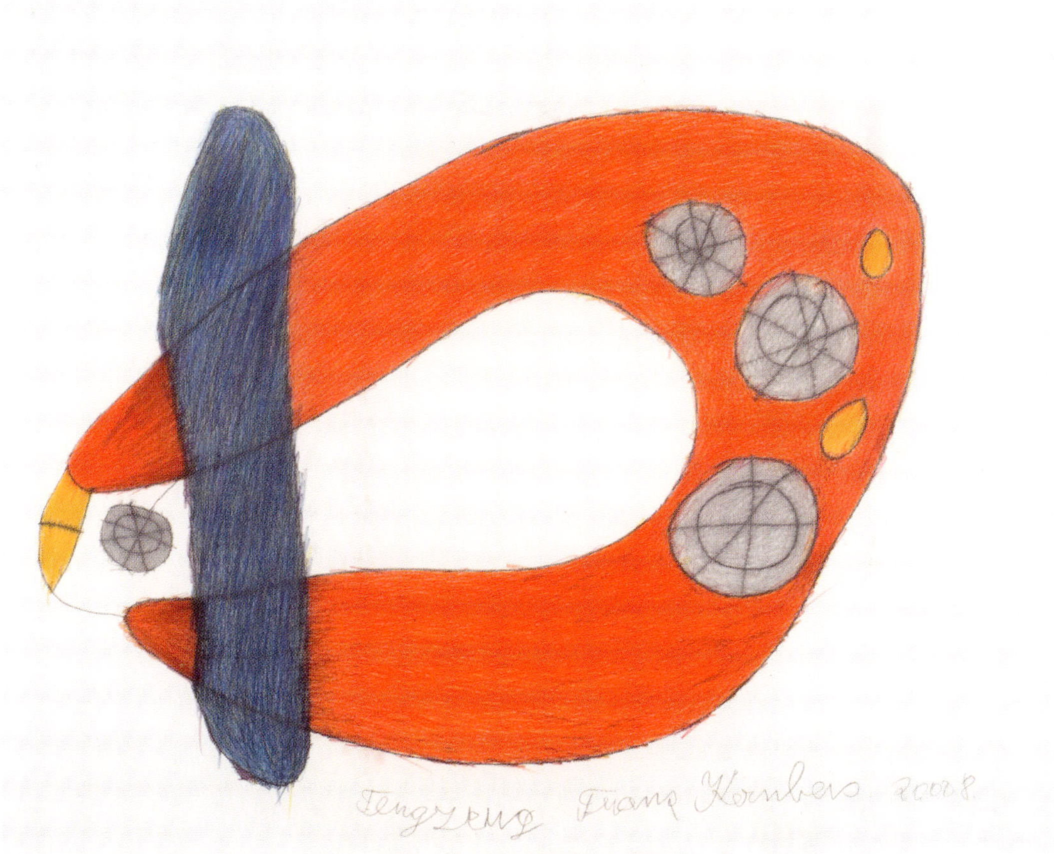

Franz Kernbeis, *Flugzeug* (*Aeroplano / Aeroplane*), 2008
Matita e matite colorate su carta / Pencil and colored pencils on paper, 106 × 124,6 cm

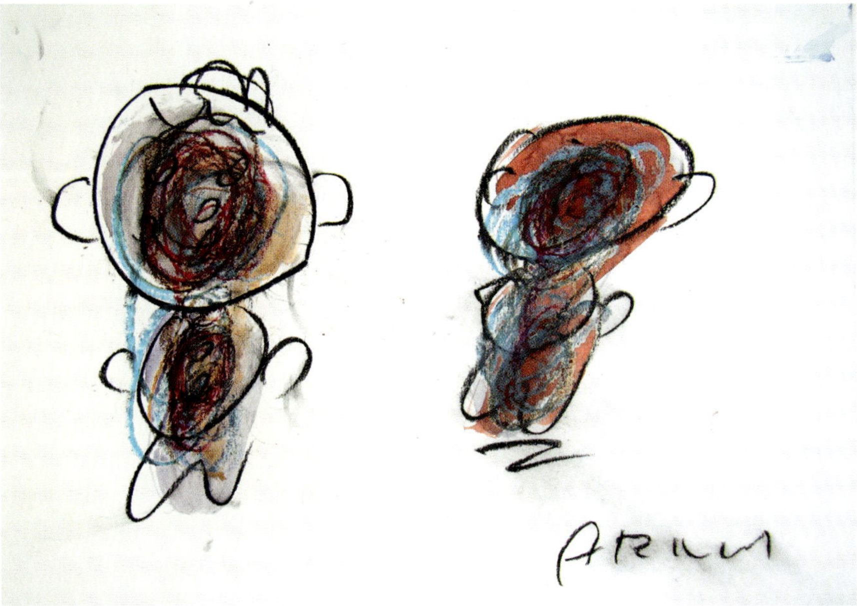

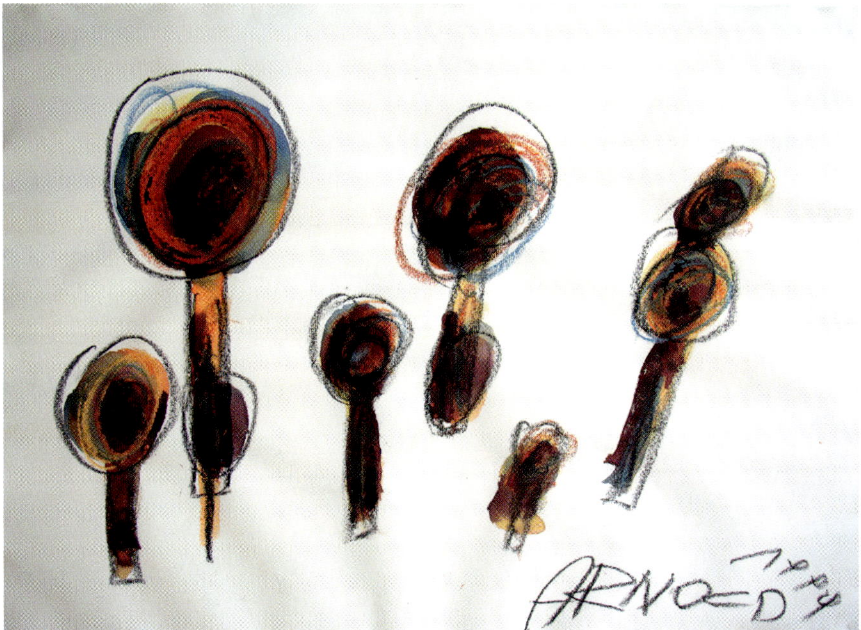

Arnold Schmidt, *Zwei Figuren* (*Due figure / Two figures*), 1995
Carboncino, acquarello e pastello a cera su carta / Charcoal, watercolor and wax crayon on paper, 29,6 × 41,8 cm

Arnold Schmidt, *Bäume* (*Alberi / Trees*), 1999
Matita, acquarello e pastello a cera su carta / Pencil, watercolor and wax crayon on paper, 55,8 × 75,1 cm

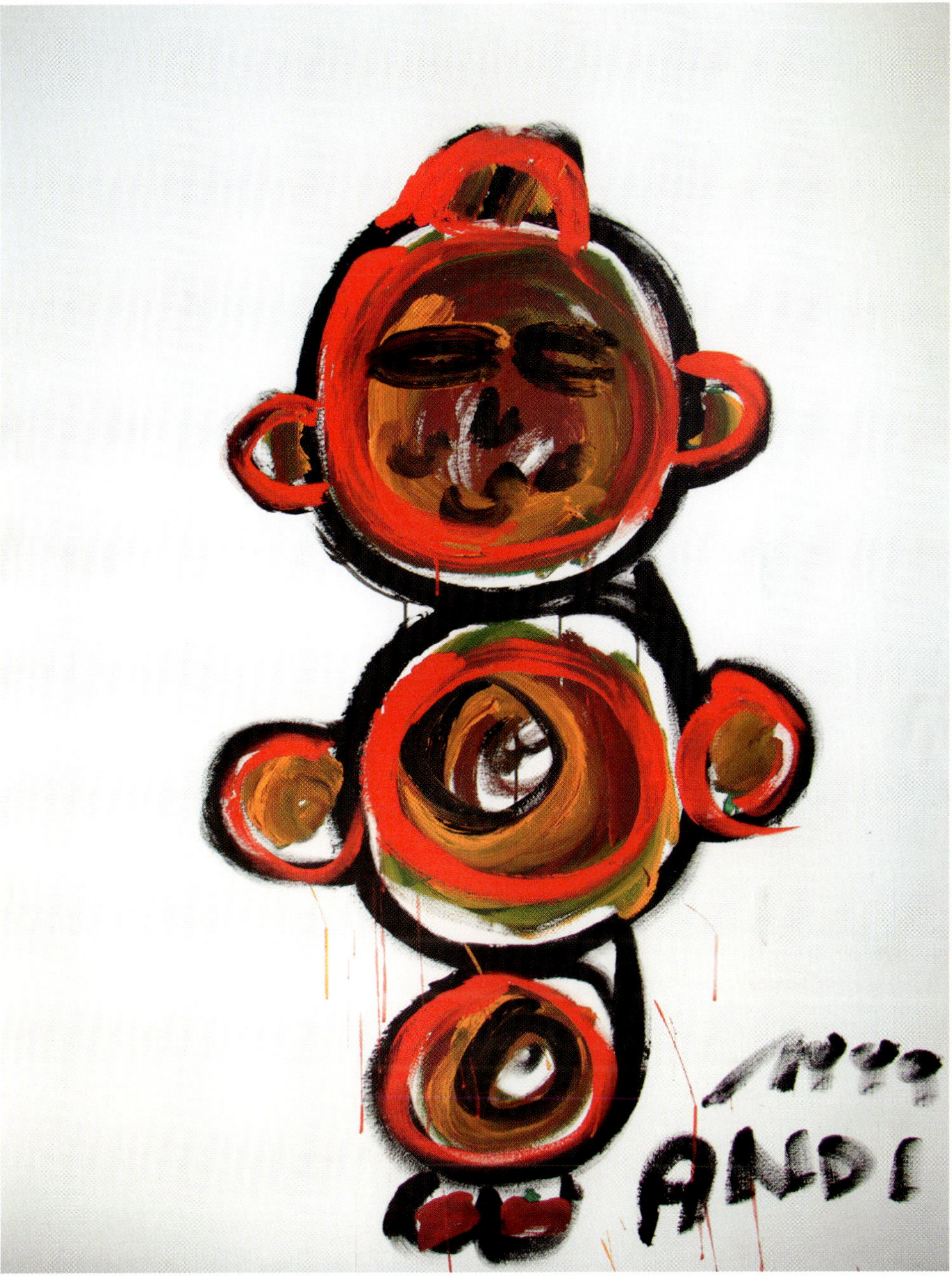

Arnold Schmidt, *Figur* (*Figura / Figure*), 1999
Acrilico su tela / Acrylic on canvas, 160 × 120 cm

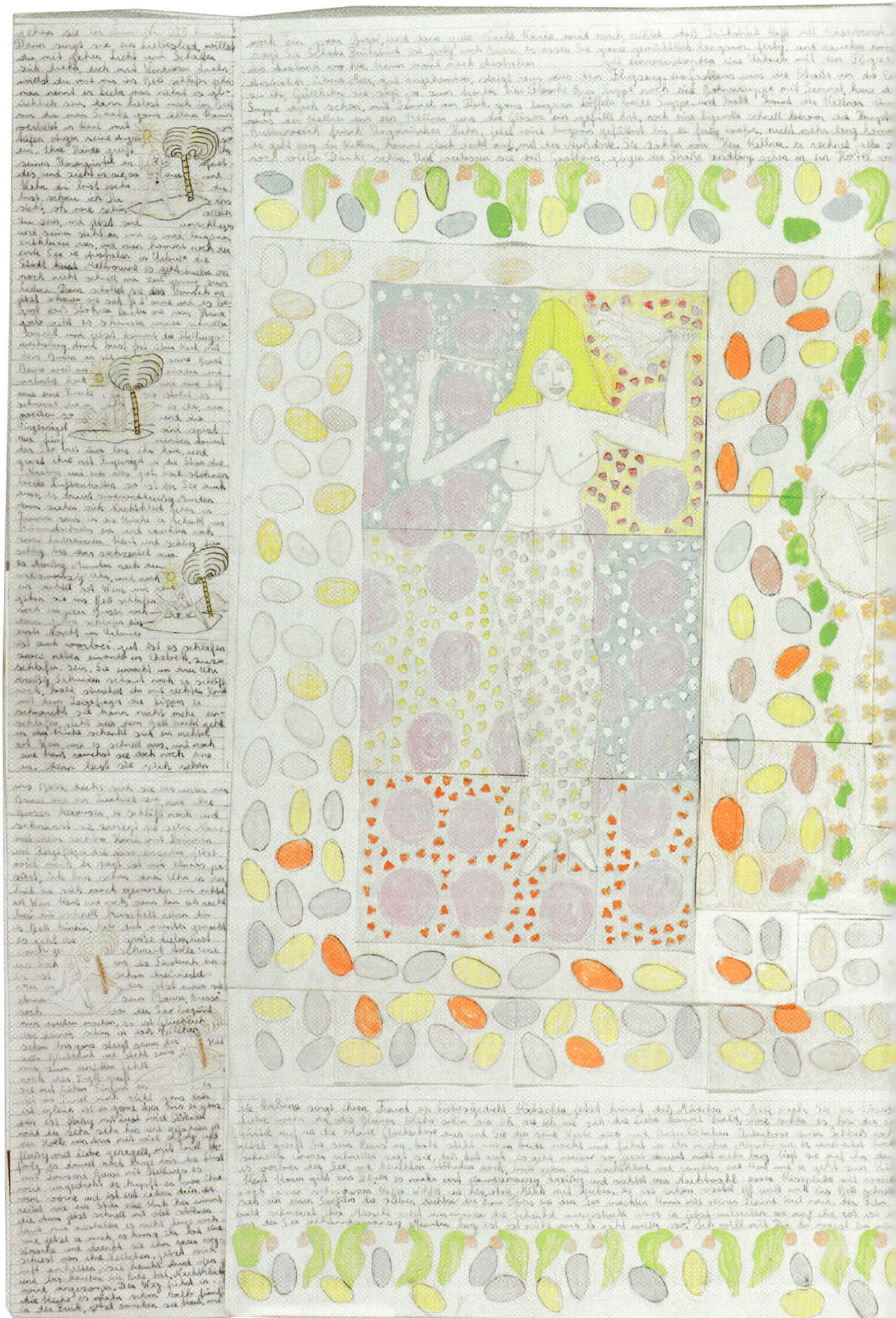

Karl Vondal, *«Er vögelte sie»*, 2014
Matita, acrilico e collage / Pencil, acrylic and collage, 112,4 × 162,3 cm

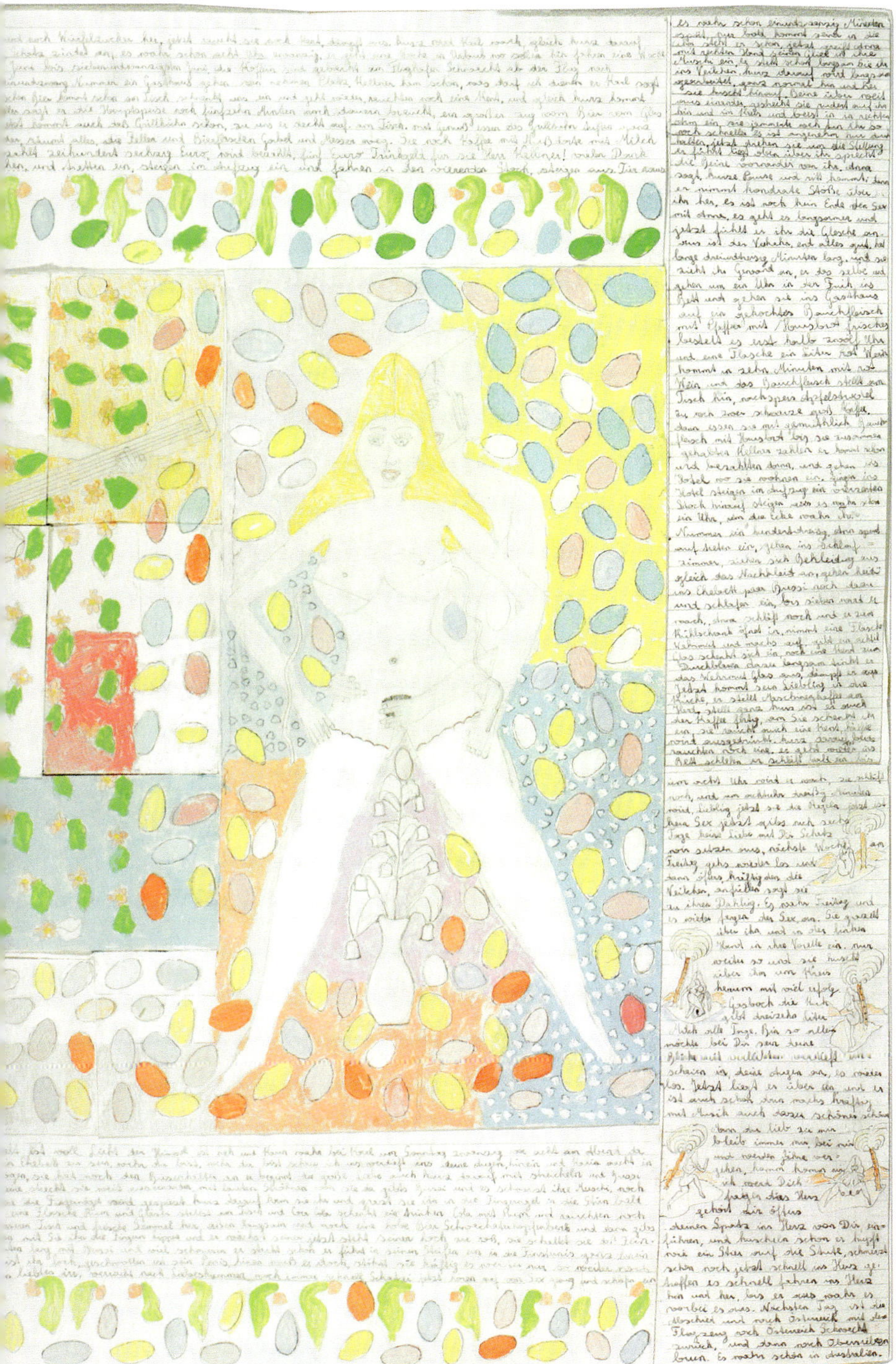

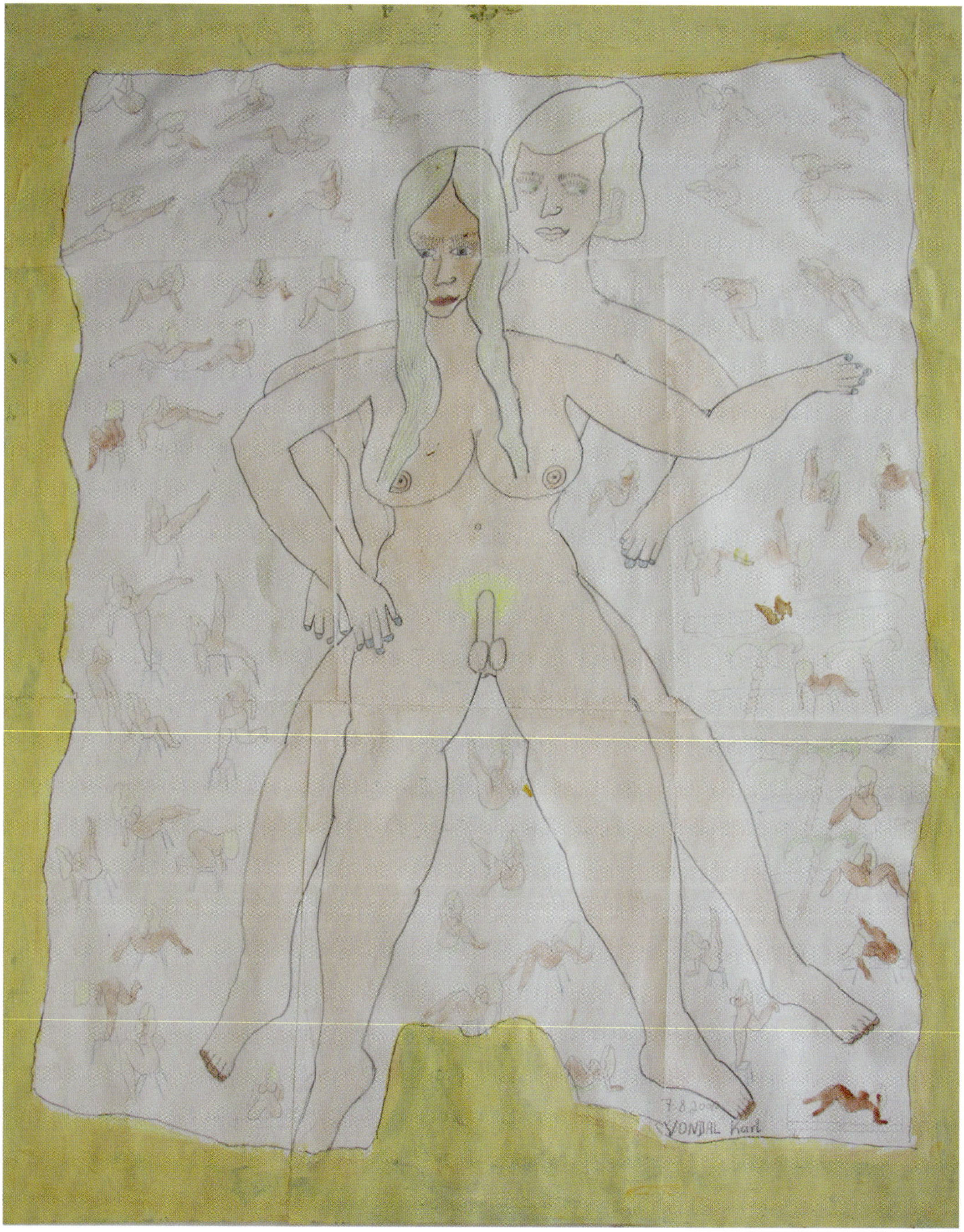

Karl Vondal, *Der 1. Sex* (*Il primo sesso / The first sex*), 2004
Matita, matite colorate e acquarello su carta / Pencil, colored pencils and watercolor on paper, 76,7 × 60 cm

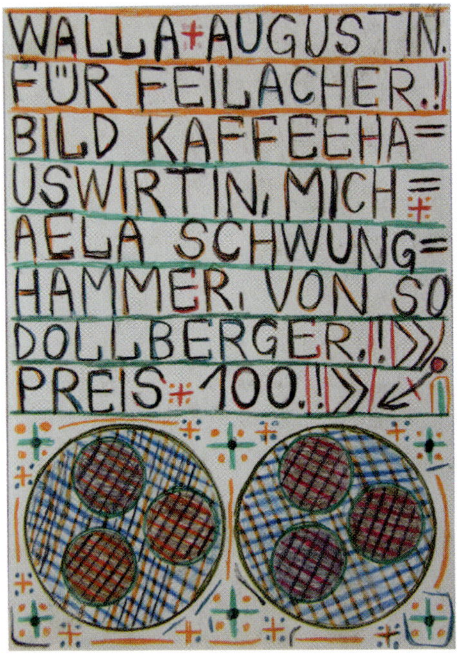

August Walla, *Wirtin* (*Ostessa / Hostess*), 1998 (verso)
Matita e matite colorate su carta / Pencil
and colored pencils on paper, 29,6 × 21 cm

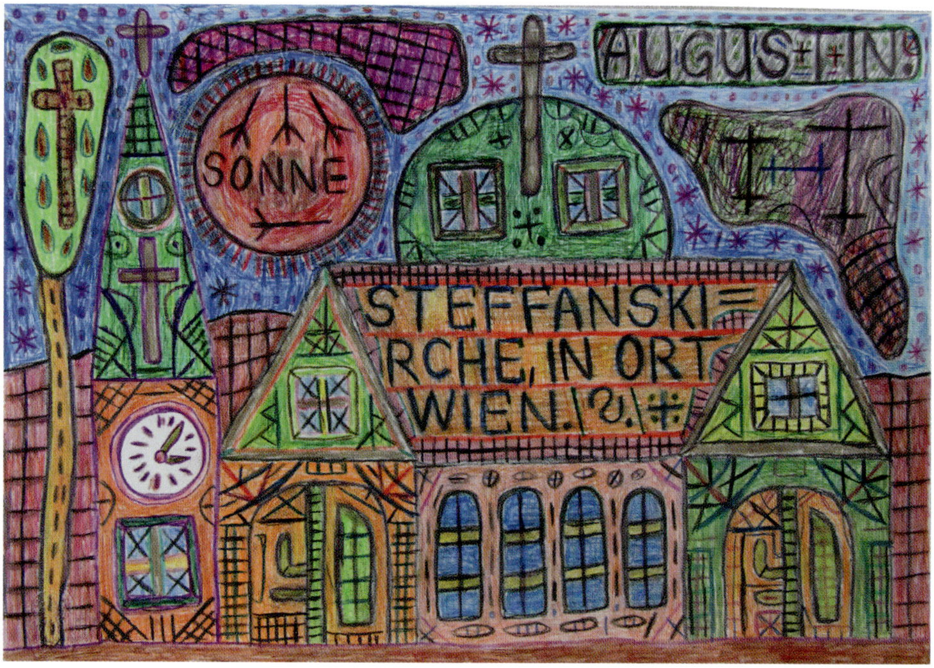

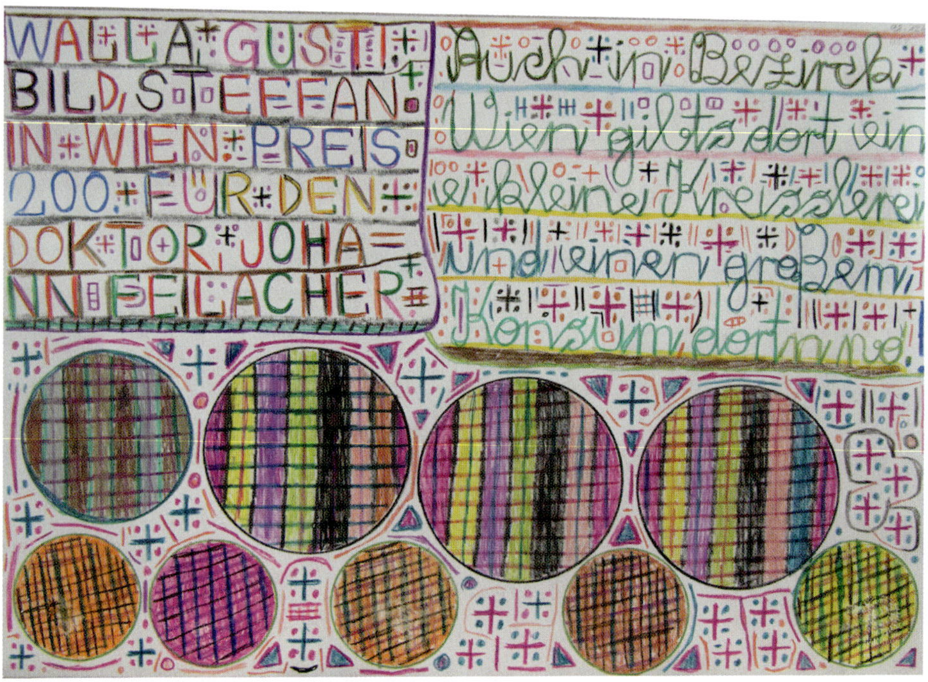

August Walla, *Stefanskirche, in Ort Wien?* (*La chiesa di S. Stefano, nella stessa Vienna? / The church of St. Stephen, in Vienna itself?*), 1998 (recto / verso)
Matita, matite colorate e penna a sfera su carta / Pencil, colored pencils and ball pen on paper, 29,7 × 42 cm

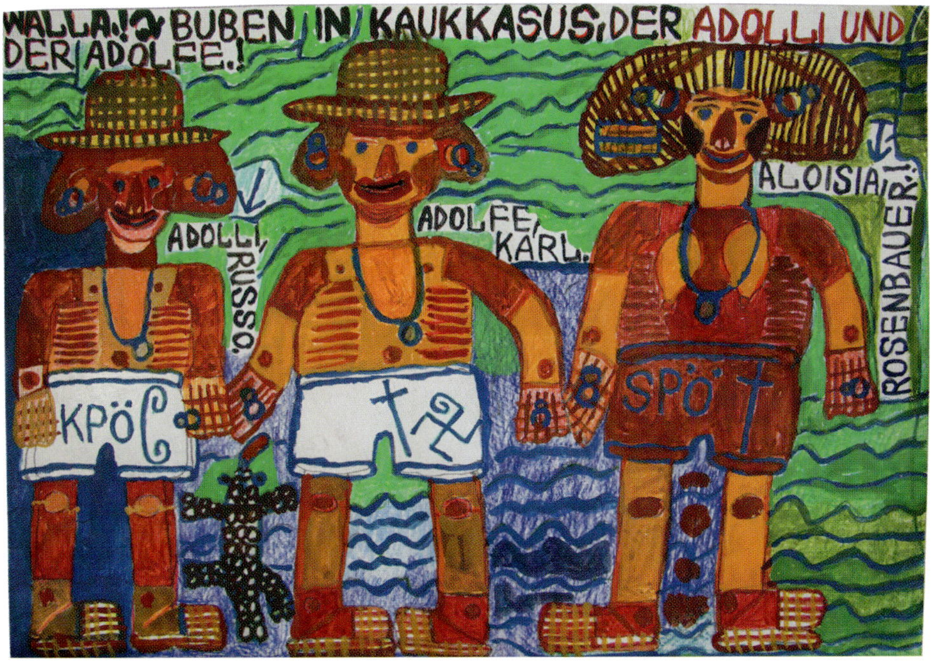

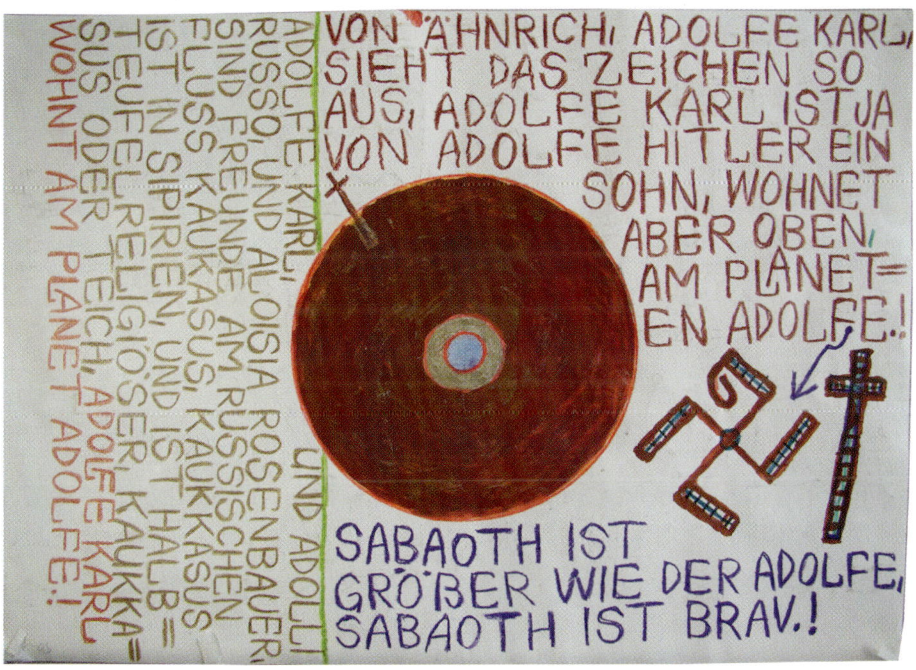

August Walla, *Buben in Kaukkasus* (*Ragazzi nel Kaukkasus / Kids in Kaukkasus*), 1990 (recto / verso)
Matita, matite colorate e acrilico su carta / Pencil, colored pencils and acrilic on paper, 31,2 × 44 cm

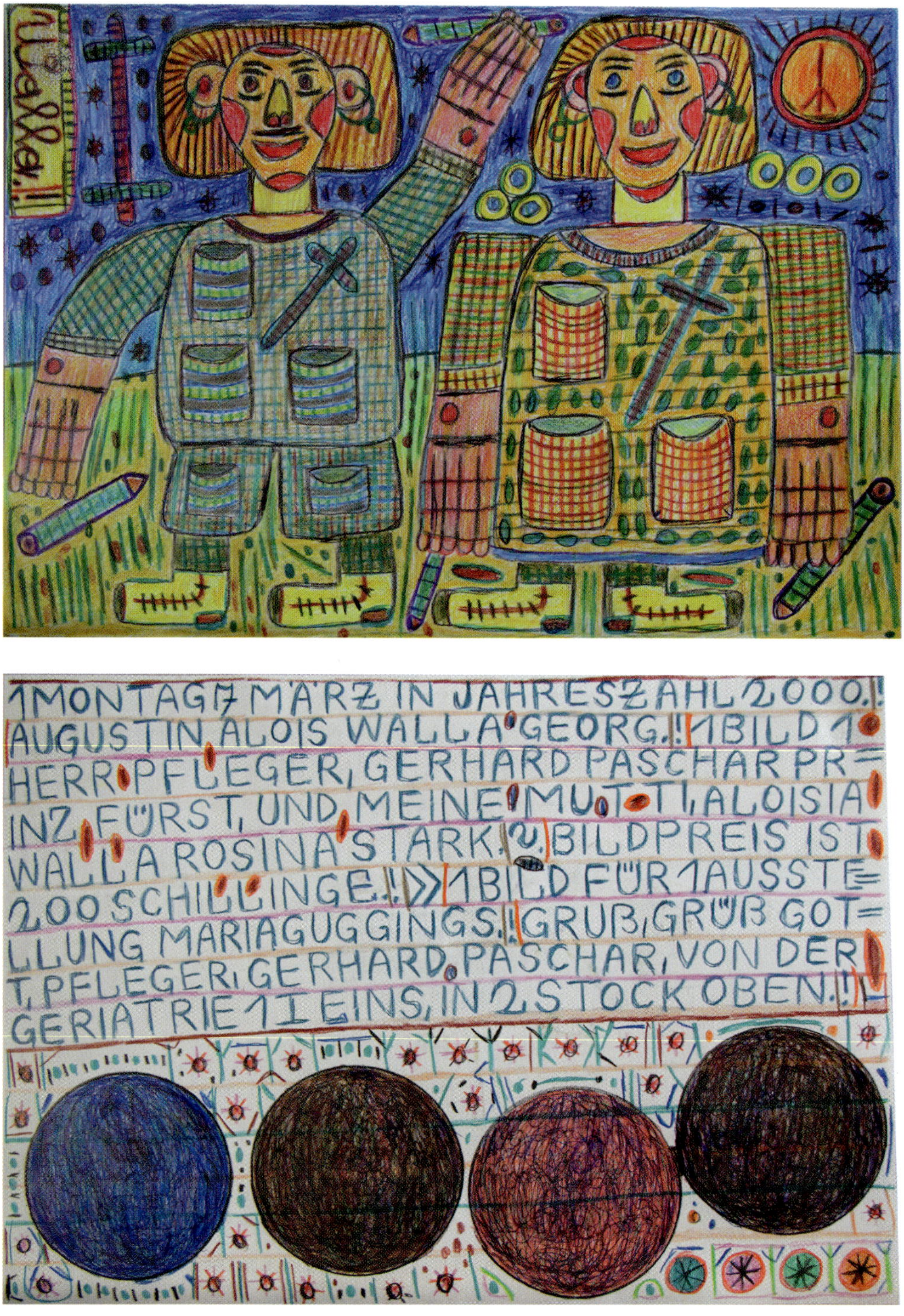

August Walla, *Pfleger und Mutter* (*Infermiere e madre / Nurse and mother*), 2000 (recto / verso)
Matita e matite colorate su carta / Pencil and colored pencils on paper, 29,7 × 41,9 cm

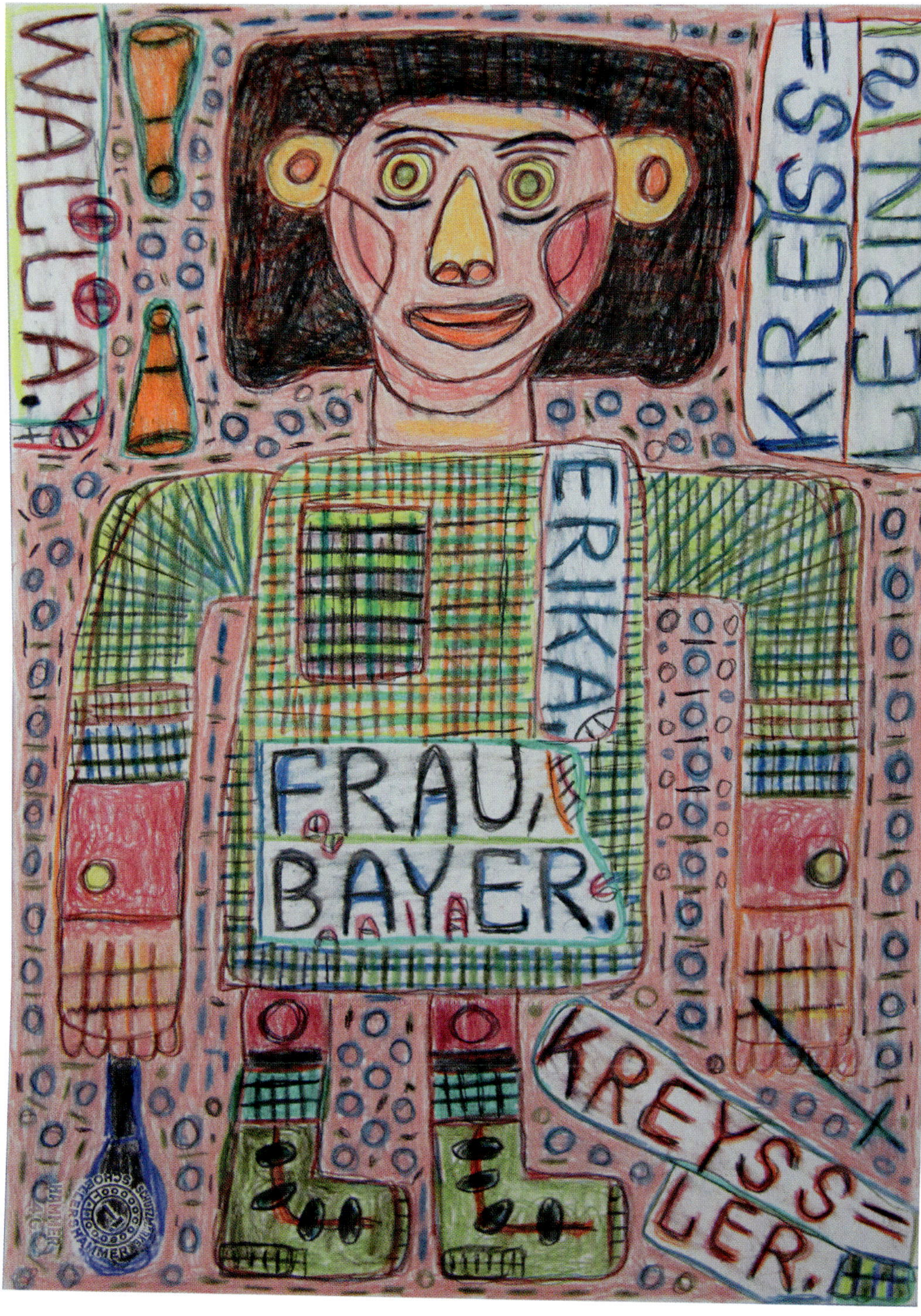

August Walla, *Frau Bayer* (*Signora Bayer / Mrs. Bayer*), 1999
Matita e matite colorate su carta / Pencil and colored pencils on paper, 29,7 × 20,9 cm

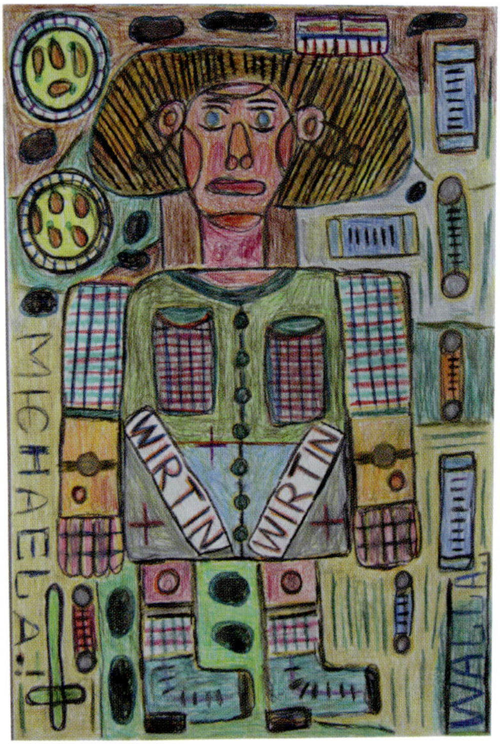

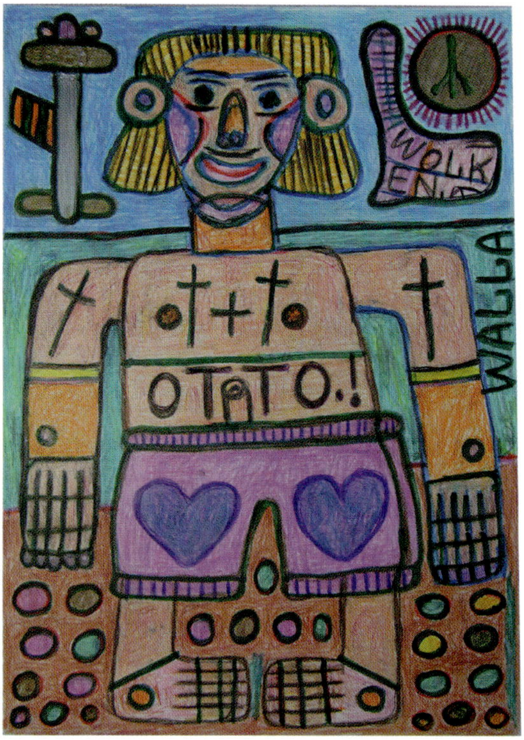

August Walla, *Wirtin* (*Ostessa / Hostess*), 1998
Matita e matite colorate su carta / Pencil and colored pencils on paper, 29,6 × 21 cm

August Walla, *Otto.!*, 1999
Matite colorate, penna a sfera e pennarello su carta / Pencil, colored pencils and Felt-tip pen on paper, 29,7 × 21 cm

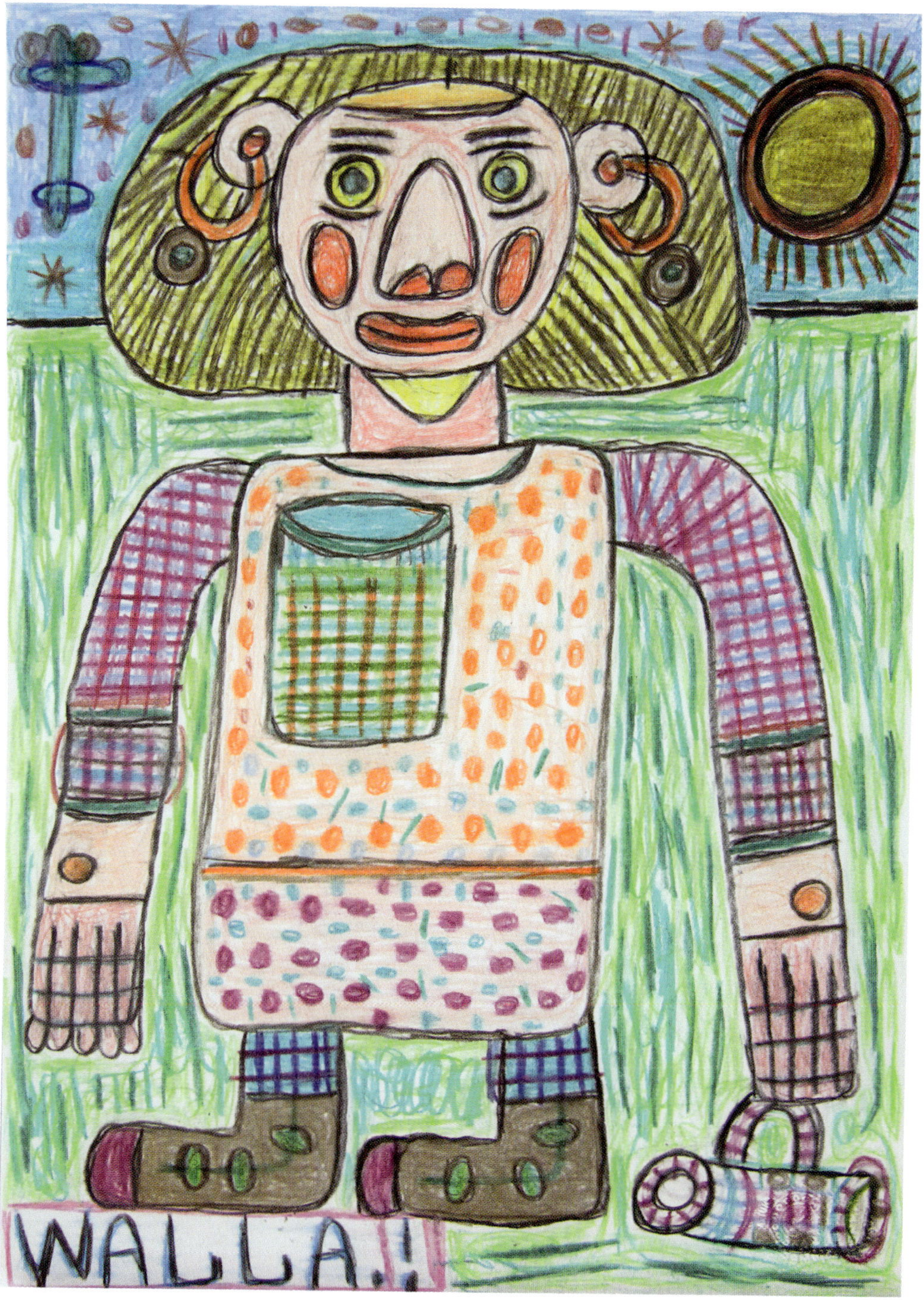

August Walla, *Walla.!,* 2000
Matita e matite colorate su carta / Pencil and colored pencils on paper, 29,7 × 20,9 cm

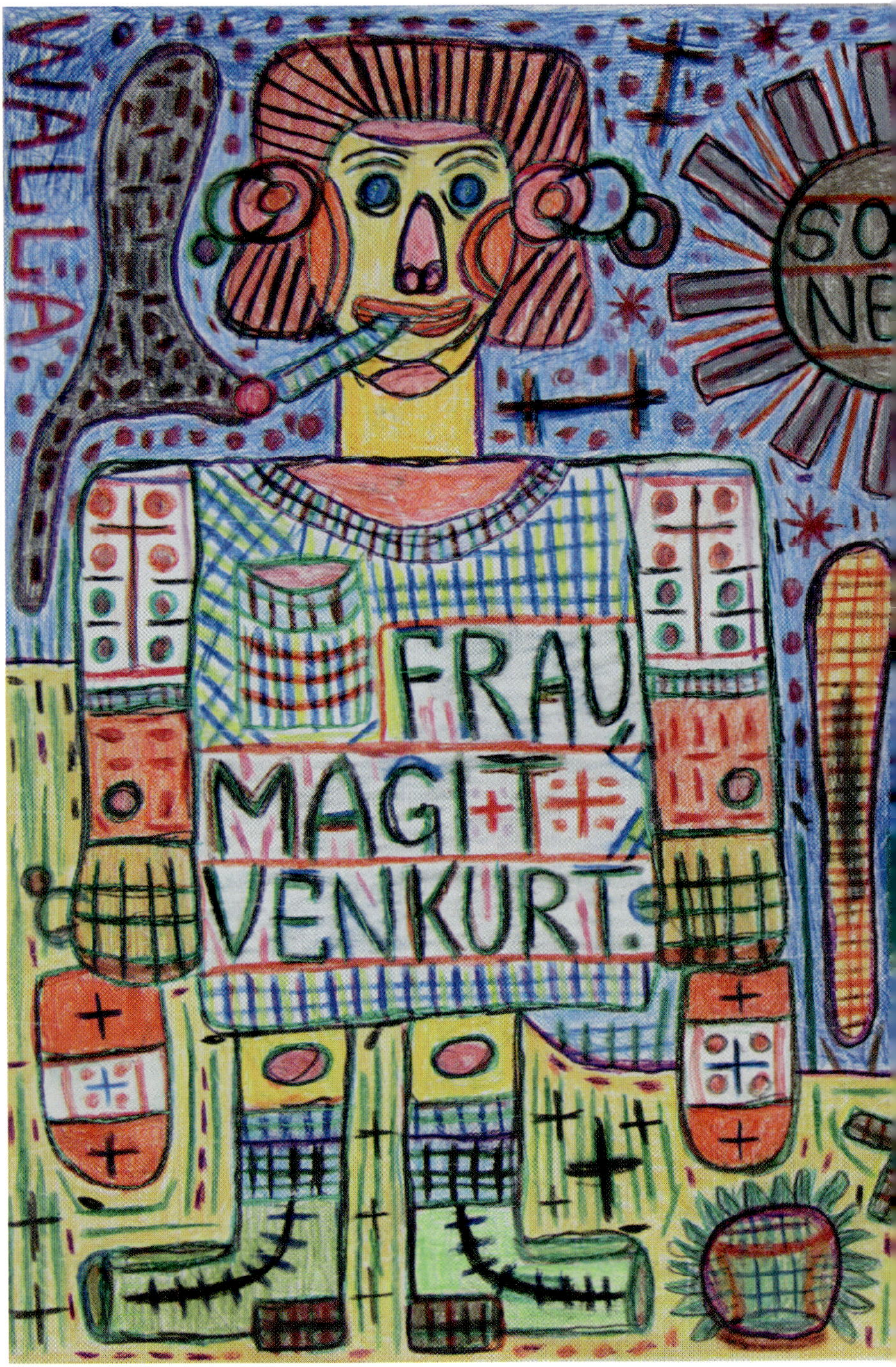

August Walla, *Frau Magit Venkurt, Göttin Maria* (*La signora Magit Venkurt, dea Maria / Mrs. Magit Venkurt, goddess Maria*), 1998
Matita, matite colorate e penna a sfera su carta / Pencil, colored pencils and ball pen on paper, 14,9 × 20,9 cm

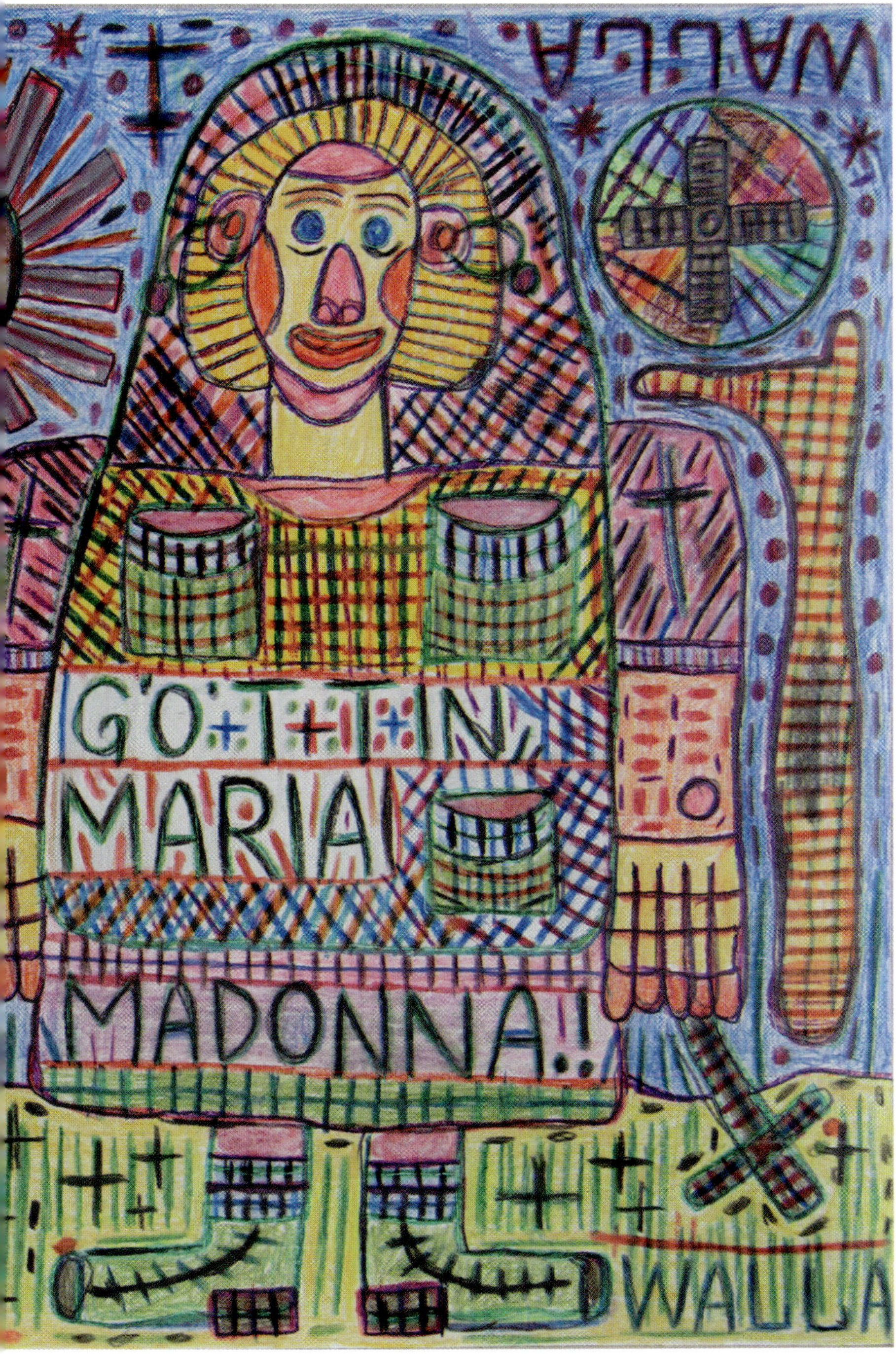
GOTTIN
MARIA
MADONNA!
WAULA

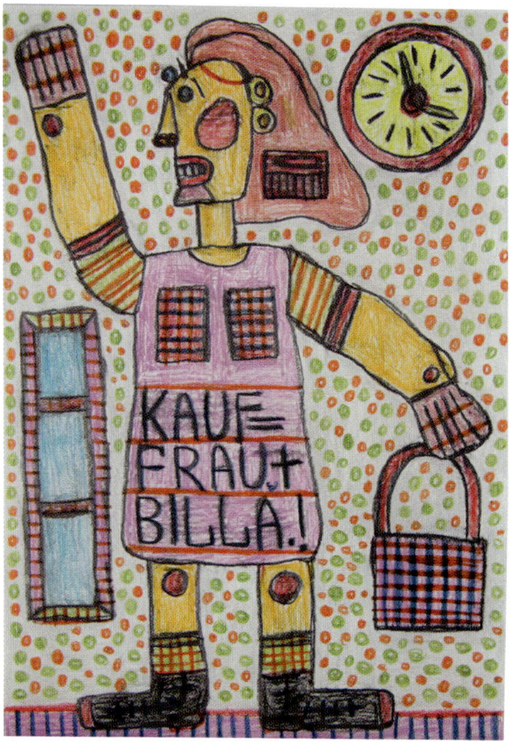

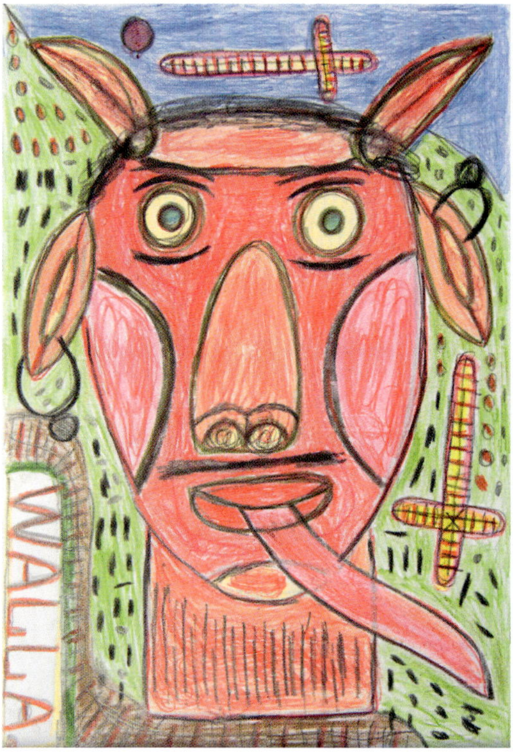

August Walla, *Kauffrau Billa.!* (*Signora commerciante Billa.! / Mrs. Retailer Billa.!*), 1998
Matita, matite colorate e penna a sfera su carta / Pencil, colored pencils and ball pen on paper, 29,7 × 20,9 cm

August Walla, *Krampus.?,* 1999
Matita e matite colorate su carta / Pencil and colored pencils on paper, 20,9 × 14,7 cm

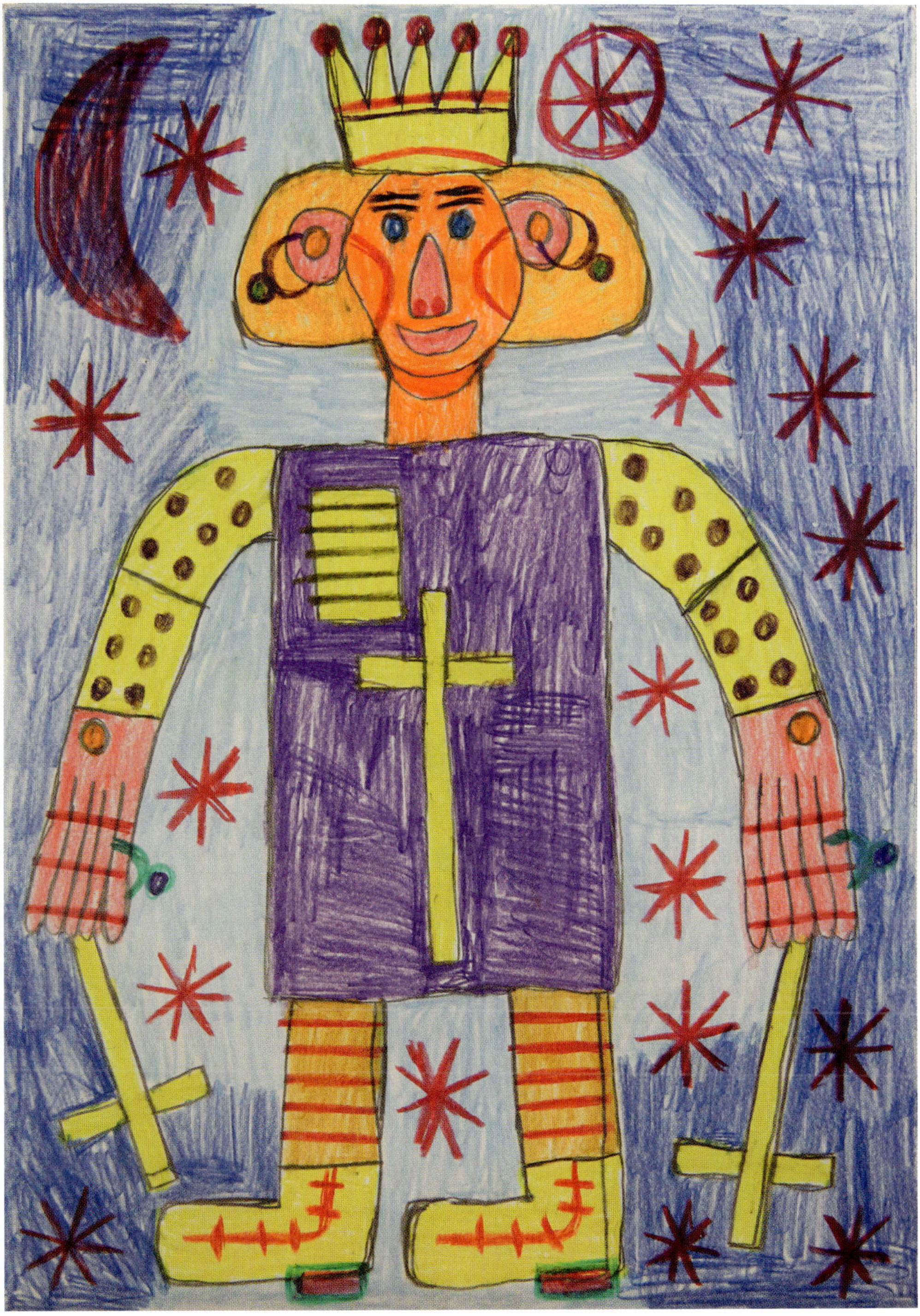

August Walla, *Die Göttin Maria* (*La dea Maria / The goddess Maria*), 1995
Matita e matite colorate su carta / Pencil and colored pencils on paper, 29,6 × 20,9 cm

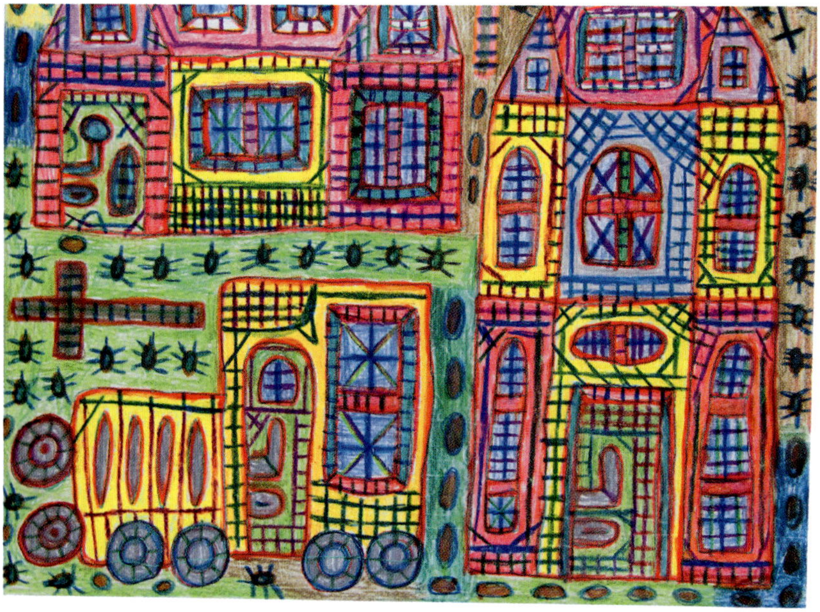

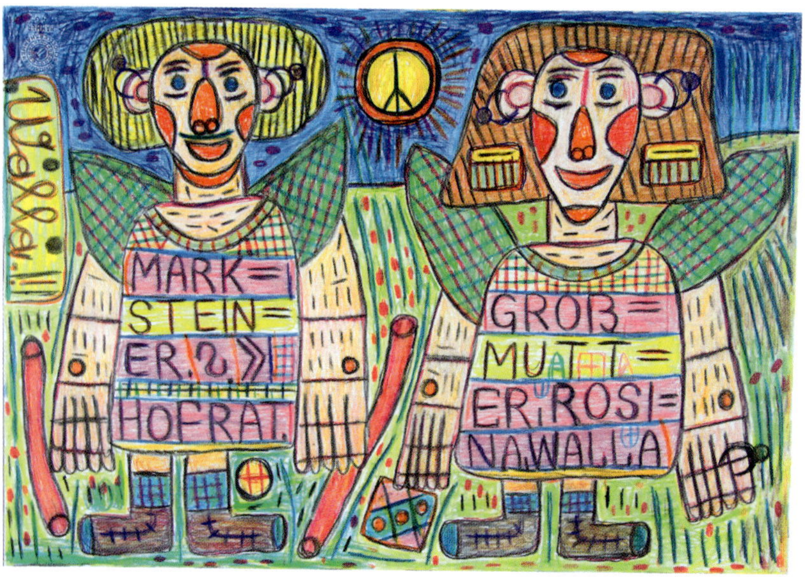

August Walla, *Häuser in Ort Maria Gugging* (*Case nel paese di Maria Gugging / Houses in the village of Maria Gugging*), 1998
Matita, matite colorate e penna a sfera su carta / Pencil, colored pencils and ball pen on paper, 25,4 × 29,7 cm

August Walla, *Marksteiner.? Großmutter...* (*Marksteiner.? Nonna... / Marksteiner.? Grandmother...*), 2000
Matita e matite colorate su carta / Pencil and colored pencils on paper, 29,6 × 41,9 cm

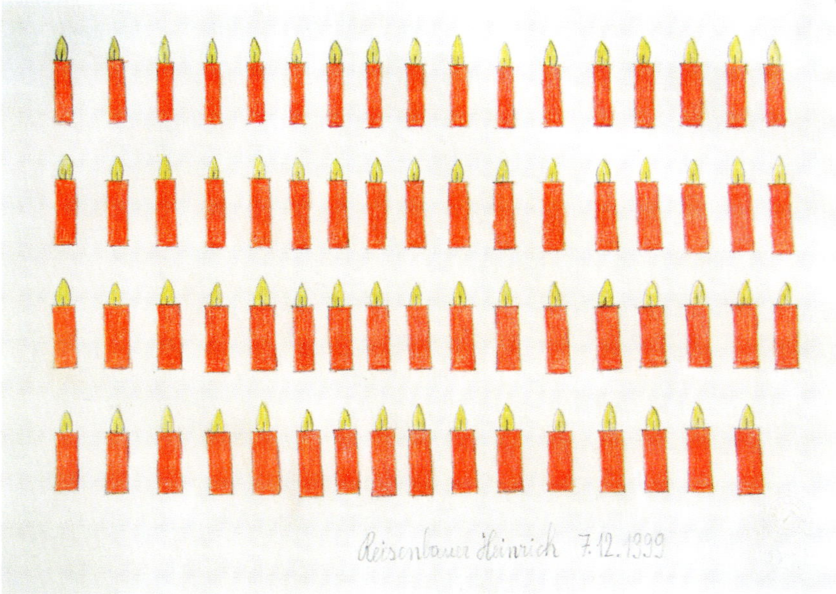

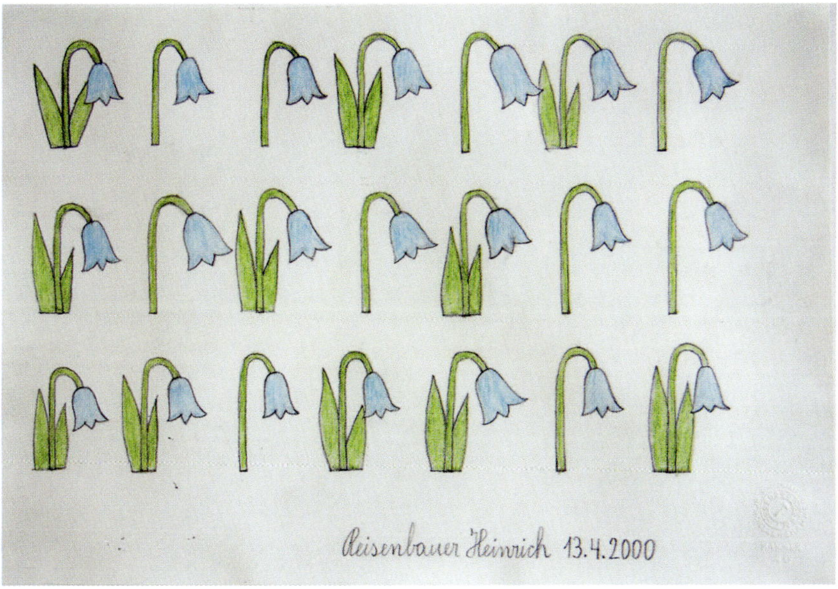

Heinrich Reisenbauer, *Kerzen* (*Candele / Candles*), 1999
Matita e matite colorate su carta / Pencil and colored pencils on paper, 20,9 × 29,7 cm

Heinrich Reisenbauer, *Blumen* (*Fiori / Flowers*), 2000
Matita e matite colorate su carta / Pencil and colored pencils on paper, 20,9 × 29,6 cm

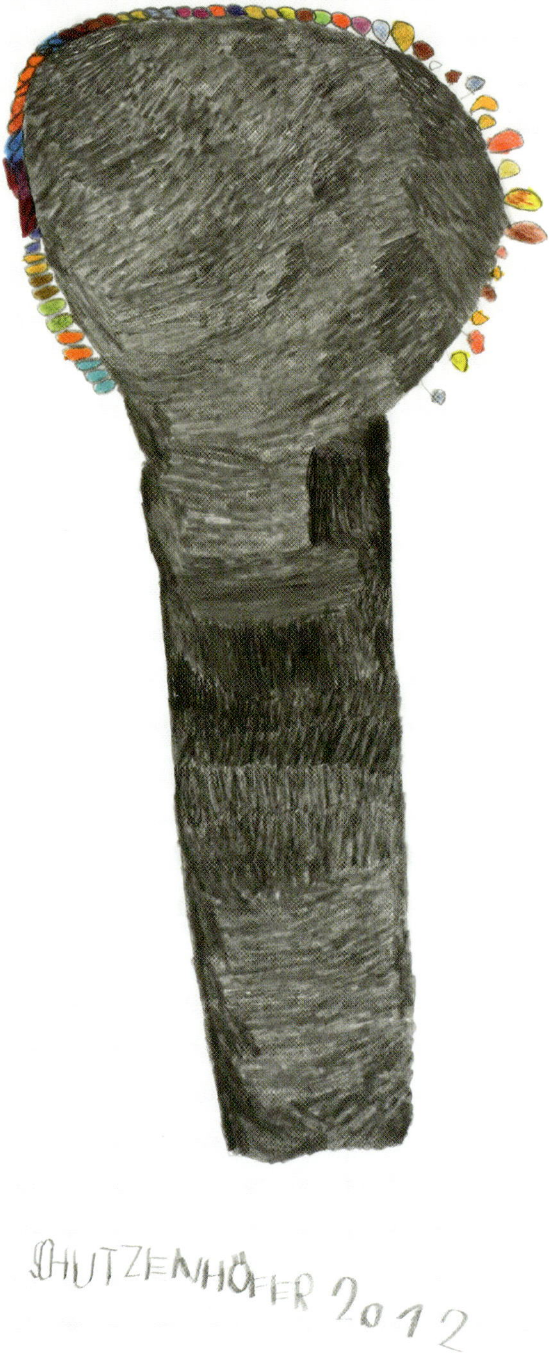

Günther Schützenhöfer, *Ein Herbstbaum* (*Un albero autunnale / An Autumn tree*), 2012
Matita su carta / Pencil on paper, 64,9 × 49,7 cm

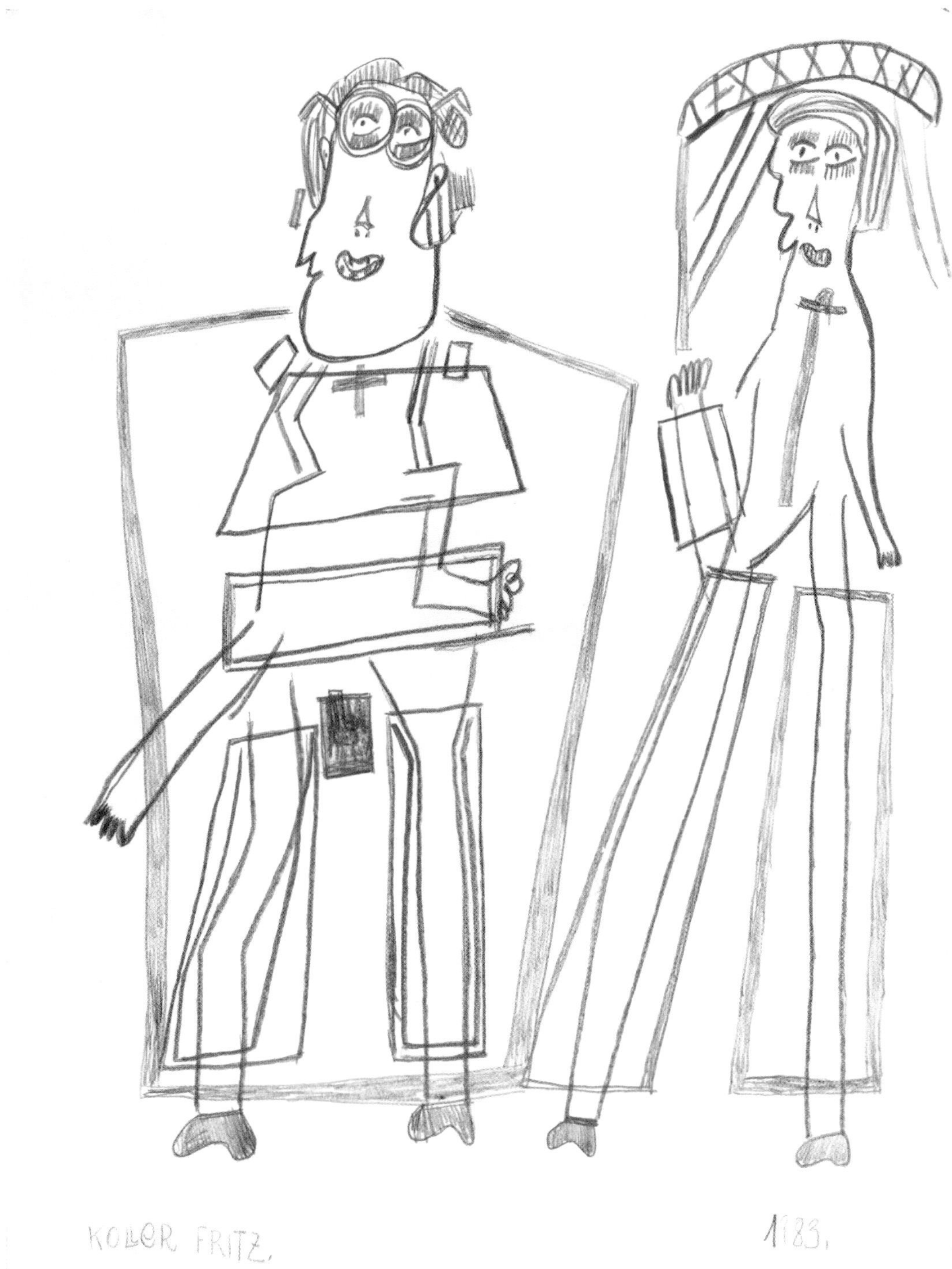

Fritz Koller, *Zwei Menschen* (*Due persone / Two people*), 1983
Matita su carta / Pencil on paper, 40 × 30 cm

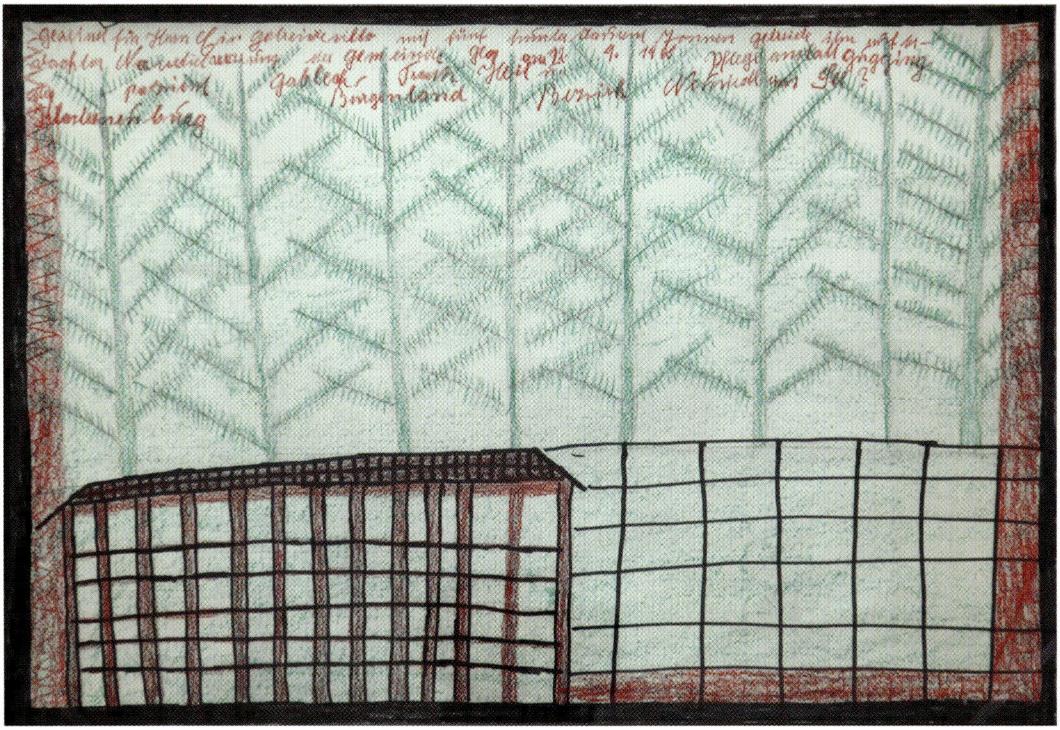

Franz Gableck, *Ein Getredesillo*, 1968
Matita, pennello, pastello a cera / Pencil, brush, wax crayon, 62 × 87 cm

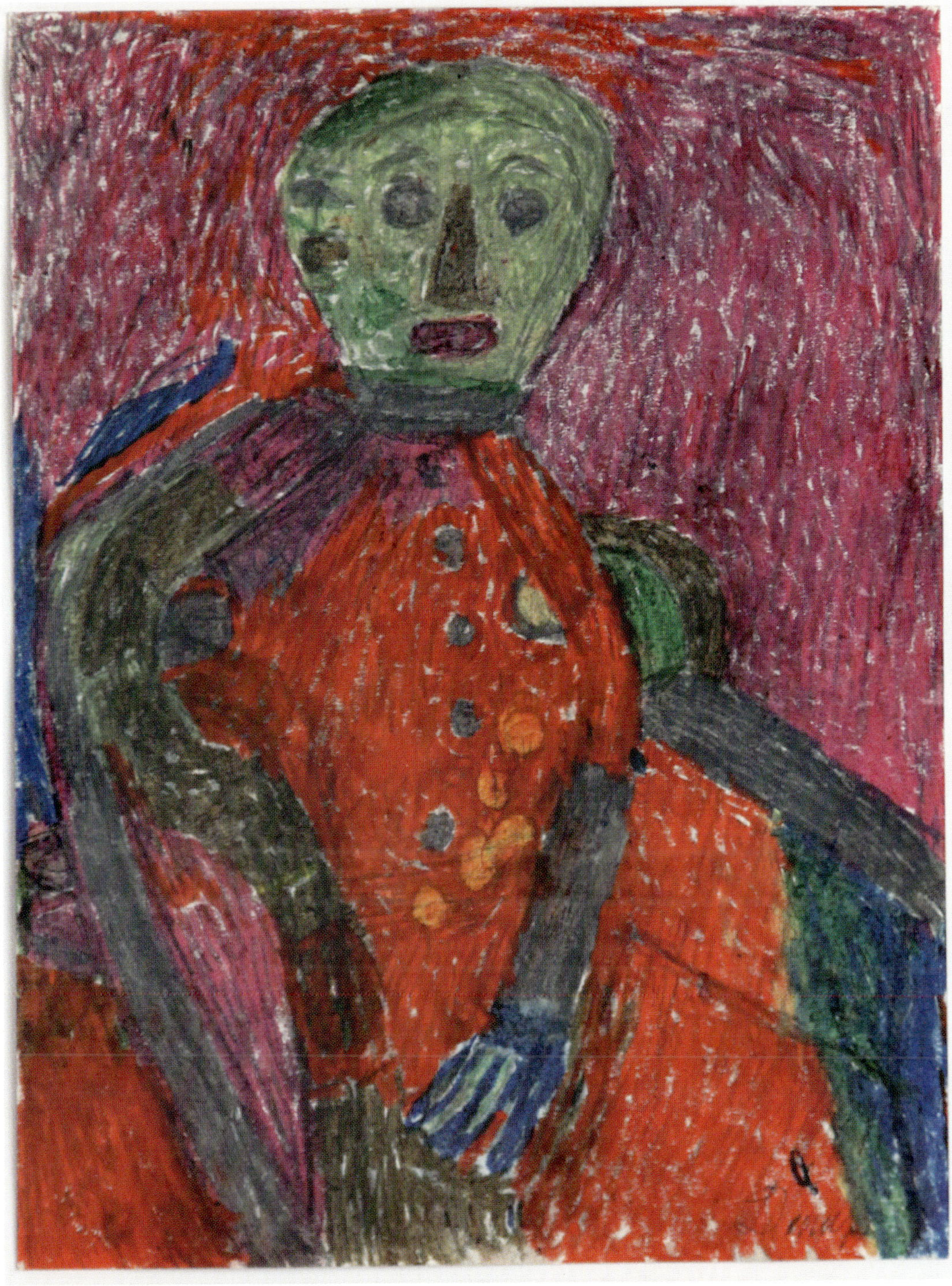

Anton Dobay, *Sitzende Frau (nach Van Gogh)* (*Donna seduta – da Van Gogh / Seated woman – from Van Gogh*), 1975
Pastello a cera / Wax crayon, 40 × 30 cm

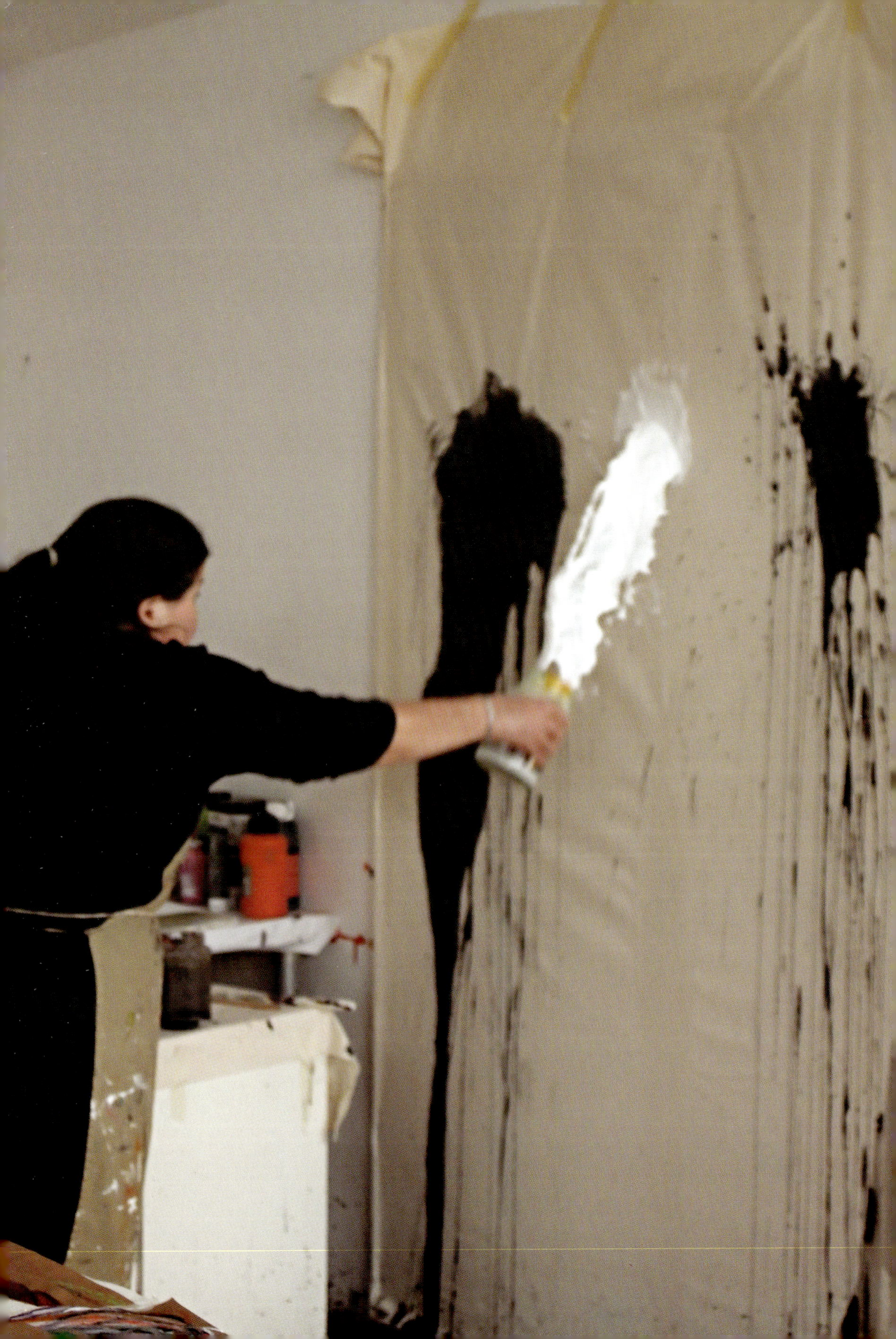

SIMONA OLIVIERI

Atelier bild.Balance

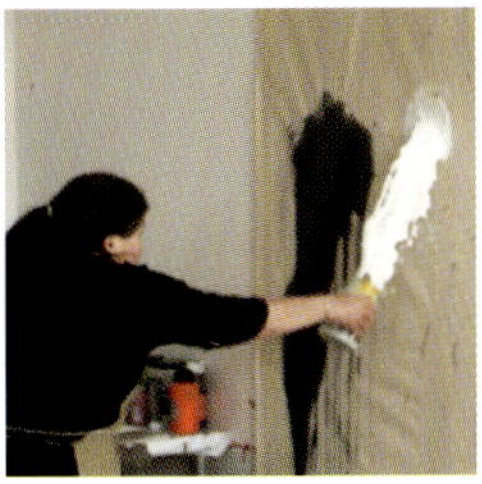

© Atelier bild.Balance

Fondata da Ruth Wonder nel 1977, Verein Balance è un'associazione onlus che opera sul territorio austriaco per l'integrazione e le pari opportunità dei disabili fisici e psichici. È un progetto di cittadinanza, lavoro e creatività. I compiti fondamentali che Verein Balance si proponeva erano il miglioramento delle attività di studio, l'apprendimento di una professione e l'offerta di vacanze assistite ai ragazzi. Era innanzitutto un progetto di integrazione e relazione, e di autonomie. Il compito era infatti quello di aiutare i giovani con disabilità ad avere una vita indipendente al di fuori della famiglia e delle strutture di accoglienza e di ospitalità.

Negli anni, poi, l'associazione, le sue attività e le aree di responsabilità sono cresciute, prefissandosi come obiettivi la qualità della vita dei disabili, nell'ottica di favorirne sempre più l'integrazione. Ora Balance svolge il proprio lavoro a Vienna e nella Bassa Austria con nove sedi che accolgono oltre 300 ospiti in residenze assistite. In due di esse sono presenti atelier per artisti: quella viennese di bild.Balance Objekt Fuchsenfeld, e quella nel piccolo villaggio di Maria Ponsee (Bassa Austria), una casa di tre piani che è anche residenza assistita per persone con diversi gradi di disabilità.

Le attività di Balance sono sostenute dal Fondo

Founded by Ruth Wonder in 1977, Verein Balance is a non-profit organisation operating on the Austrian territory in favour of integration and equal opportunities for people with physical and psychic disabilities. It is a project for the promotion of citizenship, work and creativity. The initial services provided by Verein Balance were improving study activities and professional training and offering assisted holidays to young people. It was first of all a project in favour of integration, building relations and autonomy. Their aim was that of helping young people with disabilities to achieve an independent life outside their family, shelters and other structures for hospitality.

Then, over the years, the association, its activities and areas of responsibility have grown, setting as their goal the improvement of the quality of life of disabled people, with a view of favouring their integration. Currently Balance carries out its work in Vienna and Lower Austria, with nine branches welcoming over 300 guests in assisted residences. Two of these include workshops for artists: the Viennese one of bild.Balance Objekt Fuchsenfeld, and the one in the small village of Maria Ponsee (Lower Austria), a three-storey house which is also an assisted residence for people with different degrees of disability.

Balance-Studio 4-Artist (Bettina Onderka) trying splatter painting

Sociale Viennese con finanziamenti comunali. I principali settori in cui opera sono quattro e permettono agli utenti di svolgere attività remunerative e intrattenere rapporti con il tessuto sociale dei luoghi dove vivono: prestazione di servizi a terzi, che vanno dalla ristorazione al catering, alle attività di segreteria; ideazione e realizzazione di una linea di prodotti di oggettistica e design, con laboratori tessili, di pelletteria, ceramica e graphic design, per lo studio anche del packaging dei prodotti realizzati; offerta di spazi per l'interazione sociale alle fasce più deboli e svantaggiate e supporto ad attività creative, con atelier di arte-terapia attraverso la musica, l'espressione corporea e le arti figurative. È proprio in questo ambito che si inserisce il lavoro dell'atelier bild.Balance, dove la creatività diventa la base dell'azione lavorativa e l'agire attraverso il lavoro si trasforma in elemento essenziale per un ritrovato diritto alla cittadinanza. Le opere realizzate al di là di una specifica formazione artistica, in situazioni di disagio psichico, sono prodotte spontaneamente e non legate ai meccanismi del mercato dell'arte, rendendo questo luogo un ambiente che rispetta i tempi creativi e lavorativi di ogni soggetto che vi partecipa. Il gruppo di bild.Balance è composto da artisti la cui pratica avviene come espressione personale e spontanea, accompagnati e sostenuti da personale specializzato. Le loro opere sono periodicamente esposte in mostre collettive e la preparazione di queste esposizioni, l'allestimento e la presentazione dei lavori durante le mostre sono considerati momenti fondamentali dell'attività degli artisti. Le sedi espositive scelte, oltre agli spazi di Balance, sono gallerie d'arte e spazi dedicati in festival di arte contemporanea sia a Vienna che all'estero. Un esempio, questo, di esperienza allargata e condivisa da tutti, in un percorso incentrato sul riconoscimento reciproco.

Gli artisti di bild.Balance hanno ottenuto nel corso degli anni riconoscimenti in diverse rassegne d'arte: a Vienna alla Akademie für Angewandte Kunst e nel Museumsquartier;

The activities of Balance are supported with City funding by the Viennese Social Fund. There are four main sectors of operation, allowing users to undertake profitable activities and to interact with the social fabric of the places where they live. They provide services to third parties such as restaurant and catering work, secretarial work, designing and producing a series of design objects. Their activities include textile, leather, ceramics and graphic design workshops, the study of the packaging for the objects produced. They also provide spaces for socialisation of the weakest sectors and support to creative activities with workshops, art-therapy ateliers using music, bodily expression and figurative arts.

This is the context for the bild.Balance atelier's work; here creativity becomes the basis of the work action, and agency through work is transformed into an essential element for a rediscovered right to citizenship. The works produced beyond specific artistic training in situation of psychic malaise, are made spontaneously without ties to the art market, making this place an environment respectful of the creative and work times of every participating subject. The bild.Balance group is made up of artists whose practice takes place as personal and spontaneous expression, accompanied and supported by specialised staff. Their works are periodically exposed in collective exhibitions and the preparation, setting up and presentation of the works during the shows are considered to be fundamental moments in the artists' activities. The venues chosen for the exhibitions, beyond the spaces of Balance, are art galleries and spaces dedicated to contemporary art festivals in Vienna and abroad. This is an example of an experience that is broadened and shared by all, a journey that is centred on reciprocal recognition.

The artists of bild.Balance have, over the years, obtained rewards from several art festivals: in Vienna at the Akademie für Angewandte Kunst and in the Museumsquartier;

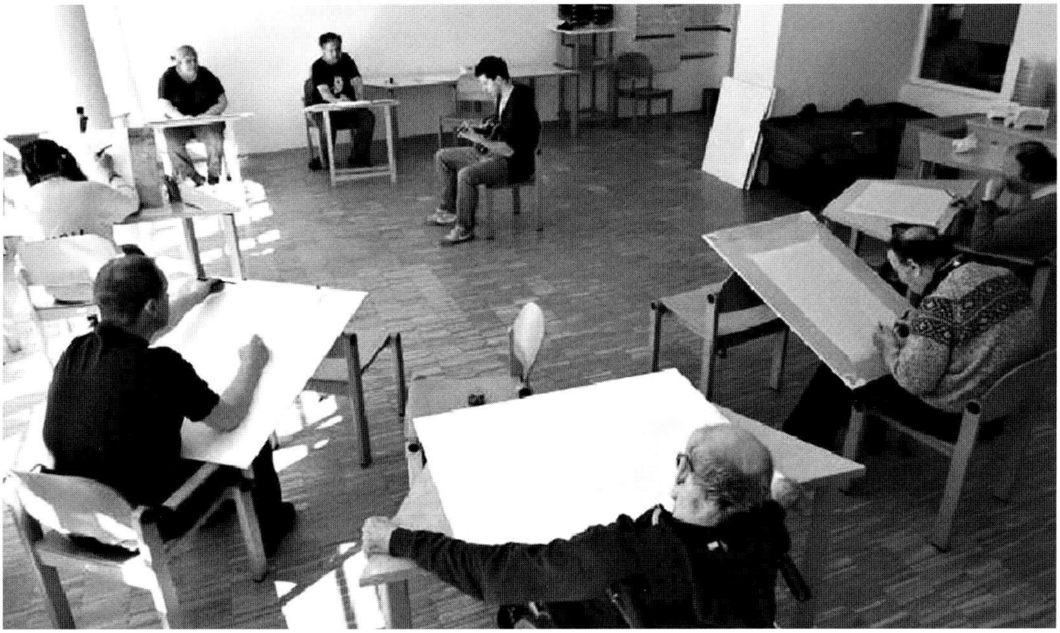

© Atelier bild.Balance

all'estero, in Svizzera, alla rassegna di Outsider Art *Percorsi di frontiera* nel 2003; in Germania al festival d'arte *La chiara follia* nel 2005; nello stesso anno è stato loro assegnato il «Premio per il sostegno all'arte», prestigioso riconoscimento dello Stato federale tedesco.
Del gruppo viennese hanno fatto parte, tra gli altri: Gerhard Decker (1964), che lavora con matite e tempera su carta; Maria Hoffmann (1969); Gerhard Kobrc (1941-2013), che realizzava quadri su supporti vari come carta, legno e tela, usando pastelli, matite, acrilici e acquarelli; Rebecca Souradjou (1981) che crea micronarrazioni con matite colorate e tempera su carta; Ewald Wikidal (1941-2011), abile realizzatore di rilievi su legno con soggetti ripresi da ingrandimenti di cartoline e francobolli, disegni a carboncino e matite colorate; Herbert Ziegler (1947-2010) che lavorava con pastelli a olio su carta nei quali concentrava l'energia del movimento.

Simona Olivieri è Architetto, Artista terapista

abroad, in Switzerland, at the Outsider Art fair *Frontier Journeys* in 2003; in Germany at the art festival *Clear Folly* in 2005; the same year they were awarded the «Prize for sustaining art» a prestigious recognition by the German federal state.
The Viennese group has included, among others: Gerhard Decker (1964), who works with pencils and tempera on paper; Maria Hoffmann (1969); Gerhard Kobrc (1941-2013), who produced paintings on different kinds of supports such as paper, wood and canvas using crayons, pencils, acrylics and watercolours; Rebecca Souradjou (1981) who creates micronarratives with coloured pencils and tempera on paper; Ewald Wikidal (1941-2011), clever producer of reliefs on wood using objects taken from postcards and stamps, charcoal and coloured pencil drawing; Herbert Ziegler (1947-2010) who worked with pastels on paper, concentrating on the energy of movement.

Simona Olivieri is Architect, Artist therapist

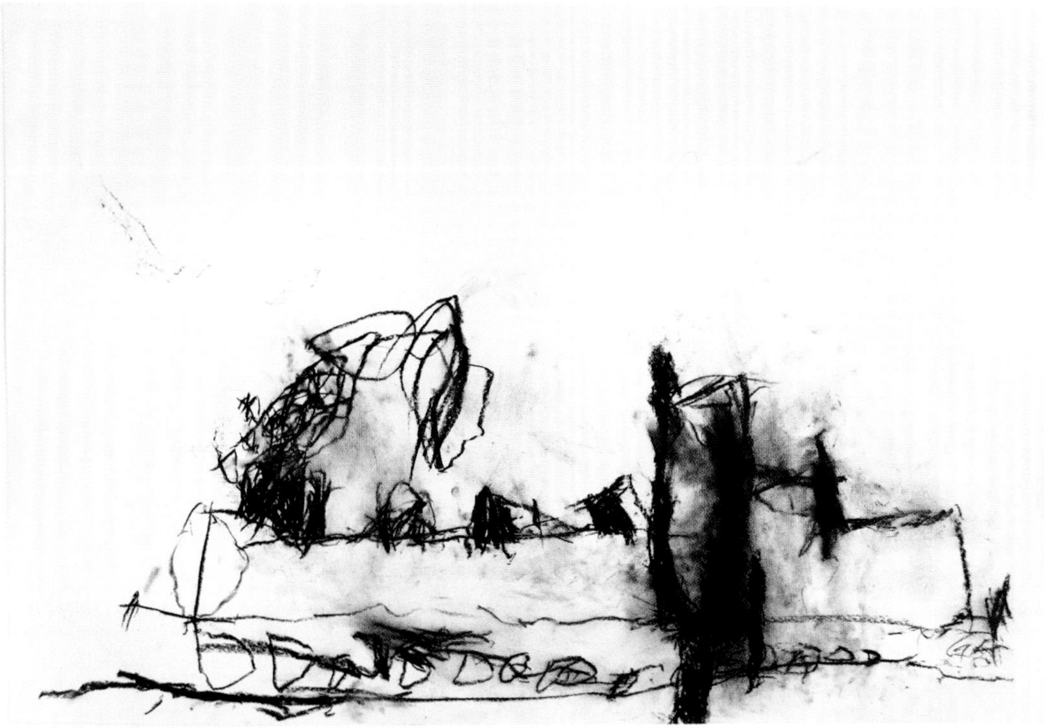

Ewald Wikidal, *Lokomotive* (*Locomotiva / Locomotive*), 2006
Matita su cartoncino / Pencil on cardboard, 50 × 70 cm

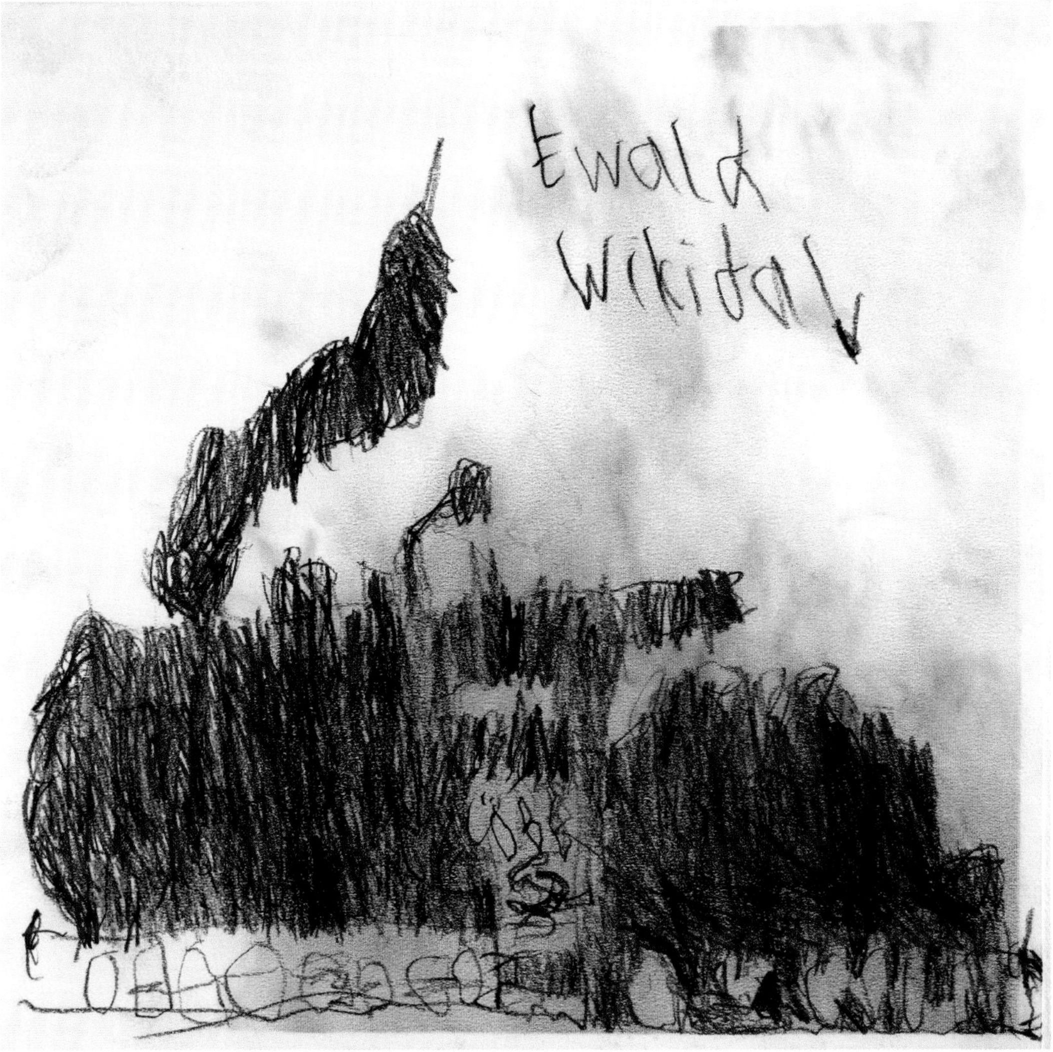

Ewald Wikidal, *ÖBB [Österreichische Bundesbahnen]* (*ÖBB Ferrovie Federali Austriache / ÖBB Austrian Federal Railways*), 2005
Matita su cartoncino / Pencil on cardboard, 25,5 × 25 cm

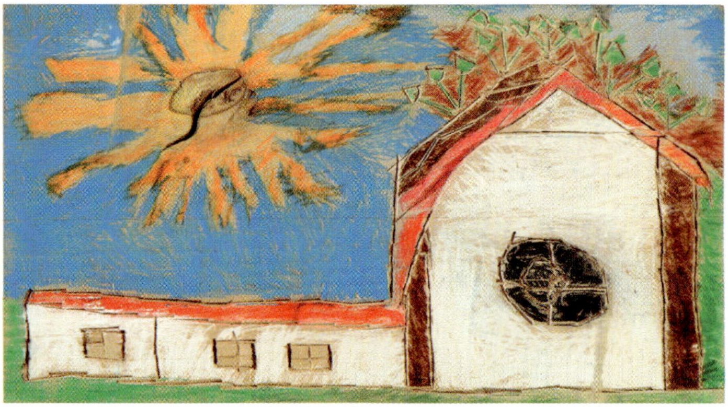

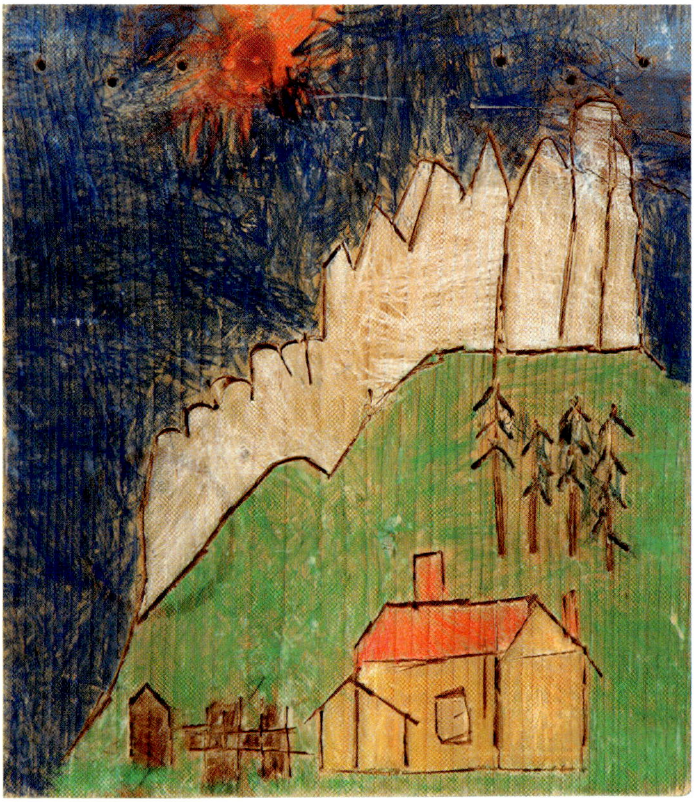

Ewald Wikidal, *Alte Badtatzmansdorf* (*Vecchia Badtatzmansdorf / Old Badtatzmansdorf*), 2002
Pastello colorato e incisione su legno / Colored pastel and engraving on wood, 21,7 × 38,5 × 2,5 cm

Ewald Wikidal, *Salzburg Bischofmütze* (*Bischofmütze di Salisburgo / Salzburg's Bischofmütze*), 2001
Pastello colorato e incisione su legno / Colored pastel and engraving on wood, 27,3 × 24 × 3,5 cm

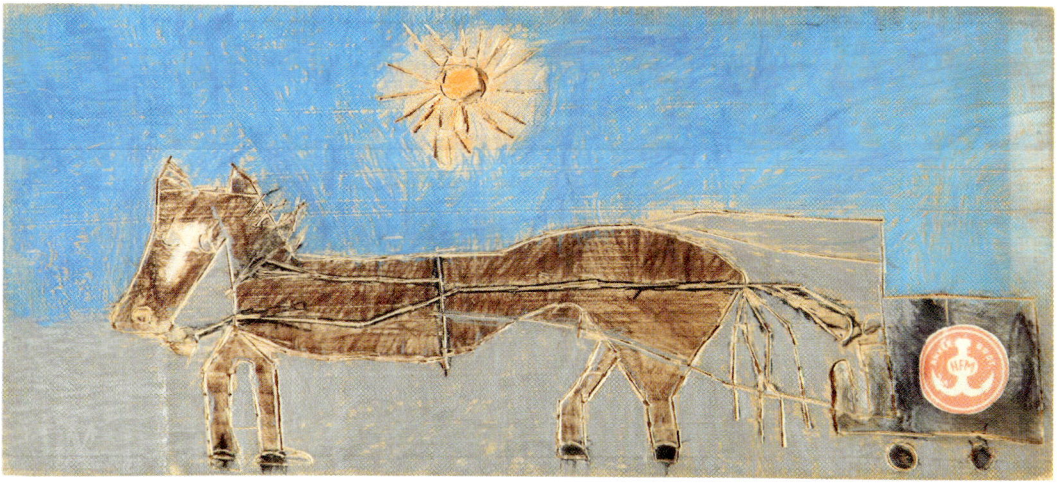

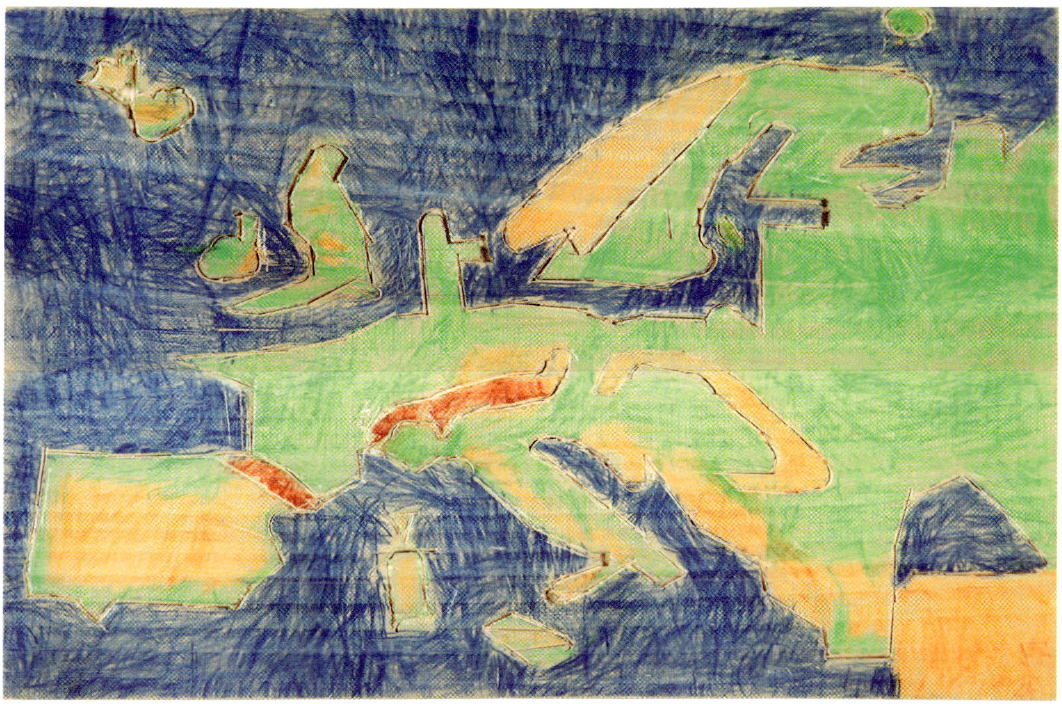

Ewald Wikidal, *Worauf freud sich der Wiener wenn er v Urlaub kommt auf s Hochquellen H2O+* (*Di che cosa si rallegra il Viennese quando torna dalle vacanze? Delle alte fonti d'acqua / What gladdens the Viennese when he comes back from holidays? The high water springs*), 2002
Pastello colorato e incisione su legno / Colored pastel and engraving on wood, 18 × 39,5 × 2,5 cm

Ewald Wikidal, *Europa physikalisch* (*Europa fisica / Physical Europe*), 2002
Pastello colorato e incisione su legno / Colored pastel and engraving on wood, 23,4 × 35 × 3,5 cm

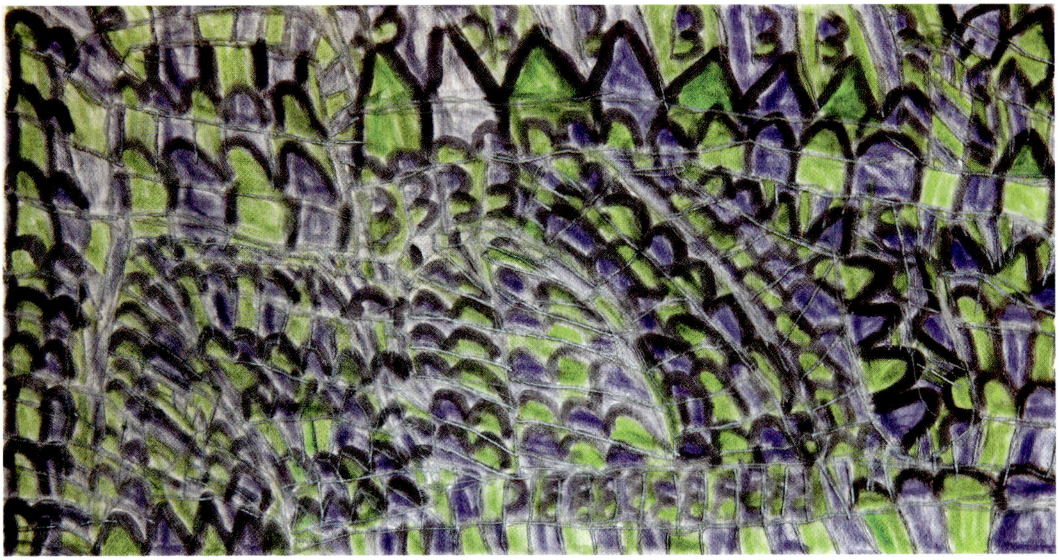

Gerhard Decker, *Ohne Titel* (*Senza titolo / Untitled*), 2006
Matite colorate su carta / Colored pencils on paper, 15 × 30 cm

Herbert Ziegler,
Ohne Titel (*Senza titolo / Untitled*), 2003
Pastelli a olio su carta / Oil pastel crayons on paper, 37 × 51 cm

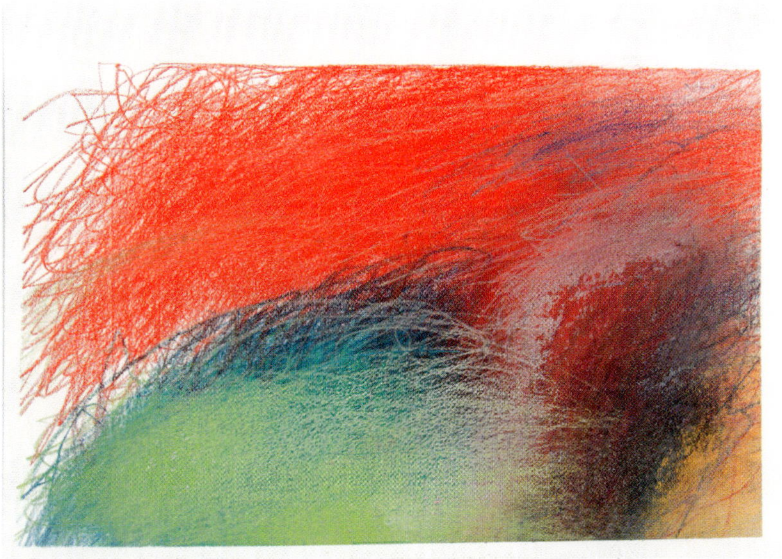

Herbert Ziegler,
Ohne Titel (*Senza titolo / Untitled*), 2005
Grafite su carta / Graphite on paper, 30 × 30 cm

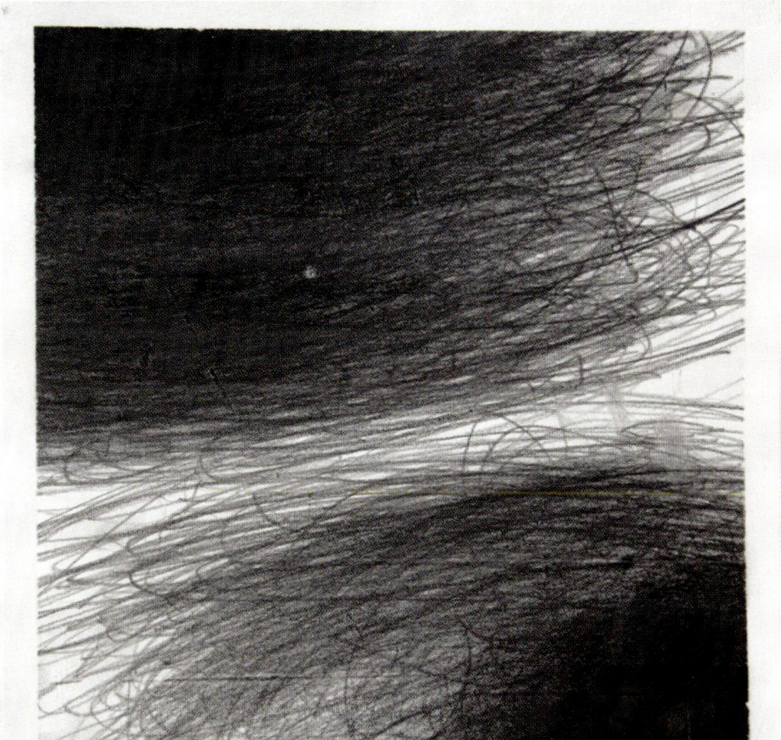

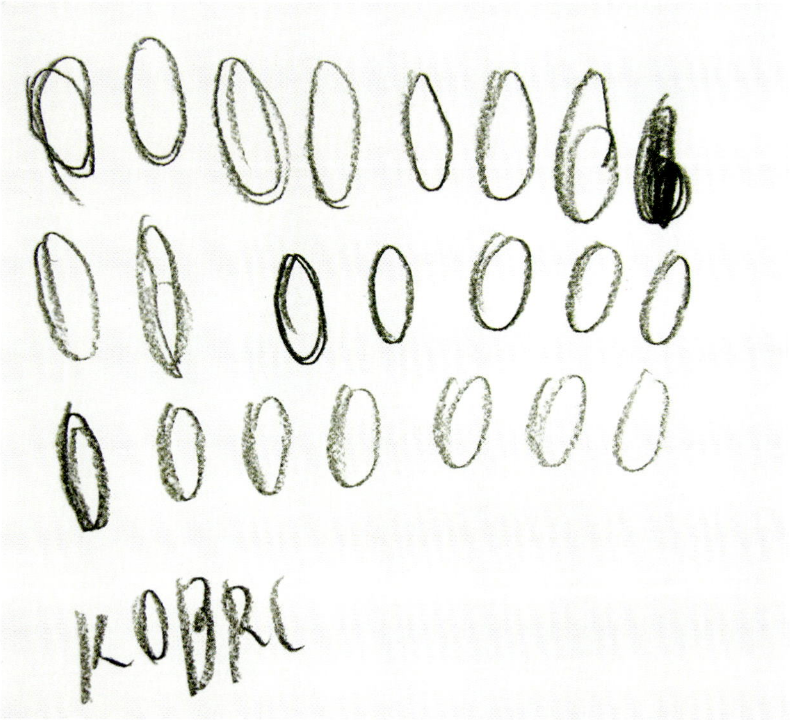

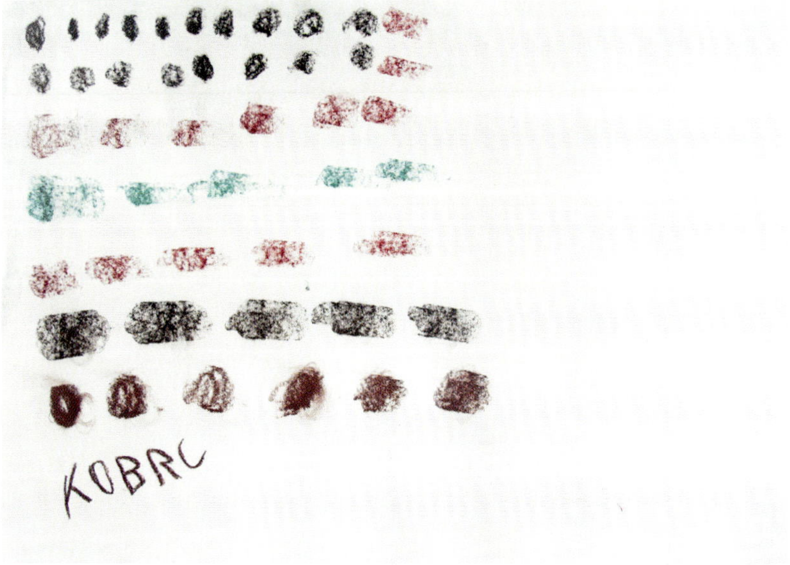

Gerhard Kobrc, *Ohne Titel* (*Senza titolo / Untitled*), 2005
Pastello su cartoncino / Pastel on cardboard, 30 × 25 cm

Gerhard Kobrc, *Ohne Titel* (*Senza titolo / Untitled*), 2005
Pastello colorato su carta / Colored pastel on paper, 50 × 70 cm

Gerhard Kobrc, *Ohne Titel* (*Senza titolo / Untitled*), s.d.
Pastello colorato su tela / Colored pastel on canvas, 100 × 100 cm

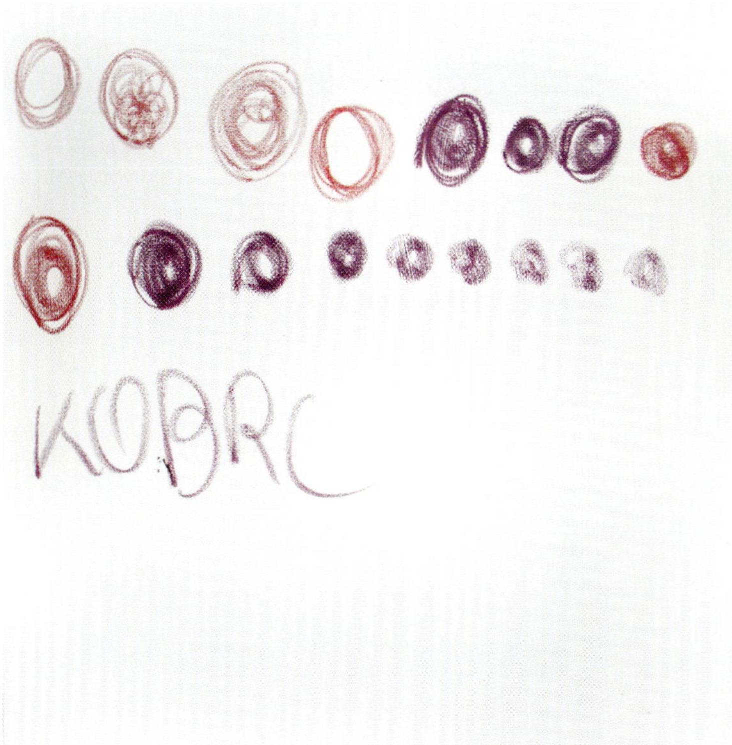

Gerhard Kobrc, *Ohne Titel* (*Senza titolo / Untitled*), 2005
Pastello colorato su carta / Colored pastel on paper, 30 × 30 cm

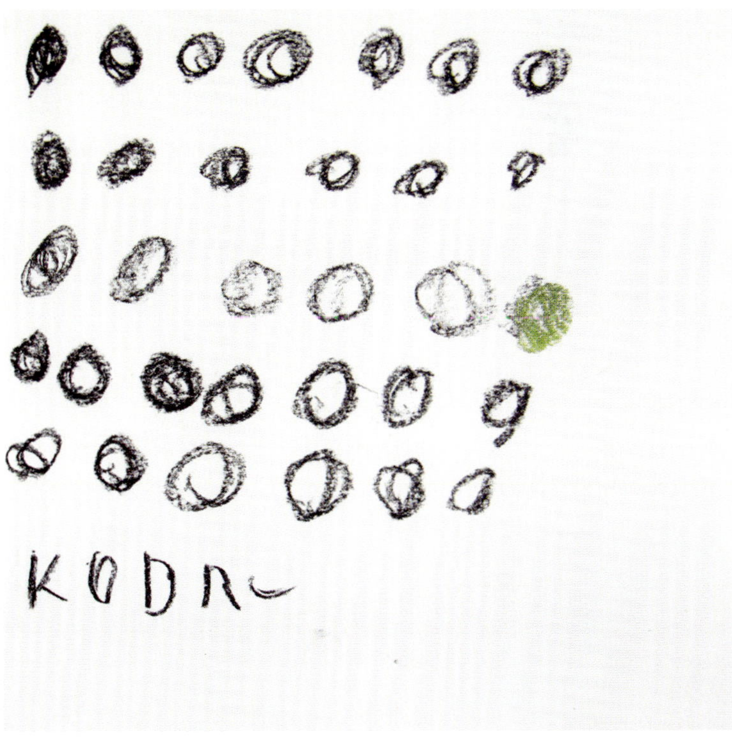

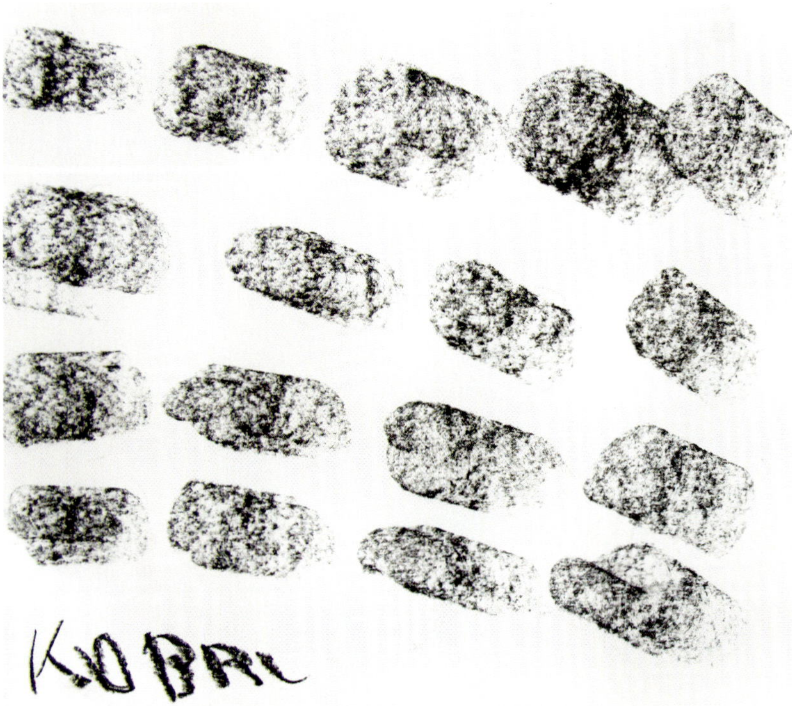

Gerhard Kobrc,
Ohne Titel (*Senza titolo / Untitled*), 2005
Matita su cartoncino / Pencil on cardboard, 28 × 30 cm

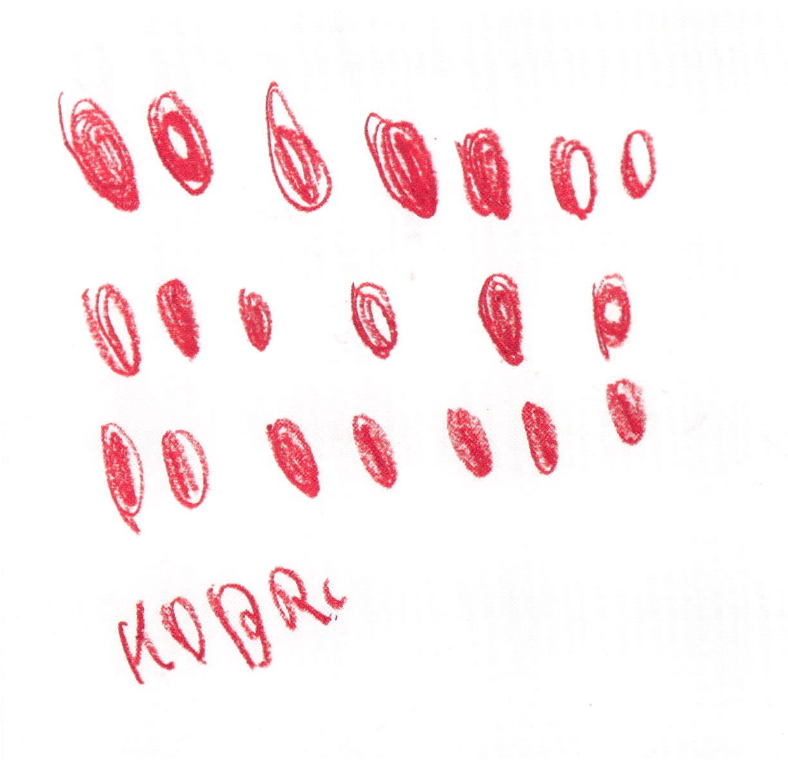

Gerhard Kobrc,
Ohne Titel (*Senza titolo / Untitled*), 2005
Pastello colorato su cartoncino / Colored pastel on cardboard, 28 × 30 cm

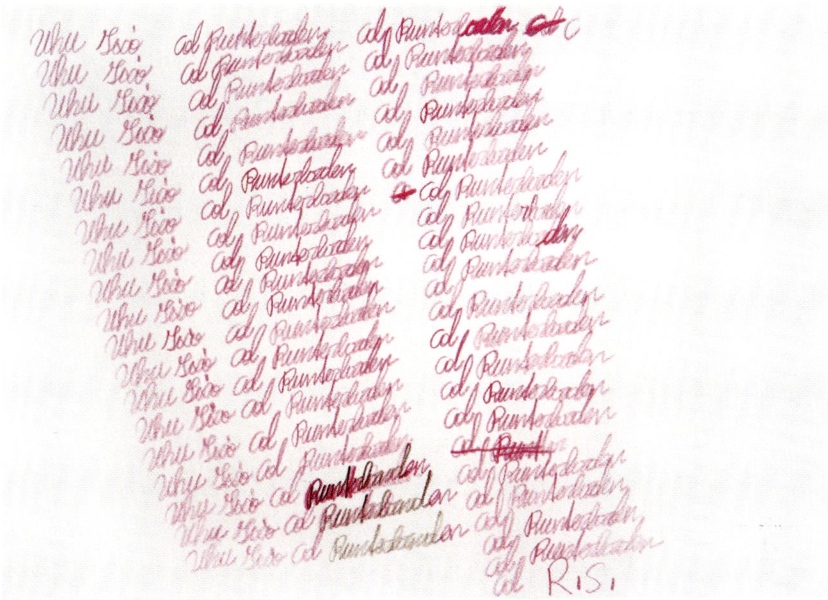

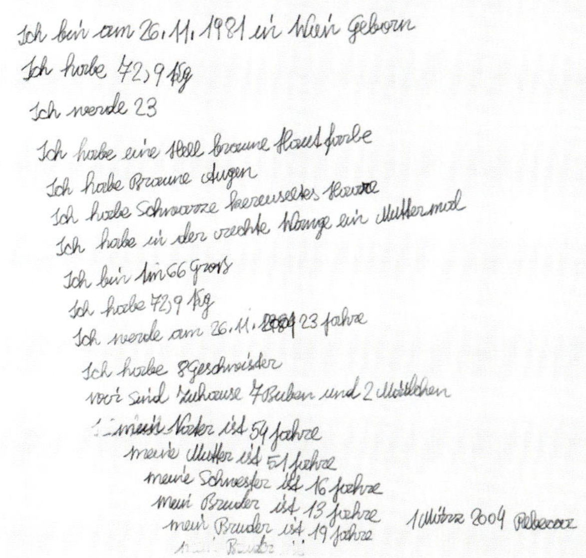

Rebecca Souradjou, *Col Runterlanden*, 2002
Pastello colorato su carta / Colored pastel on paper, 21 × 30 cm

Rebecca Souradjou, *Ich bin am 26 11 1981 in Wien geboren* (*Sono nata il 26 novembre 1981 a Vienna / I was born on the 26th of November 1981 in Vienna*), 2004
Matita su carta / Pencil on paper, 44 × 63 cm

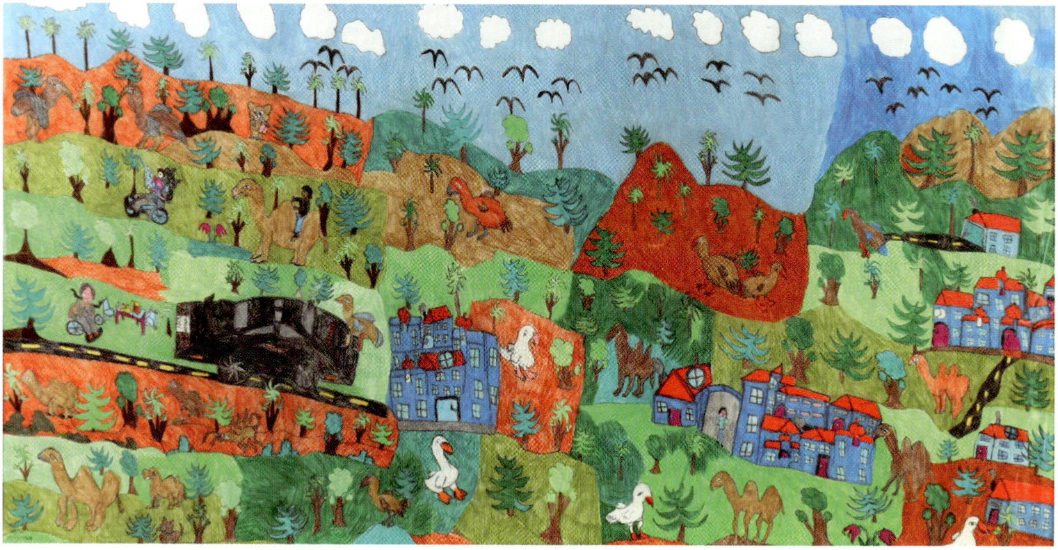

Maria Hoffmann, *Ohne Titel* (*Senza titolo / Untitled*)
Pastello colorato su carta / Colored pastel on paper, 68,5 × 132,5 cm

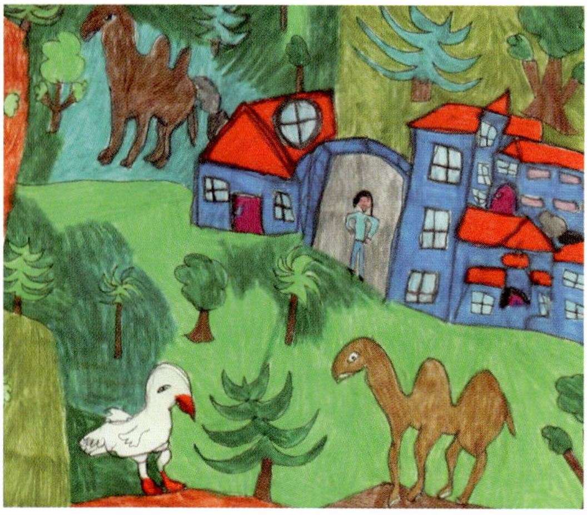

Particolare / Detail

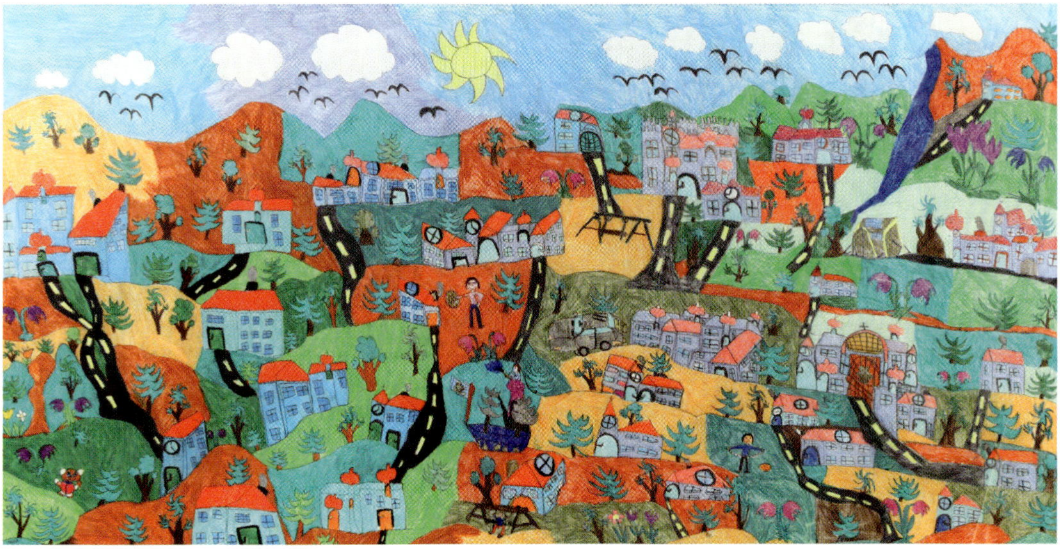

Maria Hoffmann, *Ohne Titel* (*Senza titolo / Untitled*)
Pastello colorato su carta / Colored pastel on paper, 70,5 × 132 cm

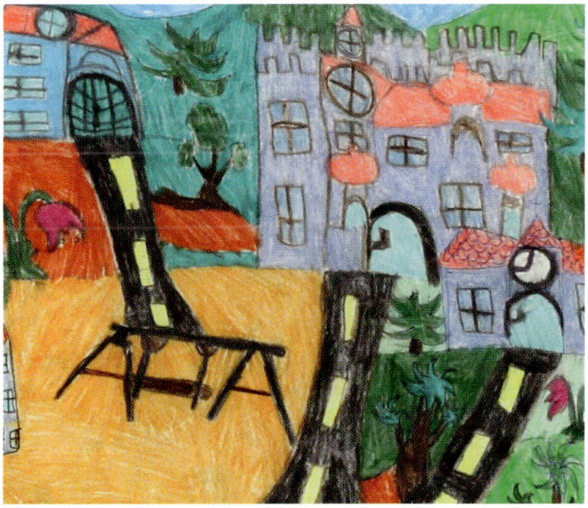

Particolare / Detail

«Don’t look at my drawings with your eyes but with our mind»

Vojislav Jakić

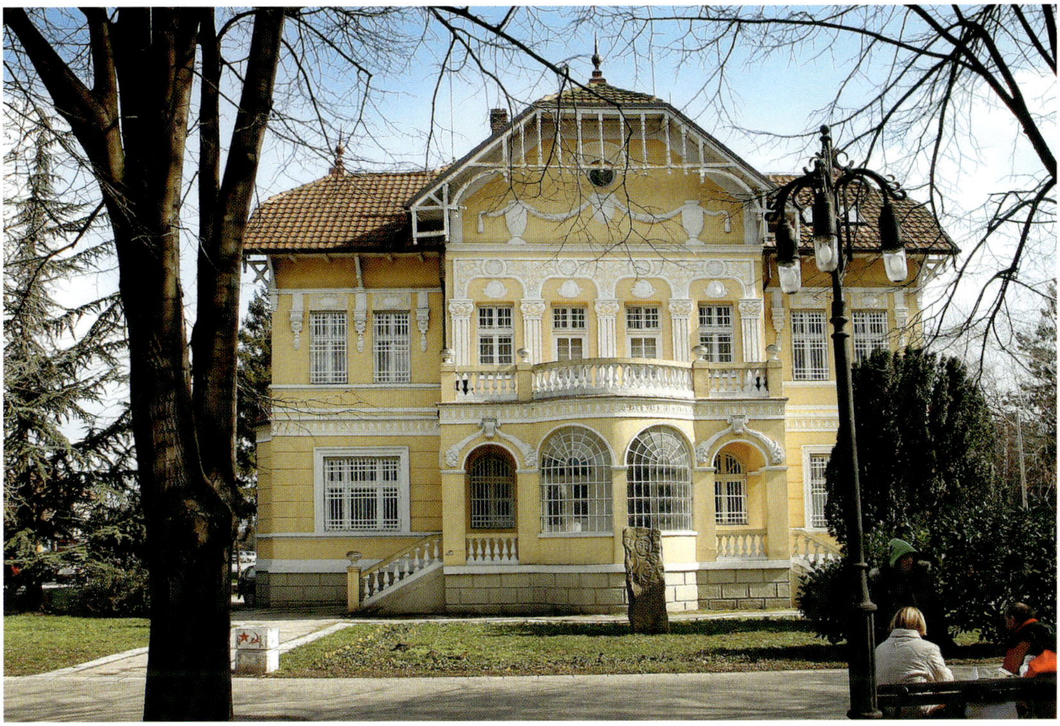

Museum of Naïve and Marginal Art, Jagodina, Serbia

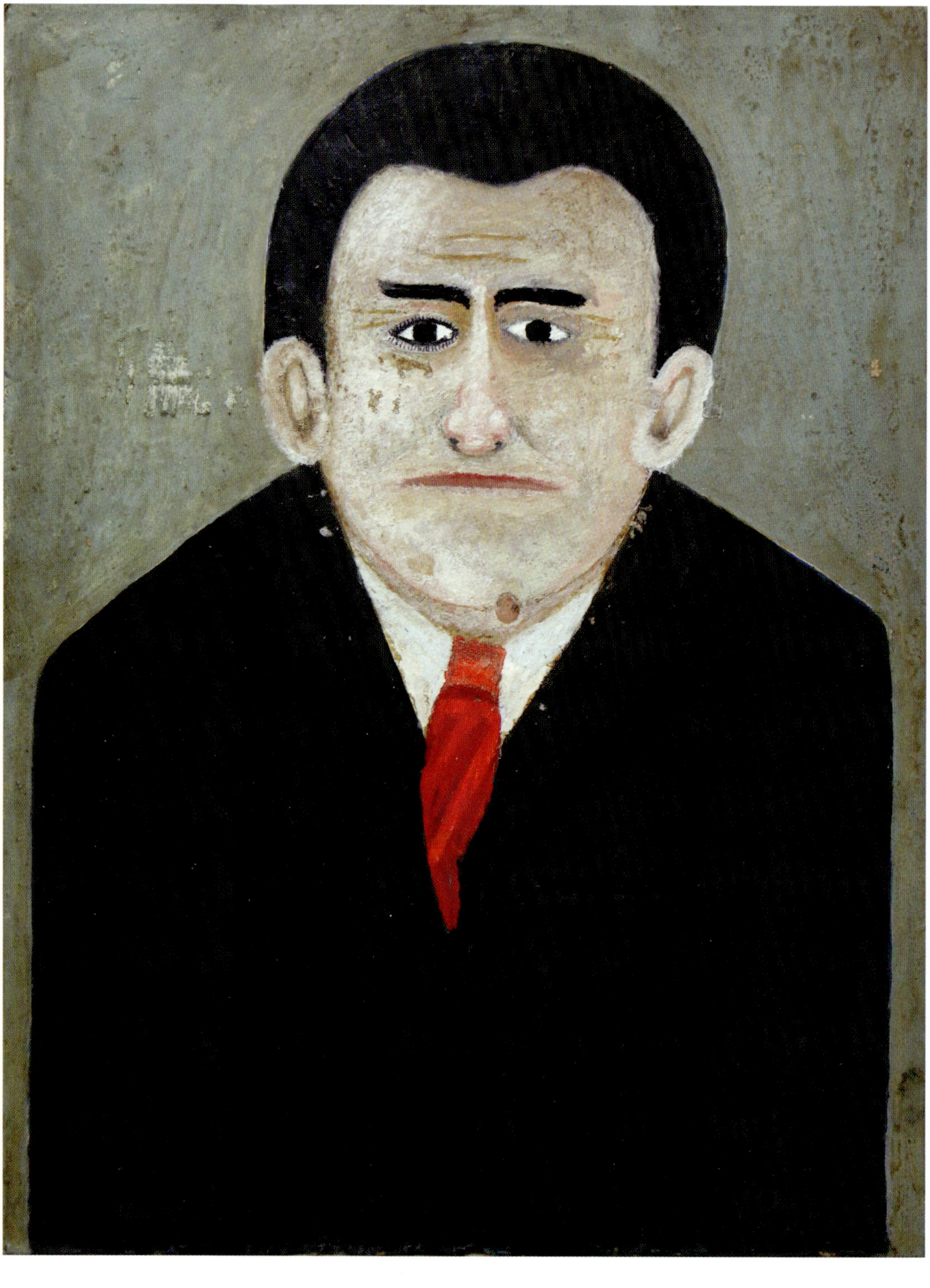

Sava Sekulić, *Senza titolo (ritratto maschile)* (*Untitled – male portrait*), 1965 (ca.)
Olio su cartone / Oil on cardboard, 70,5 × 53,5 cm

NINA KRSTIĆ

Artisti Outsider in Serbia
Art of Outsiders in Serbia

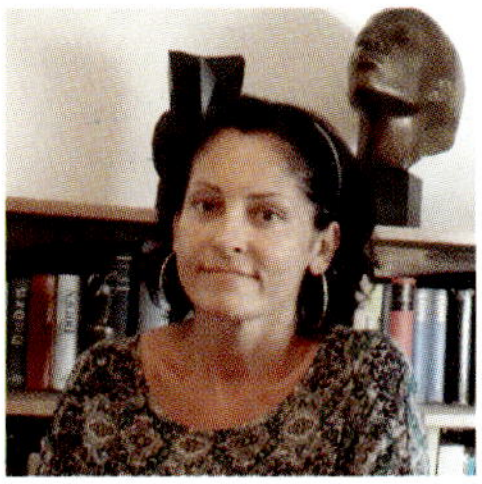

© Biophoto Archives

È sempre esistita una discrepanza tra il riconoscimento di nuove forme di linguaggio artistico e di nuovi valori estetici. Talvolta è necessario avere fiducia nella qualità del lavoro e avere il coraggio di indirizzare verso canali consolidati elementi che irrompono nel nuovo e nella normale vita quotidiana. In un'atmosfera di massima libertà non è semplice fissare criteri appropriati di valutazione estetica. L'arte degli outsiders nasce da un impulso, non in armonia con le forme artistiche stabilite, indipendente dalle correnti del momento. Gli artisti outsider vivono spesso ai margini della società e creano le loro opere per un bisogno personale, liberi dai confini della tradizione artistica, dai canoni e dai dettami artistici del «Mainstream».

Come molti artisti outsider nel mondo, che hanno pazientemente costruito torri immaginarie isolati nel segreto delle loro stanze, gli autori brut, marginali e outsider in Serbia «fanno» arte da decenni e per questo, nella realtà serba, sono gradualmente divenuti simbolo di nuovi standard artistici. L'immersione nelle origini istintive-intuitive delle loro formule pittoriche permette una conoscenza diretta dell'arte senza alcuna censura.

Con le loro visioni personali questi artisti vanno oltre la disillusione e il fallimento della vita quotidiana ordinaria e trasformano la

There has always been a discrepancy between the recognition of new forms of artistic speech and new aesthetic values. Certain time is always needed to gain confidence in the quality of work, and to institutionally consolidate some elements of the breakthrough into the new, and publically undisturbed life. In the atmosphere of the maximum freedom it is not easy to establish appropriate criteria for evaluation of the degree of the aesthetic. The art of outsiders was born out of an impulse, non-harmonized with the established artistic forms, regardless of the current courses. The creators of outsider art often live on the margins of society and do art for their own needs, liberated from all burdens of artistic tradition, canons, education and artistic dictations of the Mainstream.

Like many outsider artists worldwide who patiently have built their imaginary towers isolated by secret rooms of their worlds, outsider, marginal and art brut artists in Serbia have been doing art for decades. In the artistic reality of Serbia, these artists have gradually become the symbols of entirely new standards in art. The immersion in the instinctive-intuitive origins of their pictorial formulae provides the direct cognition of art without censorship.

With their personal visions they overcome

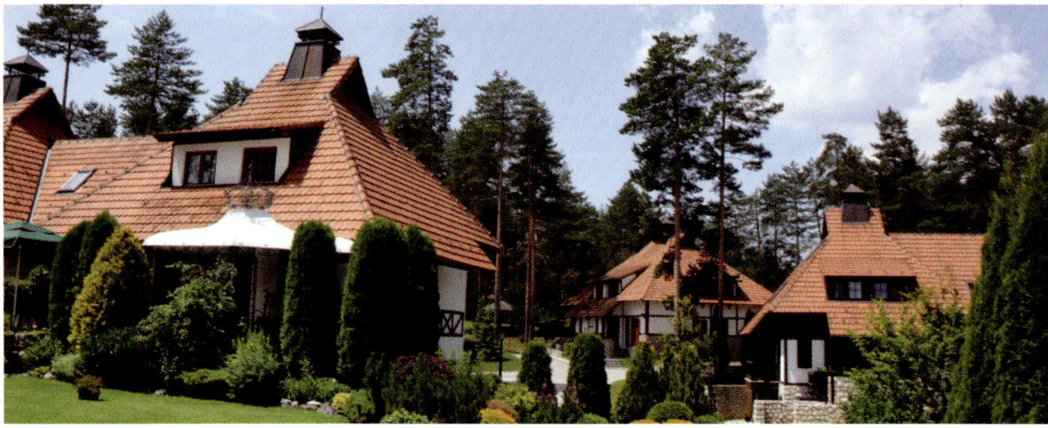

Colonia del | Colony of Museum of Naïve and Marginal Art, Jagodina, Zlatibor, Serbia

mancanza di vita sociale in genialità artistica. Nella letteratura contemporanea in Serbia non esiste un'appropriata traduzione di *outsider art* che, pertanto, non può essere facilmente resa anche se, nel contempo, una vasta gamma di espressioni, come naïve, marginale e Art Brut, sono utilizzate in senso più generale. D'altra parte, sin dagli anni '20-'30, l'estetica e la poesia della lingua pittorica dei nostri più significativi artisti autodidatti e la visione cruda degli artisti marginali e outsiders hanno evidenziato gli alti traguardi estetici raggiunti proprio in quelle opere di persone senza alcuna educazione accademica. Parallelamente alla comparsa e allo sviluppo dei cosiddetti artisti naïf, le opere di autodidatti, marginali, visionario-istintivi, neo-primitivi e outsiders irruppero sullo scenario artistico ufficiale.

Il bisogno delirante e profondamente radicato di forza espressiva della propria personalità e l'ovvia resistenza contro qualsiasi cosa che provenga dall'esterno portano queste persone, per scelta o, più frequentemente, per necessità, a isolarsi dalla società. La ricchezza dei lavori che rappresentano i loro drammi interni di varia natura spazia da quello più banale a quello più complesso, senza alcun tabù.

Così, selvagge e piene di forza, queste opere sono un intreccio psicologico proveniente da grezze confessioni liriche. Di conseguenza,

disappointment and failures of ordinary life, transforming the lack of social life into artistic brilliance.

In the contemporary literature in Serbia, there is no appropriate translation of the term *outsider art*, hence it is mainly not translated, while, at the same time, a whole series of expressions such as naïve, marginal and Art Brut are used with more general meaning. On the other hand, since the twenty-thirties, the aesthetics and poetics of pictorial language of our most significant self-taught artists, the raw vision of the marginal authors and outsiders have pointed to high aesthetic achievements in those works of creators without any academic education. Parallel to the appearance and development of the so called naïve art, the works of self-taught visionaries – instinctive neo-primitives, outsiders and marginal individuals stepped on official artistic scene.

Deeply implanted, delirious need for powerful expression of own personality and obvious resistance against everything that comes from outside take these people to consciously selected or, more often, strictly imposed isolation from the society. The wealth of the works which depict internal dramas of outsiders ranges from trivial to advanced, without taboos. As such, raw and powerful, these works are a kind of psychologism woven,

l'arte degli outsiders non è l'arte di persone mentalmente, moralmente ed esistenzialmente disturbate. Non esiste, pertanto, ragione per la loro discriminazione. Normalmente esistono artisti outsider la cui *ambientazione pittorica*, a un primo sguardo, non differisce da quella di altri artisti, ma il loro *ambiente mentale*, la loro base originale creativa, è molto differente. Con le loro visioni personali, essi oltrepassano ogni limite, superano tutto ciò che li ha condotti al loro particolare esilio, trasformando la mancanza di vita sociale in genio artistico.
L'immersione nelle origini istintive-intuitive delle loro formule pittoriche permette il loro diretto apprendimento dell'arte senza censure e codice genetico primario. Questo tipo di arte li obbliga al confronto con il mondo esterno e a una coraggiosa esplorazione, diretta e vera, nel loro mondo personale.
Questi artisti vivono in una società dove ogni cosa nuova non approvata dall'élite artistica istituzionale è considerata un anatema. In questo ambito diventa dunque molto difficile per loro raggiungere una propria posizione.

Sava Sekulić (1902-1989) inizia a dipingere nei primi anni '30, ma solo nel 1964, alla mostra annuale per artisti amatoriali alla Gallery of People's University, le sue opere sono individuate come uniche da Katarina Jovanović, esperta associata e custode della Galleria.

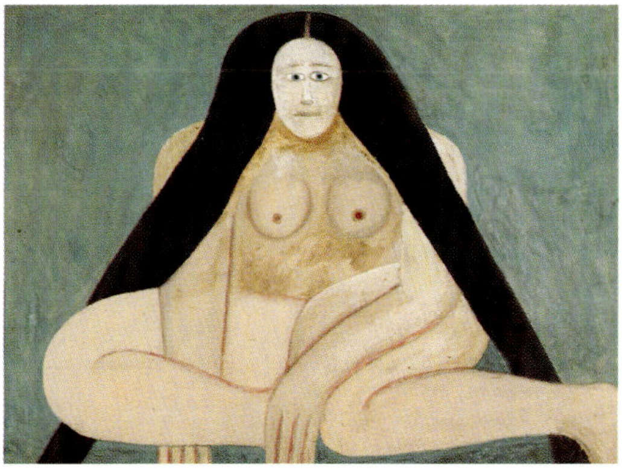

Sava Sekulić

from personal, unrefined lyrical confessions. Consequently, the art of outsiders is not the art of mentally, morally and existentially disturbed people, but is more apparent and explicit in the products of their pictorial expression, whereby no reason exists for their discrimination. Normally, there are outsiders whose *creative ambience* is not at first glance different from that of other artists, but their *mental ambience*, as a creative and initiative basis, is quite different. With their personal visions, they exceed everything that made them go to their specific exile, transforming the lack of social life into artistic brilliance.
In the artistic reality of Serbia these self-taught visionaries, outsiders and marginal artists have gradually become a symbol of quite new standards in art. The immersion in instinctive-intuitive origins of their pictorial formulae provided their direct cognition of art, without censorship and primary genetic code. Creating such art include a comparison with the outside world and courageous penetration into their personal world of raw truth. Living in a society where everything new and unapproved by élite of artistic establishment is anathematised, it is difficult to achieve a personal position.

Sava Sekulić (1902-1989) began to do painting in the early thirties, but as late as in 1964, on the annual exhibition of amateur painters at Gallery of People's University, his works were singled out as unique by Katarina Jovanović, associate expert and custodian of the Gallery. On the May exhibition of amateur artists, which had been traditionally organised by the Centre for Art and Culture of People's University Đuro Salaj for thirty years, Sava Sekulić received the First Prize for the exhibited works in 1968.
Since its foundation, the Gallery of Self-taught Artists in Jagodina (Museum of Naïve and Marginal Art today) has collected the works of this specific avant-garde painter; thus soon after his Belgrade exhibition, the one in Jagodina was organised in 1972. In 1973, after the exhibition,

Durante la Mostra di maggio per artisti amatoriali, tradizionalmente organizzata per trent'anni dal Centro di Arte e Cultura della People's University Đuro Salaj, Sava Sekulić riceve nel 1968 il Primo Premio per le sue opere. Fin dalla sua fondazione, la Gallery of Self-taught Artists a Jagodina, così chiamata a quel tempo (oggi Museum of Naïve and Marginal Art), ha raccolto e collezionato i lavori di questo specifico pittore d'avanguardia; subito dopo la Mostra di Belgrado, quindi, nel 1972 viene organizzata quella a Jagodina.

Nel 1973, affascinato dall'autenticità della personalità di Sava Sekulić, il suo giovane vicino, Slobodan D. Pešić (oggi regista) decide di girare il film *Sava Sekulić Autodidatta*: è l'unico film esistente dove sia stato registrato un vero colloquio con Sava Sekulić, nell'ambiente reale in cui viveva e creava. Nel suo lavoro egli riflette la magica danza di elementi pittorici, come un eterno puzzle in una nuova dimensione artistica. Quale autore di arte borderline o marginale, il pittore di Art Brut, questo eccezionale istintivo nuovo primitivo, si rivela una specie di pittore dell'universo, un autore senza tempo e illimitato, le cui numerose distorsioni, assurdità e astrazioni si riconoscono come nuove forme di artistica bellezza.

Il lavoro dell'artista di Šid, Ilija Bosilj Bašičević (1895-1972), venne esposto al pubblico, per la prima volta, alla Prima Quadriennale di Arte Naïve alla Galleria Nadeža Petrović a Čačak, nel 1962, dove la giuria riconobbe e supportò la mente artistica e originale di questa personalità sconcertante ed enigmatica. Semi-automatismi e creatività spontanea, in assenza di elementi convenzionali, sono presenti nei lavori dell'artista. Nelle sue figure a due teste, nella rappresentazione di esseri dematerializzati con la testa di cane, persi nello spazio, possiamo percepire le immagini di Dubuffet, metafore di navi naufragate che emergono da un mare amorfo e di distruzione. Entrambe le figure galleggiano senza alcun scenario compositivo, come un pensiero incattivito, liberato fascinated by the authenticity of personality of Sava Sekulić, his young neighbour Slobodan D. Pešić (a film director today) decided to make the film *Sava Sekulić Self-taught*; now, it is the only film where the authentic talk with Sava Sekulić was recorded, in the real ambience where he lived and created. In his works he reflects the magic of dance of pictorial elements, which remains to be everlasting puzzle and a new artistic dimension. As a painter of borderline or marginal art, the painter of Art Brut, this outstanding instinctive neo primitive is revealed as the painter of the universal, the timeless and the unlimited, while numerous distortions, absurdity and abstractions can be recognised as quite new forms of artistic beauty.

The works of the artist from Šid, Ilija Bosilj Bašičević (1895-1972), appeared in public for the first time at the First Quadrennial of Naïve Art at Nadežda Petrović Gallery in Čačak in 1962, where the jury recognised and supported the original artistic mind of this puzzling personality. Semi-automatism and spontaneous creativity without any elements of the conventional are present in the works of this artist. In the destroyed two-headed and dog-headed figures of dematerialized beings lost in space, we can perceive Dubuffet's images as metaphors of ship wreckers who emerge from the amorphous and demolished sea. Both figures float without any significant compositional scenery, like a captivated thought, released from gravitation. His works are not descriptive, since they are the product of a self-taught visionary and instinctive neo-primitive. He often used allegory with a multi-layered connotation. The mere names of his paintings, like in Sekulić and in Jakić, help us to get acquainted with his world full of personal symbolism. He created in anti-illusionist and abstract manner, eliminated reminiscences and generalizations due to his purely authentic understanding of the real. His dynamic treatment of the coloured structure points to outstandingly modern dimension of his pictorial expression.

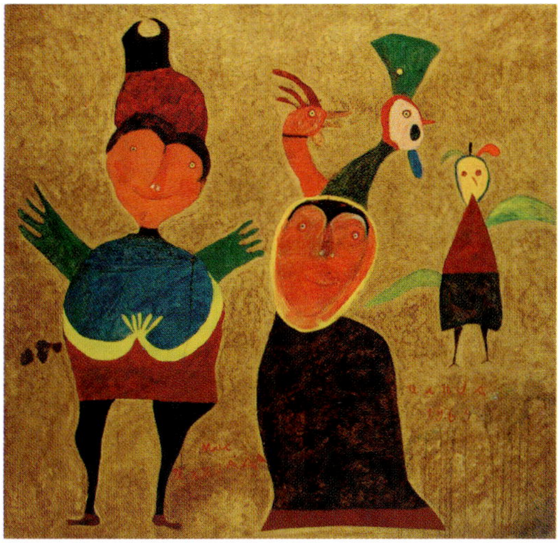

Ilija Bosilj Bašičević

dalla gravità. Le sue opere non sono descrittive, essendo il prodotto di una visione autodidatta e di istinto neo-primitivo. Spesso usava l'allegoria con vari livelli di significato. I nomi semplici dei suoi dipinti, come per Sekulić e per Jakić, ci aiutano a conoscere il suo mondo pieno di intimi simbolismi. Egli crea in modo astratto e senza illusioni, eliminando reminiscenze e generalizzazioni, grazie alla sua pura e autentica conoscenza del reale. Egli utilizza i colori in modo dinamico e strutturato e questo evidenzia l'eccellente dimensione moderna della sua espressione pittorica.

Grazie al fatto che in Serbia l'arte naïve è apparsa, seguita e studiata da più di sette decenni, molti fenomeni di forme creative non accademiche, con messaggi estetici molto intensi, furono classificati come arte naïve.

A parte l'attività del suddetto Museo, in generale, critici d'arte affermati non si occuparono di Outsider Art e, fino a un paio di decenni fa (con l'eccezione indicata all'inizio di questo saggio), essa era completamente sconosciuta al pubblico serbo. Per questi motivi, Vojislav Jakić (1932-2003), uno dei più rappresentativi autori di Art Brut, molto apprezzato all'estero già all'inizio degli anni '70, rimase a lungo sconosciuto in Serbia. Nella sua significativa autobiografia

Due to the fact that the appearance of naïve art in Serbia has been monitored and studied for more than seven decades, many phenomena of non-academic forms of creations, aesthetically very intensive in their messages, were classified as naïve art. Except the activity of the mentioned Museum, official art critics did not consider Outsider Art. Until a couple of decades (with the exceptions given at the beginning of this text) Outsider Art had been completely unknown to Serbian audience. That is the reason why the oeuvre of Vojislav Jakić, one of the most representative authors of Art Brut in Serbia (1932-2003), remained a secret for Serbian public. In his significant biography *Nemenikuce*, Jaki ć metaphorically described the atmosphere in which «two-legged» interfered, which was a clear allusion to his past and current experiences. Working tirelessly, nearly obsessively on the mentioned manuscript, he added numerous illustrations made in pen or ball point pen on paper. Large size drawings, which were the last and most coherent phase of Jakić's work, were closely connected with the illustrations of this manuscript. His whole world is reflected there. «Don't look at my drawings with your eyes but with our intellect», wrote the author.

Bogosav Živković (1920-2005), today an important naïve and marginal artist, was ranked amongst outsiders by Michel Thevoz and Dubuffet, who wrote about his miraculous

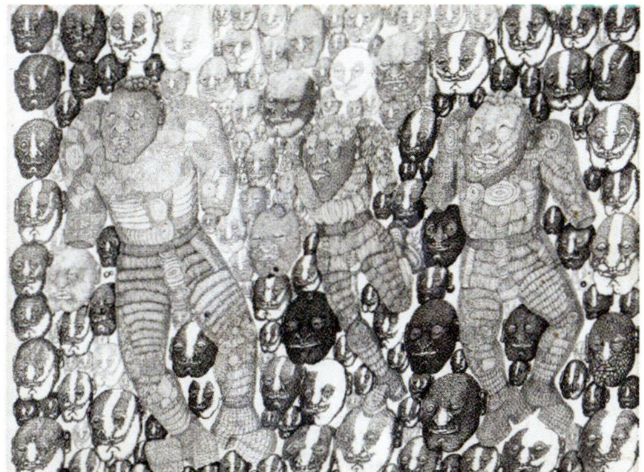

Vojislav Jakić

Nemenikuce, Jakić descrive metaforicamente l'atmosfera in cui «le due gambe» interferiscono tra loro, si mischiano, si intrecciano come a creare un legame tra il suo passato e le esperienze del presente. Lavorando senza sosta e quasi in modo ossessivo a questo manoscritto, Jakić lo arricchisce con numerose illustrazioni fatte su carta a penna o penna a sfera. I disegni di grandi dimensioni, che appartengono alla fase ultima e più coerente del lavoro di Jakić, sono strettamente collegati alle illustrazioni di questo manoscritto. Tutto il suo mondo si riflette in questo lavoro.
«Non guardate i miei disegni con i vostri occhi ma con la nostra mente», scrisse l'autore.
Bogosav Živković (1920-2005), oggi un classico artista naïf e marginale, fu inserito tra gli artisti di Art Brut da Michel Thevoz e da Jean Dubuffet, che scrissero a lungo delle sue miracolose sculture. La sottigliezza del suo delicato modellare e il magico intreccio tra realtà e irrealtà fanno apparire particolarmente suggestivi questi monumentali pilastri, e le pulsazioni emotive che si intrecciano nelle forme rendono incantato questo insolito giardino. La lucida metafora di questo grande artista si ritrova esattamente nel suo atelier all'aperto, Magic Garden (a Leskovac vicino a Lazarevac, Serbia), dove egli produsse i suoi pilastri, come monumentali totem in pietra e legno, con l'armonia della sua fantasia intrecciata, come una rete, dei suoi sogni e traumi. Guardando i rilievi di queste gigantesche sculture la materia naturale si trasfigura in forme bestiali che emergono inconsciamente quasi a livello automatico.
Nelle opere degli outsiders è praticamente impossibile separare la forma di un dipinto dal suo contenuto.
La densità sensuale nel lavoro di Barbarian (1963-2013), uno dei più significativi rappresentanti della giovane generazione di outsider in Serbia, è chiaramente visibile nella sua grezza ed espressiva formula pittorica; questa sensualità pervade l'artista quasi sia l'unico mezzo utilizzabile per evocare l'atmosfera in

sculpturess. The subtlety in soft modelling and the magic of intertwining of the real into the unreal make these monumental pillars particularly suggestive, while the pulsation of forms which entwine them make this unusual garden spellbound. The metaphor of lucidity of this great artist is exactly his open atelier, Magic Garden (in Leskovac near Lazarevac, Serbia), where he produced his monumental, totem-like carved pillars in stone and wood helped by the harmony of his fancy, entwisted in the network of his dreams and traumas. Looking at the reliefs of these monumental sculptures, we follow the transformation of natural matter into a specific horrible figures, emerging unconsciously, nearly on the brink of automatism.
In the works of outsiders, it s nearly impossible to separate the form of a painting from its contents. The density of sensuousness in the works of one of the most significant representatives of younger generation of outsiders in Serbia, Barbarian (1963-2013), is seen in his raw and expressive pictorial formulation; it pervaded the artist as the only means by which he managed to evoke the atmosphere of most diverse human passions in an unusual conflict. Unique

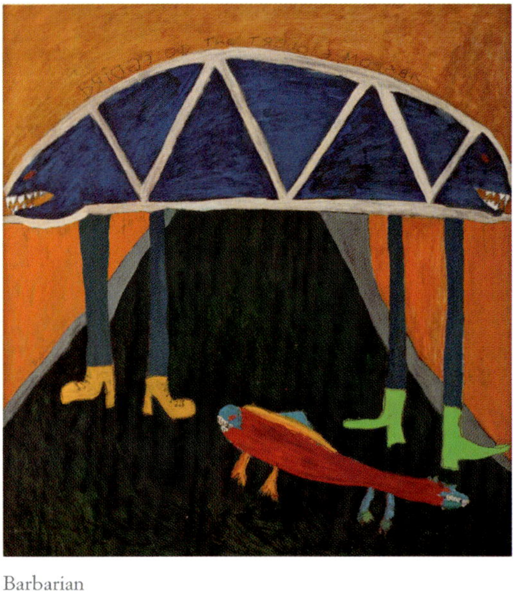

Barbarian

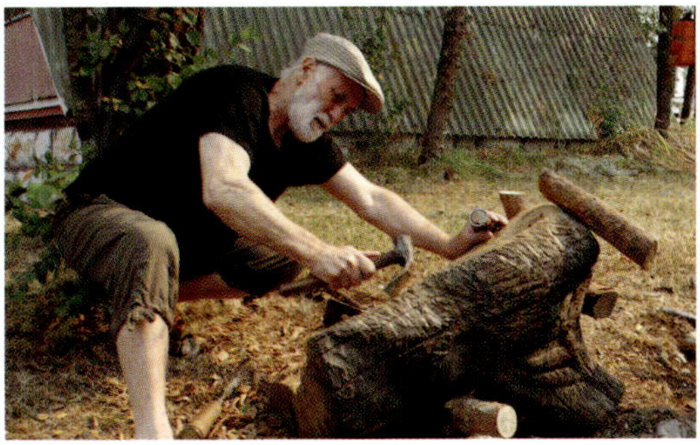

Dragiša Stanisavljević

cui le diverse passioni umane si mescolano in un insolito conflitto. Le uniche figure sono realmente le metafore della tormentata mente dell'artista; le sue idee sono incarnate in precisi personaggi di favole e saghe di gente comune. Barbarian, utilizzando la trasposizione artistica, che a quel tempo denotava la capacità di ricorrere a principi estetici, rende corporee le frustrazioni umane, attraverso l'espressione della tensione interna delle forme come fosse una lotta senza fine tra il bene e il male, che, nei suoi quadri, occasionalmente, si scambiano di ruolo. I contenuti delle sue opere riflettono infatti il turbamento interiore della sua vita, di sé stesso e del suo tempo.
Se guardiamo alle opere di questi eccezionali artisti autodidatti, dobbiamo per forza constatare che a volte è impossibile, né sarebbe opportuno, fare una chiara distinzione tra le varie forme di arte: popolare, naïve, outsider e marginale. Cosa le rende differenti? Non è che, in futuro, lo scopo dell'arte dovrebbe essere di cancellare tutti i confini tra le varie esperienze pittoriche? Le definizioni pongono limitazioni, obblighi e separazioni. Le opere di alcuni dei primi artisti naïf non possono essere precisamente catalogate in quanto esse includono, sincronicamente, alcuni elementi di arte naïve, popolare e marginale. I lavori dei nostri più rappresentativi artisti e scultori: Bogosav Živković, Dragutin Aleksić Dragiša Stanisavljevic, Ferenc Kalmar, pittori: Emerik Feješ, Milosav Javanović Milanka Dinić possono sicuramente essere aggiunti al grup-

figures are actually the metaphors of the artist's threatened mind; his ideas were epitomized as peculiar fables, sagas of common people from neighbourhood. By using the artistic transposition which at the time mostly denoted recalling of aesthetic principles, and with the interest in the life of the underground, he elevated human frustrations to the level of the corporate, expressed by internal tension of forms like an everlasting fight between the good and the evil, which, in his paintings, occasionally exchanged roles. The contents of his works are in fact the reflection of his turbulent inner life, which points to the way and depth where he conceived his own self and his time.
If we view the oeuvres of the outstanding self-taught artists we will be faced with the fact that it is sometimes impossible to make clear distinction by the degrees of autodidacts: folk, naïve, outsider, marginal; neither is it advisable. What do distinctions make? Is it not that the aim of art should erase all borderlines between various pictorial experiences in the future? Definitions make limitations, obligations and separations. The works of some first class naïve artists cannot be precisely defined because they synchronically include the elements of naïve, folk and marginal art. The works of our most representative naïve artists, sculptors: Bogosav Živković, Dragutin Aleksić, Dragiša Stanisavljević, Ferenc Kalmar and painters: Emerik Feješ, Milosav Jovanović and Milanka Dinić can also be added to the group of ousiders led by V. Jakić, S. Sekulić, Ilija Bosilj Bašičević, Miodrag Pavlović, Matija Staničić and, in the nineties, Barbarian, as one of the younger generation of Art Brut artists to which those of the so-called new generation, or Fresh Invention, also belong, namely Vojkan Morar, Joškin Šiljan, Igor Simonović, Tomislav Blagojević, Slobodan Živanović, Srboslav Ilić, Zil Milano itd.
The obsessive dance of thousands of angels of Vojkan Morar, expressed plastically, meticulously and very intensively creates a unique

po di ousiders condotto da: V. Jakić S. Sekulić, Ilija Bosilj Bašičević, Miodrag Pavlović, Matija Staničić, e negli anni '90, Barbarian, uno della generazione più giovane di artisti di Art Brut a cui appartengono anche coloro della cosiddetta nuova generazione, o *French Invention*, come Vojkan Morar, Joškin Šiljan, Igor Simonović, Tomislav Blagojević, Slobodan Živanović, Srboslav Ilić, Zil Milano.
L'ossessiva danza di migliaia di angeli di Vojkan Morar, plasticamente espressa, crea meticolosamente e intensamente un'unica atmosfera fantasmagorica. Come un vero outsider, l'artista, con la tautologia delle figure, marca l'armonia del suo microcosmo più intimo. Autentica stilizzazione di forme sono le opere di Igor Simonović, spesso tavolozze sature di tensioni create da demolitori di navi naufragate, perdenti, anime perse nel labirinto del tempo che senza pietà le divora, le sommerge e le fa sparire, infine, nei suoi vortici. Il diario pittorico di Joškin Šiljan vuole dimostrare la possibilità di registrare il percorso di un'idea nel momento della sua nascita e quindi di massima precisione del suo messaggio. Come schizzi topografici di paesaggi immaginari, le sue opere evidenziano la forza di spirito dell'artista, allegro, spesso

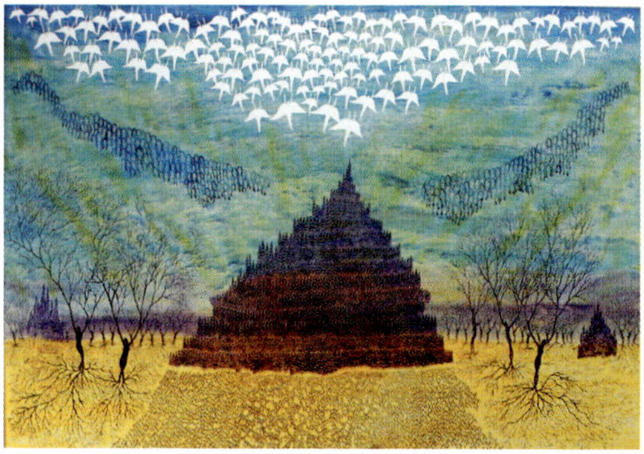

Vojkan Morar

inconsapevole e il suo atteggiamento satirico verso la vita e l'ambiente.
La fondazione del Museo di Arte Naïve e Marginale nel 1960 a Jagodina (Serbia), istitu-

atmosphere of phantasmagoria. With the tautology of figures, as a real outsider, the artist marks the harmony of his inner microcosmos. Authentic stylization of forms in works by Igor Simonović and often saturated palette and tension created by lost ship wreckers, losers and creatures like lost souls in the labyrinth of time, which unmercifully devours, immerses and makes them finally disappear in its whirlpools. Line with which Joškin Šiljan begins and ends his pictorial diary means the possibility to record the course of the idea in the moment of birth and trueness of his message. Like a topographic sketch of terrain of some imaginary landscape, his works point out the strength of a cheerful spirit, often an unconscious, satirical attitude towards the life and ambience.
The foundation of Museum of Naïve and Marginal Art in 1960 in Jagodina (Serbia), the institution which provided the works of self-taught visionaries with overall protection, undoubtedly contributed to strengthen and encourage the continuity of development of Outsider Art, primarily by collecting, studying, exhibiting, publishing and protecting the works of the anonymous artists. The mission of MNMU was to provide integral patronage over the works of naïve and marginal art, thus disseminating the true idea of its essence and real artistic value, separating it from other forms of non-academic work, the field of amateurism and dilettantism. The most significant result of long lasting efforts and activities of MNMU is the fact that many deep-rooted dilemmas and illusions about the specific field of naïve and marginal art have been explained.
Nowadays, a wider artistic audience is obviously more aware of the extraordinary artistic potentials, high artistic achievements and truly creative energy of the most valuable works. Thanks to these activities, the Museum, today one of the most significant in Europe in this domain, has a rich treasure of the most representative works of the artists from Serbia and worldwide, from the first decades of the twentieth century

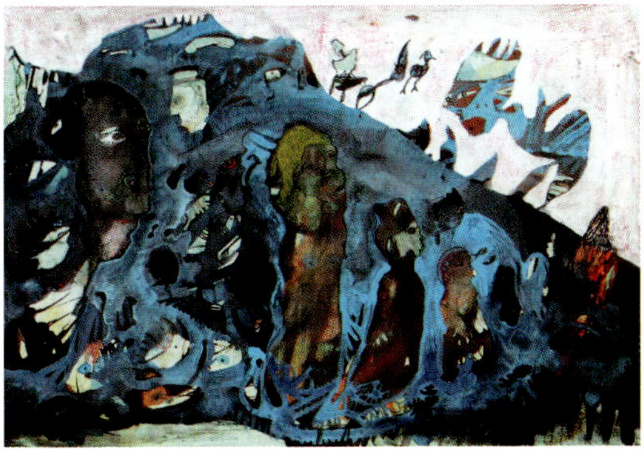

Igor Simonović

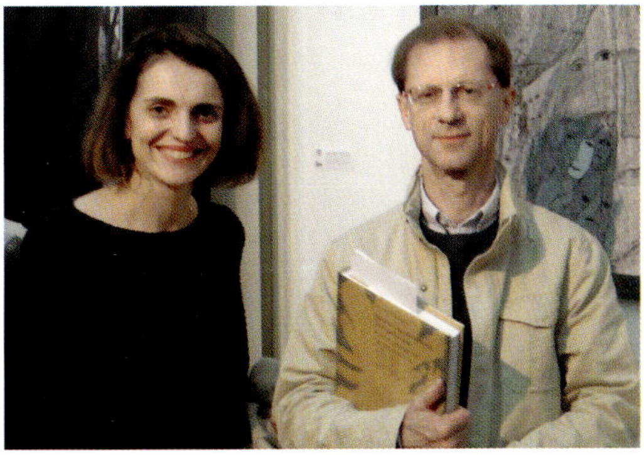

Sabina Jahovic con/with Giorgi Bedoni

zione che supporta e protegge le opere di visionari autodidatti, contribuì indubbiamente a rafforzare e a incoraggiare la continuità dello sviluppo di Outsider Art, principalmente con la raccolta, lo studio, le mostre, la pubblicazione e la protezione delle opere degli autori sconosciuti. La missione del MNMA era di fornire un patronato completo sulle opere di arte naïve e marginale, diffondendo in tal modo la vera idea nella sua essenza e il suo reale valore artistico, separandolo da altre forme di lavoro non-accademico, campo di amatori e dilettanti. Il più significativo risultato di questi lunghi e perduranti sforzi del MNMA sta nell'aver fatto chiarezza su molti radicati dilemmi e illusioni riguardo al campo specifico dell'arte naïve e marginale.

Ai nostri giorni, una platea sempre più ampia conosce e apprezza lo straordinario potenziale artistico, gli alti obiettivi raggiunti e la reale energia creativa contenuta nelle opere più preziose. Grazie a queste attività, il Museo, a oggi, è uno dei più prestigiosi in Europa in questo campo, possiede un ricco tesoro di opere, le più rappresentative degli artisti serbi e di tutto il mondo, dai primi decenni del XX secolo ad oggi. L'estetica e la poetica del linguaggio pittorico dei più importanti artisti, la cruda visione dei pittori marginali, outsider (V. Jakić, S. Sekulić, Ilija Bosilj Bašičević, Miodrag Pavlović, Barbarian, Milosav Javanović, Milanka Dinić, Matija Staničić, Joškin Šiljan, Igor Simonović, Srbo-

until today. The aesthetics and poetics of pictorial language of the most significant artists of raw vision, marginal and outsider painters of Serbia (Vojislav Jakić, Sava Sekulić, Ilija Bosilj Bašičević, Miodrag Pavlović, Barbarian, Milosav Jovanović, Milanaka Dinić, Matija Staničić, Joškin Šiljan, Igor Simonović, Srboslav Ilić...) and sculptors (Bogosav Živković, Dragutin Aleksić, Dragiša Stanisavljević, Ferenc Kalmar, Milan Stanisavljević) are by all means specific and basic for this art in Serbia. The Collection of

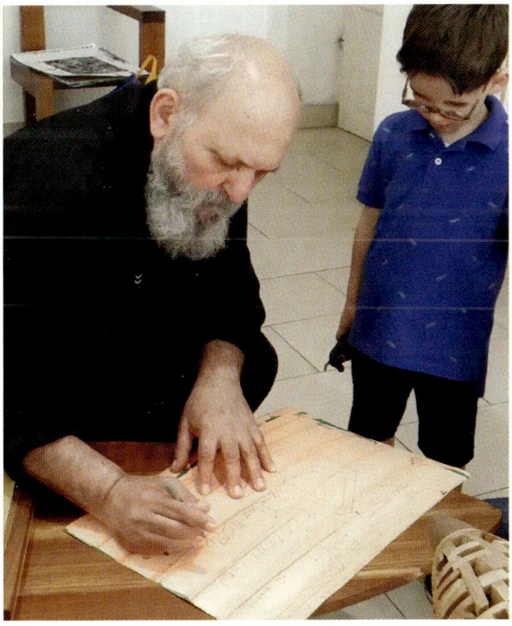

Joškin Šiljan e/and Leo Cei, Belgrado (*Belgrade*), 2015

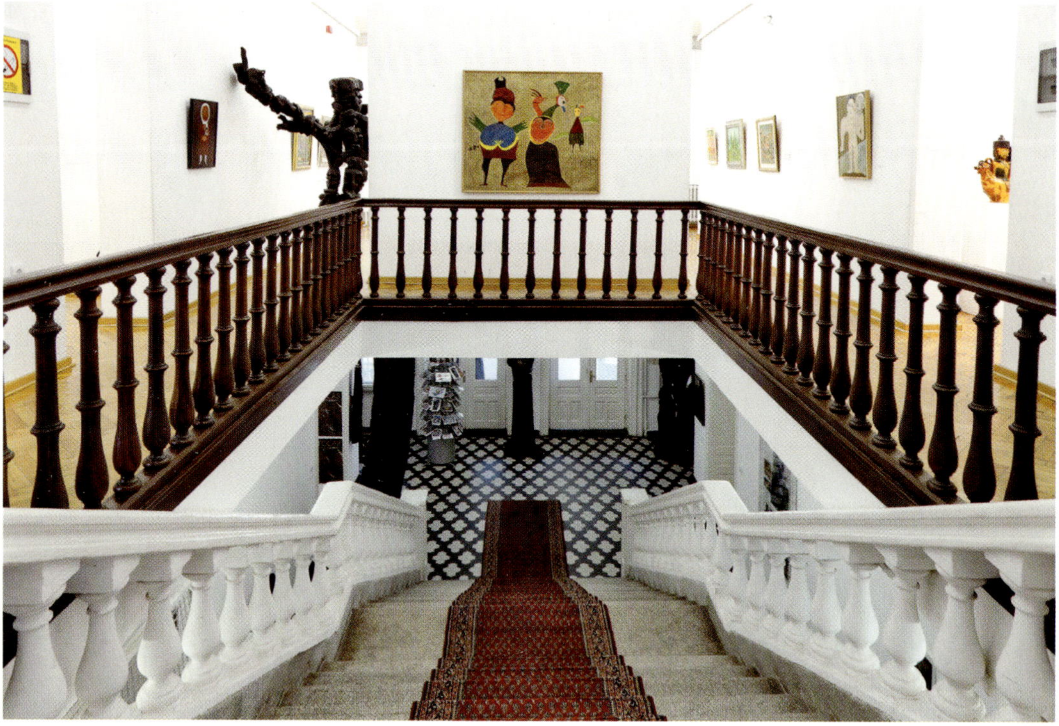

Museum of Naïve and Marginal Art, Jagodina, Serbia

slav Ilić...) e degli scultori (Bogosav Živković, Dragutin Aleksić, Dragiša Stanisavljević, Ferenc Kalmar, Milan Stanisavljević) sono elementi specifici e basilari di questa arte in Serbia. La Collezione di MNMA è internazionale. Fin dalla sua fondazione, il Museo ha organizzato più di 600 mostre rappresentative (Vienna, Losanna, Martigny, Parigi, Sofia, Budapest, Bratislava, Praga, Belgrado, ecc.). Il Museo organizza inoltre manifestazioni internazionali importanti, Biennial and Colony di Arte Naïve e Marginale, che sono il modo migliore per seguire, studiare e promuovere lo sviluppo di quest'arte a livello più ampio e internazionale. Dipendendo dalle tensioni emotive e intellettuali di ognuno di questi artisti, per decenni sono stati prodotti lavori creativi, originali, autoctoni e contemplativi. La caratteristica che li accomuna resta il loro pellegrinaggio istintivo che arriva fino alle profondità sconosciute di un proprio universo emotivo e intellettuale. In

MNMU is international. Since its foundation, the Museum has organized more than 600 numerous representative exhibitions (Wien, Lausanne, Martigny, Paris, Sofia, Budapest, Bratislava, Prague, Belgrade etc.). Museum also organizes significant international manifestations, Biennial and Colony of Naïve and Marginal Art, as one of the best ways to follow up, study and promote the development of naïve and marginal art in wider, international scope.

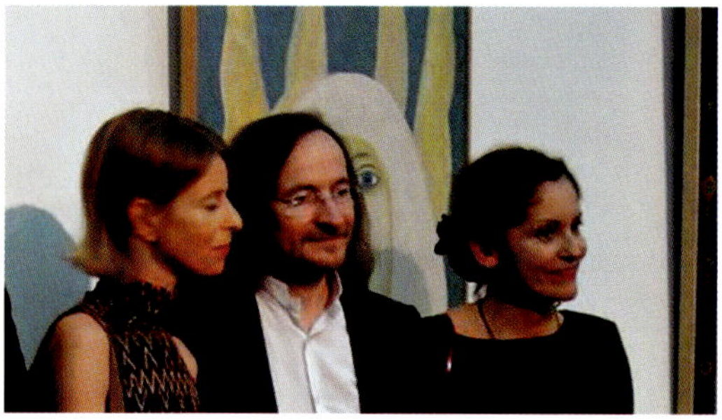

Johann e/and Theresa Feilacher con/with Nina Krstić

Serbia e anche all'estero, i lavori dei visionari autodidatti, degli outsiders e artisti marginali sono spesso considerati come forme alternative di espressione pittorica e vengono raramente apprezzati con il rispetto che invece questi artisti, classici mondiali della cosiddetta *era d'oro* dell'Art Brut, meriterebbero ancora oggi per la loro opera unica, prodotta fuori dei canoni storici dell'arte.

L'incomprensibile autenticità dei loro lavori ci fa capire che il mondo dell'arte attualmente conosciuto non esisterebbe senza la considerevole esperienza della rivelazione dei visionari autodidatti. Le loro opere, di livello mondiale, interattive e particolari, sono ancora considerate, in molti paesi, ai margini della realtà artistica, anche se esse evidenziano la necessità di una nuova lettura della storia dell'arte e una più profonda comprensione degli inevitabili cambiamenti nella cultura del XX secolo, rispetto al riconoscimento di una nuova era, di un nuovo umanesimo e di un più alto grado di libertà umana.

Depending on the intellectual and emotional tension in each of them, inventive, original, autochthonous and contemplative works have been done for decades. Their basic characteristic is instinctive pilgrimage to the unknown depths of emotional and intellectual universe. In Serbia and even abroad, the works of self-taught visionaries, outsider and marginal artists are usually considered alternative forms of pictorial expression, rarely with the reverence that the above artists, world classics of the so-called *golden era* of Art Brut, still genuinely deserve for their unique work, created beyond the traditional canons of art. Puzzling authenticity of their works makes us learn that the world of art we know today would never be possible without the remarkable experience of the revelation of self-taught visionaries. Their interactive and peculiar realisations worldwide are still on the margins of artistic reality in most countries, but they point out the necessity of a new reading of art history and deeper understanding of inevitable changes in the twentieth century culture, in terms of accepting a new era, a new humanism and a higher degree of human freedom.

Nina Krstić è Storica dell'Arte
Direttore del Museo di Arte Naïve e Marginale,
Jagodina, Serbia

Nina Krstić is Art Historian
Director of Museum of Naïve and Marginal Art,
Jagodina, Serbia

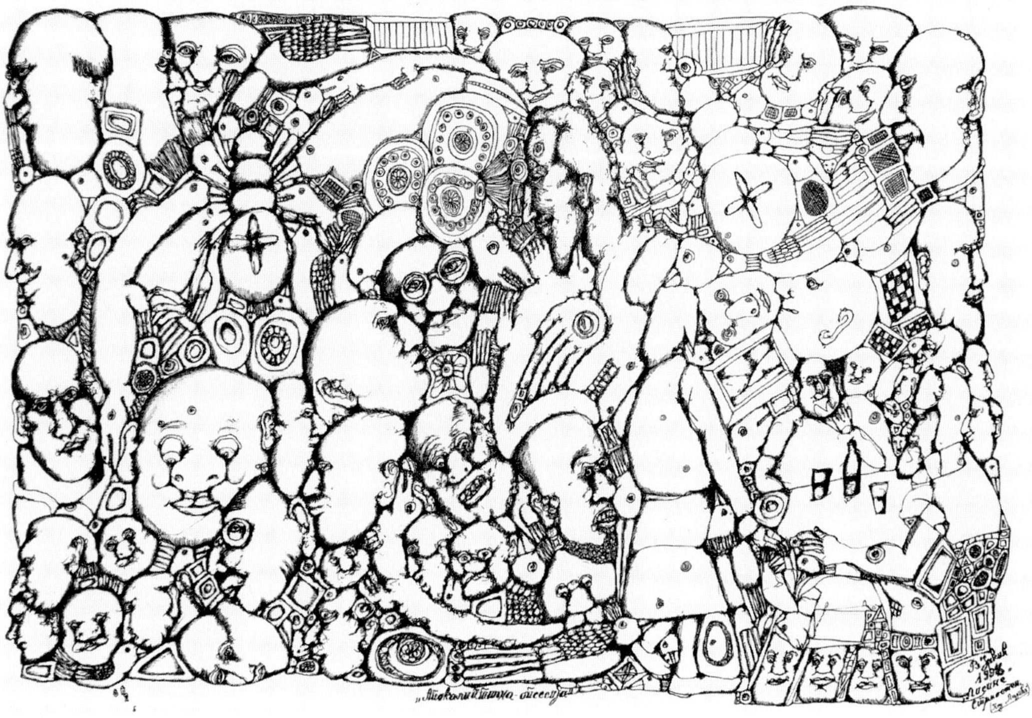

Vojislav Jakić, *Apocalyptic Obsession* (*Ossessione apocalittica*), 1994
China su carta / Ink on paper, 49 × 69 cm

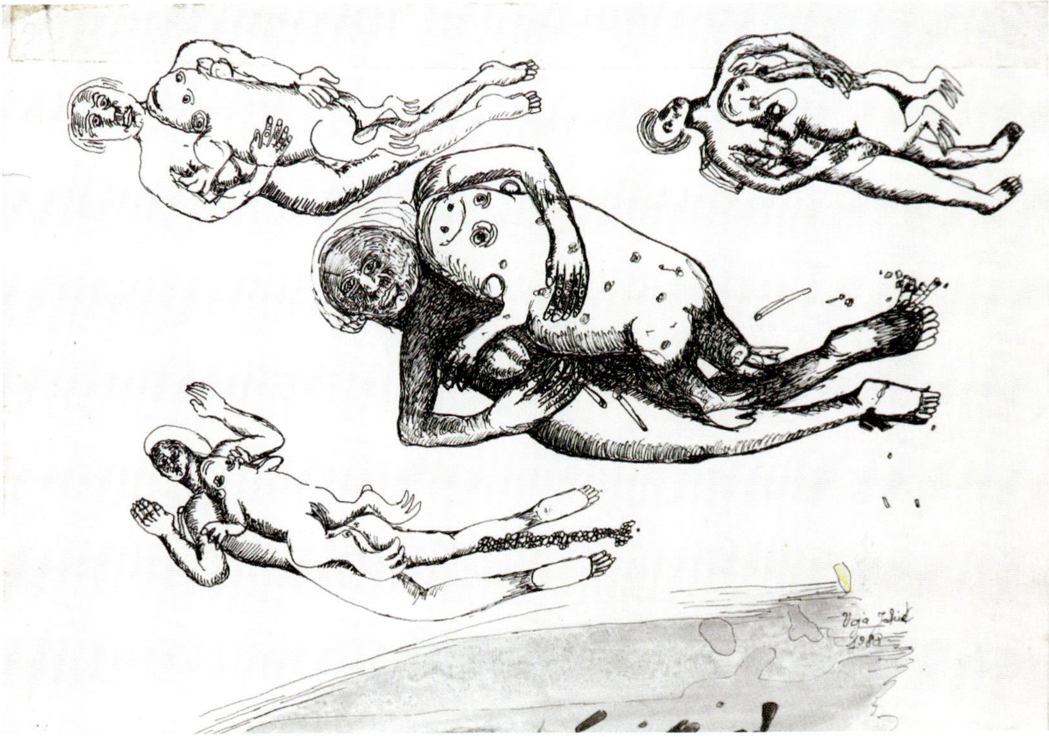

Vojislav Jakić, *Senza titolo* (*Untitled*), 1988
China su carta / Ink on paper, 34 × 49 cm

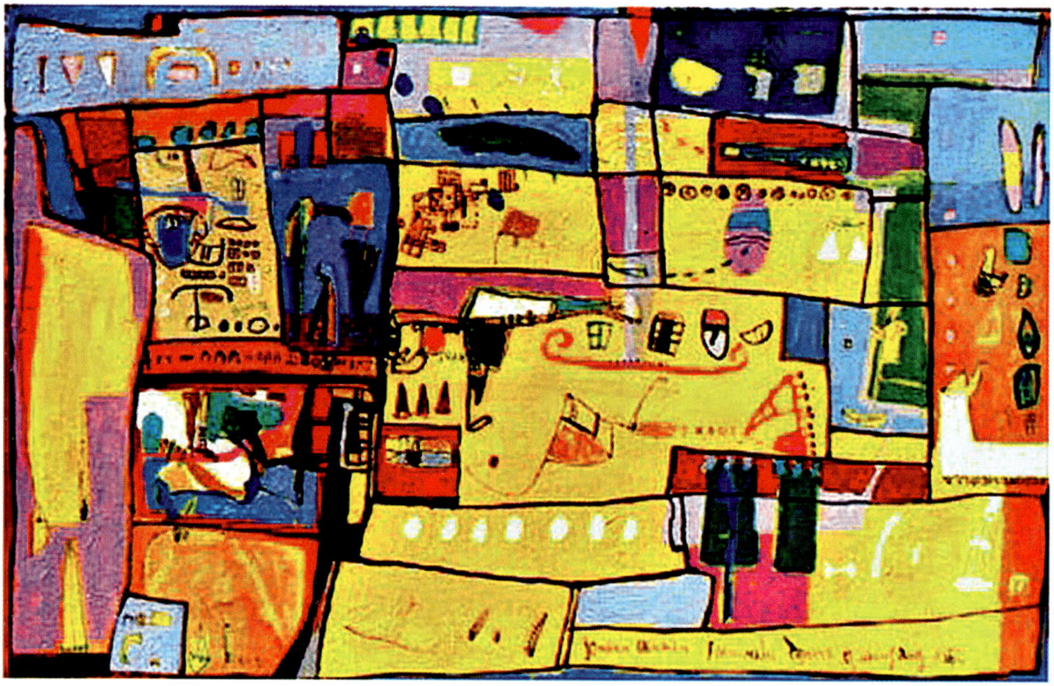

Joškin Šiljan, *Unspoken Story of the Smiling Grandma* (*Storia non detta della nonna che sorride*)
Olio su tela / Oil on canvas, 100 × 120 cm

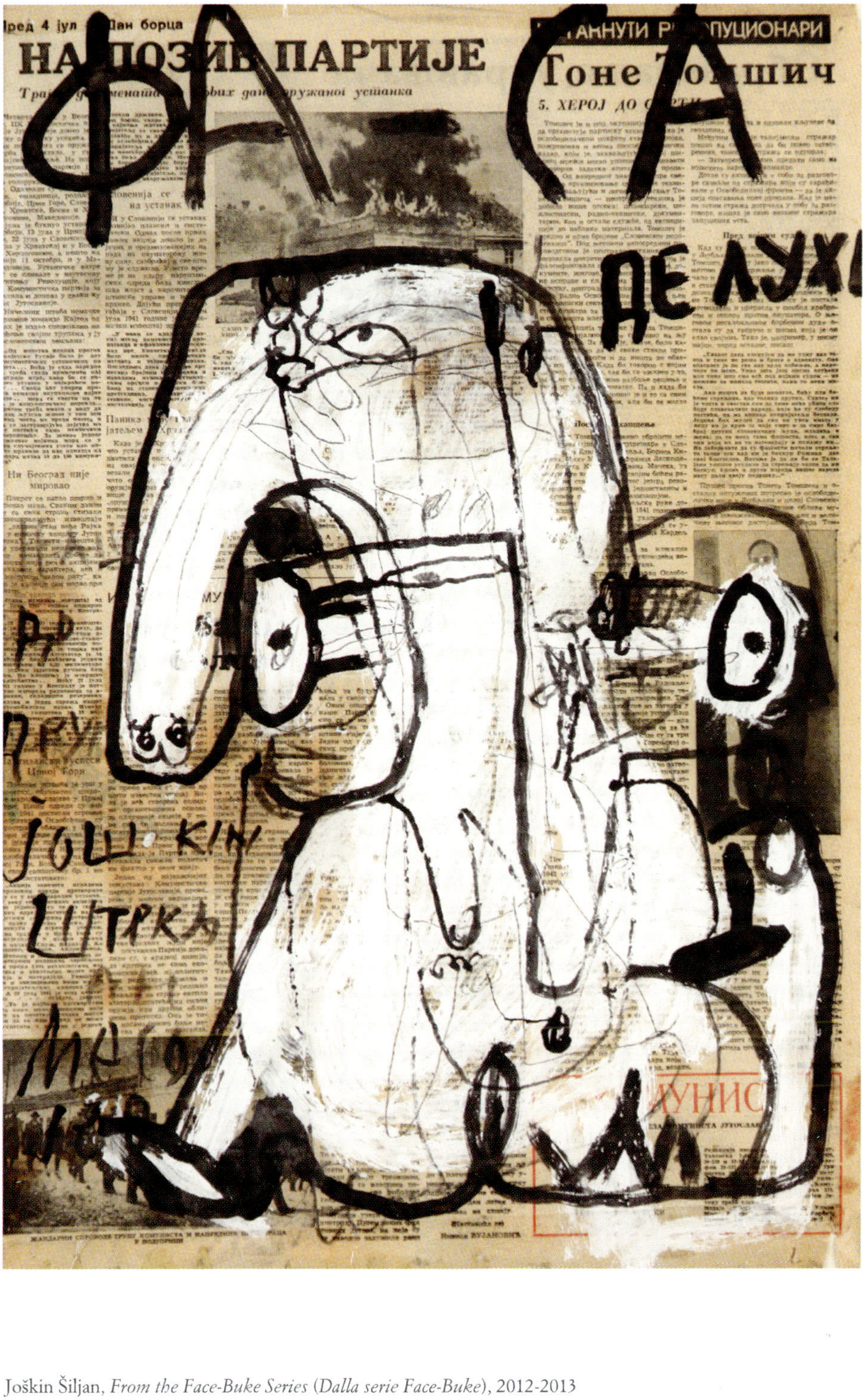

Joškin Šiljan, *From the Face-Buke Series* (*Dalla serie Face-Buke*), 2012-2013
Tecnica mista su carta / Mixed media on paper, 53 × 36 cm cad. / each

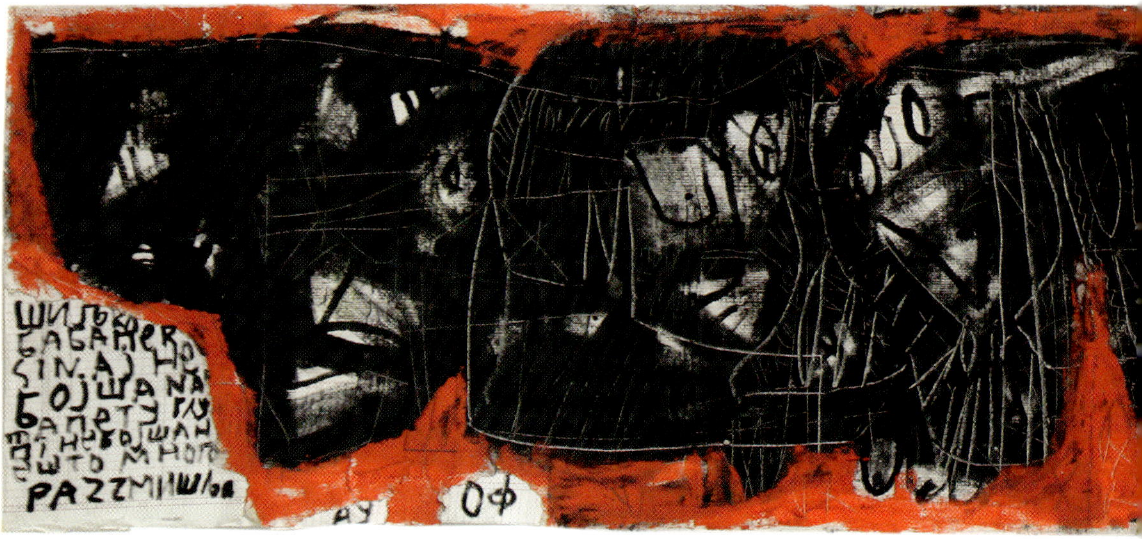

Joškin Šiljan, *Stupid Nebojsa that thinks too much* (*Lo stupido Nebojsa che pensa troppo*), dalla serie / from the series Šiljan sulla carta da parati / on wallpaper, 53,5 × 247 cm

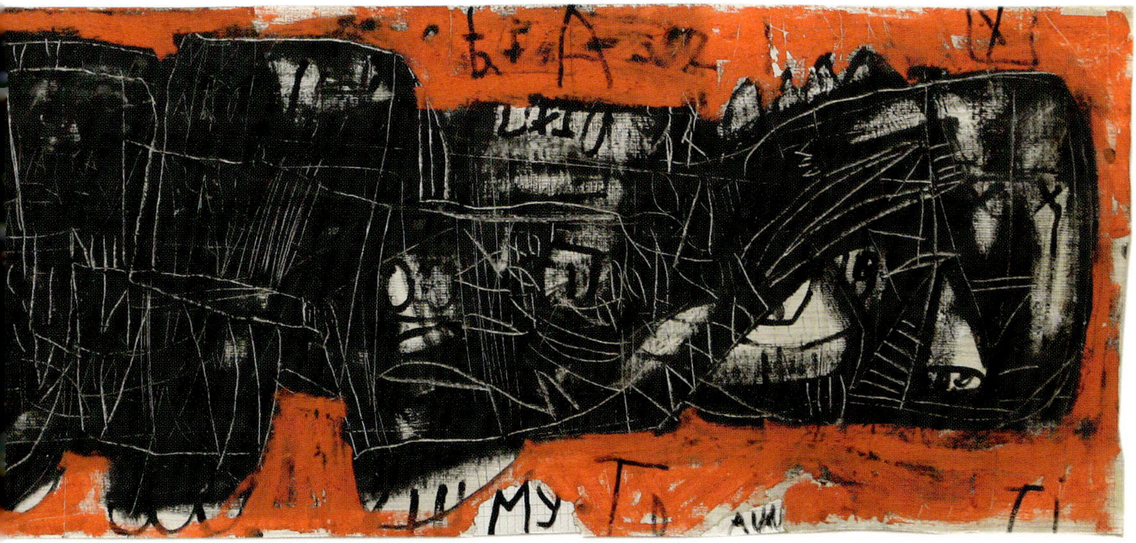

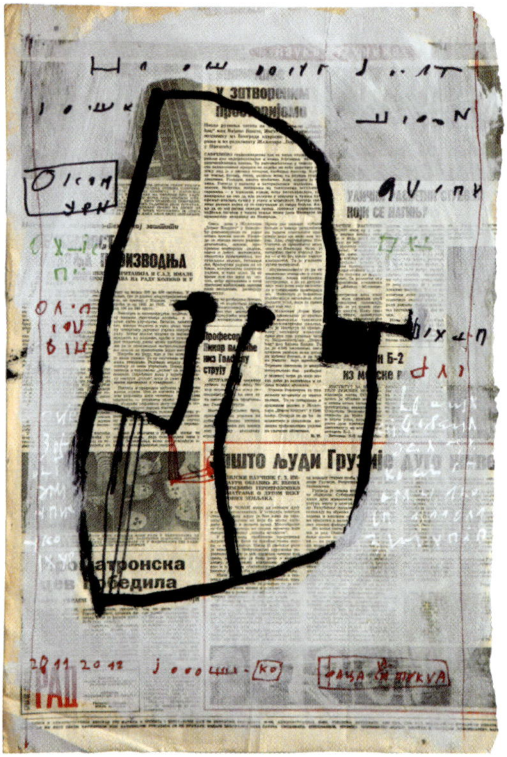

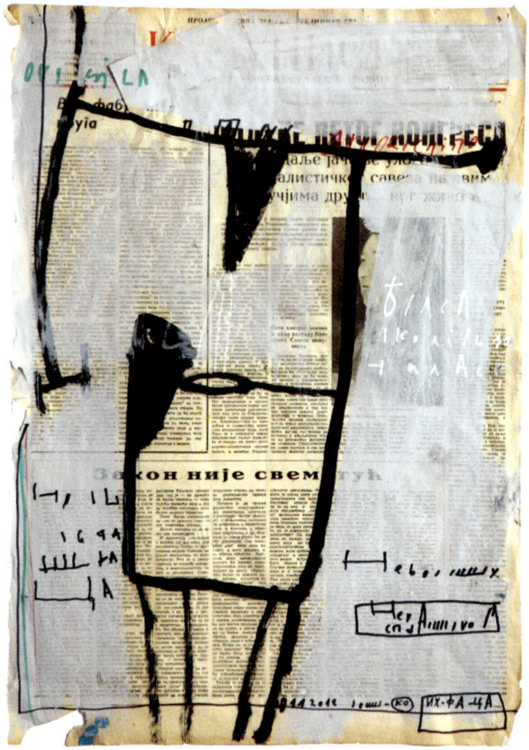

Joškin Šiljan, *What a face I am*, 2012, dalla serie / from the Face-Buke series, 54 × 36,3 cm

Joškin Šiljan, *Ih faca*, dalla serie / from the Face-Buke series, 54 × 37,5 cm

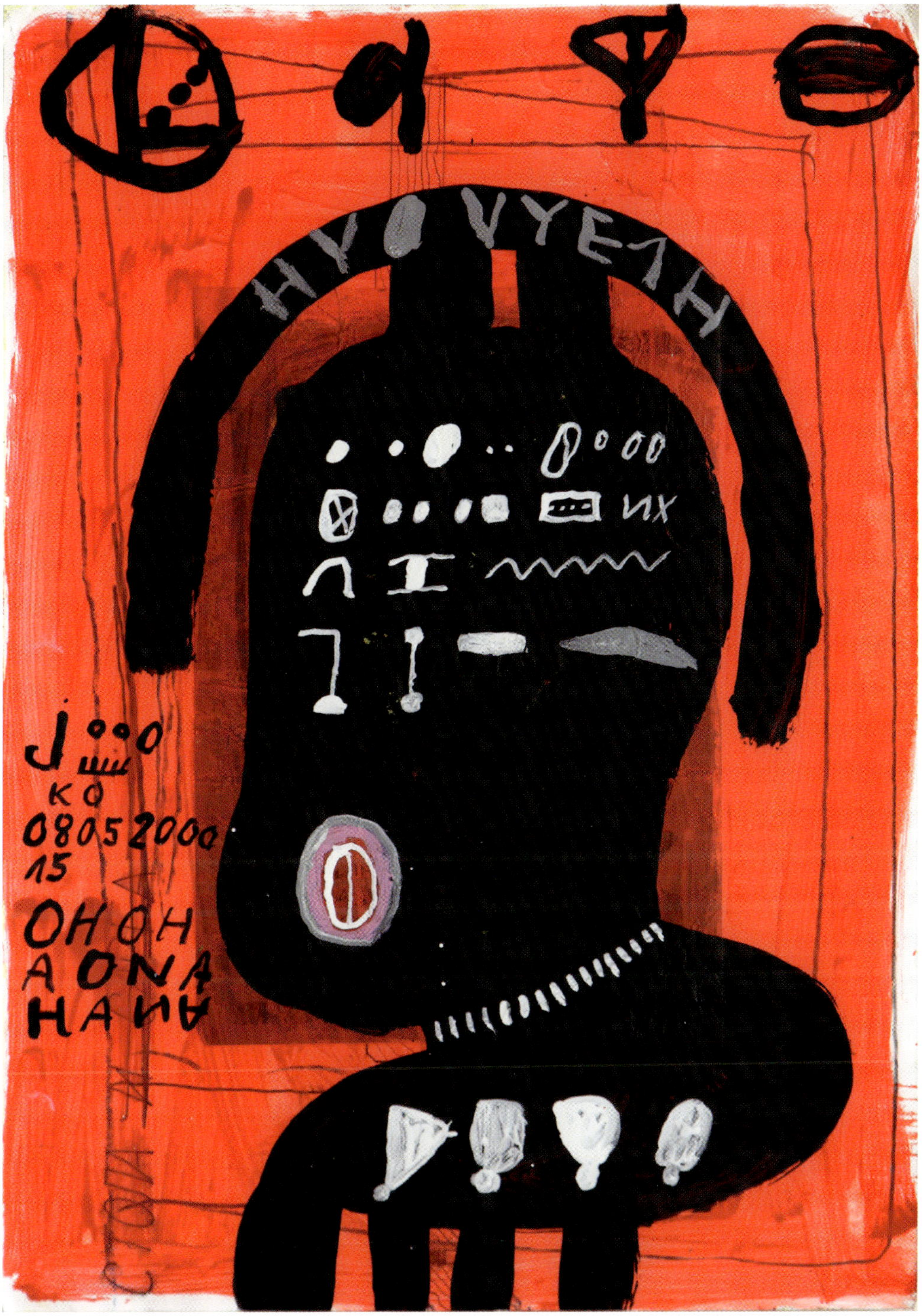

Joškin Šiljan, *He she* (*Egli ella*), 2015, 50 × 35 cm

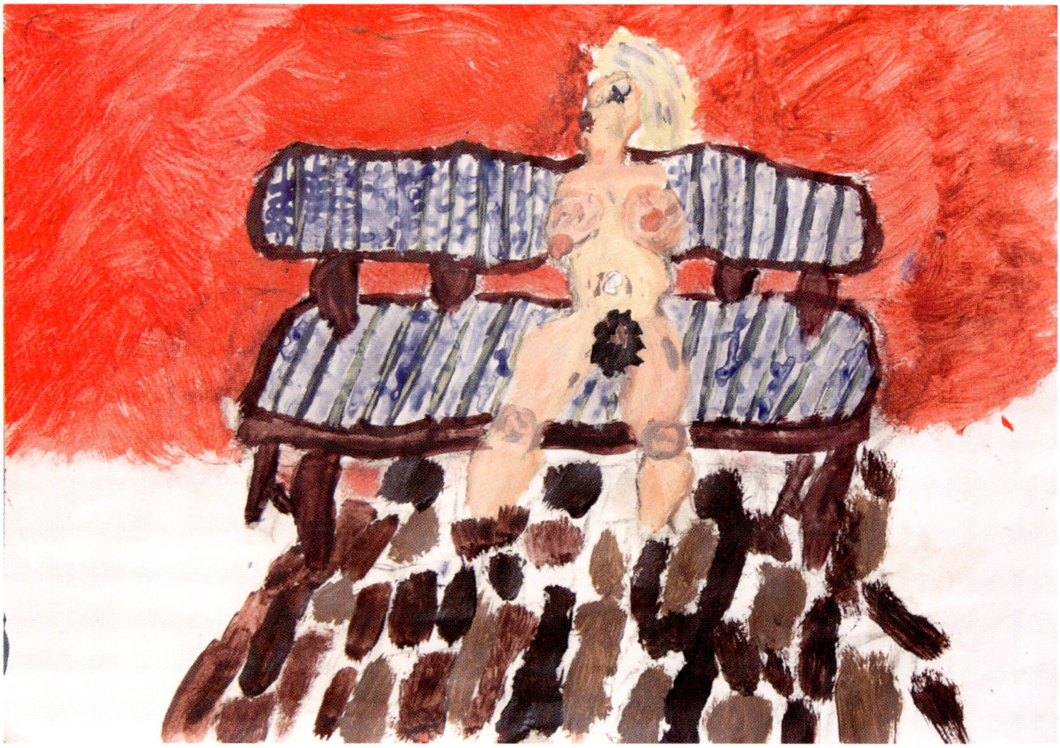

Katarina Savic, *Senza titolo* (*Untitled*)
Tempera su carta / Tempera on paper, 28 × 39,3 cm

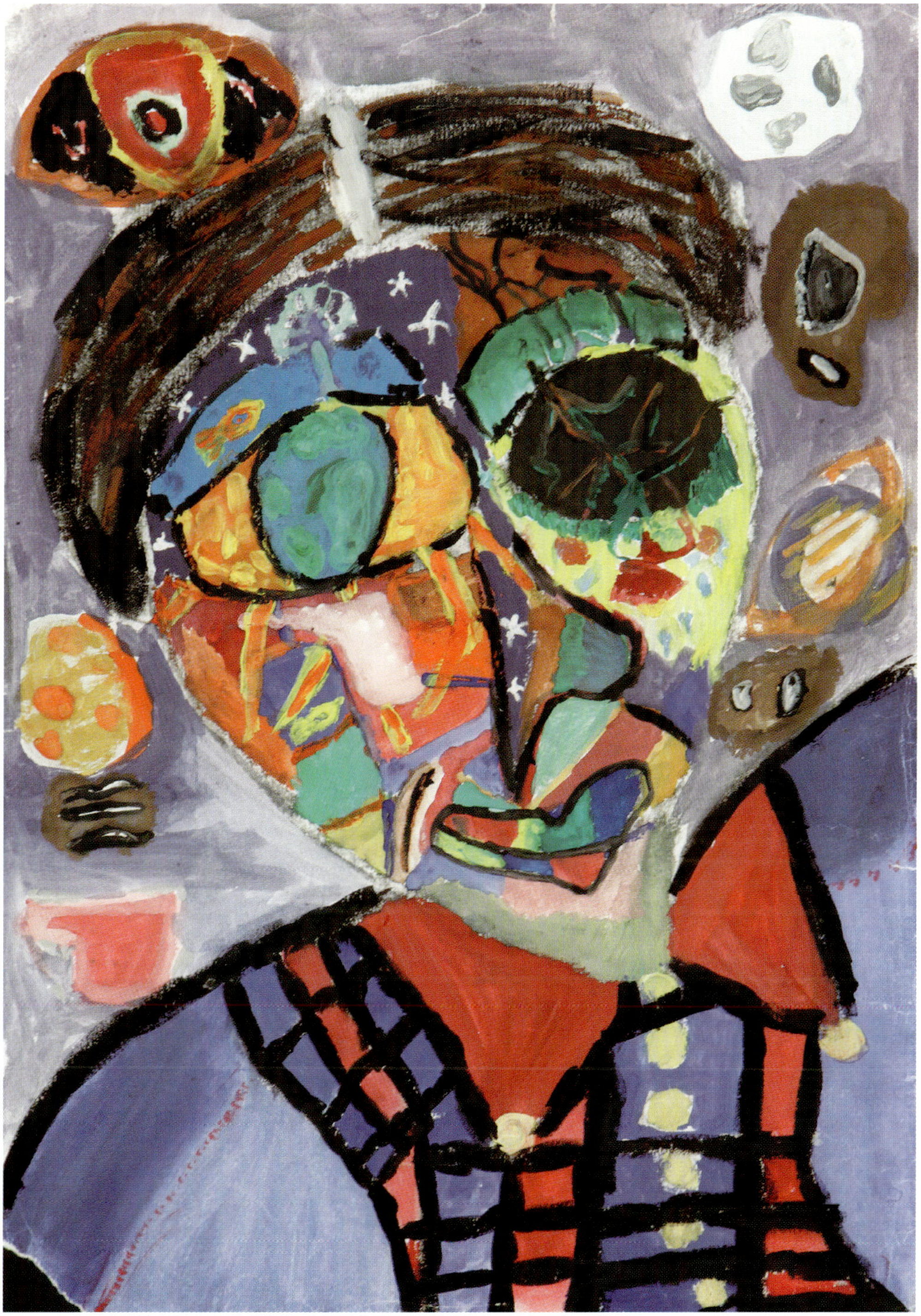

Katarina Savic, *Senza titolo* (*Untitled*), 2013
Tempera su carta / Tempera on paper, 41 × 28,5 cm

«Révolution: c'est retourner le sablié»

Jean Dubuffet

FRANCESCO PORZIO

Attualità dell'Art Brut
The Relevance of Art Brut

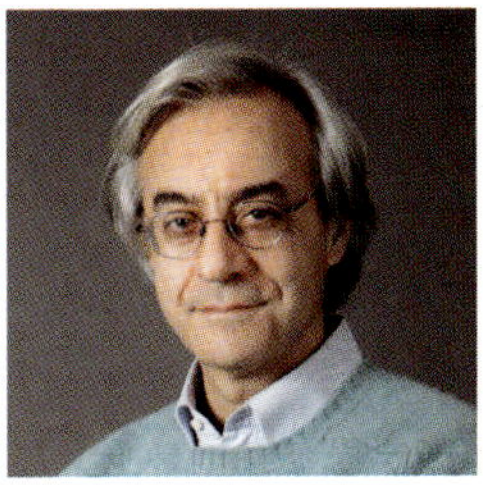

L'Art Brut è la scoperta e insieme la musa di una delle ultime, se non dell'ultima avventura artistica del secolo passato ancora in grado di emozionarci; certo una delle ultime che ha potuto contare, grazie soprattutto a Jean Dubuffet, su una tensione ideale e su un rinnovamento linguistico degno di questo nome. Com'era già accaduto nelle precedenti avanguardie, l'inserimento dei materiali Brut nel territorio dell'arte ha ampliato in modo imprevisto gli orizzonti dell'espressione visiva e ha modificato sensibilmente la nostra esperienza estetica. Temo invece che, a dispetto della loro astuta radicalità e del loro ammiccamento alle icone del consumo, giocati a copertura di una crisi ormai incipiente, le neoavanguardie successive col tempo riveleranno sempre più la loro natura epigonale; anche se, naturalmente (lo si deve sempre dire), con le dovute e solite eccezioni.

Ma non è questo che ci interessa. Ridurre l'Art Brut ad ancella del movimento moderno non ci conduce in nessun luogo, e soprattutto non ci permette di coglierne l'attualità. Significa considerarla soltanto per la parte che ha rivestito nell'immaginario degli artisti, e relegarla fra le numerose fonti del linguaggio figurativo occidentale. Non si può negare, ovviamente, che il recupero dell'Art Brut del secondo

Art Brut is both the discovery and the muse of one of the last – perhaps the very last – artistic adventures of the past century still able to engage us emotionally. It is certainly correct to say that it is one of the last instances to be able to count on an ideal tension and linguistic renewal worthy of this name, mainly thanks to Jean Dubuffet. As we had already seen in previous avant-garde iterations, the insertion of Brut materials in the terroir of art has broadened the horizons of visual expression in unexpected ways and has tangibly modified our aesthetic experience. On the other hand I fear that, despite their astute radicalness and their winking to the icons of consumption, the subsequent neo avant-garde incarnations were to reveal their epigonal nature ever more clearly. Naturally, it is dutiful to single out the usual exceptions.

Yet this is not what interests us. Reducing Art Brut to an ancillary role within the modern movement takes us nowhere, and moreover hinders us from capturing its relevance. It would mean taking it into consideration exclusively for what it has represented in the imagination of artists and to imprison it amongst the numerous sources of western art. Clearly we cannot deny that a discovery anew of Art Brut in the post World War II period is born of the extreme primitivist dream of modern masters in the

dopoguerra scaturisca dall'estremo sogno primitivista dei maestri moderni, nel solco delle indagini surrealiste sulle espressioni artistiche primarie. In altre parole, dopo l'arte popolare, selvaggia, infantile e quant'altro, sarebbe toccato all'ultimo settore non ancora rivalutato, quello della creazione spontanea collegata alle varie forme di disagio ed emarginazione, compresa naturalmente la malattia mentale.
È questo, si sa, materiale di studio ormai canonico; esso mostra una patina più antica di quella che meriterebbe soltanto perché il ciclo creativo che l'ha suscitato, forse a torto, si vuole del tutto concluso. Ma la filogenesi dell'arte moderna (anzi di tutta la storia dell'arte), nella sua implacabile coerenza, riserva sempre qualche sorpresa. Così, se da un lato oggi i valori dell'Art Brut potrebbero rivelarsi tutt'altro che inattuali, dall'altro sarebbe ingenuo ritenere che essa sia stata scoperta soltanto nel 1945, assieme al termine coniato in quell'anno da Dubuffet. In un certo senso è vero, ma è vero anche che quando un fenomeno appare nella sua chiarezza siamo ormai verso la fine, non certo l'inizio della sua storia.
In realtà la preparazione di quel riconoscimento era durata almeno un paio di secoli; e la stima è senz'altro per difetto. Da sempre, si può dire, l'uomo civilizzato ha costruito miti regressivi per contrastare l'eccesso di consapevolezza e di sofisticazione. Chi oggi si sorprende per l'attenzione verso le opere dei matti e dei bambini forse ignora che essa scaturisce da un fondo ininterrotto della nostra cultura. Per fare solo un esempio, la letteratura pastorale, con la sua contrapposizione fra artificio e natura, aveva coltivato fino dall'età classica il mito della creazione spontanea; lo stesso che verrà condotto al parossismo dai romantici e dalle avanguardie. Goethe già scrive, nel 1772, che «l'arte è creativa molto prima di essere bella» e che «per quanto arbitrarie siano le forme che compongono la creazione, essa si armonizzerà anche in assenza di proporzioni, perché un'emozione l'ha fusa in un tutto caratteristico.

wake of the surrealist investigations in primary artistic expressions. In other words, after calling into play popular, savage, infantile art and more, the time had come for spontaneous creation linked to the various expressions of privation and marginalisation – mental illness included of course.
It is well-known that the above represents by now canonical study material. It displays a more ancient veneer than that which it would deserve simply because the creative cycle calling it into being, perhaps wrongly, sees itself as wholly concluded. But the phylogenesis of modern art (actually of the entirety of art history) always hides a few surprises despite its implacable consistency. Thus if on the one hand the values of Art Brut could be portrayed as everything but topical, on the other it would be a simplification to believe it was discovered in 1945, when the term was coined by Dubuffet. In a certain sense this *is* true, but it is also true to say that when a phenomenon appears in full clarity we are perhaps nearing the end of its narrative – or at any rate we are not at the beginning.
Actually the making of such recognition had lasted at least two centuries – and this estimate is conservative. Civilised humanity has always, as it were, built regressive myths in order to contrast an excess of awareness and sophistication. Those who today marvel at how much attention is given to the works of madmen and children perhaps is not aware of the fact that it originates from an uninterrupted deposit existing in our culture. To cite only one example, the myth of spontaneous creation has been cultivated through pastoral literature right from the classical age through the juxtaposition between artifice and nature. This same thrust will be driven to paroxysm by the romantics and the avant-garde movements.
As early as 1772 Goethe writes that «art is creative much before it is beautiful», and that «though the forms which make up creation are arbitrary, the latter will become harmonised even where proportion is lacking, in that an

È quest'arte caratteristica l'unica arte vera». Goethe voleva rivalutare l'architettura gotica tedesca, che rispetto alle norme classiche appariva irregolare. Come esempio valido di arte fuori dalla norma adduceva la noce di cocco incisa dal selvaggio, senza spingersi fino all'opera Brut. Ma il dado era tratto: l'opera spontanea e primitiva è superiore alla calcolata bellezza dell'arte accademica. Il criterio di valutazione si sposta dall'esterno all'interno all'opera: sono le ragioni intime di quest'ultima, qualunque esse siano, a stabilirne la legittimità.

Si dirà che il salto da Goethe a Dubuffet è un po' troppo lungo. Ora, io non conosco la bibliografia degli Outsiders così a fondo come l'amico Giorgio Bedoni, curatore di questo catalogo, né posso vantarmi d'averla frequentata come quella medievale e moderna; tuttavia un fatto, o una curiosità, mi pare non abbastanza sottolineata: che la primissima uscita «Brut» in pubblico risale addirittura all'anno 1882. La città, manco a dirlo, è Parigi: e la mostra è quella degli *Inchoérents* organizzata da Jules Lévy. Scrivo questo non per alimentare il fuoco di paglia dei primati artistici (un'aberrazione storiografica sulla cui fortuna odierna si dovrebbe riflettere, ricalcata com'è sulla falsa novità del consumo), ma solo per mostrare che, fin dall'inizio, la strada verso i «valori selvaggi» era già ampiamente segnata. D'altra parte, come ho già detto, sarebbe un grave errore ridurre l'Art Brut a un pretesto estetico e appiattirla sulle necessità espressive dell'arte colta. In questo modo, ora che le avanguardie sono tramontate, ce ne sfuggirebbe il significato attuale.

Bisogna cercare altre strade. Più interessante mi pare un'altra prospettiva: il fatto che, una volta riconosciuta, l'arte Brut o Outsider rimane come modello vivente, e perciò potenzialmente è sempre attuale. A differenza di molte invenzioni estetiche moderne (perché ogni scoperta è anche un'invenzione), l'Art Brut, come quella infantile, non appartiene a una cultura esotica o a un ciclo storico concluso. È piuttosto una forma perenne (almeno finché

emotion has fused it into a distinctive whole. And this distinctive art is the only true art». Goethe's intention was that of giving renewed value to German gothic architecture, which appeared irregular when measured against the classical yardstick. As a valid example of out-of-standard art he put forward the coconut engraved by the savage, though he stopped short of Art Brut. But the die was cast: a spontaneous and primitive specimen is superior to the calculated beauty of academic art. The assessment criterion is shifted from without to within the work. The latter's intimate reasons – whichever and whatever – establish its legitimacy.

One may perhaps feel that between Goethe and Dubuffet there is too wide a gap. Well, I am not conversant with the literature about the Outsiders as much as the curator of this catalogue and friend Giorgio Bedoni is, nor can I claim a residency here as I may in mediaeval and modern iterations. However one fact, or one curiosity, seems to emerge quite clearly: the very first «Brut» outing takes place way back in 1882. Needles to say, we are in Paris. Exhibition: the *Inchoérents* organised by Jules Lévy. I write this not to enhance the flash-in-the-pan phenomenon of art world records (such historiographic aberration should be reflected upon for what it really is, a calque of the false novelty of consumption), but only to show that from the very beginning the route towards «savage values» was clearly mapped out. On the other hand, as mentioned earlier, it would be a grave mistake indeed to reduce Art Brut to an aesthetic pretext and flatten it against the expressive need of cultivated art. In this way its true significance would escape us, since the avant-garde momentum has come to an end.

We need to seek other paths and the following perspective seems to me of greater interest. It is the fact that once recognised, Outsider or Brut Art remains as a living model, and therefore a potentially ever-relevant one. Differently from many modern aesthetic inventions (as each discovery is also an invention), Art Brut – as

perdura il «disagio della civiltà») dell'espressione umana, che è stato portato alla luce in questa fase storica. Conclusa la tradizione popolare, spazzata via da frigoriferi e motorette; estinte e avvelenate le civiltà esotiche, assieme alla natura e alla magia che le avevano nutrite; esplorate ed esaurite le cave di arcaismi del passato prossimo e remoto, a un certo punto persino le stesse avanguardie, con esiti alquanto dubbi, sono state immesse nel tritacarne dei recuperi e delle citazioni.
Rispetto a queste fonti a esaurimento scorte (un po' come gli idrocarburi), l'arte dei matti, dei bambini e degli emarginati appare invece rinnovabile. È vero che, a detta di alcuni, gli artisti matti di rango sono scemati drasticamente dopo la chiusura dei manicomi, la riduzione dei farmaci e la fine – almeno si spera – delle cure coercitive (il fatto, non privo di paradossali risvolti etici, preoccupava anche Dubuffet); altri paventano addirittura la scomparsa di un mitico Outsider d.o.c. Tuttavia, data la predisposizione della società umana al conformismo culturale, è probabile che un buon numero di emarginati e incompresi non verranno mai a mancare. Ecco una fonte di ispirazione capace di alimentare nuove generazioni di artisti. Ma ora il fenomeno sta attraversando una fase particolare.
Oggi, paradossalmente, l'attualità dell'Art Brut è dovuta alla crisi profondissima che attraversa l'arte contemporanea. L'interesse per l'emarginazione artistica sembra in rapporto diretto, forse proporzionale, alla tendenza dell'arte e della critica a professionalizzarsi, e alla conseguente accademizzazione del sistema artistico dominante. Quanto più quest'ultimo si rafforza ed estende la sua cappa soffocante, nemica della verità e dell'intelligenza, tanto più l'arte autentica tende a rifugiarsi in luoghi periferici e a seguire strade alternative, come l'acqua di una sorgente ostruita che filtra in mille rivoli sotterranei. Se la custodia dei valori umani positivi e del buon gusto (della nostra stessa salute, verrebbe da dire) non viene più

infantile art – does not belong to an exotic culture or to an historical cycle which has now ended. It is rather a perennial form of human expression (at least until we experience a sense of «unease of civilisation») brought to light in this given historical season. The popular tradition is over, swept away as it was by refrigerators and mopeds; exotic civilisations are extinct and have been poisoned along with the nature and magic which had nurtured them; the quarries of archaism of the present and past perfect have been explored and depleted; at one point the avant-garde voices themselves were placed in the blender of recovery and citation, with dubious results...
Faced with these non-renewable sources (a little like fossil fuels) the art of madmen, children and the marginalised seems to be capable of regeneration. What some say is true, i.e. that mad artists have declined in number due to the closing of asylums, the reduction of therapeutic drugs and – we hope at least – of coerced treatment (this worried Dubuffet too, not without paradoxical ethical outcomes). Others even lamented the extinction of a mythical certified Outsider. However, thanks to the predisposition towards cultural conformity of human society it is probable that a number of disenfranchised and misunderstood actors will never be missing. Here lies a source of inspiration able to forage new generations of artists. But now the phenomenon is undergoing a unique phase.
Paradoxically, the relevance of Art Brut today is due to the extremely deep crisis that contemporary art is going through. The interest for artistic marginalisation seems to have a direct – perhaps proportional – relationship with the tendency of art and critique to become a professional practice and with the consequent academisation of the dominating artistic system. The more the latter increases its strength and extends is stifling influence in opposition to truth and intelligence, the more authentic art tends to withdraw into the periphery and to follow alternative itineraries, as water breaks

garantita dagli artisti colti; se cioè questi ultimi abdicano al loro primo e unico dovere, allora è naturale che ci si rivolga a coloro che all'arte sono giunti casualmente o per intima necessità, e che la salute creativa garantiscono all'ombra di un'apparente malattia.
Così, senza nemmeno saperlo, essi esercitano un ufficio della massima responsabilità. Le difficoltà della vita pratica, che gli artisti professionali non vogliono più affrontare, per costoro sono bazzecole. Non sono un inconveniente da evitare tramite astuzie e compromessi, ma la condizione esistenziale di partenza. Non servono troppi calcoli e tutto il resto, come si conviene, è occupato dall'arte. Gli artisti Brut, insomma, potrebbero fornire un argine all'invasione del kitsch e alla sua proverbiale insincerità estetica; fenomeno per combattere il quale si può dire che l'arte moderna stessa fosse nata, e che oggi ha riguadagnato il campo in ogni aspetto della società. Mi piace immaginare un centro di riabilitazione creativa nel quale, come in un mondo alla rovescia, sono gli artisti Outsider a rialfabetizzare (o, se si preferisce, a diseducare) i loro colleghi colti, principini viziati e imbarbariti dalle lusinghe del successo e del consumo.
Tuttavia, per quanto possa stimolare gli artisti, non ci si può illudere che l'arte degli Outsiders basti da sola a colmare il vuoto generato dalla fine delle avanguardie e dall'avvento dell'arte commerciale di alto livello che contraddistingue la nostra epoca. A fronte di questi meriti, infatti, l'arte definita Brut, come quella infantile, presta il fianco su un aspetto molto delicato: si trova in gran parte (anche se, credo, non del tutto) fuori dalla storia e dallo sviluppo generale dello stile. L'artista Brut è asociale, opera nella solitudine e nell'oblio; ogni invenzione è di per sé «nuova», perché sempre nuova è la tensione che vorrebbe placare, l'ossessione da cui vorrebbe liberarlo. Egli sembra attingere a una fonte creativa oscura che ciascuno di noi, forse non a torto, è convinto di possedere, e per questo suscita una simpatia immediata. Ma la

into thousands of underground streams once its outlet source is blocked off. If the stewardship of human values and of good taste (one feels like adding «of our own health») is no longer guaranteed by cultivated artists, i.e. if they fall short of their first and only duty, it is only natural that we call on those who have reached the shores of art by chance or through intimate necessity, and who guarantee creative health protected by the shade of an apparent illness.
Therefore, without even knowing it they carry out a task of the highest responsibility. The challenges of practical life that professional artists no longer want to deal with are child's play for them. They are not an inconvenience to avoid by using a mix of cleverness and compromise, but their initial existential condition. The mind need not burden itself with too many calculations, and the rest, appropriately, is taken up by art. Brut artists, basically, may represent a parapet against the invasion of kitsch and its proverbial aesthetic insincerity. Modern art was perhaps born to fight this very battle, yet the phenomenon has pervaded every aspect of society. I like to imagine a centre for creative rehabilitation where, as in a topsy-turvy world, Outsider artists are the bearers of a message of literacy (or un-learning, if you prefer) for their cultured colleagues, spoilt young scions who have fallen prey to barbarism enthralled as they were by the siren song of success and consumption.
Yet notwithstanding the undeniable stimulus this provides the artist, we cannot fool ourselves that Outsider art alone can fill the void generated by the end of the avant-garde and by the arrival on the scene of high-level commercial art as we have seen in our time. Despite its many merits, it is correct to say that what is defined as Brut Art, along with infantile art, finds itself in a very delicate predicament: it takes place mainly (though not entirely, I believe) outside the borders of the history and development of style. The Brut artist is asocial, and operates in solitude and oblivion. Each invention is new in itself, as the tension it is born to quench is new,

sua forza è anche la sua condanna: la freschezza con cui reinventa di continuo le immagini è una sorta di definizione assoluta. Genera l'illusione inebriante di una perenne creatività, la quale tuttavia è priva di agganci al linguaggio dell'epoca e senza una mediazione rischia di rimanere un «caso», fatica a integrarsi nello sviluppo culturale e a diventare efficace per la società umana.

Quello che intendo lo si afferra bene pensando allo sforzo compiuto da Dubuffet per integrare i linguaggi Brut nell'estremo sviluppo dell'avanguardia. Ciò naturalmente non ha niente a che fare con il tentativo di normalizzare questa espressione artistica inserendola in un sistema culturale; quella che Michel Thévoz chiamava «iper-comprensione debilitante» e assimilava con disprezzo al processo digestivo. Pur tuttavia, l'anti-cultura è un prodotto altamente culturale; l'artista Brut non sa nemmeno che cosa significhi. Se, come si dice, le lodi della povertà provengono sempre dai ricchi, quelle dell'innocenza provengono sempre dalla cultura. Ma è anche grazie alla mediazione colta di Dubuffet che l'Art Brut ha generato i suoi bellissimi frutti. Senza contare il contributo al rapporto fra la parola e l'immagine, anche solo quell'«annunciare» quest'ultima sulla soglia del processo di figurazione, «lasciando la forma in sospeso, resistendo alla sua sollecitazione»; o quella «tensione fra la significazione intenzionale e il materiale di supporto» (cito sempre Thévoz), che i primi esegeti dell'Art Brut le hanno subito riconosciuto, non sono divenuti poi i cardini della pittura dubuffettiana e di gran parte del movimento informale?

Mi sembra dunque che la strenua difesa degli addetti ai lavori per evitare la contaminazione del loro campicello non tenga conto del fatto che l'arte diventa feconda nel momento in cui viene saccheggiata, imitata e persino malintesa; quando cioè entra nel mondo e si trasforma da opera irripetibile in gusto, moda, attitudine, persino gesto e comportamento. Di questo un artista – qualunque artista – dovrebbe essere

as well as the obsession it would like to appease. Such artist seems to draw from an obscure creative source which every one of us, perhaps rightly, is sure to possess. This is why they evoke immediate empathy. But such strength is also a curse: the freshness with which images are continually reinvented is a kind of absolute definition. It generates the inebriating illusion of everlasting creativity, but integrates with difficulty into cultural development in order to become effective for human society.

Perhaps it is easier to perceive what I mean when we think of the effort made by Dubuffet to integrate Brut language into the extreme development of the avant-garde. This is of course not linked to the attempt to normalise this artistic expression by including it in a cultural system – what Michel Thévoz called «debilitating hypercomprehension», and which he despisingly associated to the digestive process. Anti-culture is however a highly cultural process. The Brut artist is totally unaware of this. If, as it is said, praise for poverty always comes from the wealthy, calls in favour of innocence always originate from the voice of culture. It is correct to say that thanks to the educated mediation of Dubuffet, Art Brut was able to generate such copious fruit. Not to mention the relationship between word and image, even just the «proclamation», on the threshold of the figurative process, «leaving the form suspended, resisting its solicitations; or that tension between intentional signification and the supporting material» (I quote Michel Thévoz), which the early exegetes of Art Brut immediately recognised. All those then became the pivotal points of Dubuffet's and most of the informalist movement's painting.

It seems to me therefore that the strenuous defence on the part of practitioners in order to avoid contamination of their own garden does not bear in mind the truth that art becomes fruitful once it is plundered, imitated and even misunderstood. When, that is, it penetrates the world and changes from an unrepeatable feat into taste, fashion, attitude and even gesture and

sommamente orgoglioso. La generosità dell'arte, la sua intrinseca natura non sta proprio, fra l'altro, in questo offrirsi al mondo senza riserve, a ogni possibile uso?

Vorrei concludere questo breve intervento con qualche osservazione sul futuro (o su un possibile futuro) dell'arte Brut e Outsider. Guardando le cose in prospettiva, non credo, o almeno spero, che il problema principale sarà la tenuta creativa dei singoli autori, ma piuttosto la nostra capacità di sviluppare un'adeguata selezione. Che l'arte Brut degli ultimi anni talvolta sia stata un prodotto confezionato da psichiatri vanesi e da pericolosi «organizzatori culturali» (figura agghiacciante del nostro tempo!) è solo la punta di un iceberg; sotto la quale (dopo l'ottimo inizio di Dubuffet e Thévoz, che però beneficiavano di un clima migliore), s'intravede una certa difficoltà a stabilire criteri di giudizio. Del resto è la medesima difficoltà che affligge la critica odierna (se ancora esiste), ormai priva di scopi che non siano promozionali; ma aggravata in questo caso dalla già ricordata tendenza dell'opera Brut a presentarsi – almeno in apparenza – in modo quasi irrelato.

Temo però che ci sia qualcosa di più. Come ho detto, oggi non partecipiamo più, come ai tempi di Dubuffet, a una tensione estetica ideale. L'Art Brut non è più un grimaldello col quale scardinare le categorie convenzionali dell'arte. Non stiamo più raccogliendo materiali per costruire modelli d'avanguardia, né altro; ci troviamo semmai in una posizione di attesa, o di difesa, e questo purtroppo si riflette in una perdita di vigore e in una minore chiarezza critica. Dubuffet si serviva dell'Art Brut per combattere la professionalizzazione dell'arte, di cui presentiva già il declino da espressione individuale a sistema senza volto, dominato dal frivolo *flatus vocis* del consumo. La capacità di scovare l'arte marginale, di valutarla e di difenderla era proporzionale alla durezza dello scontro.

Ora ci troviamo fuori dal mito primitivista, fuori dalla bohème, fuori dall'ideale di un'arte incontaminata; fuori da tutto, verrebbe da

behaviours. Of this an artist – any artist – should be extremely proud. Is it not correct to say that the generosity of art and its very intrinsic nature resides precisely here among other places, i.e. in this manner of offering itself to the world without holding back and for every possible use?

I would like to move towards the concluding part of this contribution with some observation on the future (one possible future) of Brut and Outsider Art. Looking at things in perspective I do not believe that the main problem will be the creative clout of individual authors. Perhaps I should say this is what I like to hope. Rather it will be our ability to develop an adequate manner of selection. The fact that art Brut over recent years has sometimes been a product packaged by vane psychiatrists and dangerous «cultural organisers» (a spine-chilling creature of our time!) is only the tip of the iceberg. Below the surface (after the excellent beginnings of Dubuffet and Thévoz who did enjoy the benefit of a healthier climate) we note a certain difficulty in establishing evaluation criteria. Needless to say this is the same difficulty afflicting current-day critique (if such a thing still exists), at this juncture devoid of any goal except promotion. But worsened in this case by the previously-evoked tendency of the Brut work to present itself, at least on the surface, as unconnected.

I fear however that there is more. As I said, we no longer participate in an ideal aesthetic tension today as we did in Dubuffet's time. Art Brut is not a skeleton key with which we can throw open the conventional categories of art. We are not collecting materials in order to construct avant-garde models, nor something else. If anything, we live in an expectant attitude, or perhaps a defensive one, and this unfortunately translates into a loss of vigour and a diminished critical clarity. Dubuffet used Art Brut to fight the professionalization of art, whose decline from individual expression to a featureless system dominated by the soft nothings of consumption he could sense. The ability to unearth marginal art, to assess it and

dire, tranne che dalla logica del profitto. Per somma ironia, quest'ultima viene gabellata per pluralismo culturale, contrapposto alle vecchie certezze del modernismo; mentre è esattamente il contrario, perché a una miracolosa condizione di apertura ha fatto seguito un totale conformismo, che appare variegato soltanto perché varie sono le merci artistiche e gli slogan puerili che le accompagnano. Oggi un'opera d'arte e un manifesto pubblicitario possono rifarsi indifferentemente al realismo sovietico o alla grafica futurista. Ma un'epoca che non esprime uno stile coerente non è più libera e più pluralista delle altre; è semplicemente un'epoca sterile, che non sa imporre una visione originale del mondo.
L'insoddisfazione per questo stato di cose è palpabile. Al punto che nascono fiere d'arte che si vorrebbero dedicate a chi «rimane puro, libero, anticonformista» (sic!); come se – è questo il peccato originale dell'uomo mediatico – scelte così rare e irriducibili si potessero esprimere in un sistema artistico (in definitiva, un *format*) che trascende le visioni e i drammi individuali. Come si vede, la famosa sentenza di Dubuffet («L'art ne vient pas coucher dans les lits qu'on a faits pour lui»), sempre più citata, è sempre meno ascoltata.
Forse siamo un po' più maturi, in qualche caso anche più cinici, ma ne paghiamo tutto il prezzo. Tradendo la propria natura, l'Art Brut è diventata una delle tante categorie estetiche; destino paradossale di un'invenzione che era nata per cancellarle. Negli ultimi decenni lo studio dell'Art Brut si è specializzato, è diventato anch'esso professionale, e così ha reciso il cordone ombelicale che lo legava alle ragioni profonde dell'arte. Eppure era da quel legame che proveniva la motivazione e la straordinaria lucidità dei primi scopritori.
In futuro dunque si dovrà compiere uno sforzo per migliorare questa situazione. Non poco, certamente, è già stato fatto. Ma nonostante lo splendido lavoro compiuto, anche in Italia, dai pionieri di queste ricerche, il dibattito su

to defend it was proportional to the harshness of the battle.
Now we are on the outside the primitivist myth, bohème, and the ideal of an uncontaminated art. We are out of any milieu, I feel like saying, except profiteering. The exquisite irony is that the latter is stamped as cultural pluralism, as opposed to the old certainties of modernism, whereas the opposite is true, as the miraculous predicament of openness has been followed by total conformism which appears diverse simply because the goods and relative puerile slogans are varied. Nowadays a work of art or an advertising poster can equally wink at Soviet realism or futurist graphics. Yet an era which does not express a coherent style is neither freer nor more pluralistic than any other. It is simply a barren age unable to impose an original view of the world.
The dissatisfaction for this state of affairs is palpable. To the point that certain art fairs are held, and they are supposedly devoted to those who «remain pure, free and non-conformist» (sic!). It is as though these rare and complex choices could be expressed within an art system (practically, a format) transcending individual visions and plight – such is the original sin of *homo mediaticus*. As we clearly see, Dubuffet's famous sentence («L'art ne vient pas coucher dans les lits qu'on a faits pour lui») is ever more cited yet less and less heeded.
Perhaps we are a little more mature, in some cases a little more cynical, but we pay the full price. By betraying its own nature, Art Brut has become one of the many aesthetic categories. A paradoxical destiny for an invention born to erase them. In the last decades the study of Art Brut has become specialised, and certainly professional, thus severing the umbilical cord bonding it to the deep reasons of art. Yet from that very bond came the motivation as well as the extraordinary lucidity of the early explorers.
The future will have to entail an effort in order to improve this situation. A lot, we acknowledge, has been done. But despite the excellent

questo aspetto forse non è stato approfondito come merita. Il fatto del resto è comprensibile. Quando ci si imbatte in un fenomeno artistico il primo impulso è di tracciare mappe, di far conoscere e catalogare il materiale emozionante che viene alla luce. Ma prima o poi viene il momento di stabilire una scala di valori, senza la quale non è possibile collocare i fenomeni in prospettiva; il che significa, in altre parole, fare i conti con l'Art Brut attraverso il presente e per interpretare il presente. Nessuna conoscenza può resistere a lungo svincolata da un senso, separata dalle esigenze profonde della cultura e del proprio tempo. Solo da questo legame possono scaturire criteri di interpretazione validi. Se si aspetta troppo a lungo interviene il mercato, come è già successo nell'arte colta, e l'esperienza insegna che dopo è troppo tardi per correre ai ripari.

Oggi ci sono straordinari Outsiders la cui statura non è stata ancora riconosciuta, benché talvolta siano decisamente superiori, per intensità e sincerità, alle star milionarie che si pavoneggiano nelle gallerie internazionali. La loro opera potrebbe essere preziosa per ricreare un clima di fiducia e per delegittimare il sistema pseudo-artistico che impera ormai da molti anni. Attraverso il loro esempio forse potremmo liberarci del petulante *glamour* dell'arte commerciale di lusso, miseramente appiattita sul linguaggio dei media; arte che ormai – bisogna avere il coraggio di dirlo – risulta indistinguibile per forme, contenuti e scopo, dalla pubblicità di un qualsiasi altro prodotto. Tali meravigliosi artisti però sono apprezzati soltanto da un gruppo limitato di esperti che talvolta (è il vecchio imprinting dubuffettiano) sono quasi restii a divulgarne l'opera nel timore di contaminarne la purezza.

D'altra parte, a fronte di un materiale che continua ad aumentare grazie al favore della moda e al successo commerciale, il vaglio (in positivo e in negativo) è diventato più urgente, e a mio parere andrebbe compiuto con una certa spietatezza. Senza lasciarsi affascinare troppo, per

work undertaken by pioneering researchers, including in Italy, the debate has not become the in-depth conversation this item deserves. And this is understandable. When we encounter an artistic phenomenon, our first impulse is to draw maps, to circulate and catalogue the emotionally charged material coming to light. But at some point comes the time to establish a scale of values, without which we cannot place the phenomenon into perspective. This means in other words to filter Art Brut through the present in order to interpret the present. No knowledge can resist so long detached from a meaning, cut off from the deep needs of culture and time. Only this link can give rise to valid interpretation criteria. If we wait too long, the market will come on the scene as we saw for cultured art, and experience shows that it will be too late to do anything about it.

Today we see extraordinary Outsiders whose artistic value has not yet been recognised, though sometimes they are obviously superior to the millionaire stars strutting across the world galleries in terms of intensity and sincerity. Their work could be precious in re-creating a climate of trust and to undermine the authority of a pseudo-artistic system which has been alive too long. Through their example we could perhaps break free of the petulant glamour of commercial luxury art which lies miserably flattened upon the media lexicon. This is an art which – it is time to muster the courage to say so – is indistinct in terms of form, content and goal from an advertisement selling any other product. These wonderful artists are however appreciated only by a limited group of experts who occasionally (Dubuffet's old imprint) are almost reluctant to divulge the work in order to preserve its purity.

On the other hand, faced as we are with an increasing wealth of material due to current trends and commercial success, an assessment, be it positive or negative, is becoming more urgent, and in my view needs to be carried out with a certain mercilessness. For example, we

esempio, dalle storie personali, che sono molto interessanti per il medico e il fanatico del settore, ma che sul piano critico non valgono molto di più degli aneddoti di Plinio e di Vasari. Che conoscere la vita dell'autore sia utile per comprenderne l'opera, è cosa fin troppo ovvia. Ma l'idea che il valore di quest'ultima si possa dedurre dalla biografia, pur essendo antichissima, è completamente sbagliata. Il mondo è pieno di capolavori senza nome e di opere scadenti prodotte da biografie suggestive. Abbiamo visto mostre di Art Brut nelle quali la tormentata vicenda dell'autore era il vero protagonista, e i suoi labili manufatti venivano proposti come reliquie di un appassionante vissuto. Questo genere di feticismo a mio parere conduce su una strada perversa, molto simile alle celebrazioni del nulla di certa arte concettuale.
Nel caso dell'Art Brut di matrice psicopatologica, senza lasciarsi condizionare dall'origine terapeutica dei manufatti. Ci è capitato di assistere a conferenze in cui il relatore, orgoglioso dei propri risultati clinici, illustrava al pubblico opere che non verrebbero prese in considerazione nemmeno in un mercatino rionale. Se gli esiti artistici, giustamente, non sono rilevanti là dove gli obiettivi sono terapeutici, non si vede perché attribuire a ogni costo delle qualità artistiche al frutto di un'attività di natura differente. *Todos caballeros*, certo; ma solo fra le mura dell'ospedale.

Francesco Porzio è Storico dell'Arte Moderna
Docente all'Accademia di Belle Arti di Brera – Milano

should not fall prey to personal life tales which may be of interest to the physician or the buff in the field, but which on a critical plain are not worth much more than the anecdotes of Pliny or Vasari. It is trivially obvious that knowing the life of the author is valuable in order to understand the work, but the idea that the value of the latter can be derived from their biography – though an ancient notion – is completely wrong. The world is full of nameless masterpieces and of low-grade works produced by evocative lives. We have seen Art Brut exhibitions where the tormented existence of the author was the true protagonist, and his or her poor artefacts were put forward as relics of a fascinating story. This genre of fetishism in my view leads us down a perverse path which is strikingly similar to those celebrations of nothingness held in some conceptual art circles.
In the case of Art Brut stemming from a psychopathological context, we should not be influenced by the therapeutic origin of the artefacts. We have witnessed talks where the speaker proudly displayed clinical results accompanied by works which would be too much even for an arts and crafts fair. Where we rightly assert that artistic results are not relevant to therapeutic objectives, we cannot understand why such artistic attributes should be at all costs stuck onto the results of an action whose goals were different to start with. It's win-win. Sure. But only within the walls of the ward.

Francesco Porzio is Historian of Moder Art
Professor at the Brera Academy of Fine Arts – Milan

«It doesn’t matter what we cover,
it matters what you discover»

Chomsky

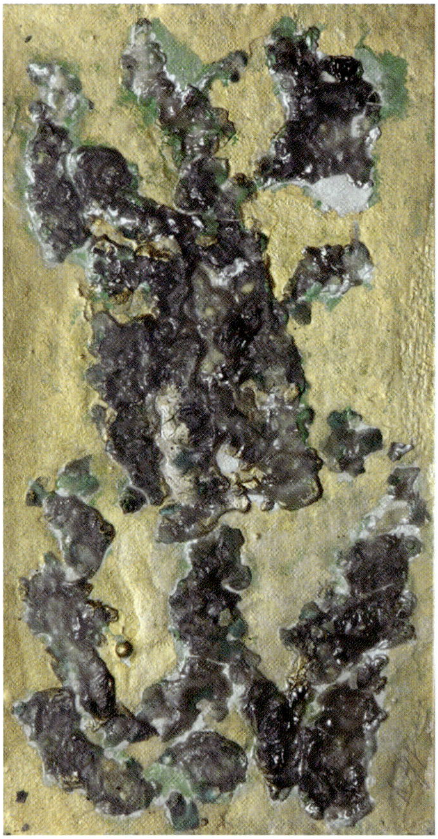

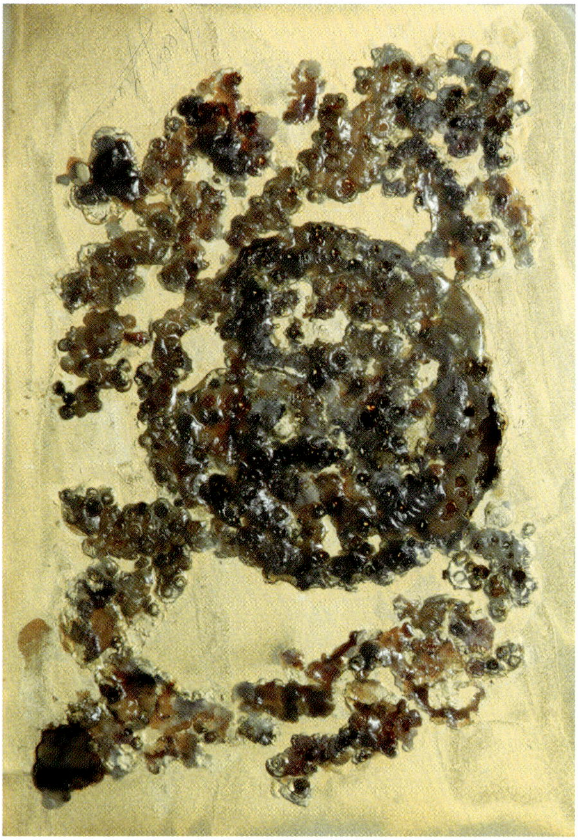

Nelly Valenti, *Senza titolo* (*Untitled*), 1971
Cartone con colatura di cera su fondo oro / Wax casting on golden cardboard, 25 × 36 cm

Nelly Valenti, *Senza titolo* (*Untitled*), 1971
Cartone con colatura di cera su fondo oro / Wax casting on golden cardboard, 25 × 36 cm

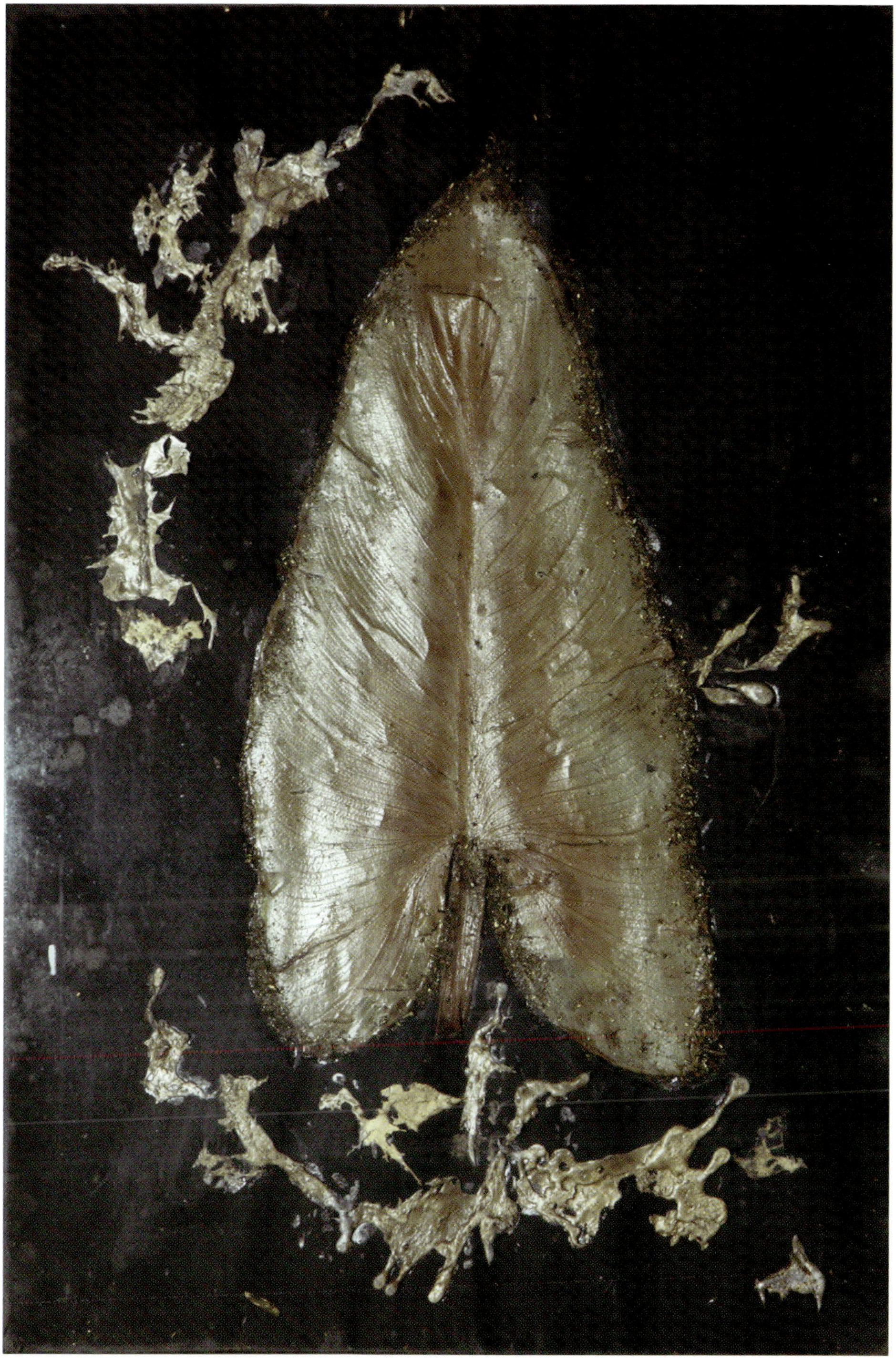

Nelly Valenti, *Senza titolo* (*Untitled*), 1971
Cartone polimaterico con foglia essiccata e colatura di stagno / Polymateric cardboard, with dessicated leaf and tin casting, 34 × 51 cm

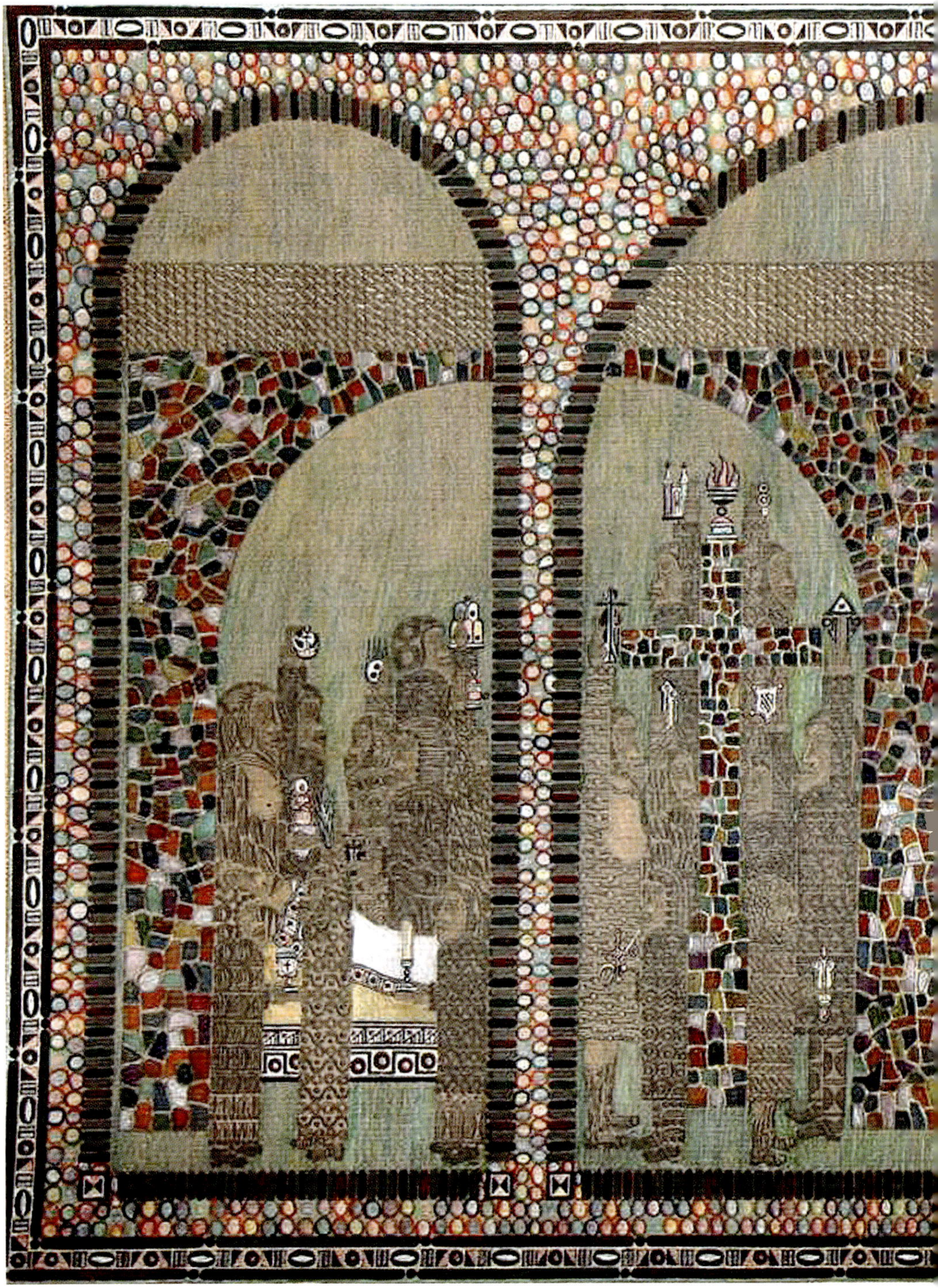

Vasily Romanenkov, *Senza titolo* (*Untitled*), senza data (*undated*)
Disegno su carta montata su cartone / Drawing on paper mounted on cardboard, 105 × 65 cm

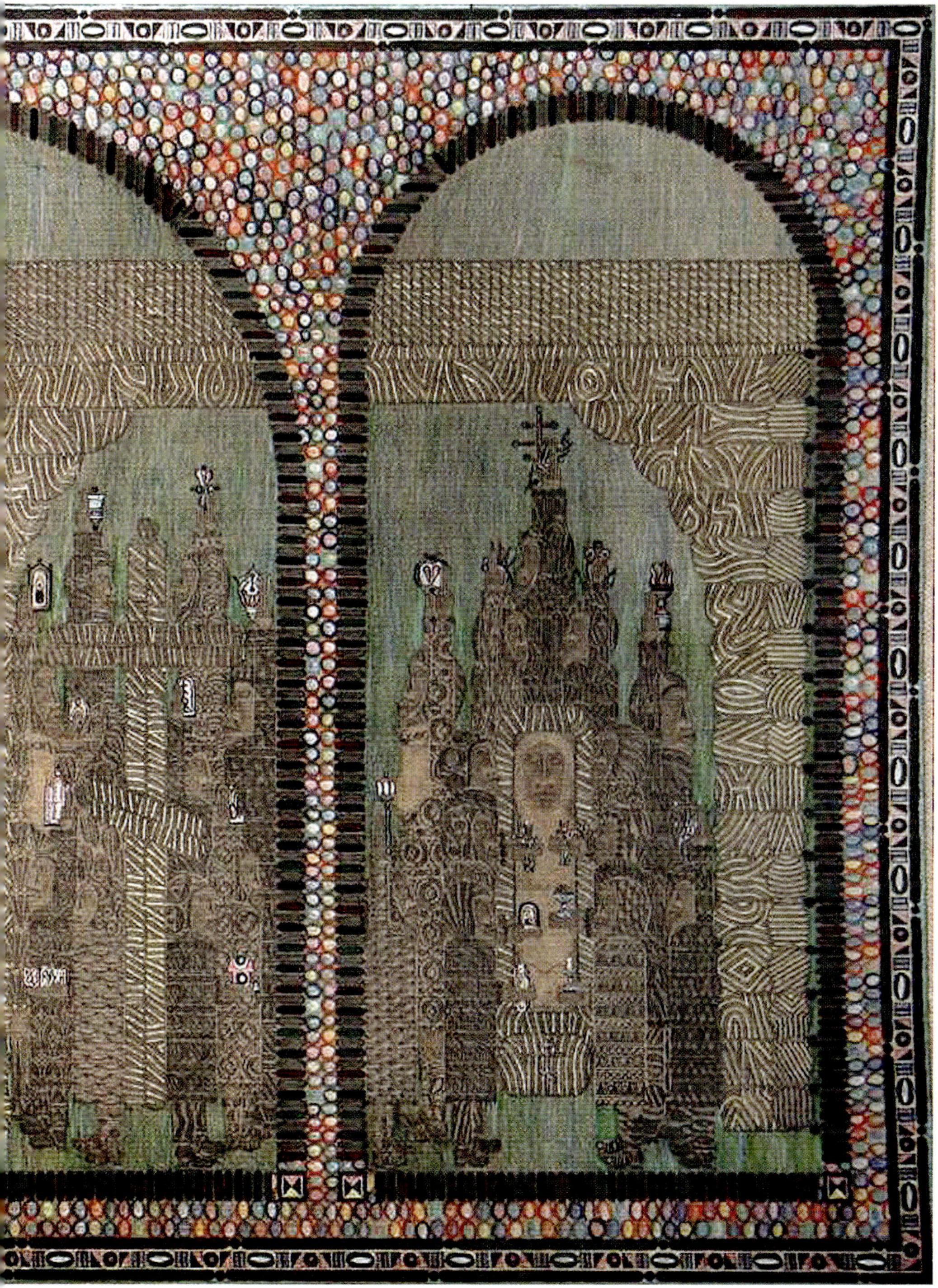

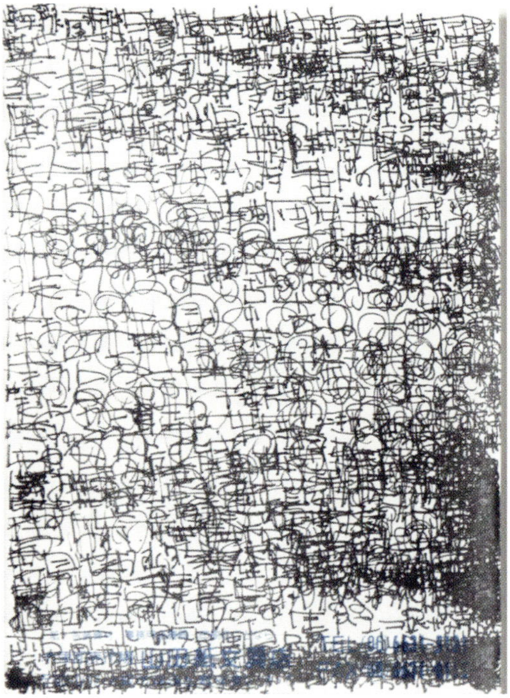

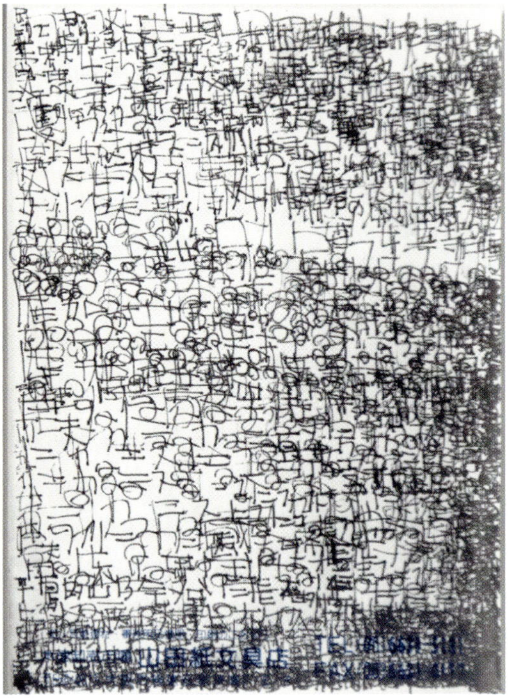

Kunizo Matsumoto, *Senza titolo* (*Untitled*), 2005
China su carta / Ink on paper, 15 × 10,5 cm

Kunizo Matsumoto, *Senza titolo* (*Untitled*), 2005
China su carta / Ink on paper, 15 × 10,5 cm

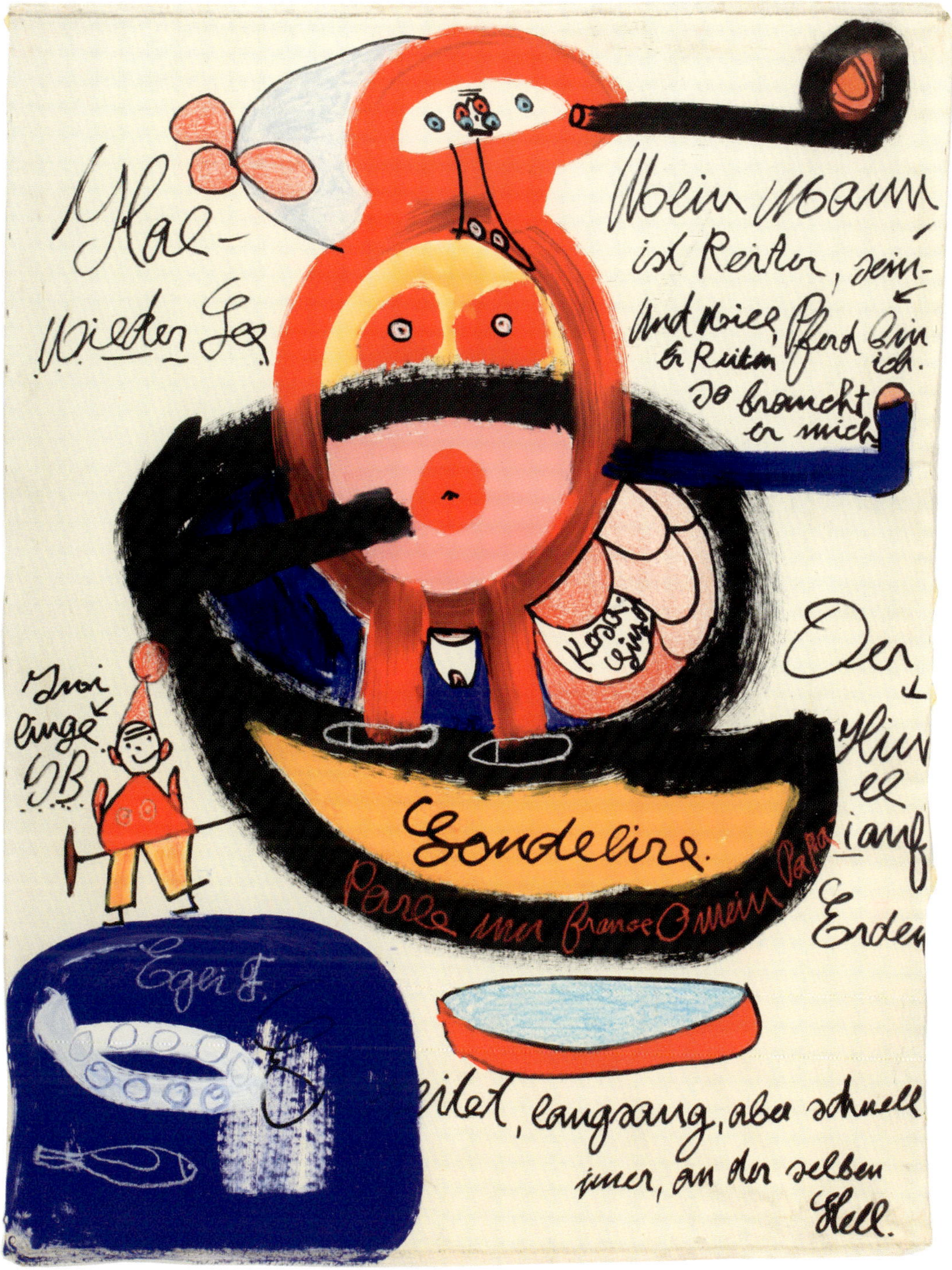

Ida Buchmann, *Mein Mann, ist Reiter, sein - Pferd bin ich*
(*Mio marito è cavaliere - io sono il suo cavallo / My husband is rider - I am his horse*)
Pastello a cera, acrilico e pennarello su tela / Wax crayon, acrylic and felt-tip pen on canvas, 160 × 120,7 cm

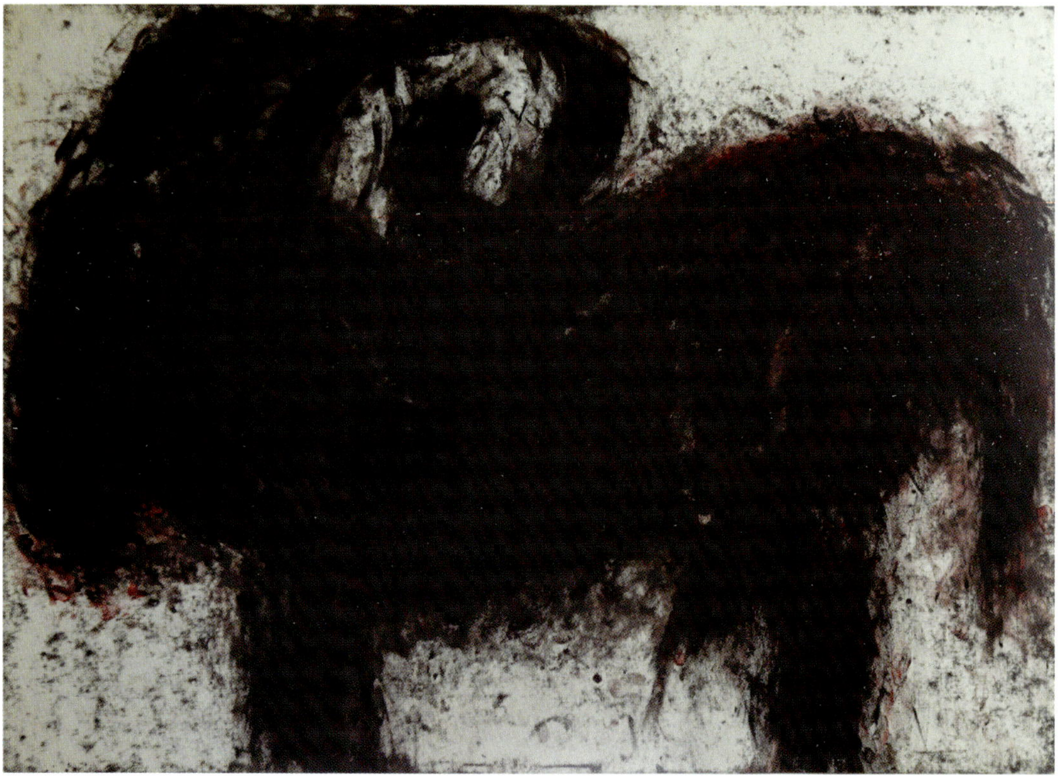

Michel Nedjar, *Senza titolo (Untitled) / Paris Belleville*, 1991
Tecniche miste su cartone / Mixed media on cardboard, 77 × 107 cm

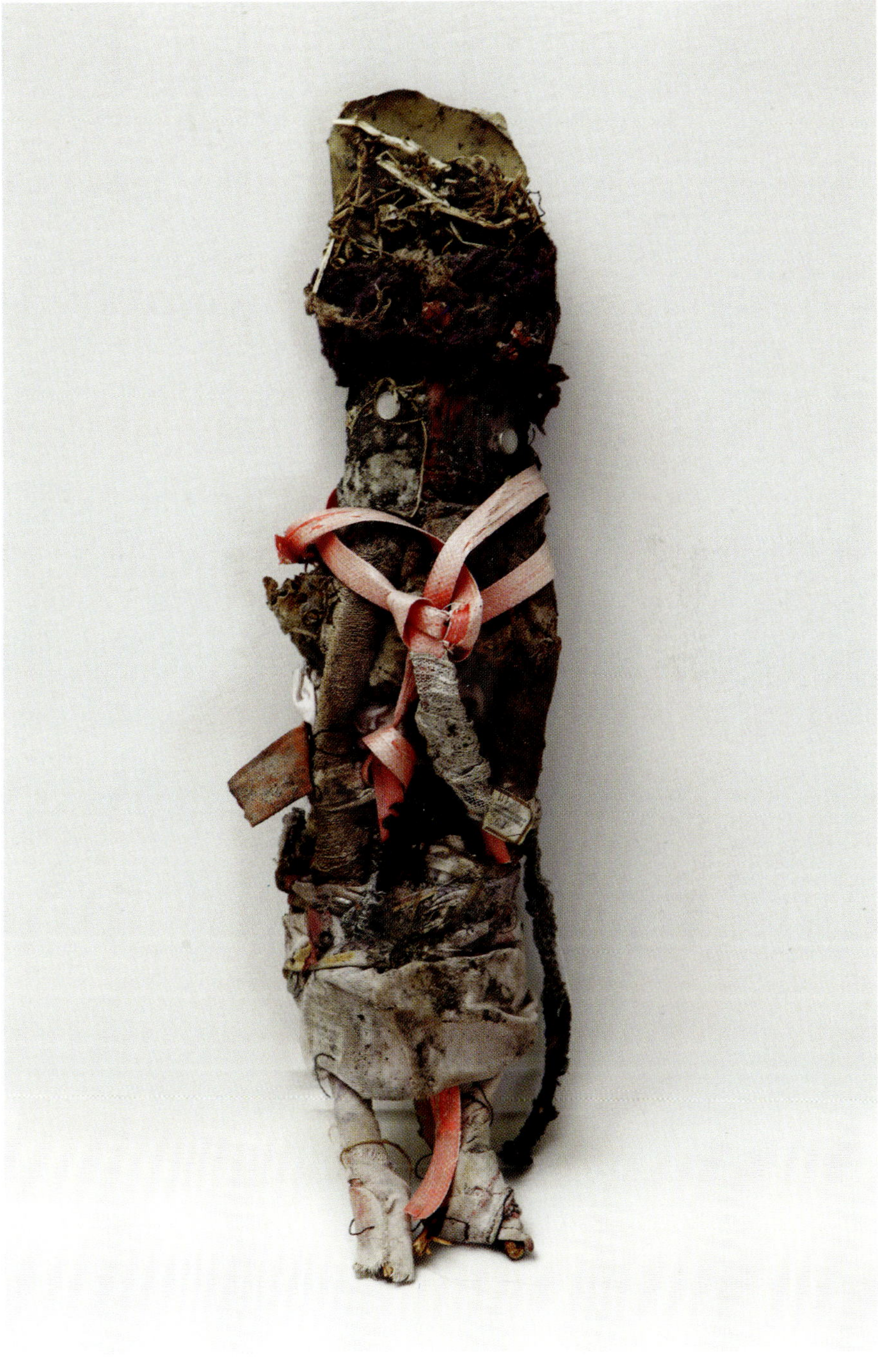

Michel Nedjar, *Poupée* (*Bambola*), senza data (*undated*)
Tessuto, cartone, erba secca, oggetti quotidiani, terra / Fabric, cardboard, dry grass, everyday objects, ground, 47,5 × 15 × 12 cm

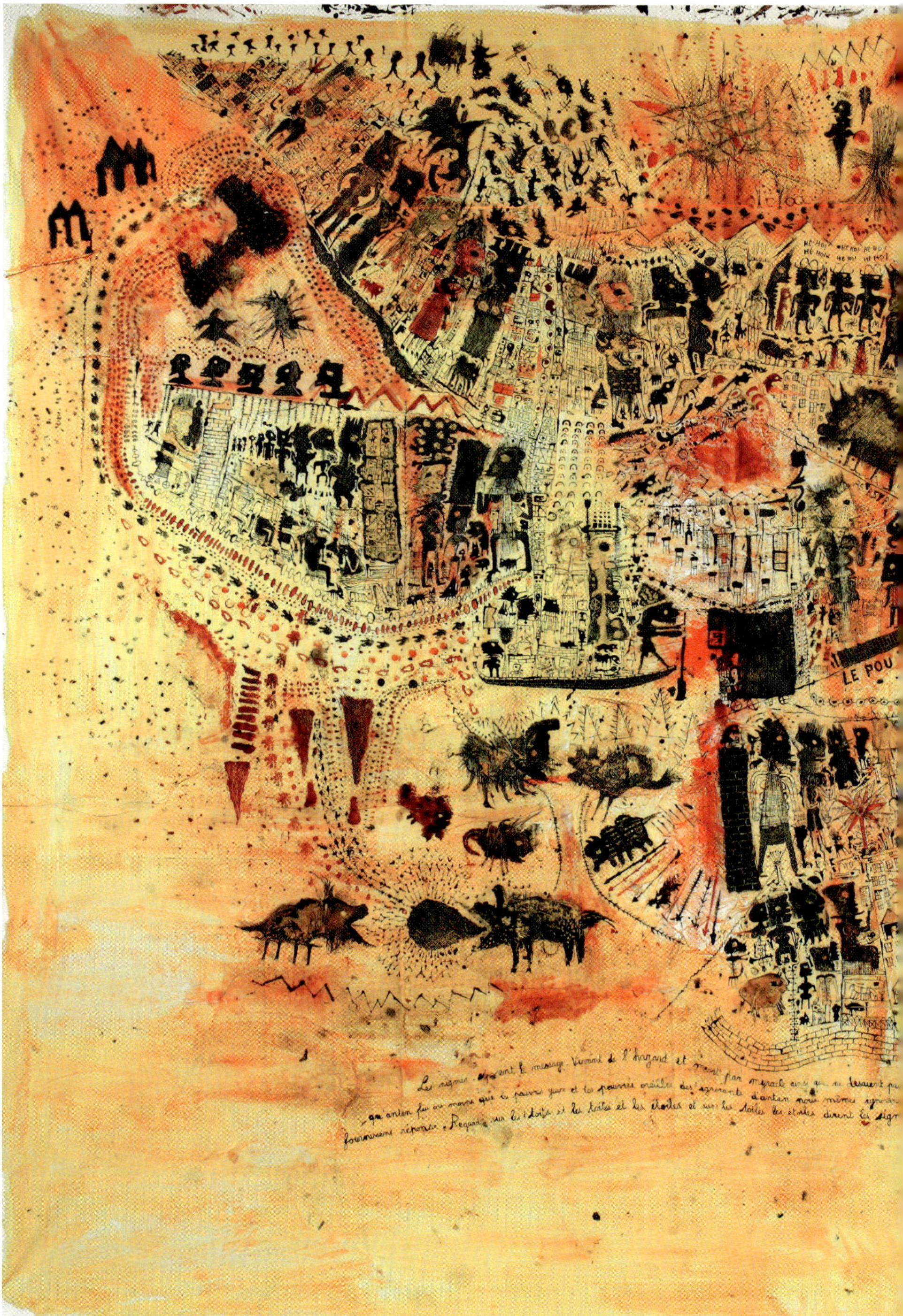

Philippe Azéma, *Le pou bat essor* (*Il pidocchio prende il volo / The cootie takes flight*), 2014 c.
Carta incollata su tela / Paper glued on canvas, 209 × 294 cm

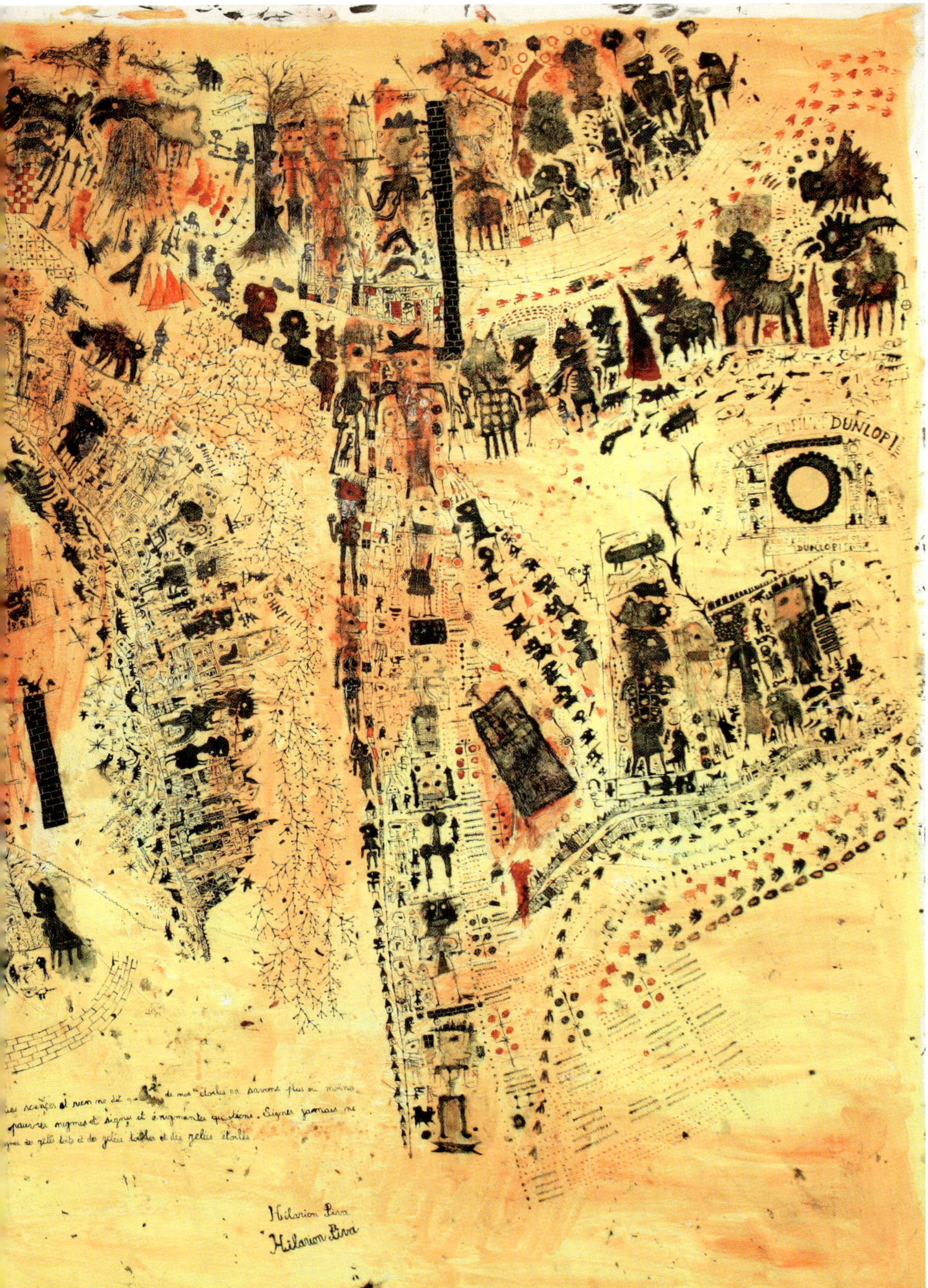
DUNLOP!
Hilarion Piva

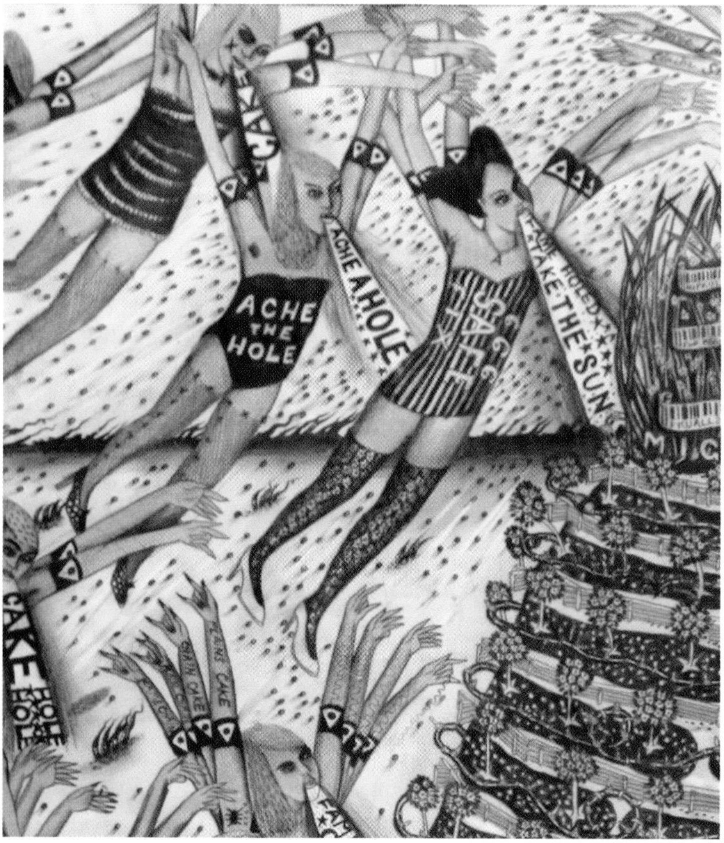

Chris Hipkiss, *CO's Family Hate Cake* (*La famiglia di CO Odia Torta*), 2010
Matita / Pencil, 92 × 78 cm
Particolare / Detail

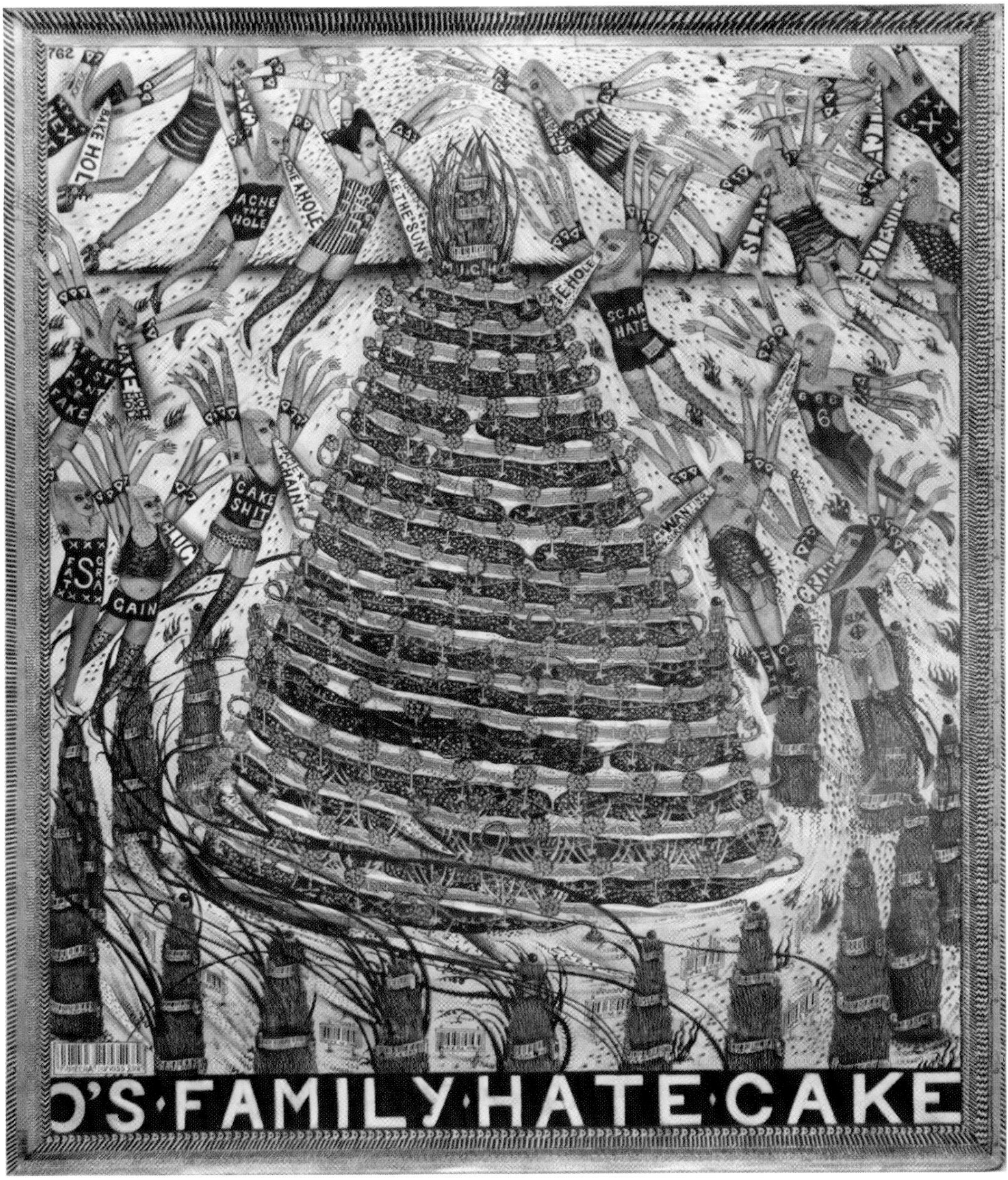

Chris Hipkiss, *CO's Family Hate Cake* (*La famiglia di CO Odia Torta*), 2010
Matita / Pencil, 92 × 78 cm

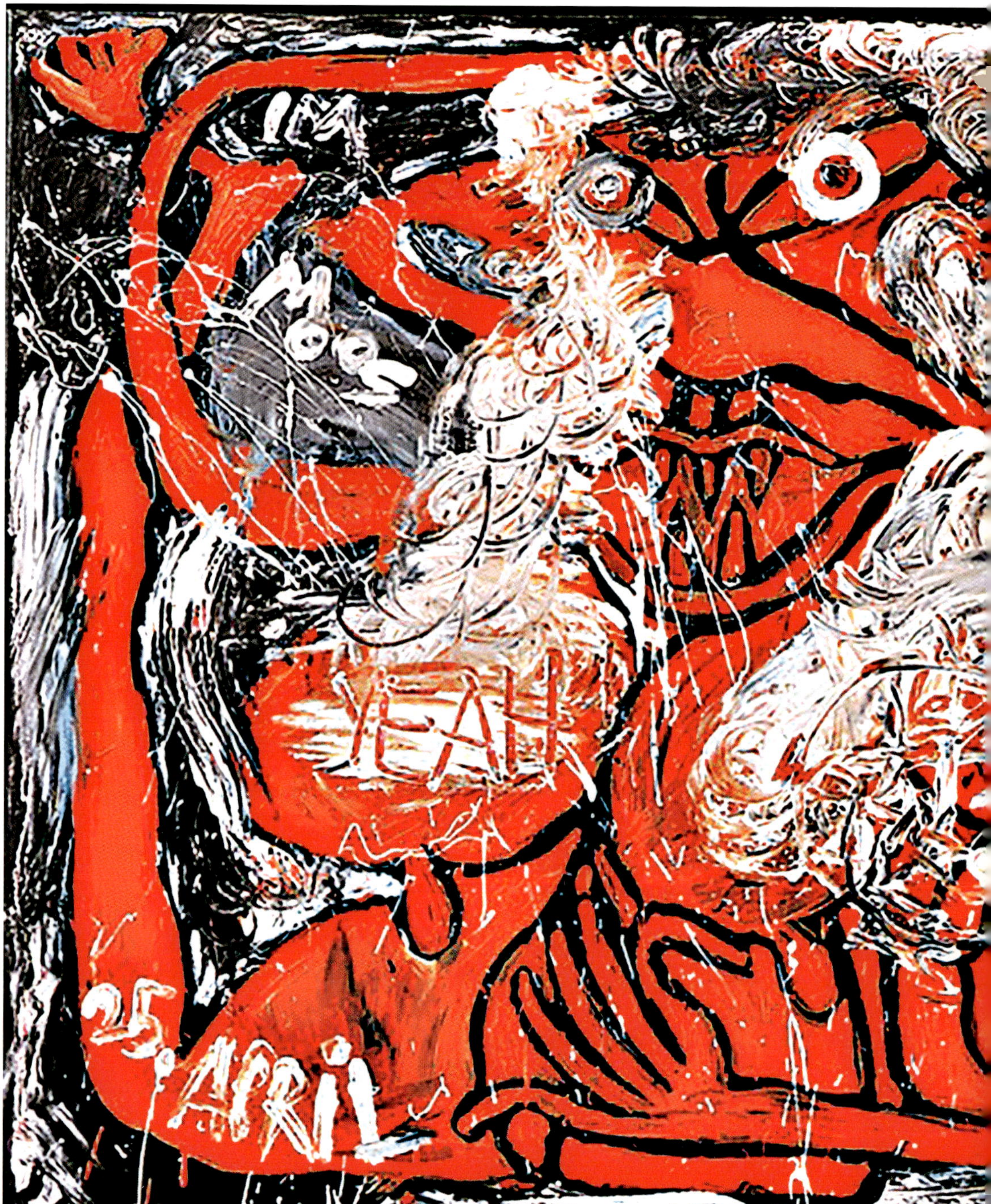

Janz Franz, *Orange Sisters (Sorelle Orange)*, 1997
Olio su tela / Oil on canvas, 160 × 280 cm

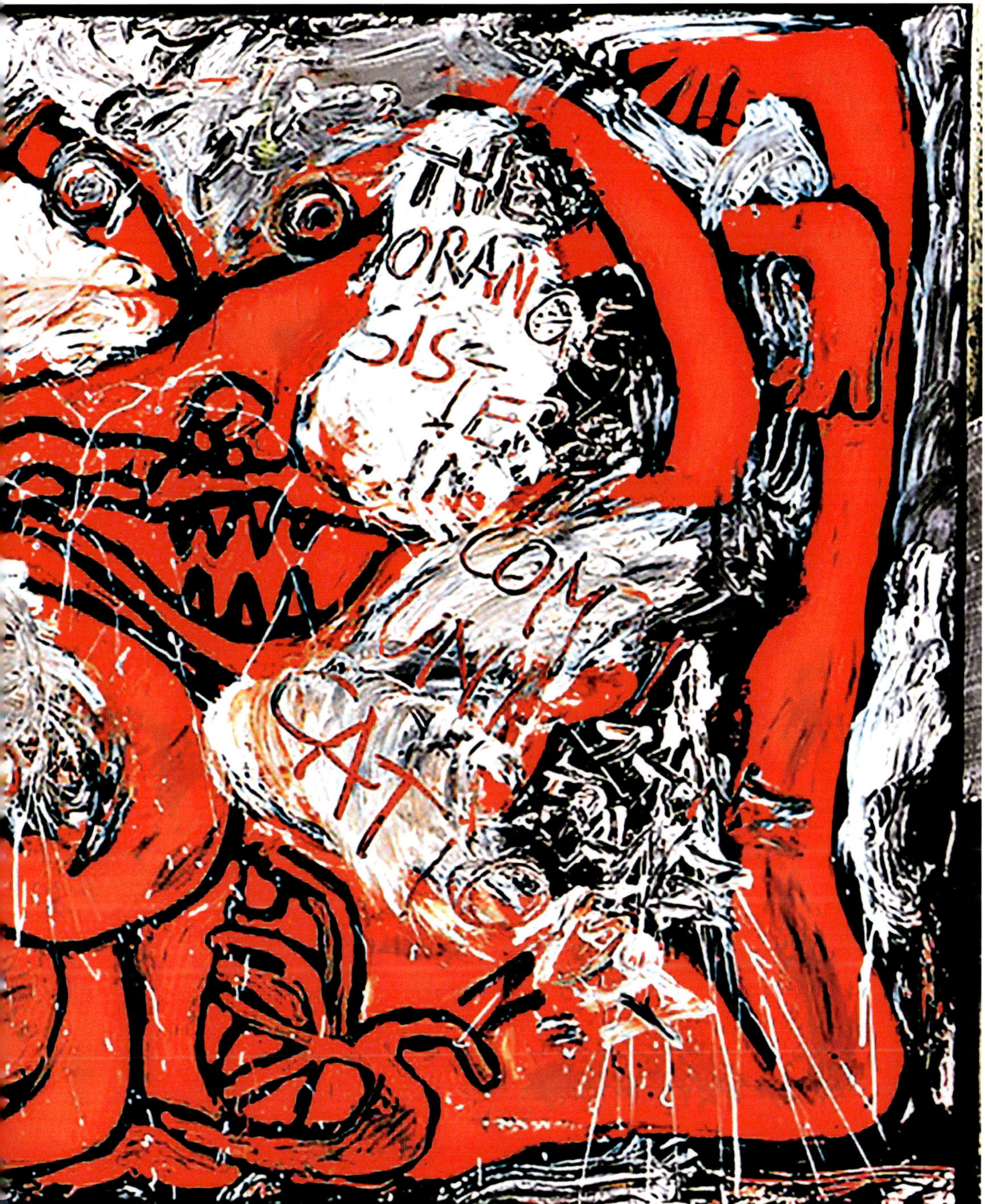

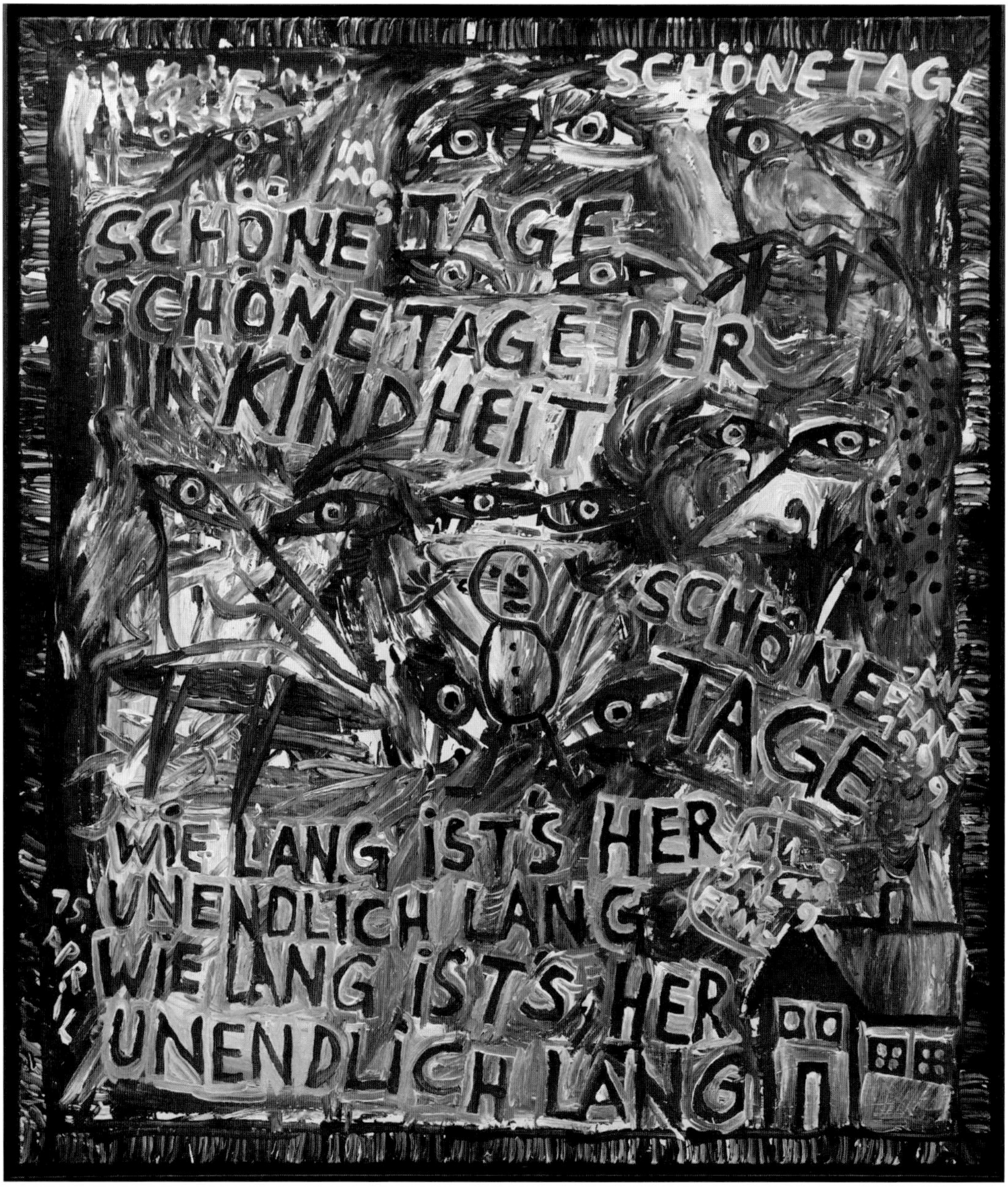

Janz Franz, *Schöne Tage der Kindheit* (*Bei giorni dell'infanzia / Childhood good times*), 1999
Acrilico su tela / Acrylic on canvas, 135 × 115 cm

Marie-Claire Guyot, *Senza titolo* (*Untitled*), 1980
Materiali di recupero / Recycled materials, 61 × 32 cm

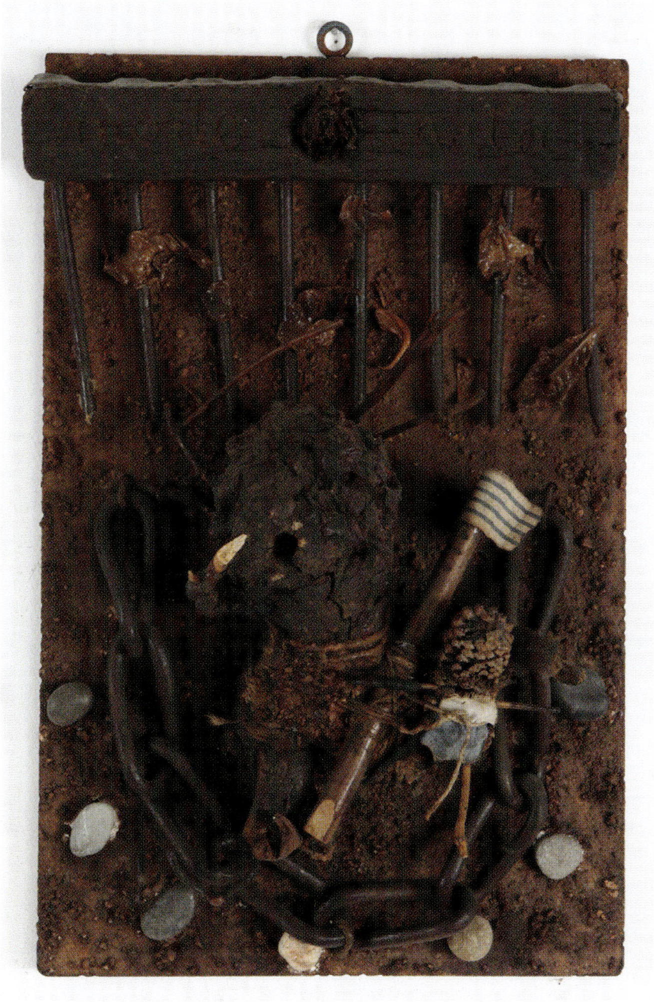

Marie-Claire Guyot, *Senza titolo* (*Untitled*), 1979
Materiali di recupero / Recycled materials, 40 × 40 cm

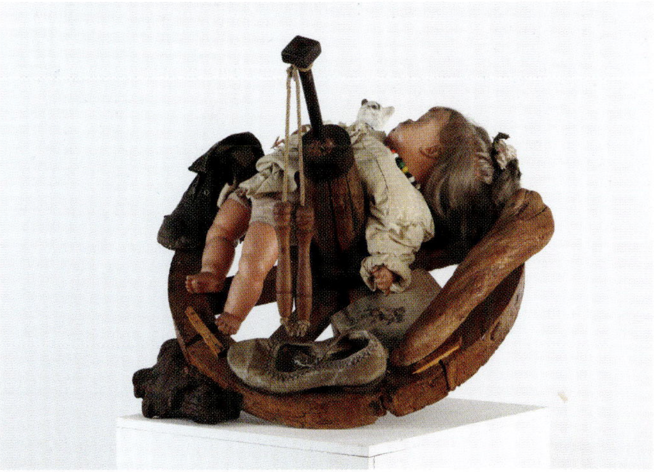

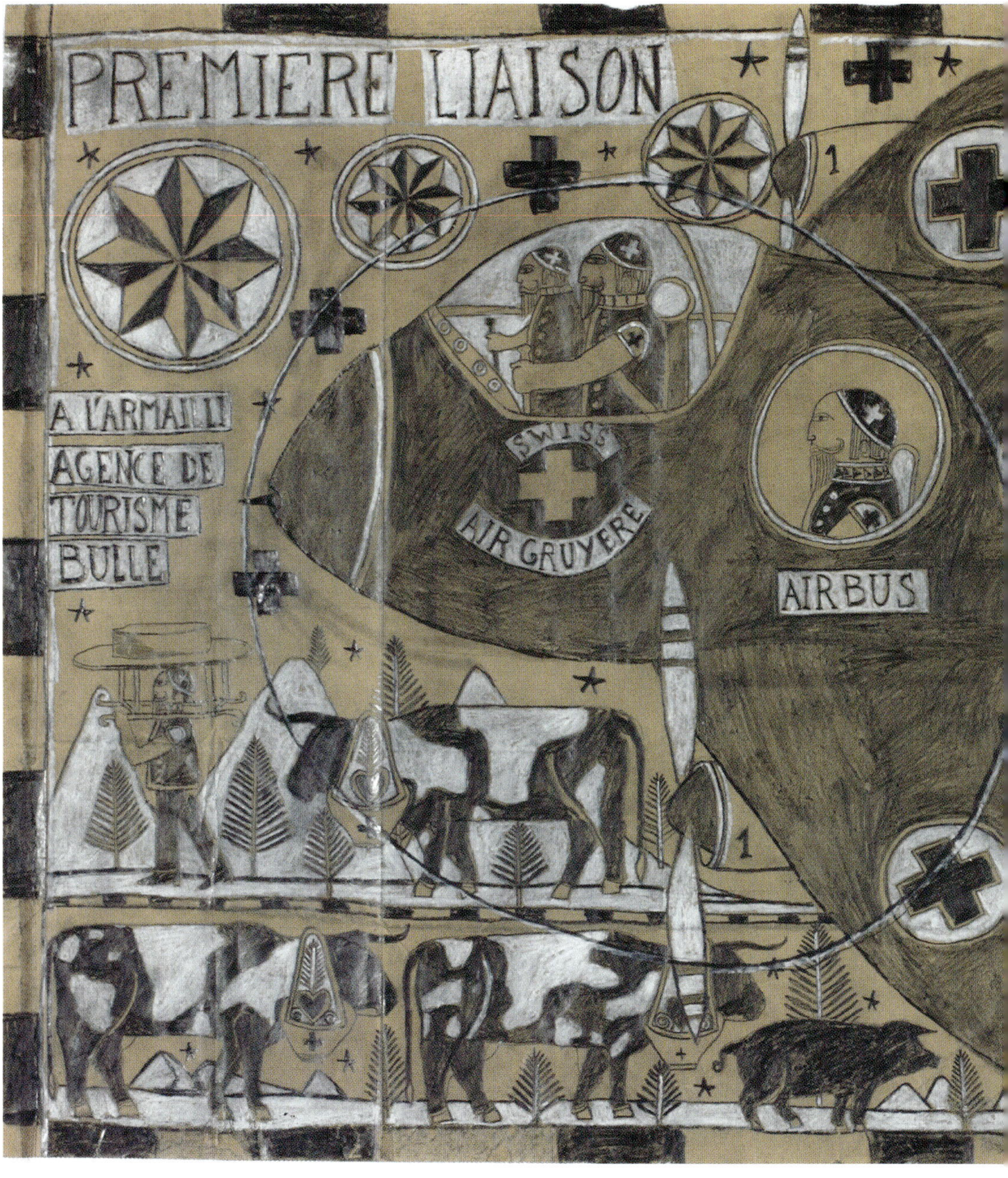

François Burland, *Moleson Bamako*, 2009
Grafite e pastello a cera su carta / Graphite and wax crayon on paper, 50 × 100 cm

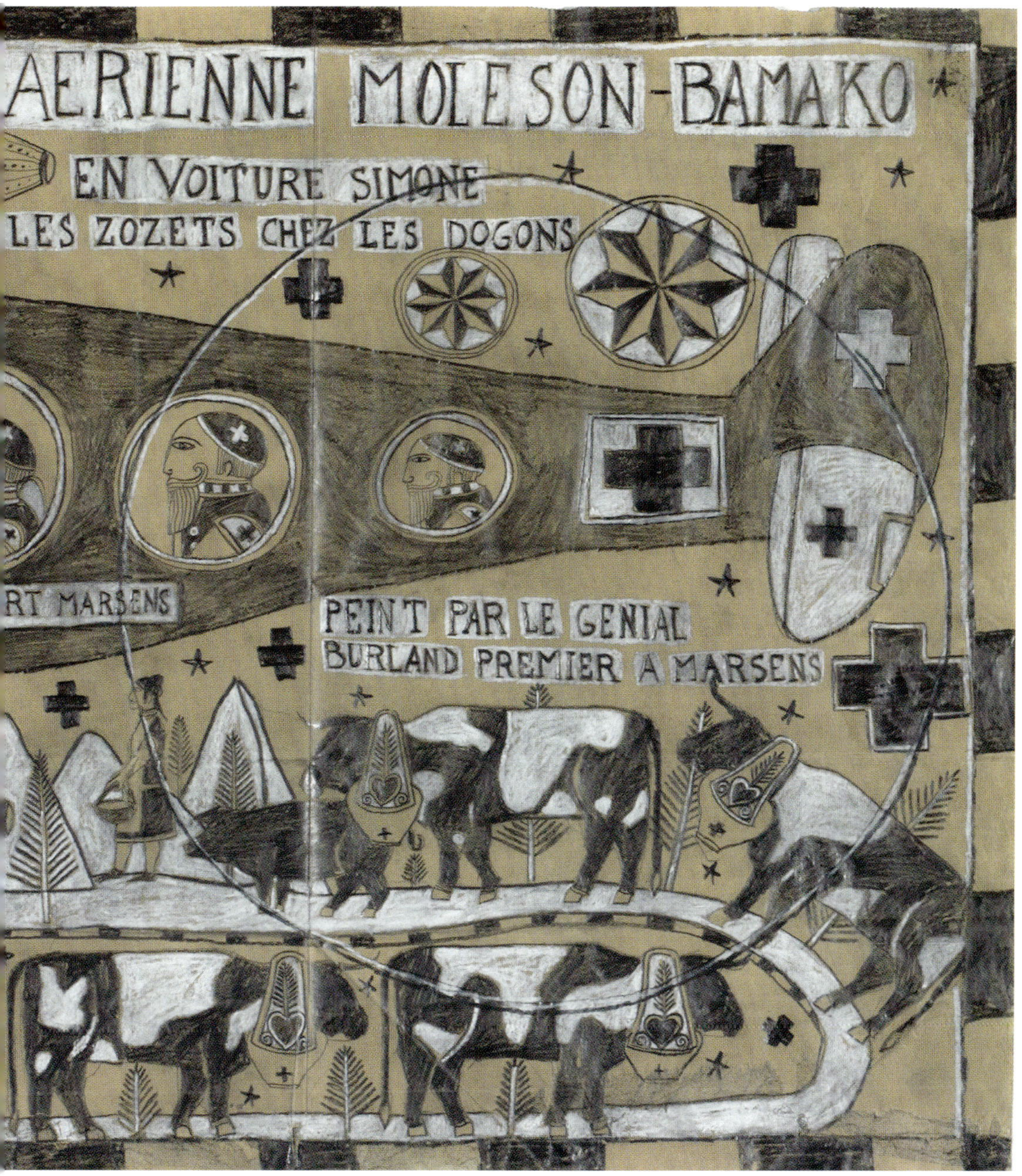
AERIENNE MOLESON-BAMAKO
EN VOITURE SIMONE
LES ZOZETS CHEZ LES DOGONS
RT MARSENS
PEINT PAR LE GENIAL
BURLAND PREMIER A MARSENS

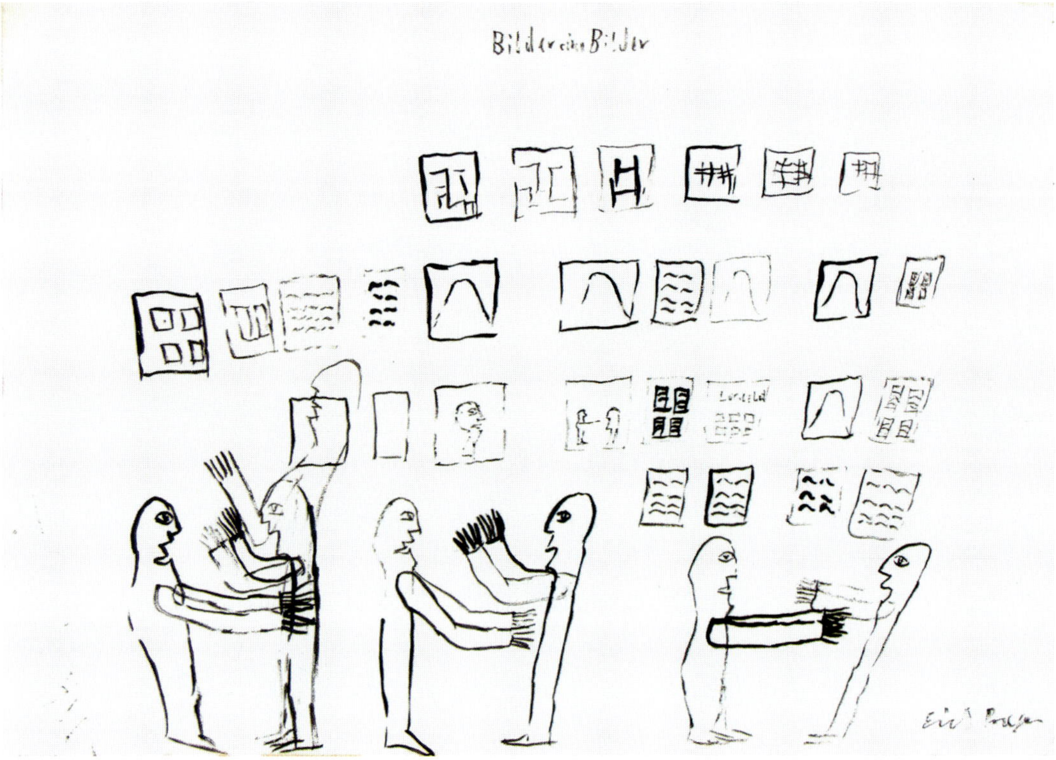

Erich Prager, *Bilder eine Bilder* (*Immagina un'immagine / Imagine an image*)
Pennarello nero su tela / Black felt-tip pen on canvas, 50 × 70 cm

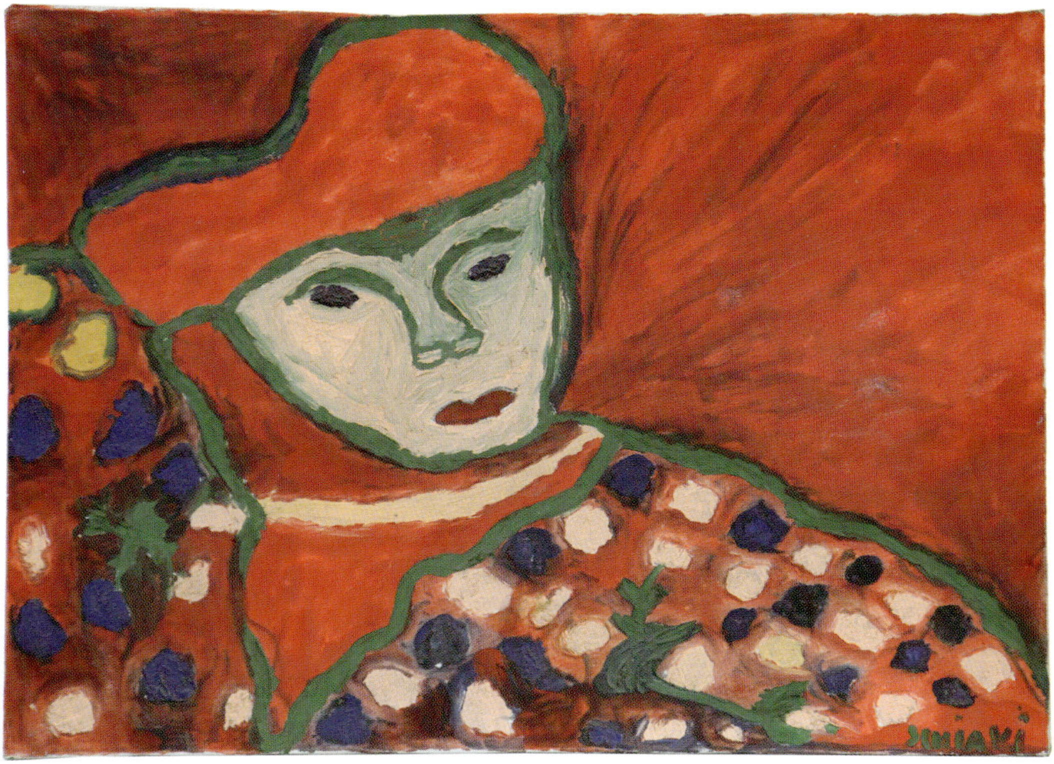

Schiavi, *La tata / The nanny*, 1984
Olio su tela / Oil on canvas, 50 × 70 cm

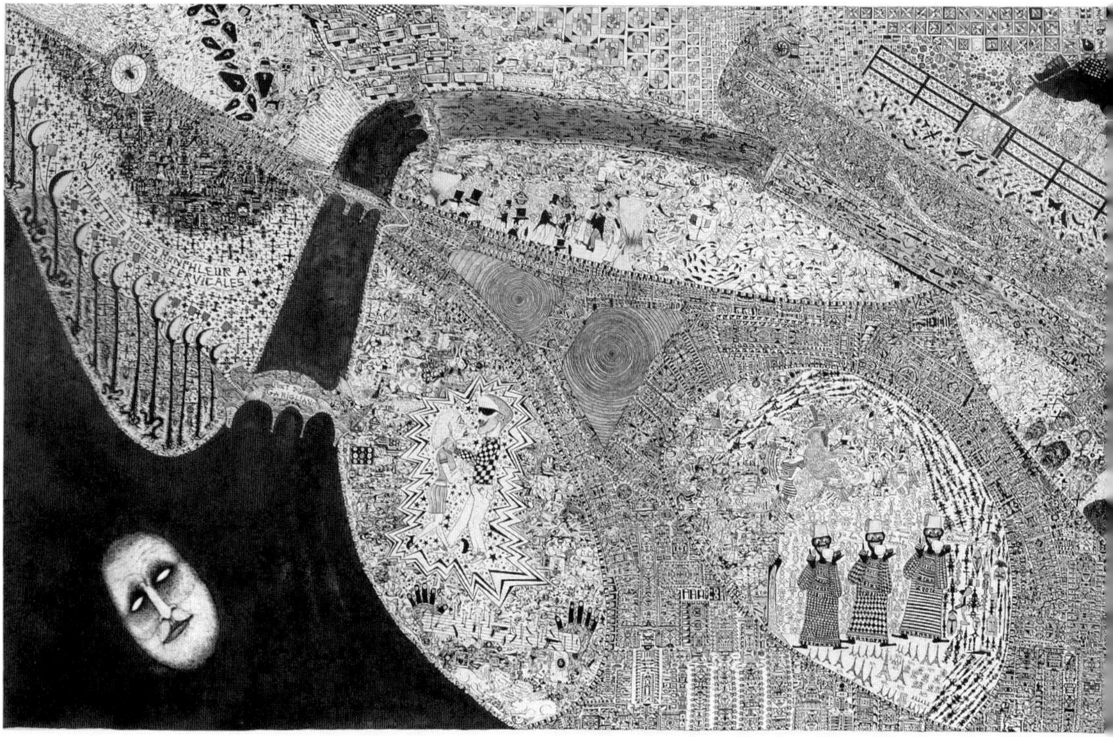

Jean-Pierre Nadau, *La Seine eau pale masquée*, senza data (*undated*)
China su tela / Ink on canvas, 144 × 480 cm

p. 207
Particolari / Details

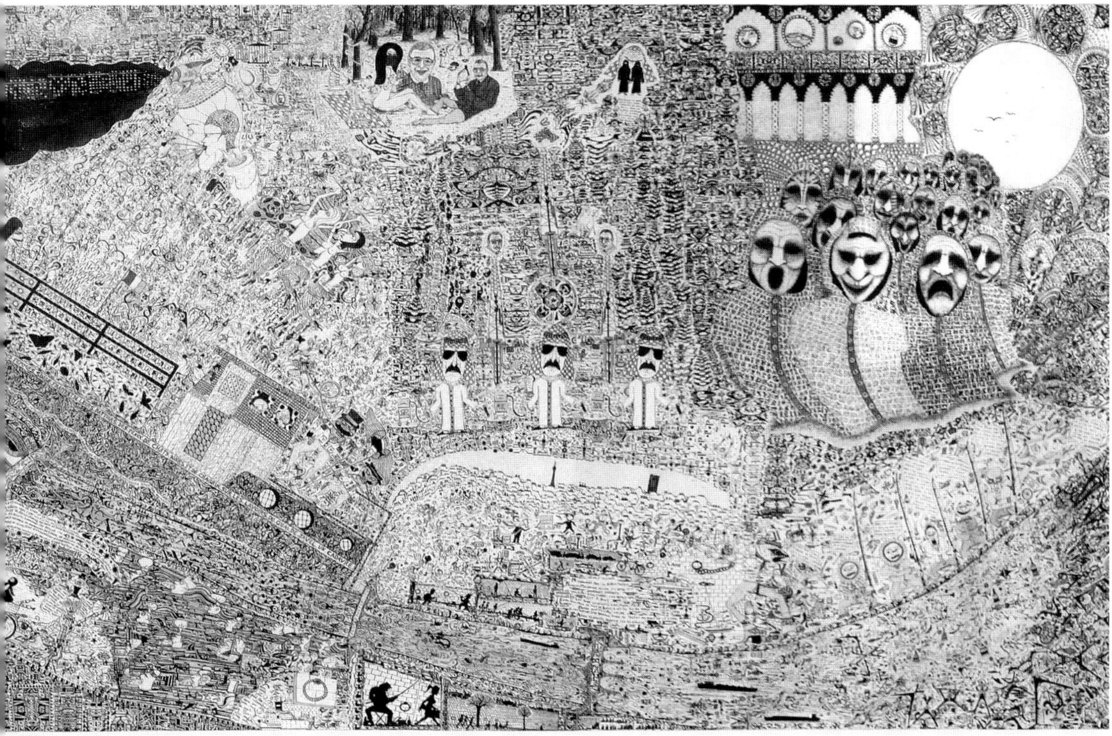

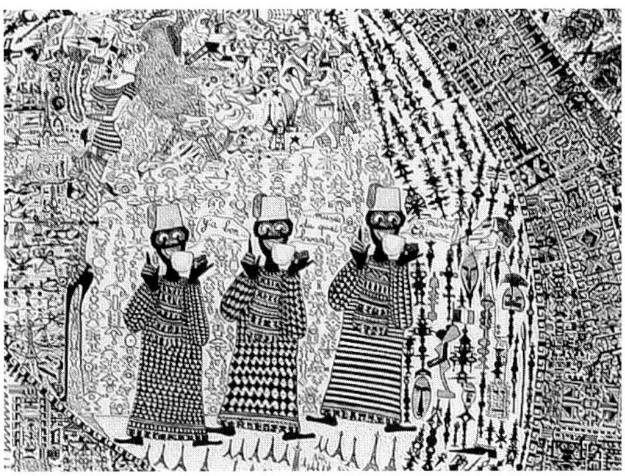

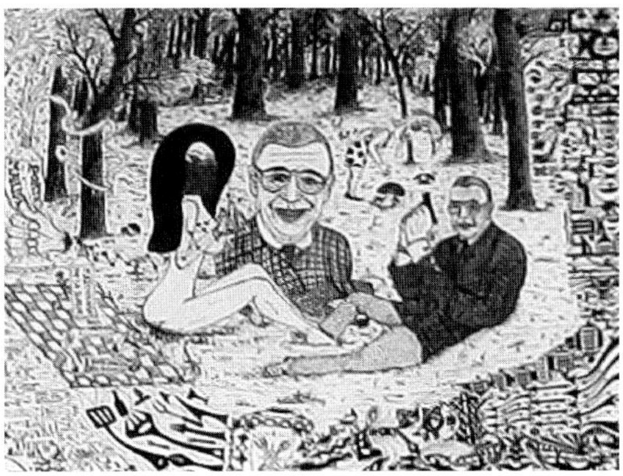

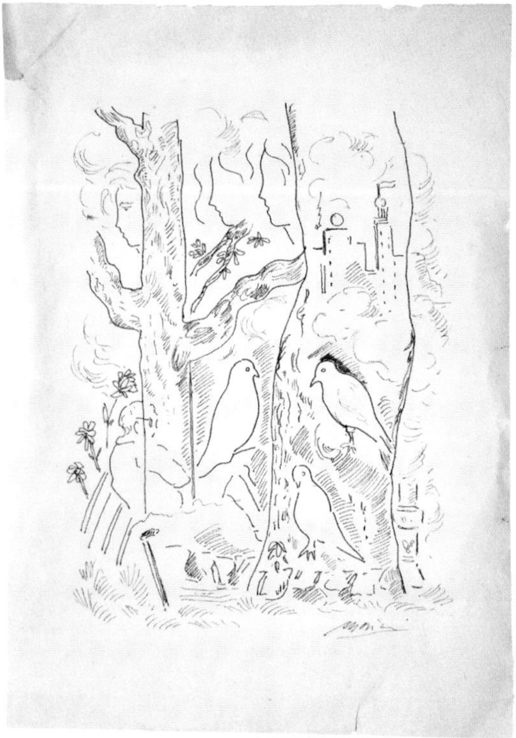

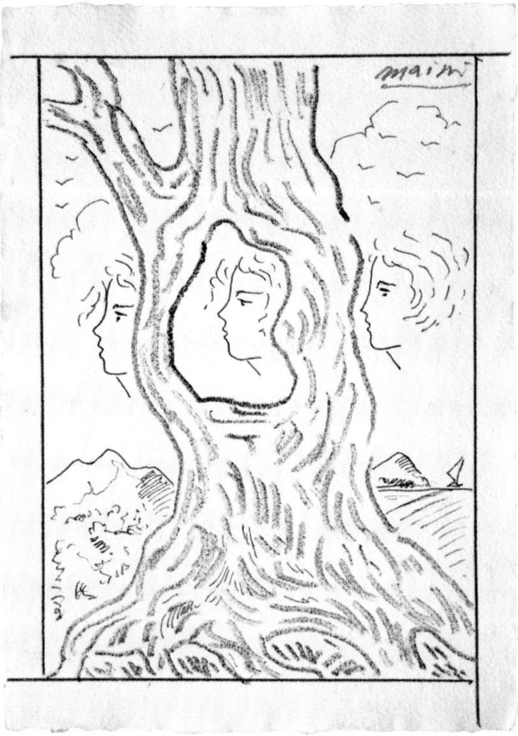

Roberto Maini, *Senza titolo* (*Untitled*)
Inchiostro su carta / Ink on paper, 34,5 × 24,5 cm

Roberto Maini, *Senza titolo* (*Untitled*)
Inchiostro su carta / Ink on paper, 29,5 × 21 cm

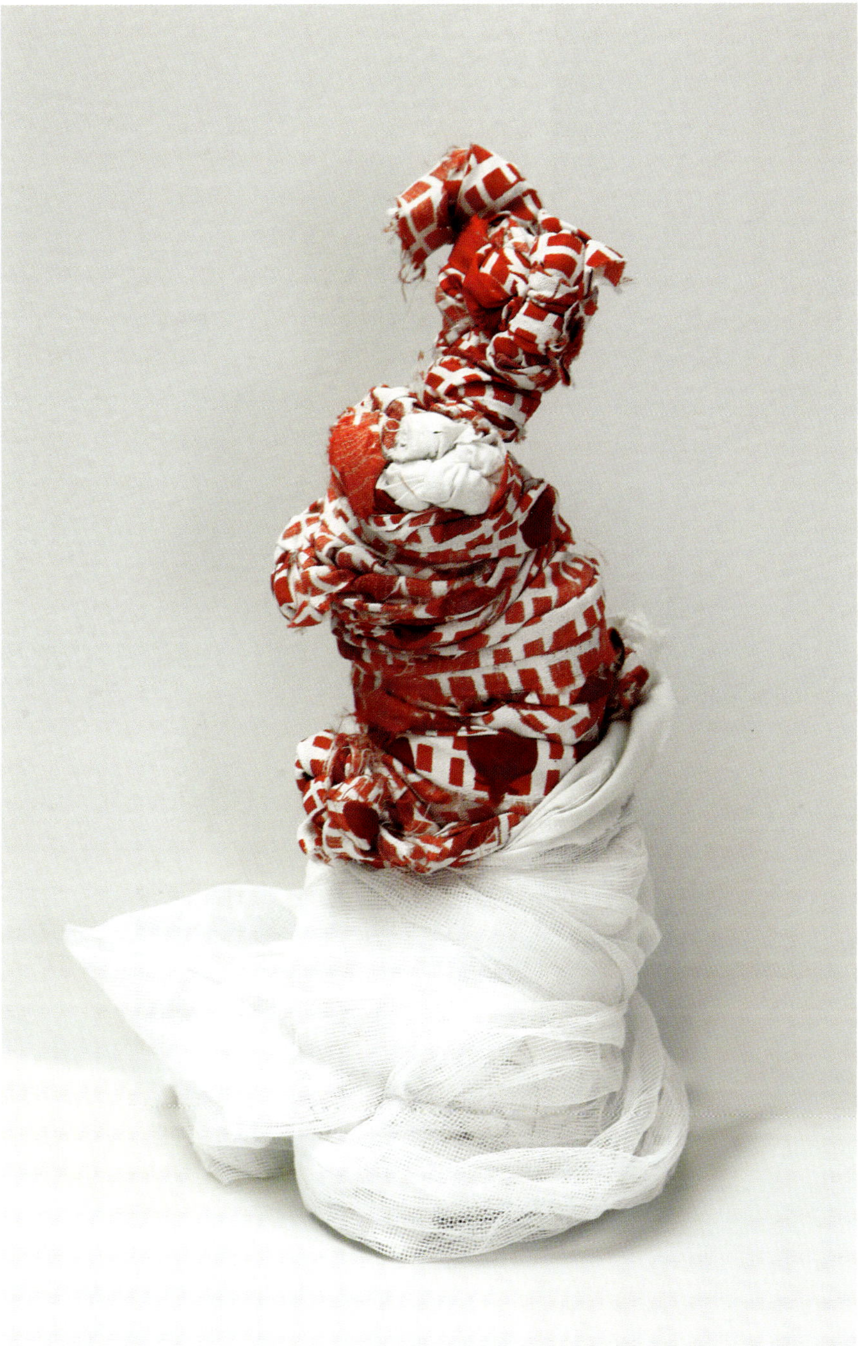

Pascal Tassini, *Senza titolo* (*Untitled*), 2013
Tecnica mista / Mixed technique, 36 × 16 × 16 cm

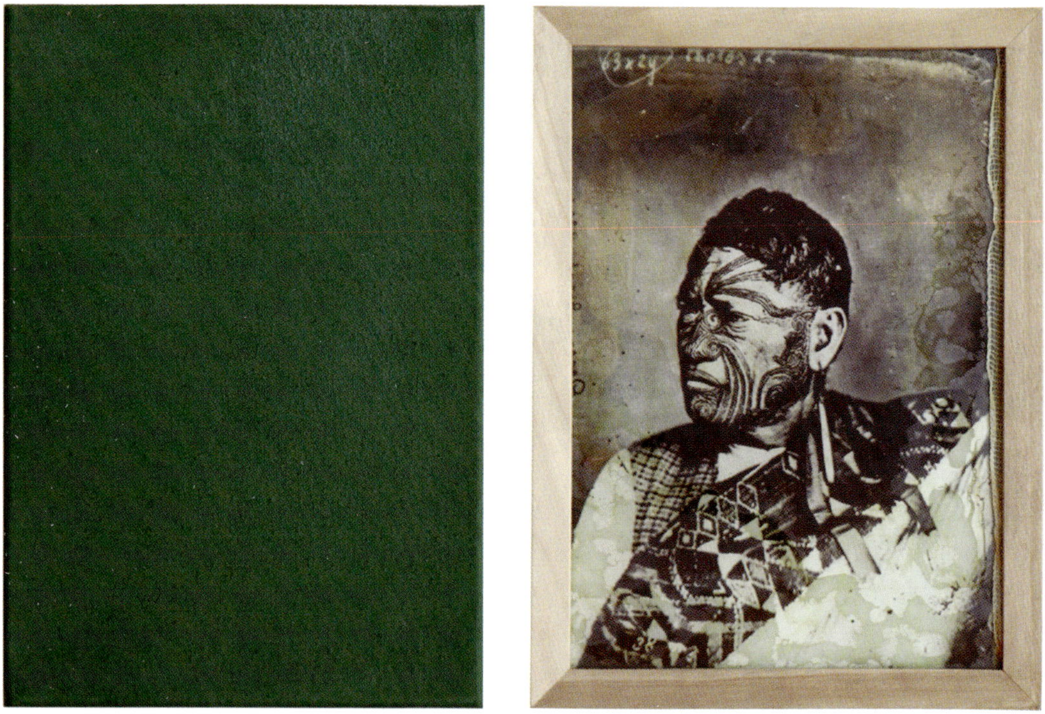

Claudio Costa, *Gli occhi dei Maori riflettono i colori latenti della foresta* (*The eyes of Maori reflect the latent colors of the forest*), 1973
Fotografia e tela dipinta / Photo and painted canvas, Photo 23 × 31 cm, Tela / Canvas 19,7 × 29 cm

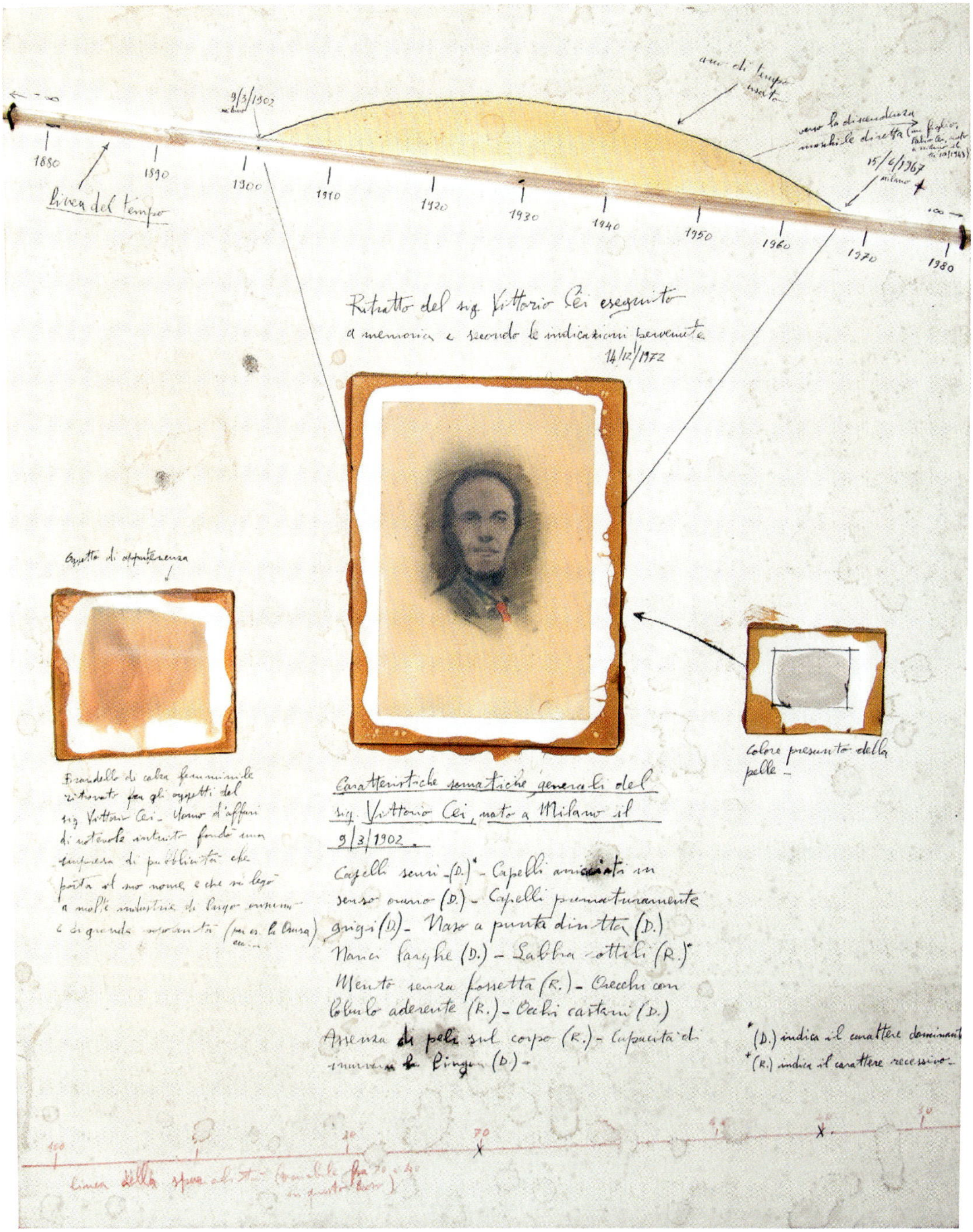

Claudio Costa, *14/12/1972. Ritratto del Signor Vittorio Cei (Portrait of Mr Vittorio Cei, rendered from memory and according to the instructions received)*, 1972
Tecnica mista su tela / Mixed media on canvas, 60,5 × 50,5 cm

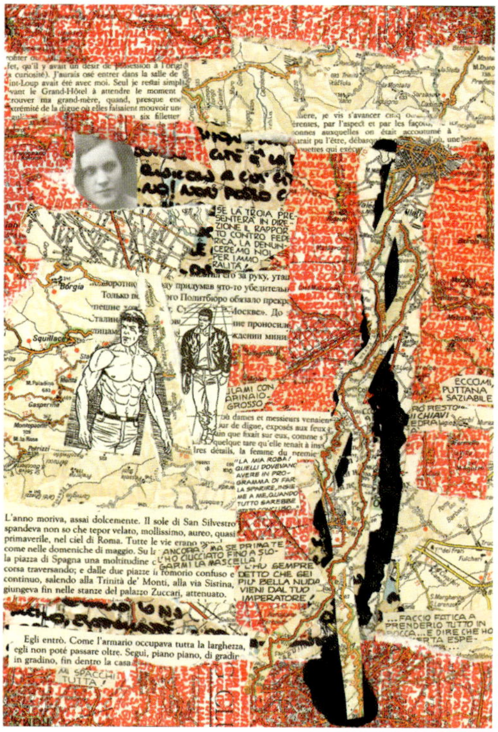

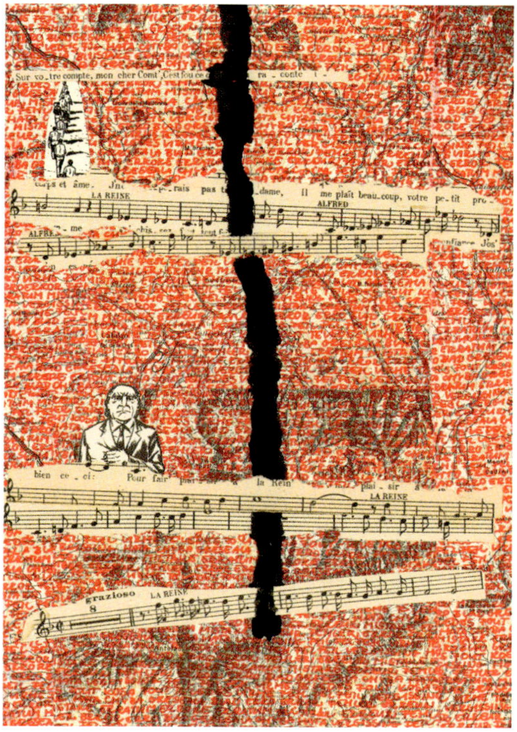

Francesco Maria Bibesco, *Diario del Narratore pt2 – Degli uomini e delle donne stavano a guardare / Narrator's diary pt2 – Men and women stood watching*, 2009
Collage e acrilico su cartoncino / Collage and acrylic on cardboard, 21 × 29, 7 cm

Francesco Maria Bibesco, *Diario del Narratore pt2 – Pour faire plaisir à la reine / Narrator's diary pt2 - To please the queen*, 2009
Collage e acrilico su cartoncino / Collage and acrylic on cardboard, 21 × 29,7 cm ca.

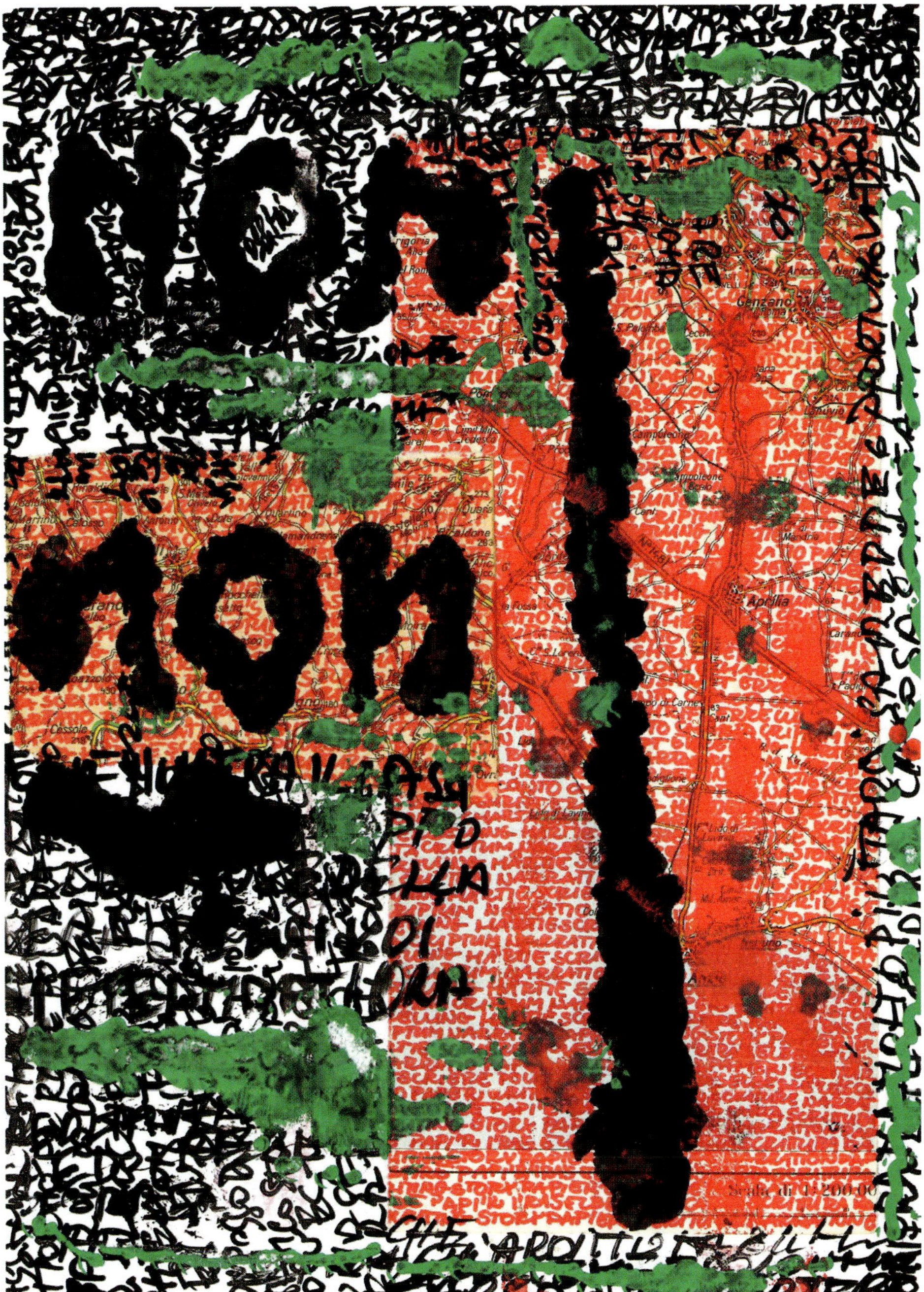

Francesco Maria Bibesco, *Diario del Narratore pt2 – Forma decisa e autonoma / Narrator's diary pt2 – Determined and independent form*, 2009
Collage e acrilico su cartoncino / Collage and acrylic on cardboard, 21 × 29,7 cm ca.

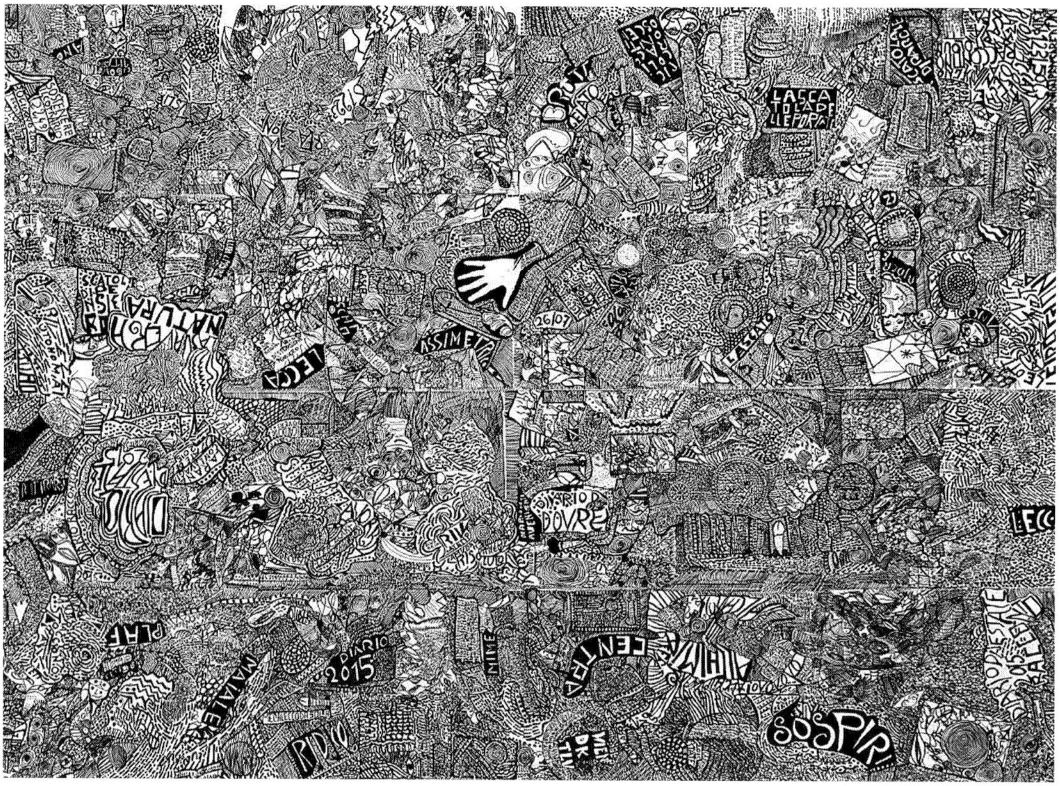

Francesco Maria Bibesco, *Diario d'estate* (*Summer Diary*), 2015
Acrilico su tela / Acrylic on canvas, 300 × 200 cm

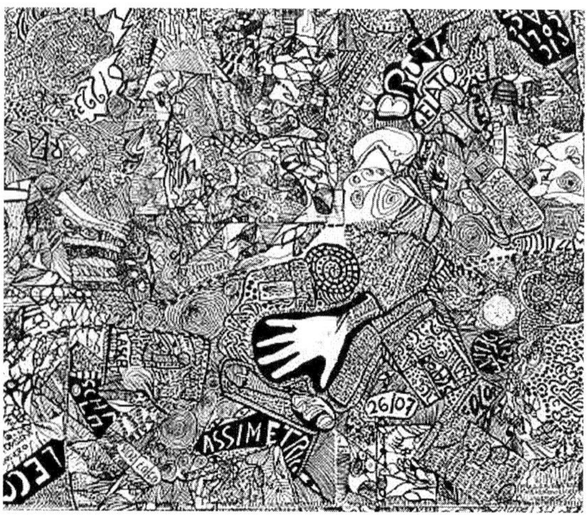

Particolare / Detail

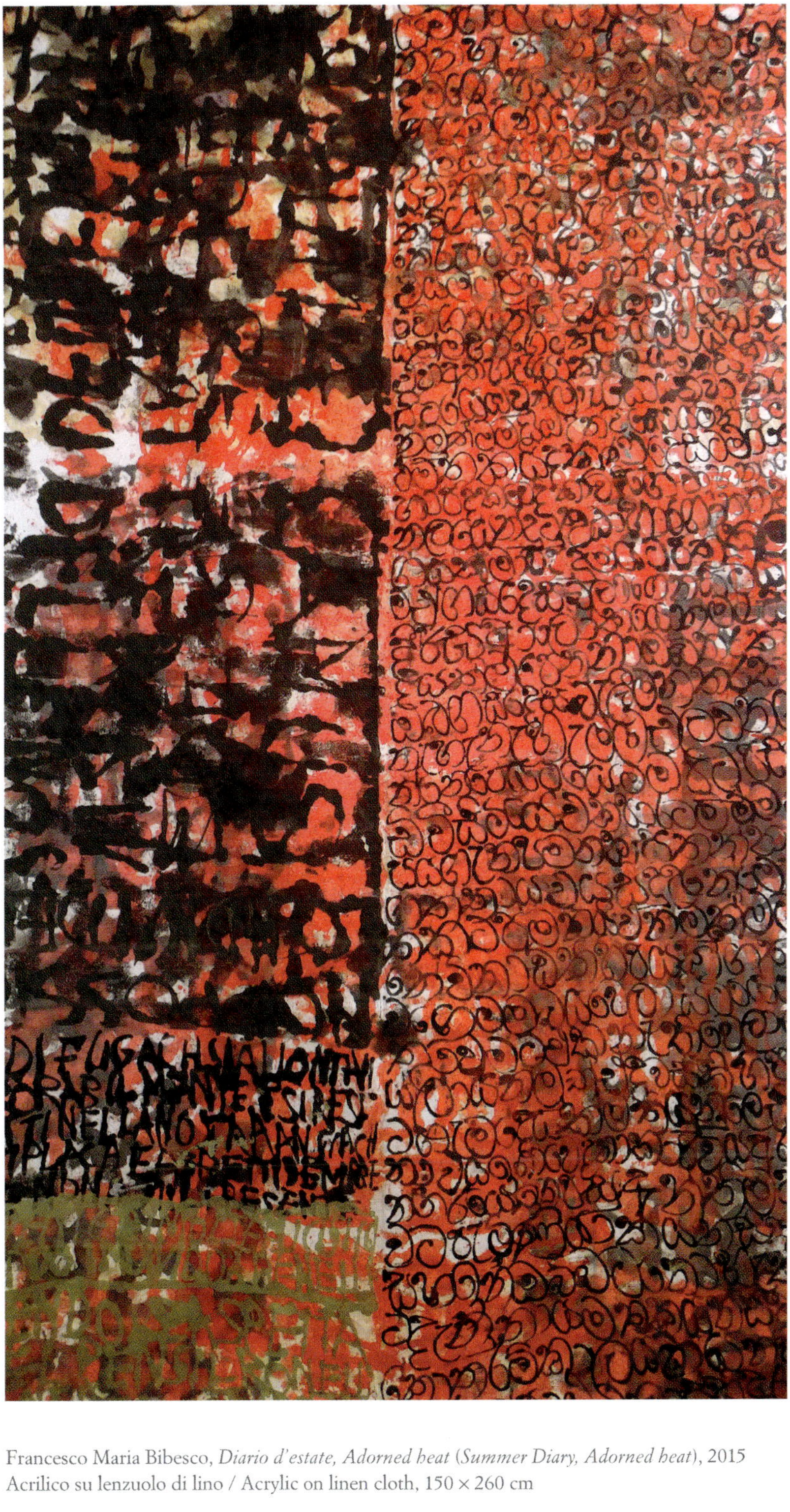

Francesco Maria Bibesco, *Diario d'estate, Adorned heat* (*Summer Diary, Adorned heat*), 2015
Acrilico su lenzuolo di lino / Acrylic on linen cloth, 150 × 260 cm

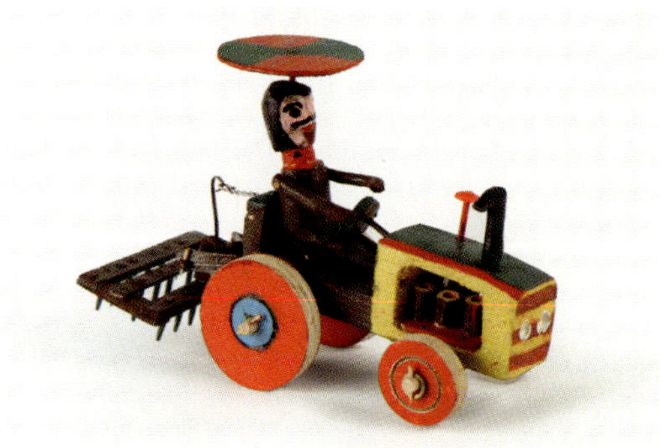

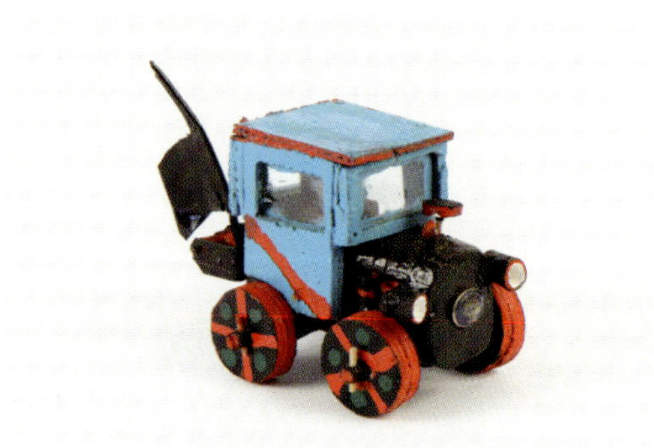

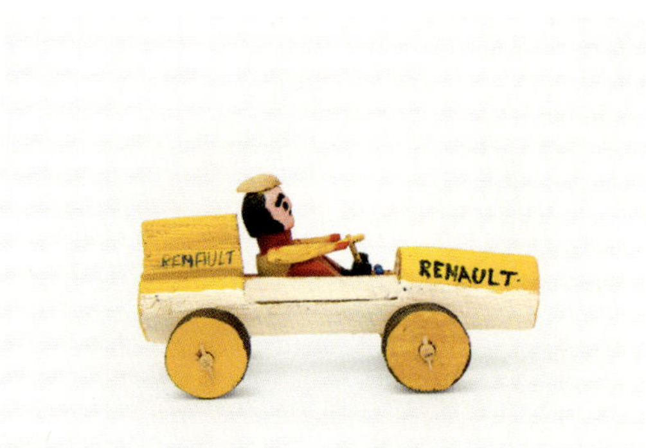

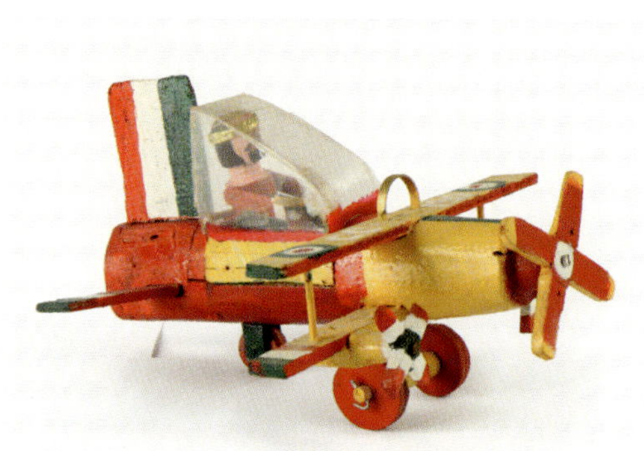

Gino P., *Senza titolo [Trattore Landini Trebaldi]* (*Untitled [Landini Trebaldi Tractor]*)
Scultura in legno, tecnica mista / Wood sculpture, mixed media, 11,5 × 26 × 8 cm

Gino P., *Senza titolo [Renault]* (*Untitled [Renault]*)
Scultura in legno, tecnica mista / Wood sculpture, mixed media, 12 × 20 × 7 cm

Gino P., *Senza titolo [Trattore Super Landini 5000]* (*Untitled [Super Landini 5000 Tractor]*)
Scultura in legno, tecnica mista / Wood sculpture, mixed media, 18 × 42 × 14 cm

Gino P., *Senza titolo [Aereo CC 130]* (*Untitled [Airplane CC 130]*)
Scultura in legno, tecnica mista / Wood sculpture, mixed media, 11,5 × 25 × 21 cm

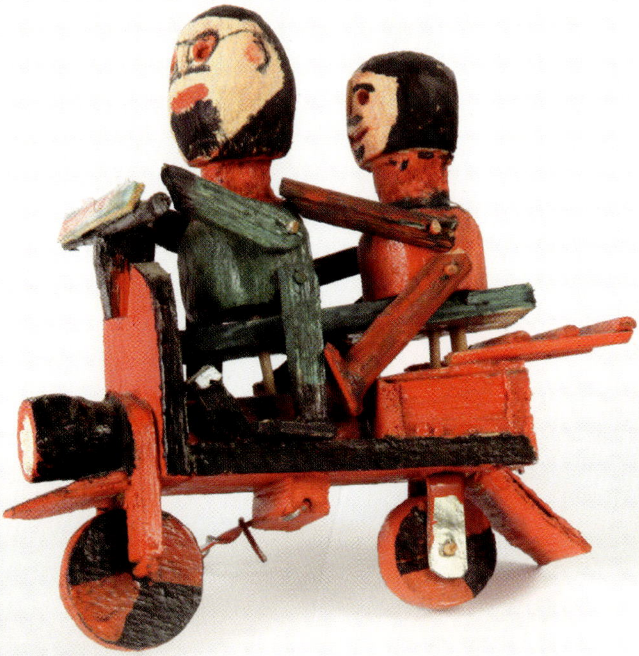

Gino P., *Senza titolo* (*Untitled*)
Scultura in legno, tecnica mista / Wood sculpture, mixed media, 12 × 12 × 3 cm

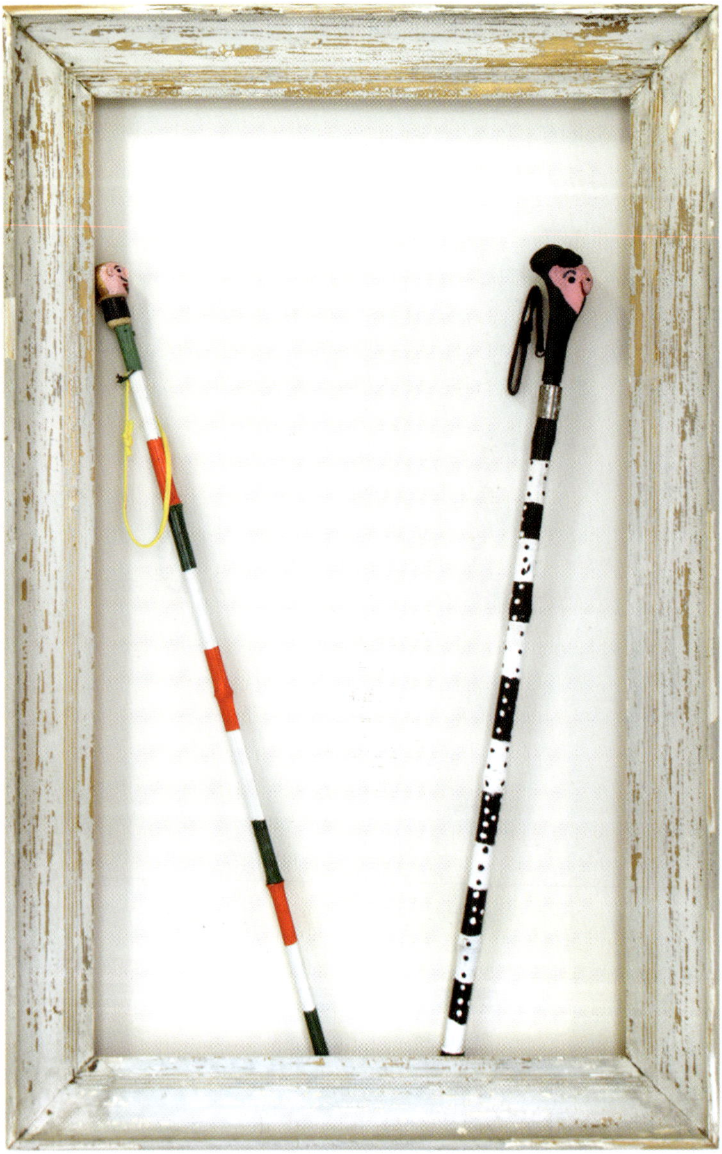

Gino P., *Senza titolo. Canna da passeggio con pomo a figura zoomorfa / Untitled. Walking stick with zoomorphic pummel.*
Scultura in legno e bambù, tecnica mista / Wood and bamboo sculpture, mixed media, 81 cm

Gino P., *Senza titolo. Canna da passeggio con pomo a figura antropomorfa / Untitled. Walking stick with zoomorphic pummel.*
Scultura in legno e bambù, tecnica mista / Wood and bamboo sculpture, mixed media, 83 cm

NICOLA MAZZEO

Un sociologo in Glandelinia
A sociologist in Glandelinia

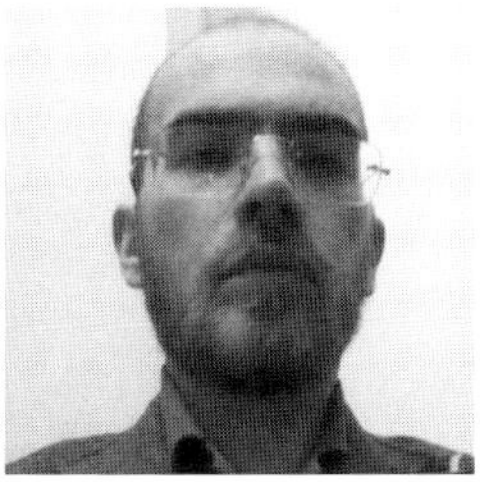

I. Gli Uffizi, il primo museo italiano nella lista dei musei più visitati del mondo, occupa la ventesima posizione. I Musei Vaticani sono però terzi con quasi sei milioni di visitatori, cioè poco meno del Metropolitan di New York e solo quattro milioni di utenti meno del Louvre.
Il primo museo europeo di arte moderna e contemporanea in classifica è la Tate modern seguito, alcune posizioni successive, dal Centro Pompidou. Dopo Firenze, che ha alcuni altri musei nella classifica, gli altri poli menzionati nella lista sono Palazzo Ducale (Venezia), Palazzo Reale (Milano) e il Castello di Miramare (Trieste), tutte istituzioni che realizzano i loro numeri soprattutto come contenitori per mostre temporanee. Solo nel caso di Palazzo Ducale esiste una minima collezione propria.
L'interesse per l'arte contemporanea non può essere comparato con quello per l'arte fino al primo Novecento in nessun paese del mondo (il Metropolitan è prima del MOMA e la Tate Modern è incastonata tra British Museum e National Gallery) ma è evidente che Francia e Regno Unito riescano a disporre di un'efficace divisione del lavoro, incanalando pubblico tra musei storico-antologici e musei a vocazione contemporanea.
I risultati museali italiani, cioè il numero dei visitatori che nel complesso visitano i musei in classifica sono ben comprensibili nei termini

I. The Uffizi, the first Italian museum in the list of the most visited in the world occupies the twentieth position. The Vatican Museums are however third with almost six million visitors, that is little less than the Metropolitan of New York and only four million visitors fewer than the Louvre.
The first museum of modern and contemporary art in classification is Tate Modern followed some positions later by the Pompidou Centre. After Florence that has some other museums in the classification, the other poles mentioned in the list are Palazzo Ducale (Venice), Palazzo Reale (Milan) and the Castello di Miramare (Trieste), all institutions that realize their numbers above all as containers for temporary exhibitions.
The interest for contemporary art cannot be compared with fine art of the early nineteen hundreds in no part of the world (The Metropolitan is before MOMA and Tate Modern is positioned between the British Museum and the National Gallery) but it is evident that France and the United Kingdom manage to distribute similar volumes of public between historic museums and those dedicated to contemporary art.
The Italian museum results are well understandable in the terms of the restricted nature of the offer: someone could perhaps also claim that Renaissance art is the most interesting in

della ristrettezza dell'offerta: qualcuno potrà forse anche sostenere che l'arte rinascimentale sia la più interessante della storia dell'arte, ma questa ne resta comunque solo una parte, laddove Louvre e British Museum offrono uno spettro ben più ampio potendo richiamare un pubblico più variegato. Nella situazione globalizzata e interconnessa del mondo contemporaneo è molto più facile di un tempo perseguire determinati interessi; così il *gentleman* che un tempo doveva accontentarsi delle metope del Partenone oggi può facilmente volare ad Atene. Una conseguenza della facilità del raggiungimento del Cairo è che l'importanza di un museo, per esempio quello egizio di Torino, viene ridimensionata: il successo non è più misurabile nei termini puri e semplici del numero degli accessi ma soprattutto nella qualità della ricerca e dell'invenzione museale.
Questa situazione di movimenti generalizzati, e di confini facilmente attraversabili, realizza un sistema dell'arte complessivo e diffuso a livello mondiale al cui interno si confrontano sia il primato dell'arte rinascimentale italiana contro altri primati, sia il sistema complessivo dell'arte italiana contro quello francese, austriaco, danese. Poiché il sistema è mondiale, è con il mondo che avviene il confronto, in questo senso non basta essere il museo più importante in Italia per essere anche un museo importante nel mondo; deve essere il contrario. Per il critico Francesco Poli il sistema dell'arte si confonde con l'insieme di soggetti che sono attivi nel determinare il valore delle opere, viene a coincidere quindi con il mercato e i soggetti che in un modo o nell'altro esercitano un'influenza, dal critico, al gallerista, dalla casa d'aste ai musei e i loro operatori. Il novero degli aventi influenza è sicuramente completo in questa trattazione ma è il concetto di sistema che è inteso riduttivamente. In definitiva, il sistema non determina il valore economico, per questo infatti è responsabile il sistema economico. Il sistema dell'arte non è nemmeno responsabile della distinzione tra il bello e il brutto, in sen-

the history of art but this remains however only a part.
In the global and interconnected situation of the contemporary world it is much easier than at one time to follow determined interests; so the gentleman who once had to content himself with the metope of the Parthenon which are on display at the British Museum can today easily fly to Athens. One consequence of the ease of reaching Cairo is that the importance of a museum, for example like that of the Egyptian in Turin, may be reduced: success is no longer measurable in the pure and simple terms of number of admissions but above all in the quality of the research and of the presentations.
This situation of generalized movements and easily crossable borders creates a complex system of art at a world level. Because the system is global, it is with the world that comparison is made, in this sense it is not enough to be the most important museum in Italy to also be an important world museum; it must be the opposite. For the art critic Francesco Poli the system of art coincides with the collection of subjects that have a role in determining the value of the works; so it becomes the same as the market and the subjects that in one way or another can exercise some influence in it, from the art critics to the gallery owners, from auction houses to the museums. The count of those who have some influence is certainly exhaustive but the concept of the system employed is reductive. Lastly the system of art does not determine the economic value, for this in fact the economic system is responsible. The system of art is not even responsible for the distinction between beautiful and ugly, in the strict sense because this distinction should be applicable only to the figurative, and in the broad sense because works of art exist that fail (ugly) and not least remain works of art. The responsibility of the art system establishes itself rather in guaranteeing a sense to the communication that has to do with art and therefore it does not so much

so stretto perché questa distinzione sarebbe applicabile tecnicamente al solo figurativo, e in senso lato, perché possono esistere opere d'arte che falliscono (brutte) e nondimeno rimangono opere d'arte. La sua responsabilità si stabilisce piuttosto nel garantire un senso alle comunicazioni che hanno a che fare con l'arte e quindi non tanto stabilire cosa sia e cosa non sia arte, ma ottenere questo risultato indicando cosa gli appartiene in quanto sistema e cosa no. Il sistema così inteso non è costituito da persone ma dalle loro comunicazioni e decisioni, che sono valide in quanto provenienti dal sistema.
I musei delle prime posizioni della classifica non solo possono essere considerati come i gangli nei quali terminano tutti gli impulsi artistici dei loro paesi, ma sono anche quelli che rappresentano la storia dell'arte. In questo senso agiscono in sintonia con istituzioni audaci e aperte come il New Museum o il PS1 che ne fanno il presente.
È possibile credere nell'influenza di un paio di personalità nel contesto parigino o newyorchese che con il loro potere riescano a orientare le decisioni dei musei più importanti del mondo, ma è più verosimile pensare che l'acquisizione presso le collezioni museali e la presenza in gallerie commerciali o in collezioni private rappresentino i segni del funzionamento specifico del sistema dell'arte francese o newyorchese che istituisce continui rimandi tra le sue parti. Queste agiscono in modo autonomo, ognuna di esse con i suoi propri collegamenti specifici ad altri settori della società, il mercato, l'università, la politica, la finanza, ma possono essere responsabili dell'arte solo in quanto sistema, o per dirlo in altri termini, possono fare l'arte solo come sistema.
L'Italia non è riuscita a organizzare un museo che sia di riferimento nazionale: è significativo a questo proposito che la Saatchi, una fondazione privata, venga nella classifica non solo prima del secondo museo italiano classificato ma prima del MART di Trento e Rovereto, prima del Castello di Rivoli, prima di ogni altro

establish what is and what is not art but can obtain this result by indicating what belongs to the system and what does not. The system so understood is not constituted by people but by their communications and decisions that are valid in that they come from the system.
The top-rated museums not only can be considered as the ganglia in which all the artistic impulses of their countries terminate, but also the ones that represent the history of art. In this sense they operate in harmony with bold and open institutions, such as the New Museum or the PS1, which make the present.
It is highly possible to believe in the influence of a couple of personalities in the Parisian or New York art scene that with their power manage to orientate the decisions of some of the most important museums in the world, but it is much more likely that museum acquisitions of some art, its presence at commercial gallery shows and in private collections all together represents the functioning of the system of art that works by establishing continuous exchanges among its parts. These parts act autonomously each of them with its own specific connections to other sectors of society, the market, the university, politics, finance, but they can be responsible for art only in that they make the system or in other terms they can make art only as a system.
Italy has not managed to organize a museum that is a point of national reference: it is meaningful in this respect that the Saatchi Gallery, a private foundation, appears in the classification not only before the second Italian museum classified but before the MART of Trento and Rovereto and before the Castello di Rivoli museum. Certainly, London attracts more tourists than Trento and Turin.
In the year of the Milan Universal Exhibition we have witnessed the proliferation of exhibitions on the theme of food that from the centre of the event have multiplied even in small local contexts. Curating an exhibition on the theme can naturally be an exquisite operation; the

museo italiano di arte contemporanea. Certo, Londra attira più turisti di Trento e Torino.
Nell'anno dell'Esposizione Universale di Milano si è assistito alla proliferazione di mostre sul tema del cibo che dal centro della manifestazione si sono moltiplicate anche nei piccoli contesti locali. Curare una mostra sul tema può naturalmente essere un'operazione squisita; la diffusione dello stesso schema si collega invece esattamente con quella pratica dell'allestimento di quadri, disegni, fotografie per sedicenti mostre d'arte nei ristoranti, nei locali serali e in tutti quei luoghi che hanno altre funzioni. Non ne è l'inversione, ne è la medesima logica, quella che intende fare a meno dell'arte, cioè di un'attività organizzata a livello di sistema e capace di organizzare un giudizio. Disconoscere la capacità sovrana del sistema, una capacità che viene nel corso dell'evoluzione sociale esattamente come viene per le reciproche competenze alla scienza, alla politica e all'economia significa collocarsi al di fuori dell'arte. Da un lato abbiamo mostre che cercano il proprio supporto e la propria ragion d'essere oltre l'arte, nei suggerimenti per un uso del tempo libero, nell'offerta alimentare, fino al sostegno politico di una ideologia («gastronazionalismo»); dall'altro abbiamo la pretesa che sia sufficiente l'esposizione pubblica per la trasformazione della creatività in arte riconosciuta, cioè in arte ufficializzata.
È chiaro, e per chi si occupa di Art Brut è oltremodo evidente che l'arte possa stare dove non ce l'aspetteremmo, quindi anche appesa alle pareti di un ristorante o sul tavolino di un avventore abituale, ma con questo si deve intendere che il riconoscimento dell'arte come tale può sorprendere dovunque; se anche ci fossero delle caratteristiche definitive che permettessero di giudicare un oggetto come un'opera d'arte rimarrebbe il fatto che fino a quando non fosse pubblico e disponibile il suo *status* come arte rimarrebbe una pura virtualità. E poi cosa significa «definitivo» se non «fino alla prossima volta»? Sembra appena il caso di ricordare

spread of this same scheme connects exactly with that habit of displaying pictures, drawings, photographs for so called art shows in restaurants and bars and in all those places that have other functions. It is not the inversion of that logic, it is the very same, the logic which does without art that is an activity organized as a system and able to pass a judgement. Not acknowledging the sovereign ability of the system to decide about art, an ability that appears in the course of social evolution together with the abilities of the other systems of society, science politics, economics, means operating outside art, not making it. On one side we have exhibitions that look for their own support and reason for being beyond art, in the suggestion for a use of leisure time, in the offer of food, up to political support of an ideology («gastronationalism»); on the other side we have the pretext that public exhibition is sufficient for the transformation of creativity into recognized art, that is officialized art.
It is clear and for those who deal with art brut it is especially evident that art can be found where we do not expect it, but by this we must understand that it is the recognition of art as such that can surprise us everywhere; even if there were definitive features that may help to judge an object as a work of art the fact would remain that until it becomes public and available its status as art would remain purely virtual. And by the way what does «definitive» mean if not until next time? Needlessly to say that Michelangelo today would meet the fate of Christ in Dostoeveskij's *Inquisitor*.
The postmodern explosion of judgement that suggests a democratic distribution of the label «art» does not recognize the quality of a fundamental human activity such as creativity as well as the specific functioning of modern society where there is not a single person able to establish autonomously facts and things, but where there exist systems that elaborate a problem and produce a result. In other words it is not enough to say the word art to produce

che oggi Michelangelo farebbe la fine di Cristo nell'*Inquisitore* di Dostoevskij.
L'esplosione postmoderna del giudizio che suggerisce una distribuzione democratica dell'etichetta di *arte* disconosce le qualità e il valore di un'attività umana fondamentale quale la creatività oltre al funzionamento specifico della società moderna, nella quale non esiste un individuo sovrano in grado di stabilire in autonomia fatti e cose, ma esistono sistemi che elaborano un problema e restituiscono un risultato. In altre parole non basta dire arte per averne e non basta fare tutto quello che sembrerebbe servire in termini di curriculum e attività per produrne.

II. In questo volume abbiamo una fotografia in piccolo, perché relativa solo a una parte, del funzionamento complessivo del sistema. L'outsider art non intende fare a meno del sistema dell'arte e la presenza su questo stesso volume, che nasce da una collezione, di interventi di critici, galleristi e operatori museali lo conferma. Vi sono poi i contributi di esperti che, pur essendo protagonisti in altri campi/sistemi, scrivono con grandissima esperienza e competenza. La loro legittimazione viene dal partecipare come appassionati al sistema e non dal successo dei loro rispettivi campi professionali.
È possibile ed è la strada più comune raccontare la storia dell'Art Brut a partire dalle riflessioni sull'impatto sociale della follia, preferendole al discorso spiritico o alla celebra zione dell'uomo comune sebbene costituiscano *narrative* altrettanto legittime. Dopotutto l'arte si misura con l'irrazionale, un tema a cui il Novecento è particolarmente sensibile; per non dire della follia che ancora a metà del Novecento costituiva materia per la storica *querelle* tra Derrida e Foucault. Ma sono stati gli artisti e quindi il sistema dell'arte, perché non poteva essere nessun altro, a radicarla nella cultura contemporanea, cioè a «promuovere» in quanto arte determinati risultati espressivi.
Il museo di antropologia dell'Università di

art and it is not enough to do all that would seem to serve in terms of curriculum and activity to be an artist.

II. In this book we have a small picture of the complex functioning of the system. Outsider Art does not mean doing without the system of art and the presence in this book that stems from a private collection, of reviews by art critics, gallery owners and museum operators confirms that. In addiction there are contributions by experts who are leaders in other fields. Their legitimacy come from participating in the system as enthusiasts and not from their success in their respective professional fields.
It is possible and it is the most common route to tell the story of art brut starting from reflections on the social impact of madness, preferring it to spiritualism or the celebration of the common man. After all art measures itself with the irrational, a theme to which the nineteen hundreds is particularly sensitive; not to mention madness that still in the middle of the 20th century constituted material for a famous feud between Derrida and Foucault. But it was the artists and therefore the system of art, because it could not be anyone else, to root art brut in contemporary culture that is to promote as art determined expressive results.
Does not The Museum of Anthropology of the University of Turin want to include *art brut* in its own denomination after the art world begins to interest itself in the Francesco Toris' *Nuovo mondo*? Why was not the interest of Marro enough? We can observe the same object from infinite points of view, none of which can be completely exhaustive. Because Giovanni Marro used specific theoretical instruments to approach the object *Nuovo mondo* he spoke significantly as representative of a determined system-context, psychiatric and etno-anthropological. We need to recognize they were years when more universal cultures could be found in a single man, but he did not and could not talk on behalf of the

Torino non ambisce all'inclusione del termine Art Brut nella propria denominazione dopo che il mondo dell'arte comincia a interessarsi al *Nuovo Mondo* di Francesco Toris? Perché l'interesse di Giovanni Marro non bastava? Un oggetto può essere osservato da infiniti punti di vista nessuno dei quali lo afferra completamente. Adottando procedure specifiche di avvicinamento all'oggetto *Nuovo Mondo*, Giovanni Marro parlava significativamente come rappresentante di un determinato sistema-contesto, quello psichiatrico o etno-antropologico; bisogna riconoscergli che erano anni di culture più universali di quelle attuali, per cui non erano infrequenti competenze di vastissima portata, ma sicuramente non parlava e non poteva farlo a nome di quel sistema dell'arte che poteva determinare una trasformazione in senso artistico. Non dissimile il caso di Hans Prinzhorn, il quale infatti mantenne sempre un certo riserbo nell'impiego della categoria *arte*.
Si può sostenere il paradosso per cui l'opera di Francesco Toris oppure la veste di nodi di stracci di Giovanni Versino sia un'opera d'arte quando è allestita all'American Folk Art Museum (mi riferisco solo all'ultima trasferta) e non la sia quando è al suo posto nei locali di via Giuria a Torino? Il paradosso si scioglie perché le due definizioni hanno alle spalle sistemi di riferimento diversi, da un lato quello dell'arte e dall'altro quello scientifico, che vedono oggetti diversi e che non sono incompatibili. Si avrebbe al contrario un certo impoverimento se si volesse ridurre questa ricchezza di prospettive obbligando l'antropologia al discorso dell'arte o l'arte a quello della psichiatria.
Da dove vengono le cose che diciamo e soprattutto cosa vediamo quando le ascoltiamo sono questioni di una certa importanza. È noto che il titolo del libro di Roger Cardinal *Outsider Art* fu deciso all'ultimo da un editore preoccupato soprattutto dell'accoglienza di un termine francese come *Art Brut* da parte del mercato inglese; ciò che richiede invece una maggiore attenzione è il fatto che poiché *Outsider Art*

system of art that could determine a transformation in the artistic sense for that complex of bones. Not unsimilar to the case of Hans Prinzhorn, who in fact always maintained a certain reserve in the use of the category *art*. Can we claim the paradox for which the work of Francesco Toris or the dress of knots of rags by Giovanni Versino is a work of art when it is displayed at the American Folk Art Museum and not when it is at his place in Via Giuria, Turin? The paradox can be resolved because the two definitions have different systems of reference, on one side that of art and on the other that of science, that see different objects and that are not incompatible. We would have on the contrary some impoverishment wanting to oblige anthropology to see through the eyes of art or art through the eyes of psychiatry.
Where the things we say come from and above all what we see when we listen to them are questions of a certain importance. It is noted that the title *Outsider Art* was decided at the last moment by an editor worried about the acceptance of the French term *art brut* by the English market; what requires instead greater attention is the fact that because *Outsider Art* had to be a translation of *art brut* and Dubuffet never dreamt of speaking of an *artiste brut* preferring instead the term *créator* that is equally distant both from «artist» and from every social determination, there does not exist initially anything like an outsider artist [see the title of the important book by Hall and Metcalf, *The Artist Outsider*, Smithsonian, 1994]. What is important to underline here, however, is that, as T.S. Becker argues in his historical essay, the term *outsider* came to have a decisive connotation of deviance and of breaking the social norms, despite it initially refers only to social isolation. It is on this base that gallery owners like Randall Morris or Phyllis Kind explicitly reject it, as does Leslie Umberger, curator at the Smithsonian American Art Museum. We can also add that the very same scholar who gave the term «outsider» its theoretical

doveva essere una traduzione di *Art Brut* e Dubuffet non si è mai sognato di parlare di un *artiste brut*, preferendo invece il termine *créateur* che è ugualmente distante sia da *artista* sia da ogni determinazione sociale, non esiste inizialmente qualcosa come l'*outsider artist* [si veda il titolo dell'importante volume di Hall e Metcalf, *The Artist Outsider*, Smithsonian, 1994]. Quello che importa sottolineare qui però è che, esattamente come argomentato nello storico saggio *Outsiders: Studies in the sociology of Deviance* da Howard S. Becker, il termine *outsider* ha una decisa connotazione di devianza e di rottura di norme sociali, mentre l'origine del termine in riferimento alla società si rifaceva soprattutto all'isolamento. È su questa base che galleristi come Randall Morris o Phyllis Kind lo rifiutano esplicitamente, ma anche Leslie Umberger, curatrice dello Smithsonian American Art Museum. Si aggiunga anche che il responsabile dello statuto teorico del lemma nell'ambito della sociologia della devianza, anche uno dei maggiori teorici nell'ambito della sociologia dell'arte, nel suo *I mondi dell'arte* non parla mai di Outsider Art. Il libro esce nel 1982, dieci anni dopo quello di Roger Cardinal ed è inverosimile supporre che l'autore non sapesse di questo nuovo impiego del termine *outsider*. *Outsider Art* funziona in riferimento all'arte sulla base di teorizzazioni specifiche che vengono effettuate al suo interno ma con riferimenti altri se usato in contesti che non gli sono propri. Come avviene se ritorna all'arte passando per la sociologia: si esaurisce e può comprensibilmente lasciare a disagio. La storia sociale degli USA è una storia in cui *outsider* ha una connotazione radicalmente diversa da quella diffusa nella cultura britannica.

L'arte non è né sensibile né interessata a tutta la problematica sociologica e naturalmente non è competente al riguardo; utilizza *outsider art* per riflettere un certo isolamento rispetto agli standard artistici e indicare una provincia specifica dell'arte che non corrisponde con le

status in the field of the sociology of deviance and who also happens to be one of the major theorists in the field of the sociology of art, in his *Art Worlds* never speaks of *Outsider Art*. The book was published ten years later after that by Roger Cardinal and it is improbable to suppose that the author did not know about this new use of the term *outsider*. *Outsider Art* functions with reference to art on the basis of theoretical specifics that are carried out inside it but, if used with references to others that come from different contexts, can assume unacceptable meanings. As it happens if it returns to art passing through sociology: it can create discomfort. The social story of the USA is a story in which *outsider* has a radically different connotation from that used in British culture. Art is neither sensitive nor interested in all this sociological discussion and naturally it is not competent to do so; it uses *Outsider Art* to convey a certain isolation from artistic standards and indicate a specific province of art that has nothing do to with existential qualities of the artists. One could say that Outsider Art is as distant from the norm of art as the sociological outsider is distant from the social norm, but it is evident that we are talking about two different dominions. The artistic object *outsider art* does not stand extra-artistic evaluations but this does not mean we cannot talk about the authors according to other prospectives; this means however that if we speak in medical or social terms we are not talking about art. We already had a similar debate in the field of naïve art with currents of thought that insisted on referring the term to specific qualities of the authors and others that instead wanted to take it back to a proper distinction within the system of art. Art can accept only one of these prospectives even if it is evident that where we begin to consider from the artistic point of view authors who do not have the curriculum of an artist, these can be looked at from a variety of different angles. It may be interesting to note here that the ten-

qualità degli artisti; si può supporre che l'Outsider Art sia equidistante dalla norma dell'arte quanto l'outsider sociologico lo sia da quella sociale, ma è evidente che si tratta di due domini diversi. L'oggetto artistico Outsider Art non sopporta valutazioni extra-artistiche, il che non significa affatto che non si possa parlare degli autori secondo altre prospettive; significa però che se parliamo in termini medici o sociali non stiamo parlando di arte. Il dibattito si è già avuto nell'ambito dell'arte naïf con correnti di pensiero che hanno insistito nel riferire il termine a specifiche qualità dell'autore e altre che invece lo riportavano a distinzioni proprie del sistema dell'arte. L'arte può accettare solo una di queste prospettive, ma è evidente che dove si cominciano a considerare artisticamente autori che non vantano il *curriculum* dell'artista, che sfuggono cioè dai meccanismi sociali regolati a questo scopo, essi prestano il fianco a una infinità di inquadramenti anche diversi.
Può essere interessante qui segnalare come la tendenza a spostare il valore dall'opera alla persona e quindi attribuire il genio alla seconda sia una tendenza socio-culturale che si manifesta a partire dal XX secolo e che non riguarda campi specifici della produzione artistica [Edgar Zilsel, *The Development of the concept of genius*, 1926].

III. Il riconoscimento dell'Art Brut operato nel corso del Novecento significa il riconoscimento all'arte e dentro l'arte di un'eccedenza propria, cioè il trascendere ogni determinazione esterna, come quelle di scuola (sistema dell'istruzione) o mercato (sistema economico), che hanno un peso sull'arte pur essendo altro. L'arte non si è stancata della sua parte professionale ma l'accoglienza e la definizione dell'Art Brut significano la restituzione all'arte di uno specifico che va oltre il professionismo.
Il professionista è tale perché è competente nell'uso di determinati strumenti, compreso il suo ruolo; è la competenza nell'uso di questi strumenti che lo costituisce come professio-

dency to shift the value from the artwork to the person, therefore attributing the genius to the second one, is a socio-cultural trend that manifests itself since the twentieth century and does not concern specific fields of artistic production [Edgar Zilsel, *The Development of the concept of genius*, 1926].

III. The recognition of art brut that took place in the course of the twentieth century means the recognition within art of something absolutely proper that transcends every external influence like those connected to the educational system or the economic system that play a part despite being something different from art. Art did not grow tired of its professional part but the definition and acceptance of art brut signified the restitution to art of something specific that goes beyond professionalism.
The professional is such because he is competent in the use of determined instruments, including his role; and it is this competence in the use of these instruments that defines him as a professional, his own contribution to the instruments being as important as the contribution of the instruments to his activity. The one is not without the other. Dubuffet talked about cultural art emphasizing the fact that art was not only an official language within society, and therefore its contributions in terms of social history, but also its continuity, that is it being recognisable as something different from everything else.
Culture weighs also on the art brut creator and it does in a double sense. On one side because it became clear that some degree of cultural participation is unavoidable; on the other side because the recognition of art, that is the understanding of something as art, can only happen if in some way the creative expression resounds with the present way of defining art. The only sense in which an art brut creator cannot be *culturale* is that of a personal relationship with that part of culture that is the art of the history of art, that is with

nista, il suo contributo agli strumenti e con gli strumenti essendo però tanto importante quanto il contributo degli strumenti alla sua attività. Nessuno è senza l'altro. Dubuffet parlava di arte *culturale* accentuando il suo essere non solo un linguaggio ufficiale dentro la società, e quindi il suo contributo in termini di storia sociale, ma anche la sua continuità, ovvero il suo essere riconoscibile.
La cultura pesa anche sul creatore brut e vi pesa in un senso doppio. Da un lato perché è emerso con forza che una qualche forma di immersione culturale è sempre inevitabile ed è emerso proprio discutendo il caso di quello che per Dubuffet è l'autore quintessenziale, Adolf Wölfli; dall'altro perché il ri-conoscimento dell'arte, cioè la determinazione di qualcosa come arte, può avvenire esattamente solo se in qualche modo la proposta espressiva risuona con il modo attuale di intendere l'arte. L'unico senso in cui un creatore brut non può essere *culturale* è dunque quello di un rapporto con quella parte della cultura che è l'arte della storia dell'arte, cioè con quel linguaggio ufficiale della cultura che è l'arte in ogni determinato periodo storico, quella che si costituisce passando di autore in autore e di periodo in periodo.
Già dai tempi di Dubuffet un personaggio come Salvador Dalí prendeva molto sul serio il suo ruolo imprenditoriale. Breton ne aveva anagrammato il nome in «Avida Dollars».
Un altro senso per cui *professionale* diventa più distintivo di *culturale* nella sua contrapposizione a brut è perché enfatizza tutta quella componente della propria promozione che è venuta costantemente crescendo nell'attività di ogni artista ufficiale e che è costantemente disattesa dal creatore brut. L'Art Brut sfugge la storicità dell'arte ma non la sua storia in quanto parte dello stesso sistema dell'arte.
Il concetto di Art Brut comincia a circolare in Italia sul finire degli anni '70 quando ancora si deve completare l'assimilazione di quello che era stata l'arte naïf e proprio partendo da quella stessa critica. La scarsa notorietà del

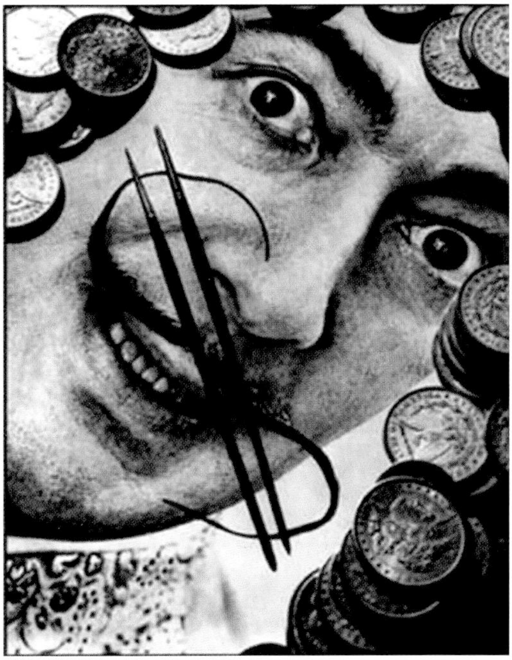

Avida Dollars, Ritratto di Salvador Dalí / Portrait of Salvador Dalí. Foto di / Photo by Philippe Halsman

that official language of culture that is art in every determined historical period, that which constitutes itself passing from author to author and from period to period.
Since the time of Dubuffet, a personage like Salvador Dalì took very seriously his entrepreneurial role. Breton nicknamed him «Avida Dollars» (anagram of Salvador Dalí).
Another sense in which professional become more distinctive than cultural in its contraposition to *brut* is because it can emphasize the component of its own promotion that has come about in the activity of every official artist and that needs to be disregarded by a brut creator. Art brut defies the historical nature of art but not its history in that it is part of the same system of art.
The concept of art brut begins to circulate in Italy towards the end of the 1970's (with the importance exception of Vittorino Andreoli) when it still had to complete the assimilation of what was naïve art and precisely out of the same criticism. The scarce fame of the Naïve Arts Museum

Museo delle Arti Naïves di Luzzara dovrebbe essere messa sullo stesso conto dell'assenza di Antonio Ligabue da ogni collezione internazionale, ma come non accostare questo fatto a quello, più grave, per cui non vi sono in Italia musei che espongono sue opere esattamente come in Francia si espone Henri Rousseau? O si accetta che Ligabue non sia un artista di calibro internazionale oppure si devono approfondire le ragioni che hanno fatto fallire la comunicazione tra il sistema dell'arte italiano e quello internazionale.
Arte naïf e Art Brut hanno molto in comune: la prima si manifesta, in tempi diversi a seconda del grado di industrializzazione, in quasi tutti i contesti che si vanno urbanizzando; la seconda successivamente nei contesti metropolitani. Se nella prima è ancora presente una nostalgia per un mondo in bilico, nella seconda può esserci semmai il compianto per un uomo ormai perduto. Il mondo a cui fa riferimento l'arte naïf scompare con essa; al contrario il mondo dell'Art Brut, che ha origine nelle stesse contraddizioni dovute allo sradicamento, ha moltiplicato le sue manifestazioni crescendo nei contesti urbanizzati e superando i vincoli della reclusione manicomiale, si pensi a Henry Darger[1] o Judith Scott.
L'Art Brut è arte contemporanea perché solo nella contemporaneità modernista si è data una divisione tra arte ufficiale e non ufficiale, solo nella modernità si è pensato a certa creatività come arte; è arte presente perché espressione di creatività ben vive e operanti in una molteplicità di contesti diversi. Ma è presente anche perché ci sorprende fuori da tutte le procedure automatiche di fruizione del bene culturale, scuotendoci da un certo torpore, fosse anche solo quello teoretico.

[1] Glandelinia è il nome di una delle nazioni dell'epica di Henry Darger.

Nicola Mazzeo è Sociologo
Gallerista specializzato in Art Brut e Outsider Art

in Luzzara should be considered on the same level as the absence of Antonio Ligabue from every international collection, but why should not we compare this fact with the more serious one according to which there are not any Italian museums featuring his works as for Henri Rousseau in France? Either we accept that Ligabue is not an artist of international calibre or we must look into the reasons why communication has failed between the system of Italian art and the international one.
Naïve art and art brut has a lot in common: the former shows itself in different times in different countries according to the level of industrialization, the latter shows itself in metropolitan contexts. If in the former there is always present nostalgia for a world which is disappearing, in the latter there can be a lament for a lost human being. The world art naïve refers to disappears with it; in contrast the world of art brut, which has it origins in the same contradictions due to uprooting, has multiplied its manifestations growing in urbanized contexts and overcoming the limits of confinement in the lunatic asylum, as in the cases of Henry Darger[1] and Judith Scott.
Art brut is contemporary art because only in the contemporary modernity it has been made a division between official art and not official art, only in modernity certain creativity is considered as art; it is present art because it is an expression of creativities alive and working in a multiplicity of different contexts in present society. But it is present also because it surprises us out of all the automatic procedures of fruition of culture, shaking us from a certain lethargy, if only the theoretical.

[1] Glandelinia is one of the many fighting Nations in Henry Darger's epic tale.

Nicola Mazzeo is Sociologist
Art galerist, Art Brut and Outsider Art specialist

GABRIELLA BOTTINI

Ike Hasbani: «Io sento anche se non parlo»
Ike Hasbani: «I hear even without speaking»

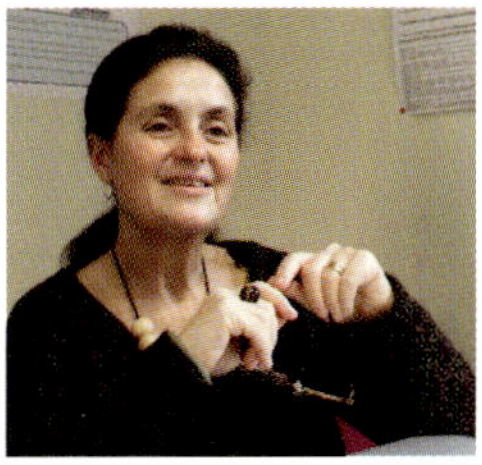

Ike Hasbani con le sue poesie dimostra che i ricercatori di neuroscienze cognitive hanno davanti a sé vastissimi ambiti ancora del tutto inesplorati che riguardano il funzionamento del cervello.
Il titolo stesso che Ike ha scelto per la sua incantevole raccolta di poesie, *Io sento anche se non parlo*, contiene in sé ciò che rappresenta un'assoluta contraddizione in termini per le neuroscienze: in generale solo l'armonia percettiva, infatti, genera un comportamento adeguatamente finalizzato. Di più, Ike non parla ma scrive e, sapendo di poter avere difficoltà nel farlo, mostra notevoli capacità strategiche ed empatiche nel farsi coadiuvare in questa impresa da persone competenti.
Come spesso succede, la profonda, inevitabile (per fortuna!) diversità interindividuale fa crollare classificazioni e tassonomie apparentemente solide.
Ma leggendo gli scritti di Ike non ho inteso cercare di capire quale modello cognitivo proporre o creare per giustificare semplici o complesse inspiegabili dissociazioni comportamentali, escogitando spiegazioni del motivo per cui alcune funzioni appaiano non solo intatte ma eccellenti, e altre profondamente compromesse.
Ciò che mi colpisce è la nitidezza e la trasparenza dei messaggi. Il codice semantico per

The artistic production of Ike Hasbani clearly demonstrates that Cognitive Neuroscience has a number of fields concerning brain functions still completely unexplored.
Starting from the title chosen by Ike for his amazing collection of poems, *I hear even without speaking*, it contains an insurmountable contradiction for Cognitive Neurosciences as they state that only normal perceptions might generate a finalized behaviour. Nevertheless Ike does not speak and despite this is able to write and takes advantage of helpful people working in perfect harmony with him.
As usual the profound, and luckily unavoidable, inter-individual difference, makes apparently solid clinical classifications unreliable.
However, while reading Ike's poems I did not feel the urgency to investigate which was the cognitive model that might explain the behavioural and cognitive dissociations in his brain neither to understand the dilemma of the coexistence of intact cognitive functions with severe dysfunctions.
I am astonished by the absolute transparency of his message. He perfectly depicts different environments and is always appropriate, coherent and direct in describing complex interior states. His poetic transfiguration goes directly to the heart.

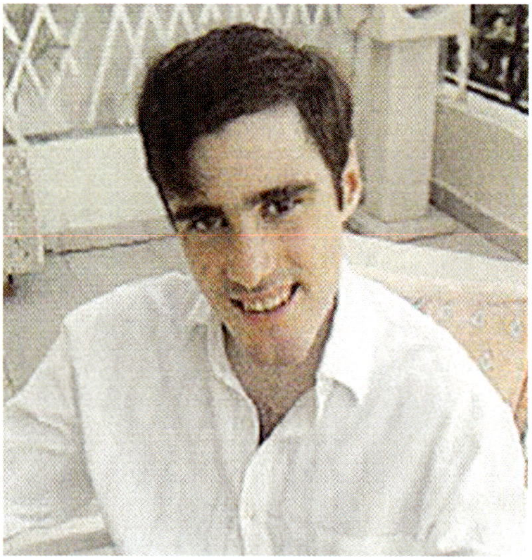

Ike Hasbani

descrivere circostanze ambientali e complessi stati interiori è sempre coerente e profondo, non lascia dubbi sia cognitivamente sia affettivamente. E la trasfigurazione poetica è di una semplicità che colpisce il cuore.
Quale componente può avere contribuito a questo comportamento virtuoso (virtuoso perché generatore di benessere psicofisico)?
La potenzialità produttiva ovviamente è tutta interiore, ma, come ho già detto, è sicuramente frutto anche di un'interazione con più figure intorno a Ike (gli operatori di Cascina Rossago, la *farm community* dell'Oltrepo pavese per

Mi esalto davvero tanto
Vado via se non odo canto
Canali musicali vorrei
Dormire ascoltandola dovrei
Mi rilasso con te
Mi sento Isaac il re

Ike Hasbani, *Musica*, aprile 2008

Which was the magic component inducing such a virtuous (as it generates wellbeing) behaviour? Ike, no doubts, has an incredible talent, nevertheless, he also succeeds due to a number of persons working with him (the staff of Cascina Rossago, a farm community in the Oltrepo for adults with autism), that he thanks very warmly in his book, demonstrating a high level of empathy: puzzling considering that Ike suffers from autism.
With his essential style he emphasises the emotional and sensorial message in his poems: *Primo odore*: from disgust to the pleasure of the novelty through the olfaction. *Amare*: *dolore che provoca piacere [...] vere pazzie mentali*. Ike is very direct when describing contrasting feelings although they are entirely represented in an interior conflict. *Rumore*: epileptic rumours: *We listen to already fixed verses*. In few words, Ike provides a perfect and penetrating explanation of the more characteristic features of the seizure.
Autism clinically and metaphorically contains different components still largely unknown and the research is generally focused on the negative behavioural aspects of this disease or mainly describes through exemplar single cases, outstanding mathematical talents.
Ike's talent overcomes the barriers of the non-communication as he is not able in performing extraordinary difficult mathematical operations, rather astonishes us with the *rehabilitative* power of his naïve and original poems giving a message that goes beyond the artistic boundaries.
The dodecaphonic transgression of canonical grammatical rules causes a real dissociative revolution: I do not speak but I listen for/feel, and I write what I want you listen for/feel with me. In this way the impact of his artistic production becomes relevant also for Neuroscience, posing immense dilemmas on the lack of appropriate codes to interpret the alternative communication of people with autism. Ike's message sounds as a neurobiological provoca-

Leggero vedo te
Emozione provo
Sento pesante mio cuore
Desiderio ho di leggere
Rumori silenziosi

Ike Hasbani, *Leggero*, 12 maggio 2008

Frenesia opprimente
Mi eviti velenosa
Infinito sguardo
Vedi realtà dura
E odo rumori ecolalici

Ike Hasbani, *L'infinito*, 8 aprile 2008

adulti con autismo), che tra l'altro egli ringrazia all'inizio del libro riconoscendo nitidamente in ognuna di esse ruoli e competenze diverse. Quindi, sicuramente una componente empatica: *puzzling* direbbero gli inglesi considerando la condizione clinica di Ike...

Con il suo stile telegrafico che enfatizza la comunicatività delle sue poesie, Ike celebra tutte le gerarchie sensoriali ed emozionali:

Primo odore: dal disgusto fino al piacere della novità attraverso il primordiale olfatto. *Amare*: *dolore che provoca piacere [...] vere pazzie mentali*. Lapidario, nella descrizione di sentimenti in contrasto, da esaltanti a patibolari, in un conflitto completamente interiore. *Rumore*: rumori epilettici: *Udiamo predefiniti versi*. Colpisce l'acume con il quale Ike riesce in pochissime

tion. If it is true that we finalize our actions for adaptation, this does not mean that our behaviours are always predictable: eating if hungry, sleeping if tired, hearing if speaking.

This is why this collection of poems, graceful as a butterfly and transparent as clean water, has such a relevant ethical weight. Either one does not trust these poems, obstinately believing that autism is a mental disease impermeable to the environment signals, or one must be courageous starting to think differently. Homogenisation must not be the shortcut to escape our inability to understand other languages. When science deals with clinical conditions that relevantly compromise social interactions the *escamotage* is considering patients as very similar between them. However, cancelling inter-individual differences with a clean slate is not allowed, as those differences make interesting and noble human interactions.

The value of this little and precious collection also derives from the long and patient team work performed, to make Ike able to develop his own autonomous writing competence and style. His emotional language is only apparently simple. The alternation of depths (*erro senza la tua presenza*) and peaks (*o mia personale linea direttrice*) reveals thousands of deep semantic and emotional shades.

I wonder whether Ike due to his profound isolation, has been preserved by the experience of suffering. However while reading *Dolce sorella mia* I completely change my mind: *Forse noi a vicenda ci dobbiamo aiutare*. This poem is not the only example of feeling reciprocity. Ike feels, indeed he does strongly feel although he does not speak, he cries sometimes, making very difficult her small sister's life. In his autobiography Ike describes with incredible lucidity his behavioural dis-regulation induced by the lack of a right somatosensory calibration. This loss of balance is the more relevant feature of autism which sometimes unables any rehabilitation, as it seems impossible to find the key/access for a syntonic communication.

parole a fornire una spiegazione esemplificativa precisa e penetrante degli aspetti più specifici della crisi.
L'autismo e il suo spettro in senso clinico e metaforico contengono moltissimi elementi tuttora poco conosciuti, e in verità la ricerca, anche per ragioni comprensibili, si concentra nell'approfondire le componenti comportamentali produttive o deficitarie di questa condizione. La descrizione di superpotenzialità di solito cognitive compare in letteratura come *single cases* eccezionali (fuori della norma della non-normalità...).
Il talento di Ike supera le barriere della non-comunicazione: non è in grado di svolgere complicate operazioni matematiche, ma ci stupisce con la potenza *riabilitativa* delle sue poesie naïf e originali dandoci un messaggio che supera i confini dell'arte. Come sentono le persone con autismo? Come strutturano la loro interazione emotiva? La scienza e la clinica non hanno ancora risposte chiare a queste domande di fondo. La sinestesia percettiva descritta da Ike nella poesia *Danza* pone molti dilemmi interpretativi: *Mi nutro di colori raggianti [...] Edera divento [...] Sono come vero uomo / Emozionato.*
Infine stordisce l'elegiaca, drammatica descrizione che Ike offre della sua malattia dandoci un incalcolabile, prezioso riscontro dell'autismo «dal di dentro» e permettendoci, almeno per un istante fugacissimo in cui la sfera emotiva si fonde con quella cognitiva, di vedere/guardare all'autismo con gli occhi di chi lo vive in prima persona: *L'infinito*: *Frenesia opprimente / Mi eviti vita velenosa / Infinito sguardo / Vedi realtà dura / E odo rumori ecolalici.*

Nevertheless art often derives from discrepancies that create unexpected gaps.
Art produces new, powerful metaphors that vehicle meanings, recomposing fragments of an exploded mosaic even for the most suspicious. It is possible to communicate behind the canonical schemas, but none of this is at low cost, and requires courage. Penetrating the different semantic/affective codes of Ike might be dangerous: *Vorrei ringraziare innanzitutto mia orgogliosa mamma restata sempre accanto al poeta Ike.* Consolidated cliché guaranteed by the *usual* affectivity could not explain the deep, and illuminating message of Ike. Despite his apparently disarticulated affectivity, Ike experiences unique elective affinities with his sister Jessica *capitana di luce*. It is incredible how Ike believes in people feelings and trusts them deeply.
How do feel people with autism? How do they structure their emotional interaction? Science and clinic still do not have clear responses at this outstanding questions. The perceptual synaesthesia described by Ike in his poem *Danza* poses many interpretative dilemmas: *Mi nutro di colori raggianti [...] Edera divento [...] Sono come vero uomo / Emozionato.*
Finally I find astonishing Ike's elegiac and dramatic description of his disease offering us a unique and precious insight report of autism: he allows us – at least for a fleeting instant – to understand the quality of the emotional and cognitive interaction in this pathological condition: *L'infinito*: *Frenesia opprimente / Mi eviti vita velenosa / Infinito sguardo / Vedi realtà dura / E odo rumori ecolalici.*

Gabriella Bottini è Professore Ordinario di Psicologia Fisiologica e Neuropsicologia all'Università degli Studi di Pavia

Gabriella Bottini is Full Professor of Physiological Psychology and Neuropsychology at the Università degli Studi of Pavia

PIERLUIGI POLITI

Simona Concaro: Piano-brut

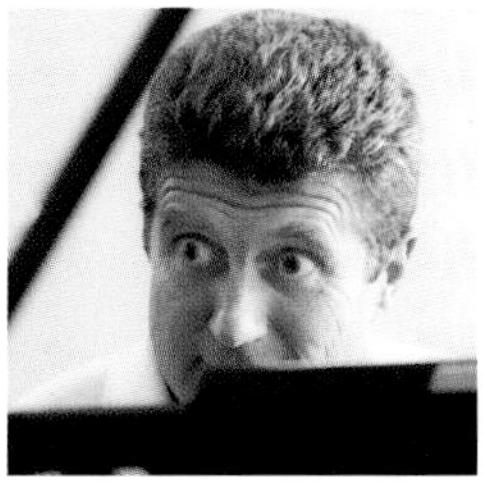

Foto Jaca Book / Enrico Pozzato

Simona Concaro e io ci conosciamo, più o meno, da una decina di anni. In questo caso il «più o meno» non si riferisce al tempo in cui ci siamo frequentati, ma alla qualità della conoscenza: non saprei dire quanto bene Simona conosca me (ho l'impressione che sia molto) e non saprei dire quanto io conosca Simona (ho l'impressione che sia poco). La nostra conoscenza, più o meno reciproca, infatti non ha mai potuto appoggiarsi sulle parole. Simona, come molte persone affette da un disturbo dello spettro autistico, non utilizza il linguaggio. Probabilmente potrebbe farlo, ma lo tratta alla stregua di un optional che la «casa madre» ha inserito nel pacchetto. Posto che il 5% delle interazioni fra Simona e me, nell'arco di questi dieci anni, sia avvenuto a livello fisico (uno scambio di sguardi, una lievissima carezza sui capelli o una pacca sulle spalle da parte mia, una spinta decisa da parte sua per cacciarmi – a volte – via dal pianoforte), il restante 95% dei nostri scambi comunicativi è avvenuto a livello musicale.

D'altro canto, nel corso di questi dieci anni, la storia di Simona si è intrecciata con quella dell'Orchestra Invisibile e, ovviamente, con quella di Cascina Rossago. Non è possibile tratteggiare qui la straordinaria vicenda di Cascina Rossago, il contenitore di tutte le nostre

Simona Concaro and I met, more or less, twelve years ago. In this case, the «more or less» does not refer to the time when we first met, but to the quality of our relationship: I cannot say how well does Simona know me (I have the impression it is a lot) and I cannot say how much I know about her (I get the impression it is a little). Our getting to know each other, in fact, never relied on words as a mean of communication. Simona, as many people belonging to the autism spectrum, does not use verbal language. She perhaps could use it, but she treats words as an unrequested option, a possible instrument that she unwillingly beholds. Assuming that 5% of the interactions between Simona and me, over the past ten years, took place at a physical level (an exchange of glances, a slight caress on her hair or a pat on the back from me, a firm push by her to push me away – sometimes – from the piano), the remaining 95% took place thanks to music.

From another point of view, during the past ten years, the story of Simona has become intertwined with the Orchestra Invisibile and, of course, with that of Cascina Rossago. It is not possible here to outline the extraordinary story of Cascina Rossago, the container of all our experiences concerning music and autism. Founded in 2002, after a long, delicate and

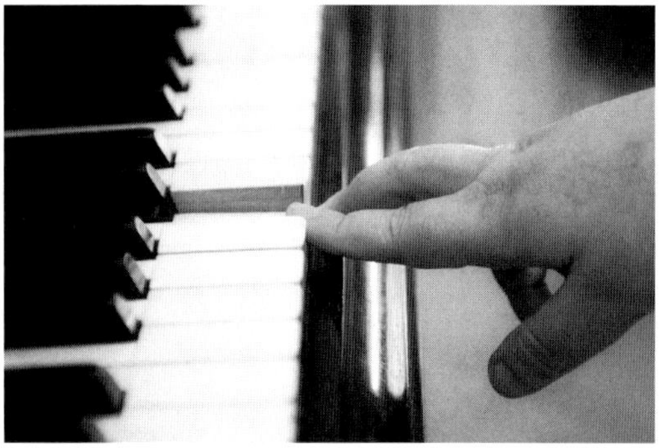

Simona Concaro. Foto Jaca Book / Enrico Pozzato

esperienze relative a musica e autismo. Fondata nel 2002, dopo un lungo, delicato e complesso lavoro preparatorio, Cascina Rossago nell'Oltrepo pavese è la prima fattoria sociale italiana pensata per l'autismo che ha trasformato la viva preoccupazione parentale del «dopo di noi» in una realtà solida ed efficace, coagulando dolore e passione, entusiasmo e dubbi. All'interno di questo contenitore, un gruppo di studenti di medicina, di tecniche della riabilitazione psichiatrica, di musicisti, di musicoterapeuti, via via rinnovatosi negli anni, ha contribuito a creare il più bizzarro ed efficiente dei tirocini universitari, l'Orchestra Invisibile. Dal 2005, tutti i venerdì pomeriggio, un drappello più o meno numeroso di persone, raggiunge le colline dell'Oltrepo, carico di strumenti musicali, per improvvisare quella musica di cui è stato detto: «Quando non sai cosa stai suonando, puoi stare sicuro: quello è jazz».
A ben vedere, però, la posizione di Simona Concaro nei confronti dell'Orchestra Invisibile è sempre stata peculiare. Ancor più vero, poi, è che la posizione di Simona nei confronti della musica è, ed è sempre stata, peculiare. Simona ha rifiutato sistematicamente, lungo tutta la sua esistenza, ogni tentativo di addomesticamento musicale, ogni mediazione tra la sua prepotente esigenza di musica e la cultura musicale che, da centinaia di migliaia di anni, appartiene

complex preparatory work, Cascina Rossago in the Oltrepo is the first Italian farm community designed for autism, which transformed the parents' fears of the future concerning the care after their death into a living solution that unites pain and passion, enthusiasm and doubts. Within this container, a group of medical students, rehabilitation therapists, musicologists, musicians, music therapists, that gradually grew and changed over the years, created the most bizarre and efficient use of the university placements, the Orchestra Invisibile. Since 2005, every Friday afternoon, a group of people, more or less numerous, reaches the hills of Oltrepo, bringing with them their musical instruments, ready to play that kind of improvised music described as: «When you do not know what you're playing, you can be sure: that is jazz».
At a closer look, however, the position of Simona Concaro, inside the Orchestra Invisibile, has always been peculiar. Therefore, even more true is that the position of Simona in respect to music is, and has always been peculiar. Simona has systematically refused, throughout her existence, to educate her musical talent, to find any mediation between her need of music and music culture, that with hundreds of thousands of years of history, belongs to mankind. Simona does not listen to other people's music, she cannot read music, she is not able to write music. Nevertheless her music seems to exists on its own, in the same way that shells, trees or stars exist in nature...
Yet Simona does not play by herself on the other days of the week, while she regularly attends music sessions on Friday afternoon. The Orchestra Invisibile meetings usually welcome any guest: some of them wait spontaneously around the music room, others just needs a slight nudge to come in. Simona is one of those who promptly rushes in. On the contrary, during the week, she does not ask to play. When the invisible «magic circle» has been created, Simona is not likely to join in and play.

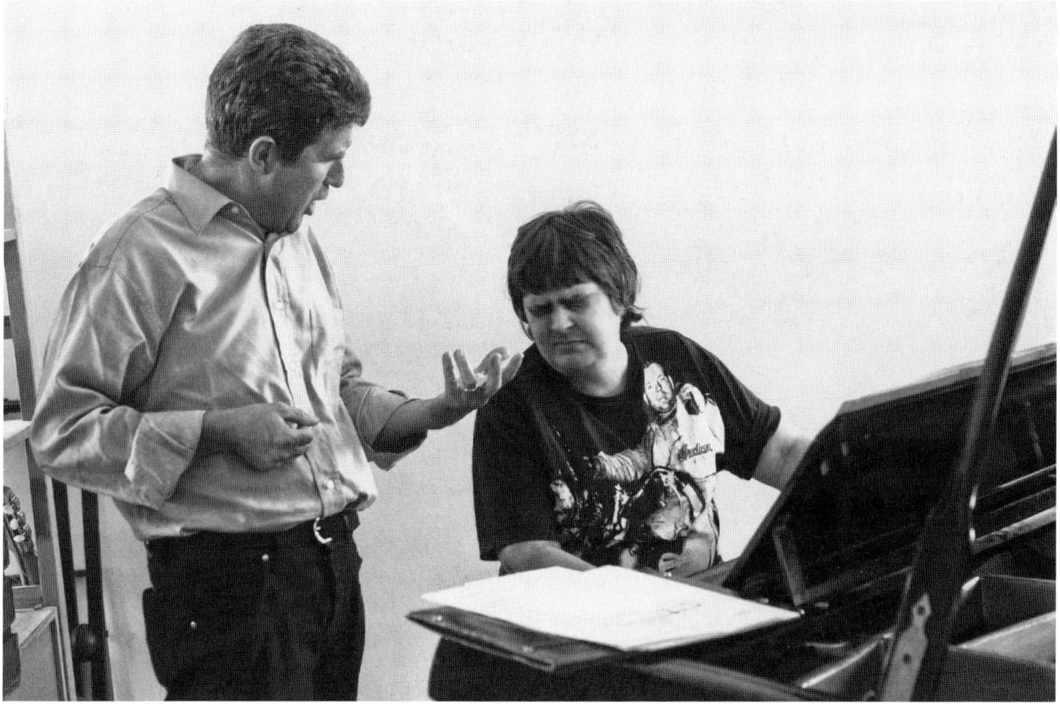

Pierluigi Politi, Simona Concaro. Foto Jaca Book / Enrico Pozzato (*Orchestra Invisibile*, Jaca Book, 2015)

al genere umano. Simona non ascolta musica altrui, non sa leggere la musica, tanto meno è in grado di scriverla e neppure di inscriverla in un'area, in una corrente. La sua musica sembra esistere di per sé, così come in natura esistono conchiglie, alberi o stelle...

Eppure Simona non suona da sola, mentre partecipa regolarmente alle sessioni musicali del venerdì pomeriggio. È questa un'attività verosimilmente gradita a tutti gli ospiti di Cascina Rossago: alcuni di loro si trovano spontaneamente all'orario convenuto dalle parti della sala musica, per altri basta un leggero invito. Anche Simona accorre prontamente; durante la settimana, invece, non chiede di suonare. Quando il «cerchio magico» invisibile si è creato, poi, è difficile che Simona suoni insieme con gli altri.

In questo lungo lasso di tempo la big band «invisibile» è cresciuta di numero e, forse, anche

During the last ten years, the «invisible» big band has grown in number and perhaps in quality, involving at its rhythmic core many of Cascina's residents. Simona, on the contrary, has maintained her peculiarity and her characteristics, without merging with the group. What she did in the past she continues to do in the present time. Simona doesn't seem involved with the Orchestra's tracks: she waits for her turn and alternates her songs with ours.

Her family recalled that, more or less, at the first signs of her being different from peers, around the time she was three years old, Simona began to play the piano. As I mentioned above, no one has ever succeeded in educating this interest and talent. The carelessness of Simona towards other people's music is just... absolute. On the other hand, the interest of others for Simona's music has been similarly poor for a long time. Everybody knew that Simona

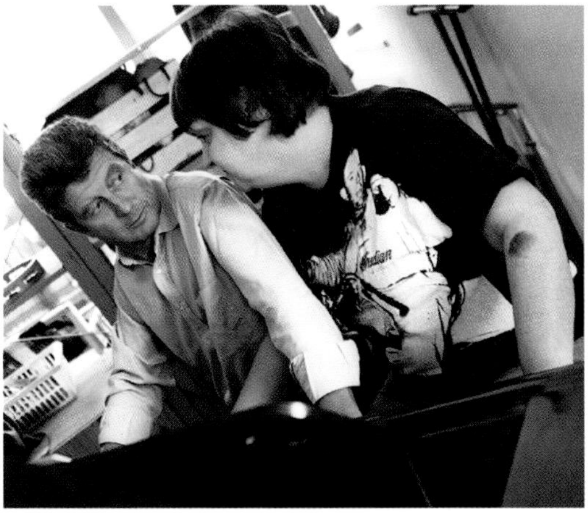

Orchestra Invisibile, Jaca Book, 2015

in qualità, coinvolgendo nel suo nocciolo ritmico molti residenti di Cascina; ciononostante Simona ha mantenuto le sue peculiarità e le sue caratteristiche, senza fondersi col gruppo. Allora come oggi Simona appare poco coinvolta nei brani dell'Orchestra: aspetta il proprio turno e alterna i suoi brani con i nostri (non abbiamo mai capito chi faccia da «spalla» a chi...).
I suoi familiari ricordano che più o meno in corrispondenza dei primi segnali del suo essere differente rispetto ai suoi coetanei, verso i tre anni di età, Simona ha iniziato a suonare il pianoforte. Come ho già accennato, nessuno è mai riuscito nell'impresa di incanalare questo interesse e questo talento nel solco dell'insegnamento tradizionale. La noncuranza di Simona nei confronti della musica altrui è semplicemente... assoluta. D'altro canto, l'interesse altrui per la musica di Simona è stato parimenti tiepido per molto tempo. Si sapeva che Simona suonicchiava alcuni motivetti sulla tastiera. Se aveste chiesto (e io lo feci) quanti fossero i brani che Simona alternava suonando, avrebbero risposto: tre o quattro, non di più. Le persone, e io tra loro, si accorgevano di motivi che ritornavano, di ritmi a tratti difficilmente decifrabili, di vocalizzi che si inserivano

was able to play some tunes on the keyboard; nothing more. If you had asked (and I did) how many where the tracks Simona played in total, one would have answered: three or four, that's it. Many people, including myself, realized that some of the motifs returned, some rhythms were hard to decipher, some vocalizations were part of the game; no more.
Slowly, the curiosity of knowing more of this music grew on within me. So one summer I decided to tackle the problem in the most systematic manner possible. I visited Cascina Rossago one Friday afternoon, at the usual time the Orchestra used to play (meanwhile, they were enjoying summer break). Simona followed me, silent but quite happy, into the music room. She played spontaneously while I recorded her music. When she stopped for a while, I played a bit on my own; so she could have a break, while rediscovering the desire to play. This alternation continued for an hour, an hour and a half. Then we said goodbye until the following Friday.
In the following months I tackled the more complex problem of identifying the musical tunes that more or less repeated themselves from one time to the other, more or less juxtaposed one to the other. With patient listening, transcription, comparison and analysis, supported by the extraordinary skill of Hanna Shybayeva, who had familiarized well with the complex representations of contemporary music, I came to identify 24 original songs, completely different from each other. These songs may be, at least in part, the musical alphabet of Simona Concaro. It seems to me that she combines differently these 24 units when she plays.
There are certain limitations to the work Hanna and I did about these music: any transcription of a musical work created by third parties (I think to ethnomusicology or the solos of jazz, for example) can represent only some aspects of the real music, which goes beyond the possibilities of writing; even those with the

nel gioco delle mani sui tasti. Dopodiché la vita quotidiana riprendeva il sopravvento.
Pian piano, dentro di me, la curiosità di capire qualcosa in più di questa musica andò crescendo. Così un'estate mi decisi ad affrontare il problema in maniera il più possibile sistematica. Mi presentai per alcuni venerdì pomeriggio a Cascina nell'orario usuale dell'Orchestra che, nel frattempo, aveva la sua pausa estiva. Simona mi seguiva, piuttosto contenta, in sala musica. Suonava spontaneamente e io la registravo. Quando si interrompeva, suonavo un po' a mia volta, così lei si riposava e ritrovava la voglia di suonare. Questa alternanza proseguiva per un'ora, un'ora e mezza. Poi ci salutavamo, fino al venerdì successivo.
Nei mesi seguenti affrontai il lavoro più complesso, quello di identificare le frasi musicali che ritornavano più o meno identiche, più o meno giustapposte alle altre. Con un paziente lavoro di ascolto, trascrizione, confronto e analisi, supportato dalla straordinaria abilità della pianista Hanna Shybayeva, nonché dalla sua confidenza con le figurazioni complesse della musica contemporanea, arrivai a identificare 24 brani originali, completamente differenti tra loro. Questi brani potrebbero costituire l'alfabeto musicale di Simona Concaro, poiché lei, quando suona, combina in maniera differente queste 24 unità.
Esistono certo dei limiti al lavoro svolto da Hanna e da me a partire da queste registrazioni: ogni trascrizione di un'opera musicale realizzata da terzi (penso all'etnomusicologia o agli assolo dei jazzisti, ad esempio) può fissare alcuni aspetti dell'opera, che comunque travalica le possibilità della scrittura, anche quella animata dalle migliori intenzioni. Nel nostro caso, nessun trascritto, neppure il più preciso, potrà mai rendere il tocco morbido e uniforme, quasi indifferente alle dinamiche, di Simona Concaro, e neppure il suo misterioso giustapporre le unità compositive di cui sopra, che ogni volta crea differenti combinazioni delle stesse.

best intentions have a hard time accomplishing this objective. In our case, no transcript, even the most accurate, will ever describe the soft, smooth touch, almost indifferent to the dynamics, of Simona Concaro. No transcript could hold the mysterious juxtaposition of the compositional units we talked about, as every single time she creates different combinations of the same ones.
I want to address at this point a question till now unexpressed. Has Simona musicality been influenced by her belonging to the autism spectrum? The answer must take into account a few facts. There are two cardinal symptoms needed for the diagnosis of autism: the existence of a persistent disorder of social interaction and communication on the one hand, and the presence of behaviors and restricted interests, repetitive, and stereotyped on the other. These two elements have certainly characterized very early in time, the clinical history of Simona. If and how these two elements are expressed in her music, however, is a far more complex issue. As to the first, it is true that Simona fits only marginally in the ranks of the Orchestra Invisibile, interacting and communicating in a limited way with her group of peers. It is equally true, however, that Simona does not play the piano if there is not, at least, one listener that listens with interest. When it became possible, with all precautions taken, that Simona could play in a theater with a huge audience, she had no hesitation to hold her from playing (Turin 2009, Tortona 2012, Pavia 2007 and 2013): she reached the piano and played her music, interacting and connecting with the public. In her own way, for sure. If any scholar would be willing to analyze the presence of any restriction, repetitiveness and sameness in her music, the transcripts are now available to musicologists.
From my point of view, I hold only two comments. The first is that our transcripts show less monotony and less repetition than what our human ear could grasp. In other words, it

Vorrei affrontare a questo punto una domanda fin qui inespressa. Quanto l'appartenenza di Simona allo spettro autistico può aver influenzato la sua musica? La risposta deve tenere conto di un dato; i cardini sintomatologici con cui effettuiamo attualmente la diagnosi di autismo sono due: il sussistere di un disturbo persistente della interazione e della comunicazione sociale da un lato, la presenza di comportamenti e interessi ristretti, ripetitivi e stereotipati, dall'altro. Questi due elementi hanno certamente caratterizzato precocemente la storia clinica di Simona. Se e come si esprimano nella sua musica, però, è un discorso di gran lunga più complesso. Quanto al primo, è pur vero che Simona si inserisce solo marginalmente nelle fila dell'Orchestra Invisibile, interagendo e comunicando in maniera limitata con il gruppo dei compagni; è altrettanto vero però che Simona non suona il pianoforte se non ha almeno un ascoltatore che la segua con interesse. Quando e come è stato possibile, con tutte le cautele del caso, metterle a disposizione un intero teatro pronto ad ascoltarla (Torino 2009, Tortona 2012, Pavia 2007 e 2013), Simona non ha avuto esitazioni: ha raggiunto il pianoforte e ha proposto la sua musica, interagendo e raggiungendo il pubblico: alla sua maniera, sicuramente. Quanto, invece, alla presenza di eventuali restrizioni, ripetitività e *sameness* nella sua musica, le trascrizioni sono ora a disposizione dei musicologi.

Da parte mia mi limiterò a due osservazioni. La prima è che le trascrizioni mostrano uno sviluppo molto meno iterativo e monotono di quanto il nostro orecchio non colga. In altre parole, è verosimile che sia il nostro ascolto *neurotipico* ad appiattire, bollandoli come autistici, alcuni aspetti del suo fare musica. La seconda è che, parallelamente, non possiamo dimenticare quanto di schematico, iterativo, ripetitivo la storia della musica, perlomeno quella occidentale, porti con sé. Dalle simmetrie geometriche dell'*Arte della fuga* all'ostinato del *Bolero* raveliano, dalla irrinunciabile

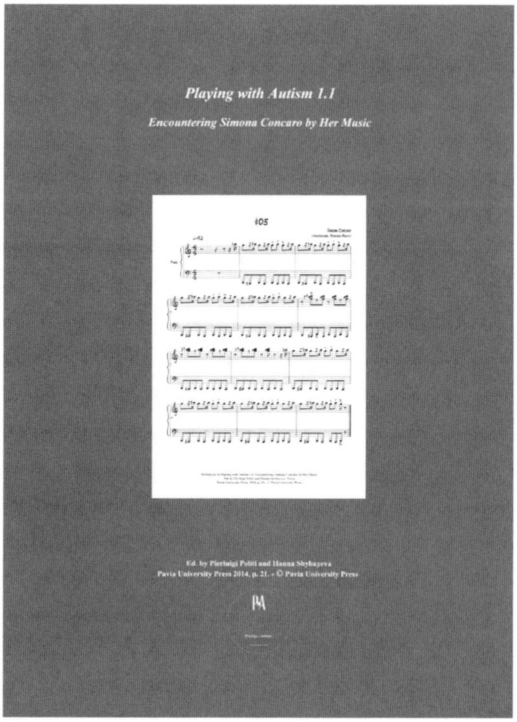

is likely that our *neurotypical* listening would flatten her music, labeling it as autistic. The second is that, in parallel, we cannot forget how the «normal» music history, at least in Western Europe, is full of iterative and repetitive elements. Think about the geometrical symmetries of the *Art of fugue*, to the obstinate Ravel's *Bolero*, to the essential jazz II-V-I progression, to the recurrence of the AABA structure in many songs, to the monotonous beat of dance music. All these elements testify how repetition ensures safety and stableness, without pertaining to any mental pathology.

Sometimes Simona made me think of Béla Bartók (1881-1945), sometimes she called me back to Erik Satie (1866-1925), sometimes the American minimalists, first of which Philip Glass (1937). But there is no particular reason for these combinations to be made. Sure, some have speculated that, for example, Satie belonged to the autistic spectrum because of a number of symptoms collected by his biographers. It has

progressione jazzistica II-V-I alla ricorsività della struttura AABA nella maggior parte delle canzonette, al pulsare monotono della dance music, molti elementi testimoniano la funzione rassicuratrice della ripetizione, senza che la ripetitività pertenga necessariamente a qualche patologia.
Talvolta la musica di Simona mi ha fatto pensare a Béla Bartók (1881-1945), altre volte a Erik Satie (1866-1925) o alle composizioni dei minimalisti americani, anzitutto quelle di Philip Glass (1937), oppure alla musica di Toru Takemitsu (1930-1996). Non c'è alcuna ragione particolare per questi accostamenti. Certo, qualcuno ha ipotizzato che Satie appartenesse allo spettro autistico per via di una serie di elementi raccolti dai suoi biografi: si dice, ad esempio, che Satie indossasse soltanto lo stesso completo di velluto, di cui possedeva sette copie identiche per foggia e colore; ed è noto che vivesse in un bilocale, abitando una sola delle due stanze: la seconda, fu scoperto dopo la sua morte, era piena zeppa di ombrelli... Anche la parabola esistenziale di Takemitsu ha dato la stura a molte congetture. D'altronde, da quando lo psichiatra irlandese Michael Fitzgerald ha formulato alcune ipotesi, il web si è rapidamente affollato di una moltitudine di sospetti autistici, tra cui Beethoven e Mozart. Sarebbe fin troppo semplice rispondere che, al pari delle leggi, le diagnosi non possono essere retroattive. Una diagnosi – e una diagnosi psicopatologica in particolare – raccorda elementi biologici, psicologici e sociali. Se cambiano le coordinate culturali dell'epoca, cioè gli elementi psicologici e sociali, cambia anche la possibilità di fare diagnosi.
Dovremmo trovare una dose robusta della «capacità negativa» di Bion: la capacità di tollerare che talvolta non siamo in grado di comprendere (almeno non ancora) o di conoscere, e che non sempre riusciamo a decifrare, collegare, classificare. Solo allora potremo cogliere la bellezza delicata e umbratile che permea dall'interno le non-composizioni di

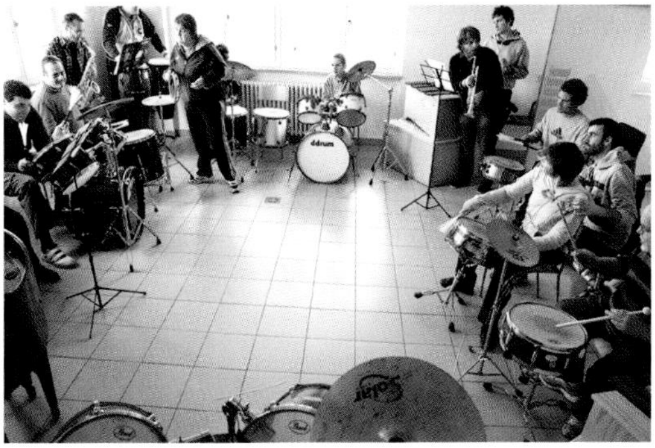

Orchestra Invisibile a Cascina Rossago
The Invisible Orchestra at Cascina Rossago

been argued, for example, that Satie only wore the same velvet suit; they say that he had seven identical copies, for shape and colour, at home. And it is known that he lived in a one bedroom apartment, living in one of the two rooms: the second room, it was discovered after his death, was completely full of umbrellas...
On the other hand, since the time the Irish psychiatrist Michael Fitzgerald made a number of diagnostic hypotheses of historical people, the web has quickly crowded with a multitude of autistic suspects, including Beethoven and Mozart. It would be too easy to say that, like laws, the diagnosis cannot be retroactive. A diagnosis – a psychopathological one in particular – connects biological, psychological and social issues. If one changes the cultural coordinates of the time, which relate to the psychological and social elements, the possibility of making a diagnosis disappears.
We should then find a robust dose of Bion's «negative capability»: the ability to tolerate that's sometimes we are not able to understand (at least not yet) or to know, and that not always we are able to decipher, connect, classify. Only then we might grasp the blurry and delicate beauty that permeates within these non-compositions, listening to such a beauty that alludes, suggesting rather than stating. Although it may seem paradoxical, the rhythms of these transcripts can rarely be enclosed within boundaries in order

Simona, e ascoltare questa bellezza che allude e rimanda, suggerendo piuttosto che affermando. Sappiamo così poco della nostra vita, che spesso il sussurro comunica più verità che non un proclama.

to be analysed and understood, their sentences are independent and have no limits. The beauty which makes them bond one with the other, I would say, is just whispered. We know so little of our lives, that a whisper could reveal more truth than a pronouncement.

Pierluigi Politi è Professore Ordinario di Psichiatria e Responsabile del Laboratorio Autismo all'Università degli Studi di Pavia

Pierluigi Politi is Full Professor of Psychiatry, Head of the Autism Laboratory at the Università degli Studi of Pavia

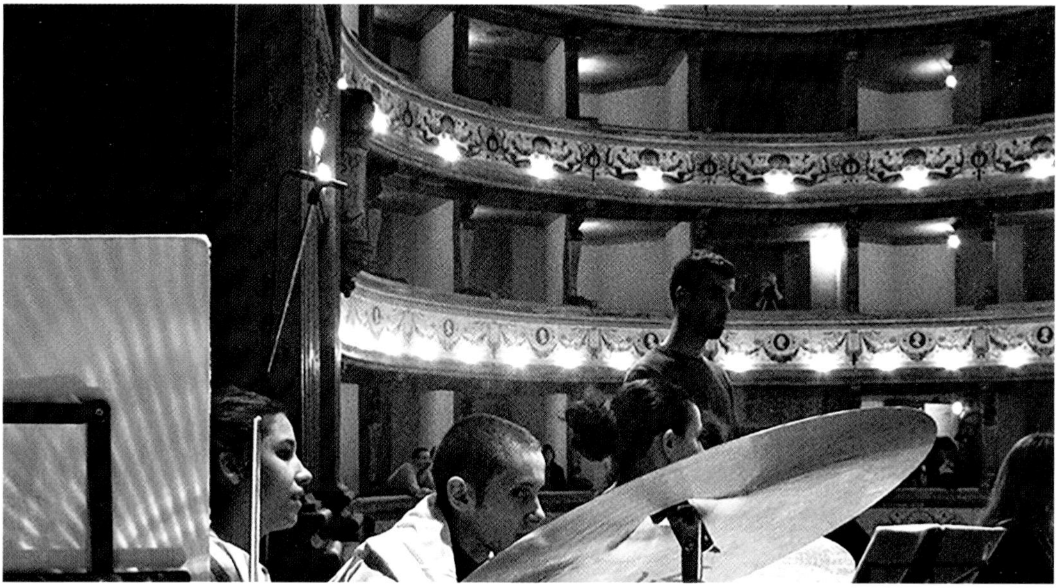

Orchestra Invisibile in concerto
The Invisibile Orchestra in concert

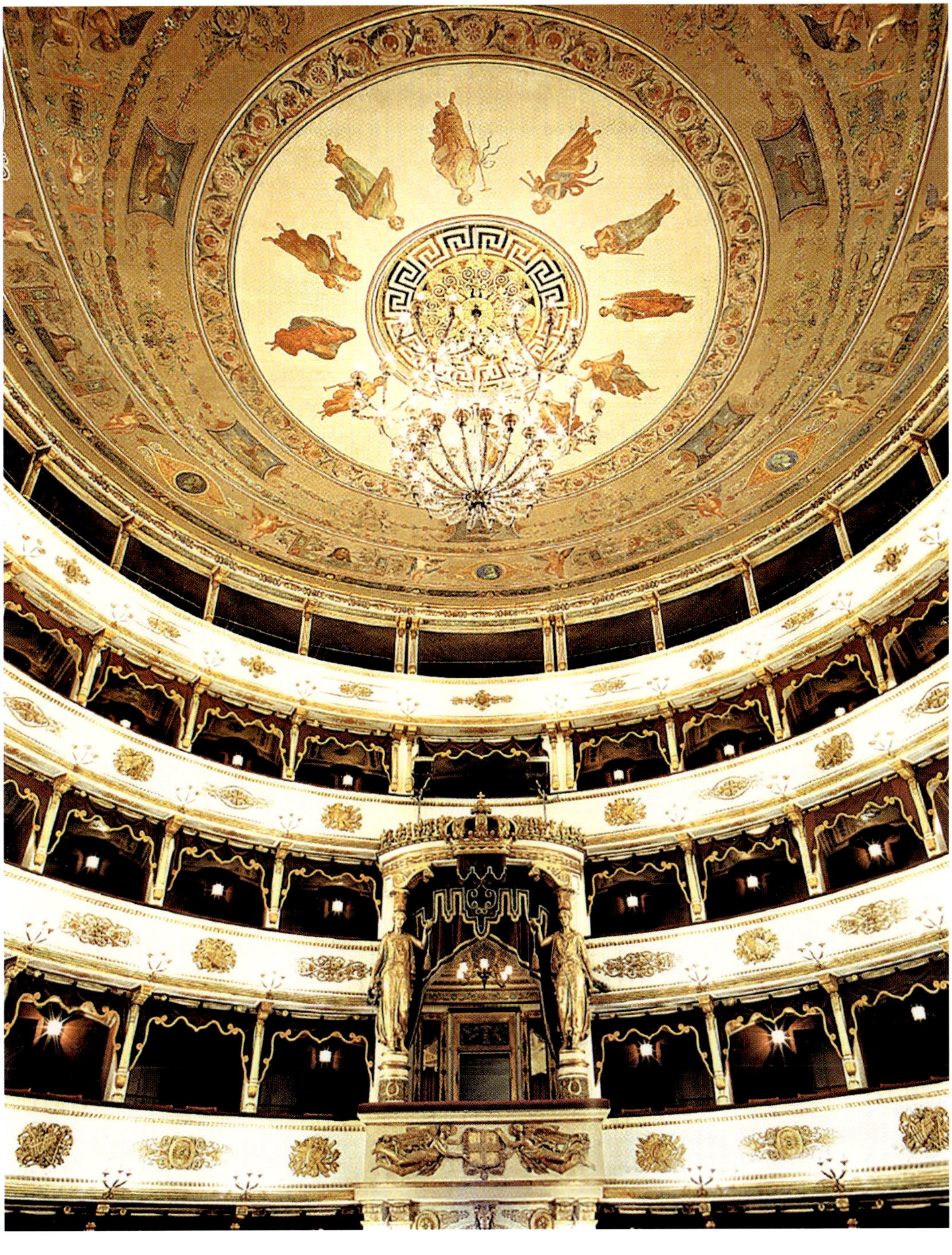

28 novembre 2015: giornata di inaugurazione della mostra *Outsider Art. Contemporaneo Presente*, convegno e concerto per il decennale dell'Orchestra Invisibile al settecentesco Teatro Municipale di Casale Monferrato / November 28th, 2015: opening of the exhibition *Outsider Art. The Contemporary Present*, conference and concert for the tenth anniversary of the Invisible Orchestra in the eighteenth-century Teatro Municipale of Casale Monferrato

«Life isn't about finding yourself.
Life is about creating yourself»

George Bernard Shaw

Biografie
Biographies

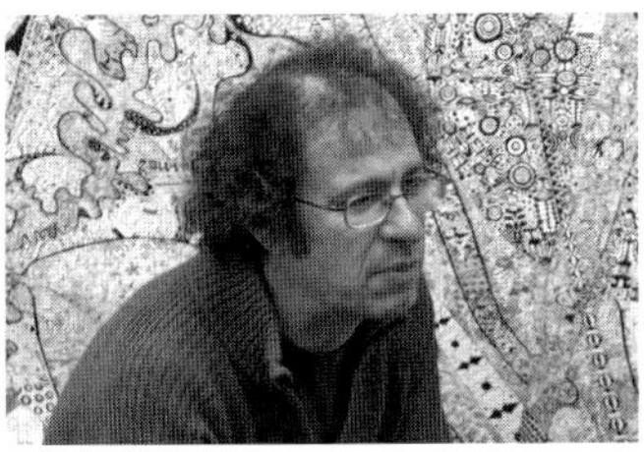

Courtesy Galerie Polysemie

Philippe Azéma (1956)
Ha trascorso l'infanzia in alcuni paesi del Mediterraneo e non ha ricevuto alcuna istruzione. Sin dalla più tenera età ha manifestato un gusto spiccato per le immagini e le lettere.
Vive attualmente vicino a Tolosa e lavora come bracciante in un'azienda agricola. Disegna e dipinge su carta o su vecchi fogli in grandi formati.
I suoi soggetti ci riportano l'arte rupestre, con persone e animali rappresentati senza prospettiva, giustapposti, con sagome piatte raffigurate di profilo e senza orizzonte. La sua tavolozza di colori è limitata al giallo, al nero e al rosso. I riferimenti sono al contemporaneo, attraverso l'uso di macchie di inchiostro schizzato, di graffiti, silhouette, parole in francese o in lingue sconosciute. Intitola le sue opere con espressioni inesistenti.

Philippe Azéma, born in 1956. He spent his childhood in some countries of the Mediterranean and had no schooling. Since early infancy he manifested a marked liking for images and letters.
He currently lives near Toulouse, and works as labourer in a farm. He draws and paints on paper or on old sheets of paper in large formats.
His subjects bring us back to the times of rock art, with people and animals represented without perspective, juxtaposed, flat shapes depicted in profile and in absence of a horizon. His palette is limited to yellow, black and red. His references are to the contemporary, through the use of sprayed ink blotches, graffiti, silhouettes, words in French or in unknown languages. He uses non-existent expressions as titles for his works.

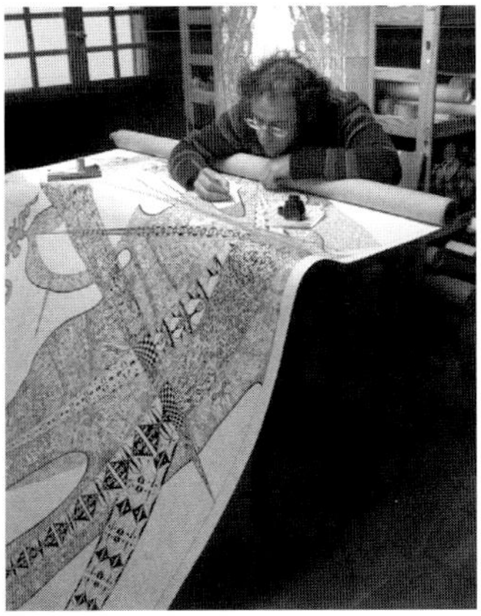

Courtesy Galerie Polysemie

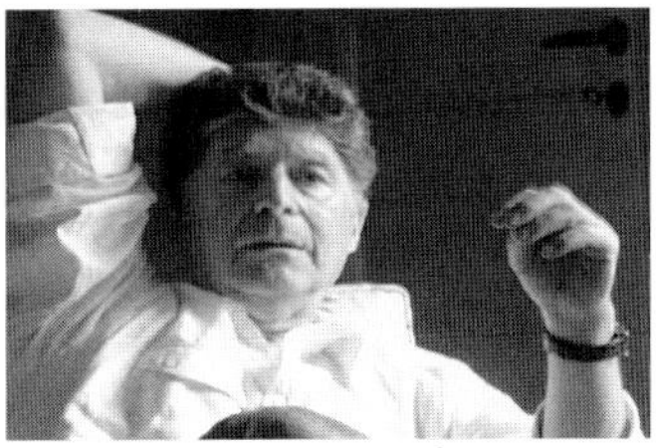

© Biophoto Archive

Francesco Maria Bibesco (1941)
Nato a Genova.
Negli anni Sessanta-Settanta ha prodotto opere nell'ambito dell'arte cinetica. Da subito Bibesco ha esposto in Italia e all'estero, seguendo percorsi geografici ed etnici che lo attraggono tuttora, ricercando nei luoghi elementi di scrittura e di parola del suo immaginario.
Il suo lavoro è sempre stato cadenzato dalle diverse fasi della vita: il tempo frammentato nel puntinismo divisionista radicale e nel collage; la maniacalità assecondata nel Diario del narratore, intorno al quale ha iniziato un'intensa elaborazione filmica; il desiderio del viaggio nelle Mappe geografiche, alle quali sono state sovrapposte trascrizioni di classici in lingue diverse e per mani eterogenee; le geometrie quotidiane nelle Tavole del tempo e nelle Stanze della memoria.
I supporti delle sue ultime opere, le vecchie lenzuola di Marmellata di arance, sono come sudari che esprimono il dolore, la tragedia e tutto il disagio che Bibesco avverte di fronte alle impossibilità della vita.

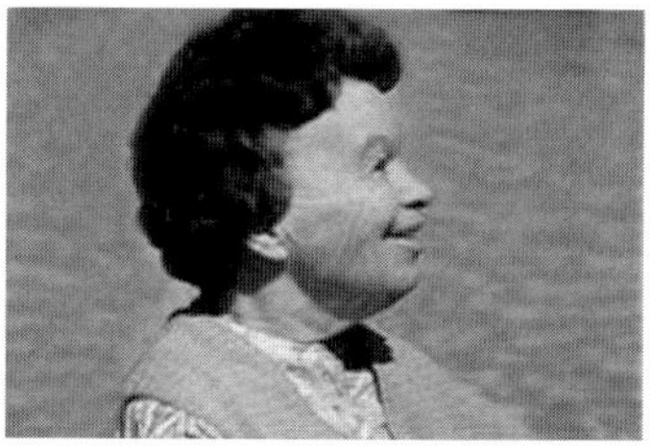

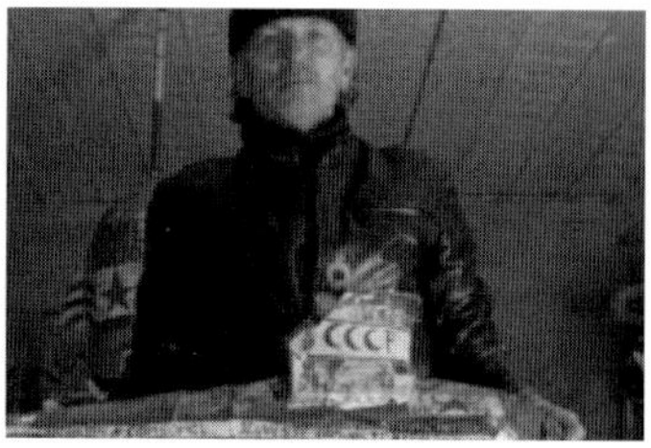

Born in Genoa. During the nineteen-sixties and seventies he produced works in the context of kinetic art. He soon started exhibiting in Italy and abroad, following geographic and ethnic pathways that still attract him, searching for the elements of writing and speech for his imaginary in places. The rhythm of his work has always been marked by the different phases of life: the fragmented time of radical divisionist pointillism and in collage; the indulged maniacal attitudes in the Diario del narratore (Narrator's diary), around which he began an intense filmic elaboration; the desire for travel in his geographic Mappe, superimposed with transcriptions of the classics in different languages and by heterogeneous hands; the daily geometries in the Tavole del tempo (Tables of time) and in the Stanze (Rooms) of memory.
The supports of his latest works, the old sheets of Marmellata di arance (Orange marmalade), are like shrouds that express the pain, the tragedy and all the malaise experienced by Bibesco in the face of the impossibilities of life.

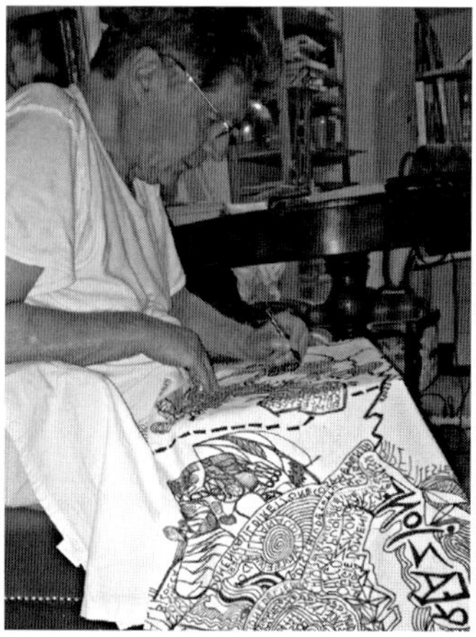

© Biophoto Archive

Ida Buchmann (1911-2001)
I dipinti dinamici di Ida Buchmann spesso raccontano di amore e amicizia. I ricordi della sua famiglia, così come le illustrazioni di canzoni e poesie, sono i motivi principali delle sue opere. La sua arte, molto personale, rispecchia la sua vita interiore e ci racconta i suoi sogni e desideri.
Ida Buchmann lavorava con incredibile velocità usando acrilici, pastelli a olio, pennarelli indelebili e inchiostro da disegno. Ha prodotto grandi dipinti, fino a 4 x 4 metri. Le sue opere hanno la caratteristica di essere fortemente sagomate, con figure colorate situate tra testi scritti a mano. Una particolarità grottesca delle sue immagini è che i corpi delle figure possiedono una seconda faccia.
Dal 1966 alla morte visse nell'ospedale psichiatrico di Königsfelden, dove Roman Buxbaum la scoprì e la sostenne poi come artista. Fu periodicamente attiva, come artista, fino all'età di ottant'anni.

The dynamic paintings by Ida Buchmann often tell of love and friendship. Memories of her family as well as illustrations to songs and poems are her main motifs. Her very personal art mirrors her inner life and tells us about her dreams and desires.
Buchmann worked with acrylics, oil crayons, permanent markers and drawing ink and at a incredible speed. She produced paintings of up to 4 x 4 metres. Her works feature strongly contoured, colourful figures set between handwritten texts. A grotesque characteristic of her pictures are the figures' bodies, which have been given a second face.
From 1966 to her death, Ida Buchmann lived in the psychiatric hospital Königsfelden, where Roman Buxbaum discovered and supported her as an artist. Even at the age of eighty, she was still periodically active as an artist.

François Burland (1958)
Nato a Losanna, in Svizzera. Dopo aver abbandonato l'apprendistato come litografo e venditore, ha conosciuto il pittore Jean-Claude Staehli, e questo incontro ha cambiato la sua vita, inducendolo a lavorare come artista.
Burland produce raffigurazioni – per lo più in gesso o a matita su carta da imballaggio – e oggetti in materiali vari. Lavora esclusivamente per serie. Viaggiatore appassionato, attinge da leggende mitologiche, amalgama vecchie fonti (letteratura moderna, etnologia e arte popolare) ed è affascinato dal deserto e dai suoi popoli nomadi. Le rappresentazioni arcaiche delle sue opere richiamano la prima arte preistorica parietale.
Burland è presente in varie collezioni, tra le quali la Collection de l'Art Brut di Losanna, e sue opere sono esposte in Francia, Germania e Stati Uniti.

François Burland was born in Lausanne, Switzerland. Having abandoned his apprenticeship as a photo lithographer and a job as a salesman, he came to know the painter Jean-Claude Staehli. This changed his life, and he began to work as an artist.
Burland produces drawings – mostly in chalk or pencil on packing paper – and objects out of various materials. He works exclusively in series. A passionate traveller, he draws on mythological legends, amalgamates old sources and modern literature, ethnology and folk art, and is fascinated by the desert and its nomadic peoples. The archaic depictions in his works resemble prehistoric and early parietal art.
Burland is represented in several collections, among them the Collection de l'Art Brut in Lausanne. Burland's works have been exhibited in France, Germany and the United States.

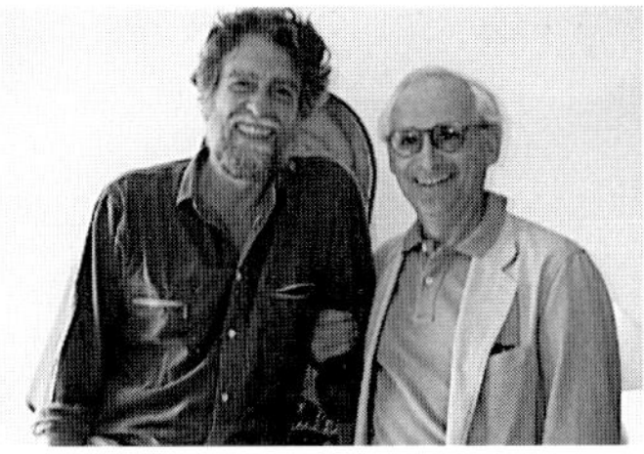

Con Fabio Cei, 1988. © Biophoto Archive

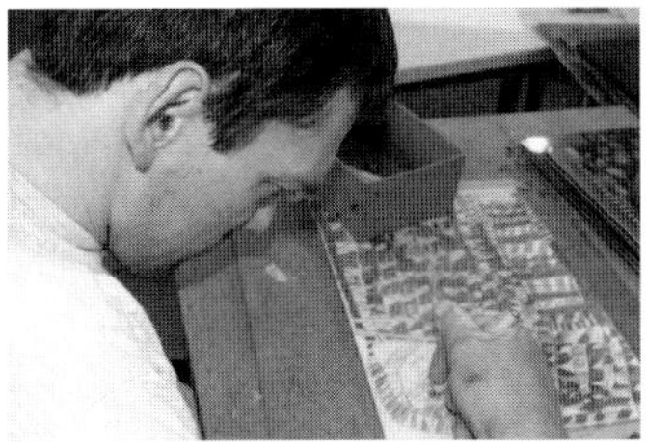

© Atelier bild.Balance

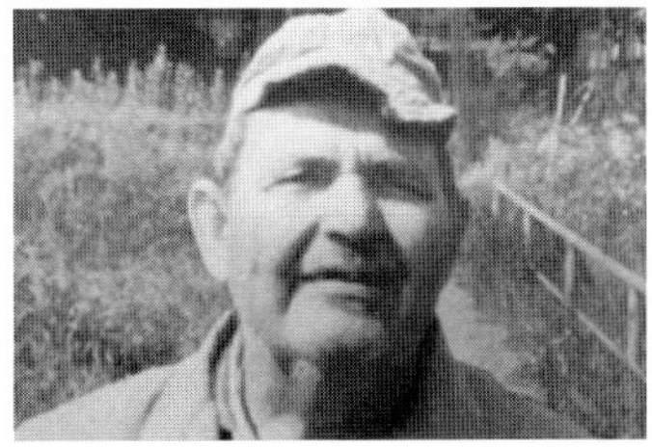

© Art Brut Center Gugging

Claudio Costa (1942-1995)
Nato a Tirana (Albania) da genitori italiani, è morto a Genova. Dal 1964 al 1968, grazie a una borsa di studio per studiare calcografia, ha potuto trasferirsi a Parigi, dove ha conosciuto diversi artisti, tra cui Marcel Duchamp. Negli anni Settanta ha compiuto diversi viaggi in Australia e in Africa che l'hanno portato a concentrarsi sulla paleontologia e sulle popolazioni primitive.
La sua attività artistica era anche fortemente legata a quella di fondatore, nel 1988, dell'Istituto per le Materie e le Forme Inconsapevoli presso l'ex Ospedale Psichiatrico di Genova-Quarto, dove aveva organizzato un grande atelier per l'arteterapia. La sua ricerca di «non normalità» non prescindeva da esperienze personali. La raccolta di opere di artisti professionisti e degenti è stata poi rinominata *Museattivo Claudio Costa* in suo ricordo.

Born in Tirana (Albania) from Italian parents, he died in Genoa.
Thanks to a cash grant to study calcography, from 1964-1968 he was able to move to Paris where he met several artists, including Marcel Duchamp.
In the seventies he went several times to Australia and Africa and these journeys led him to concentrate on paleontology and primitive peoples.
His artistic activity was also strongly linked to his role as founder in 1988 of the Istituto per le Materie e le Forme Inconsapevoli (Institute for Unconscious Materials and Forms) at the ex-Psychiatric Hospital of Genoa-Quarto, where he had organised a large atelier for art therapy. His research on «non-normality» was not set aside his personal experiences. The collection of the works by professional artists and inmates was later renamed, in his memory, *Museattivo Claudio Costa*.

Gerhard Decker (1964)
Sin dal maggio 2000, dopo che sua madre morì, ha vissuto e lavorato a Maria Ponsee, un piccolo villaggio della Bassa Austria. A causa della sua paralisi cerebrale e della sua disabilità nell'apprendimento è stato aiutato con una sistemazione assistita e con un laboratorio protetto condotto da Balance. Sin dall'inizio, nel 2001, è stato un membro di bild.Balance. La sua tecnica preferita è la matita colorata su carta. Per due anni e mezzo si è dedicato al suo lavoro con le matite colorate con grande concentrazione. I suoi disegni di piccolo formato sono completamenti coperti da segni ripetuti, calcati, che sembrano richiamare una sua scrittura misteriosa, dove si alternano spigoli e curve. Poi è caduto in una profonda crisi personale e non ha potuto continuare il lavoro artistico. Nel 2004 ha ricominciato a lavorare, ma nel 2007 si è manifestata una nuova crisi mentale e in aprile Decker ha lasciato Maria Ponsee. Attualmente vive in un istituto psichiatrico a Tulln (Bassa Austria).

Born in 1964, since May 2000, after his mother had died, he's been living and working in Maria Ponsee, a small village in Lower Austria. He has been supported with assisted accomodation and a sheltered workshop driven by Balance because of his cerebral palsy and learning disability. From the beginning in 2001 he's been a member of bild. Balance. His favourite technique is coloured pencil on paper. For two and a half years he has been devoted to his work with the coloured pencils with great concentration. Then he fell in a deep personal crisis and was not able to keep up artistic work. In 2004 he started working again. In 2007 a next mental crisis arose, and in April Gerhard Decker left Maria Ponsee. He is living now in a mental institution in Tulln (Lower Austria), where he is drawing from time to time.

Anton Dobay (1906-1986)
Nasce a Frankenberg in Germania, dove lavora come giardiniere. A sessantacinque anni viene colpito da un ictus, quindi viene ricoverato nella clinica psichiatrica e neurologica regionale Maria Gugging, dove rimane fino alla morte producendo libere interpretazioni di modelli classici. Le sue prime composizioni ricordano opere dei post-impressionisti. In seguito semplifica le sue raffigurazioni. Particolarmente suggestiva è l'intensa colorazione delle sue opere, realizzate attraverso strati sovrapposti di pastelli a cera o a matite colorate. I suoi lavori sono in mostra, nella Fondazione Ludwig del Museum Moderner Kunst di Vienna e in altri grandi Musei.

He was born in Frankenberg, Germany, where he worked as a gardener. At 65 he suffered a stroke, and following a diagnosis of amentia, was admitted to the Maria Gugging regional psychiatric and neurologic clinic, where he remained until his death. Dobay produced free interpretations of historical art models. His early compositions are reminiscent of post-impressionist works. Later he began to simplify his creations. Particularly striking is the intense colouration of his works, achieved through overlaid coats of wax crayons or coloured pencils. His works are represented, among other venues, in the Ludwig Foundation of the Museum Moderner Kunst in Vienna.

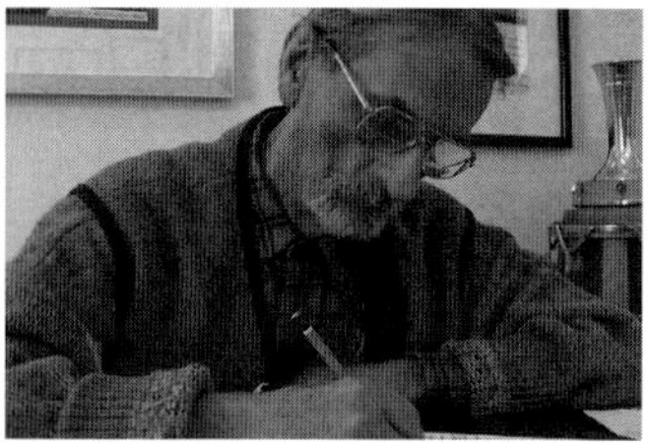

© Art Brut Center Gugging

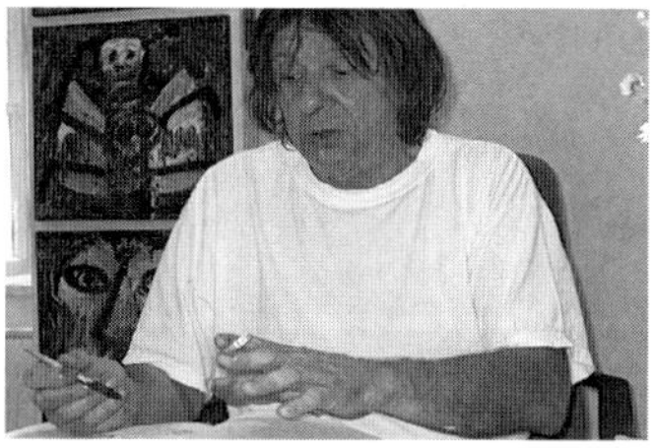

Foto di / Photo by Galerie Altnöder, Salzburg

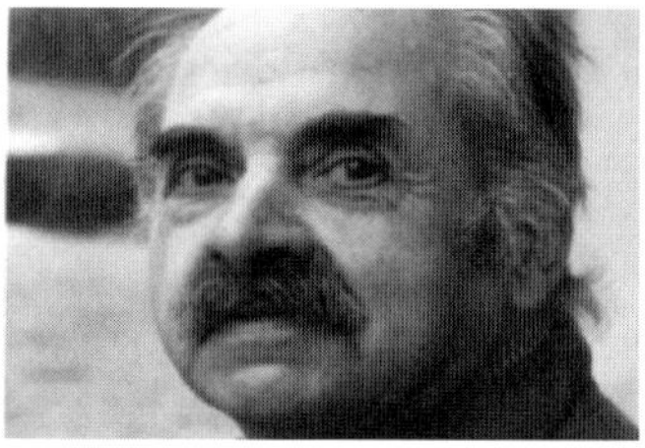

© Art Brut Center Gugging

Johann Fischer (1919-2008)

All'ex viticoltore Johann Fischer piaceva copiare gli altri. Invitato nella Mecca degli artisti di Gugging, non voleva essere da meno e ha seguito il loro esempio. Alla maniera di un vero artigiano ha programmato la sua giornata, dalla colazione al pranzo. Questa routine, combinata con un grande talento, lo ha aiutato a compiere un continuo progresso artistico. Dopo aver disegnato oggetti e animali divertenti è passato a esprimersi anche per iscritto. Con neologismi a volte stravaganti parlava di ordine mondiale, impegno sociale e relazioni umane. Le linee che tracciava tanto accuratamente ricordano i filari della vite della sua precedente attività.

The former winegrower Johann Fischer liked to copy others. Invited to the Mecca of artists in Gugging, he didn't want to rank behind them and followed suit. In the manner of a true craftsman, he scheduled his day from breakfast to lunch. This routine, combined with great talent, helped him make continuous artistic progress. Having drawn single objects and often amusing animals, he proceeded to express himself in writing as well. In sometimes-quirky neologisms he talks about world order, social commitment and human relationships. The lines he draws so accurately in advance are reminiscent of the rows of vines in his earlier life.

Janz Franz (1946)

Nato a Graz, in Austria, vive dal 1971 a Salisburgo. Dal 1976 dipinge come autodidatta. Nel 1991 ha partecipato come studente all'Accademia Estiva di Salisburgo nella classe di Hermann Nitsch (Azione Gorbaciov). Da allora ha realizzato diverse *Malaktionen* (azioni pittoriche) e ha esposto in Austria e all'estero. Il suo espressionismo dà forma a un potente immaginario, a una visione dell'esistenza davvero «borderline», oscillante tra l'angoscia del presente e l'ironia grottesca della fantasia.
Dipinge su tela le sue *Dispersionen*, dove la pittura diventa traboccante. In questo magma, insieme a segni cabalistici, sono «disperse» creature colorate: demoni, streghe, animali, folletti e vampiri.
Janz Franz attraversa le frontiere e appartiene agli artisti definiti «selvaggi» o «spontanei», con un approccio alle cose che sembra assolutamente naïf.

Born in Graz, Austria, he is living in Salzburg since 1971. He started painting as self-taught artist in 1976. In 1991 he attended as student the Salzburg Summer Academy, in Hermann Nitsch's class (Gorbachev Action). Since then he has produced several *Malaktionen* (pictorial actions) and has shown his work in Austria and abroad. His expressionism gives shape to a powerful imagery, to a truly borderline vision of existence, oscillating between the angst of the present and the grotesque irony of imagination. He paints his *Dispersionen* on canvas, in which paint overflows. Inside this magma, together with cabalistic symbols, are disseminated coloured creatures: demons, witches, small animals, elves and vampires. Janz Franz transcends borders and belongs to those artists who are defined as «savage» or «spontaneous», with an approach to things that seems absolutely naïf.

Franz Gableck (1910-1974)

Nasce a Korneuburg (Bassa Austria) e ha lavorato come manovale. All'età di 38 anni sviluppa una psicosi; viene ricoverato presso la clinica psichiatrica e neurologica regionale Maria Gugging dal 1959 fino alla sua morte nel 1974. La sua opera comprende solo pochi fogli, per lo più di grande formato. Ogni opera è dedicata al primario «Dott. Leo Navratil», che ha incoraggiato il suo lavoro. Gableck è solito disegnare in modo rapido, utilizzando a caso matita nera, matite colorate o pastelli a cera. Nei suoi quadri ha elaborato i suoi desideri e le sue fantasie, raffiguranti donne nude o uomini e paesaggi con case o automobili. Le sue opere si trovano presso la Fondazione Ludwig del Museum Moderner Kunst di Vienna e, tra gli altri, nella collezione Arnulf Rainer.

Born in Korneuburg (Lower Austria), he worked as an unskilled labourer. At 38 he developed a psychosis and was hospitalised at the Maria Gugging regional psychiatric and neurologic clinic from 1959 until his death in 1974. His oeuvre comprises only a few, mostly large-formatted sheets. Every single one is dedicated to the «Chief Physician, Leo Navratil», who encouraged his work. Gableck always drew quickly and casually using pencils, coloured pencils or wax crayons. In his pictures he elaborated his desires and fantasies, depicting naked women or men and landscapes with houses or cars. His works can be found in the Ludwig Foundation of the Museum Moderner Kunst in Vienna and the Arnulf Rainer collection, among other venues.

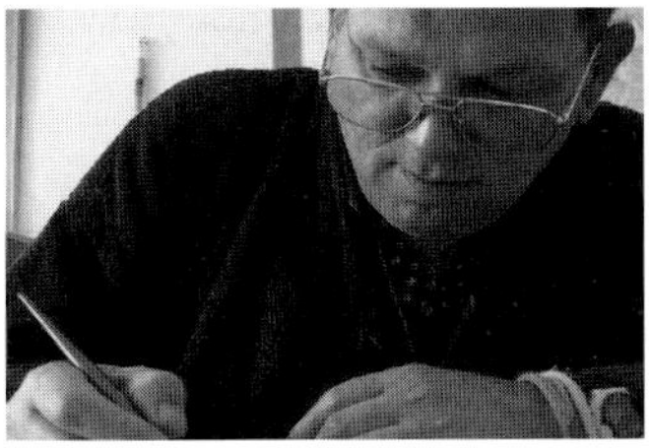

© Art Brut Center Gugging

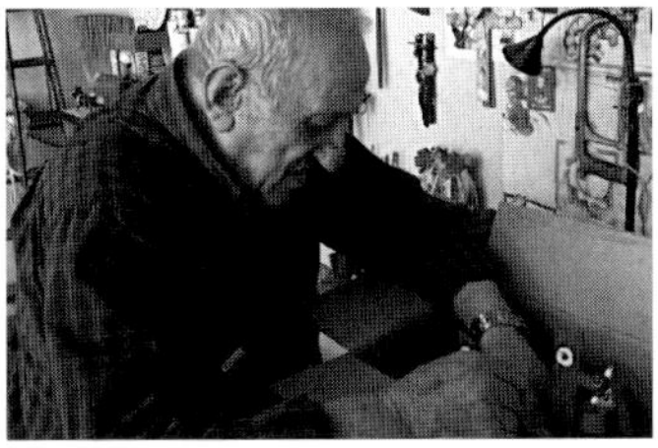

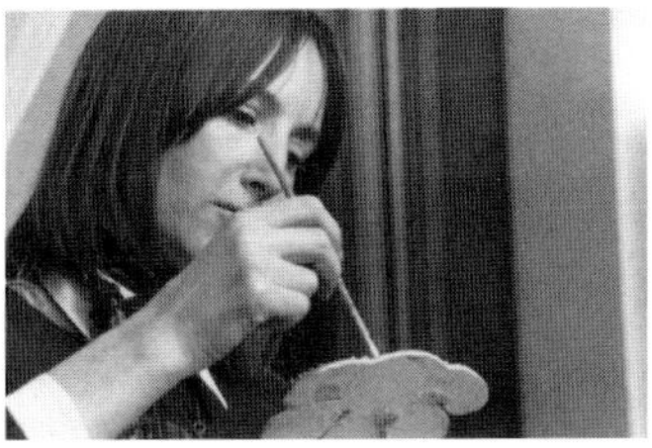

Courtesy Galleria Maroncelli 12, Milano

Johann Garber (1947)
Il tratto più caratteristico di Johann Garber è la sua prorompente curiosità: il suo interesse fortemente comunicativo verso le persone. Le sue opere d'arte traboccano di dettagli, i suoi disegni sono pieni fino ai margini. Centinaia di figure inondano un paesaggio con case e chiese, seguite da animali, erba, cespugli, nuvole e stelle. Accanto a queste opere, che indulgono nei dettagli e sono realizzate a penna e inchiostro di china, l'artista crea opere suggestive che utilizzano diversi oggetti come superfici di lavoro: da bastoncini di legno diritti e bottiglie di liquore a corna di cervo o di camoscio. Garber conferisce una nuova «concretezza» all'oggetto sul quale lavora: se, per esempio, dipinge su un revolver, la sua natura aggressiva scompare, trasformando l'arma in un ironico giocattolo kitsch. L'artista ha lavorato intensamente anche all'Art Brut Center di Gugging.

Johann Garber's most characteristic trait is his untamed curiosity: his highly communicative interest in people. His artistic works brim over with details, his drawings are filled to the margins. Hundreds of figures inundate a landscape with houses and churches, followed by animals, grasses, bushes, clouds and stars. Alongside those works indulging in detail and executed in quill and Indian ink, the artist creates striking works using various objects as surfaces: from straight wooden sticks and liquor bottles to a deer's antlers and a chamois' horns. Garber bestows a new «substantiality» upon the object he works on: if, for instance, he paints on a revolver, its aggressive nature will disappear, turning the weapon into a kitsch-ironic toy. The artist also works extensively on the Art Brut Center Gugging, designing the walls that surround the gallery's areaway.

Gino P. (1931)
Nato nel 1931, Gino è un artista «self-taught», assolutamente autodidatta, che vive senza farsi notare sulle colline piemontesi. In pensione dal lavoro di una vita, quello di trattorista, si rifugia in un suo spazio ricavato su un terrazzino all'aperto, ma parzialmente riparato, della sua abitazione. Lontano dagli sguardi della sua famiglia, che per lui costituisce comunque un valore forte, ricrea e costruisce con pezzi di legno e altri materiali eterogenei trattori, automobili, moto, aerei, bastoni e personaggi variopinti.
L'autore fugge dal suo quotidiano in un mondo di giocattoli coloratissimi. I materiali trovati, i colori vivaci, le scritte un po' stentate dei marchi di fabbrica rendono quanto mai autentiche queste sculture prodotte esclusivamente per se stesso. Esse sono lo specchio di un mondo ristretto, chiuso ma reso poetico dall'arte.

Born in 1931, Gino is a totally self-taught artist, who lives unnoticed in the hills of Piedmont.
Retired from a lifetime job as tractor driver, he takes refuge in a space that he carved out for himself on a small, partially covered terrace in his own home. Away from the eyes of his family, which in any case constitutes a strong value for him, he recreates and builds with pieces of wood and other heterogeneous materials tractors, motorcars, motorbikes, aeroplanes, walking sticks and colourful characters.
The author escapes from his daily life in a world of multi-coloured toys. The recovered materials, the bright colours, the faltering lettering of the brands make these sculptures, produced solely for himself, ever more authentic. They are mirrors of a world that is restricted and closed, but which is made poetic by art.

Marie-Claire Guyot (1937-1991)
Nata e morta a Parigi, ha iniziato a dipingere nel 1961. Ogni estate tornava nella vecchia casa di famiglia in Borgogna. La sua è una ricerca delle radici perdute che coincide con un'introspezione ossessiva. È sempre lei il soggetto delle sue opere, in un universo immaginario dove infanzia, maternità e religione si trasfigurano sulle tele.
L'opera segreta di Marie-Claire è un viaggio solitario dentro la sofferenza: un'inquietudine che traspare anche dalle sculture, fragili e conturbanti costruzioni fatte di ruote, catene, chiodi, staffe, carrucole, ma anche merletti, scarpette sdrucite, cuffie di pizzo: tutti piccoli relitti che appartengono a un universo remoto e amato, antichi.
Nell'arte totemica di Marie-Claire la ruota del destino irradia i suoi simboli: la bambola inerte rappresenta quell'abbandono dell'infanzia in cui tutto era permesso.

Born in Paris in 1937, where she died in 1991. She began painting in 1961. Hers is a quest for lost roots, coinciding with obsessive introspection. She is always the subject of her own works, in an imaginary universe where infancy, maternity and religion are transfigured on the canvases.
Marie-Claire's secret work is a solitary journey inside suffering: an uneasiness that transpires also from the sculptures, fragile and perturbing constructions made of wheels, chains, nails, clamps, pulleys, but also pieces of lace, threadbare slippers, crocheted bonnets: all small relics belonging to a remote and beloved universe.
In Marie-Claire's totemic art, the wheel of destiny irradiates its symbols: the inert doll represents the abandonment of childhood in which everything was permitted.

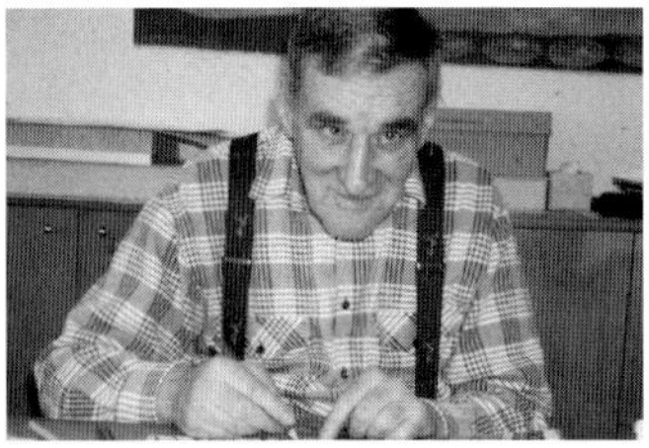

© Art Brut Center Gugging

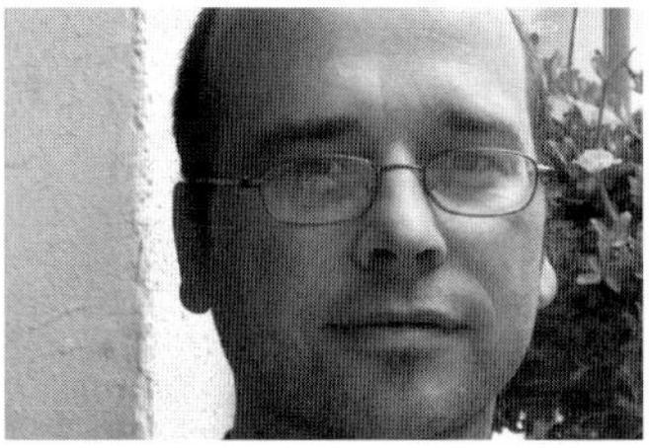

© Nico van der Endt

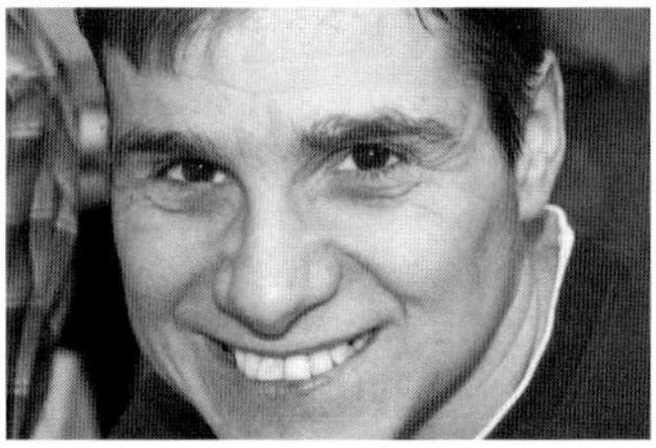

Foto di / Photo by Erich Schleyer

Johann Hauser (1926-1996)

Nato a Bratislava, nel 1943 fuggì in Austria con la sua famiglia. Dopo aver frequentato una scuola per bambini con handicap mentali, all'età di diciassette anni era già ricoverato in ospedale e dal 1949 nella Clinica Psichiatrica e Neurologica Regionale di Gugging, dove ha vissuto e lavorato presso la Casa degli Artisti dal 1981 fino alla morte.

Il suo modo di disegnare era notevole: poteva rimanere senza far nulla per lungo tempo prima di iniziare a lavorare rapidamente e intensamente, fino a far esplodere il colore sul foglio.

I suoi disegni sono stati i primi, a Gugging, a essere apprezzati a livello mondiale e hanno affascinato artisti e collezionisti. Sue opere sono conservate nel Museo Setagaya di Tokyo, nella Collection de l'Art Brut di Losanna, nelle collezioni di Arnulf Rainer e di Helmut Zambo.

Johann Hauser was born in Bratislava in 1926. In 1943 he fled to Austria with his family. He attended a school for mentally handicapped children. At the age of 17, he was already hospitalized and admitted to the Gugging Regional Psychiatric and Neurologic Clinic in 1949. He lived and worked at the House of Artists from 1981 until his death in 1996.

His way of drawing was remarkable: he would remain in perfect stillness for a long time before his first stroke, then start working quickly and intensively until the colour seemed to explode on the sheet. Among the first to gain Gugging a worldwide reputation, Johann Hauser's drawings fascinated artists and collectors alike. Works by Johann Hauser can be found in the Setagaya Museum in Tokyo, the Collection de l'Art Brut in Lausanne, the Arnulf Rainer collection and the Helmut Zambo collection, among others.

Chris Hipkiss (1964)

Chris Hipkiss è un artista inglese noto per le sue composizioni figurative che variano, nel formato, da miniature a panorami lunghi, create usando una tecnica mista che combina matita, inchiostro argento e foglia di metallo. Il nome è uno pseudonimo di Chris, nato Christopher Payen, e Alpha Mason. Payen ha cambiato il suo nome in Mason dopo il loro matrimonio nel 1986. Mentre Chris è autodidatta, come artista, Alfa ha studiato fotografia, cinematografia e disegno al college; la loro relazione si è sviluppata in simbiosi, cosicché le opere di Chris Hipkiss sono, al tempo stesso, libere da ogni rigida formazione artistica, ma sempre accuratamente e minuziosamente composte.

Chris Hipkiss is a British artist known for figurative compositions, ranging in size from miniatures to lengthy panoramas, created using a mixed media technique combining pencil, silver ink and metal leaf. The name is a pseudonym of Chris and Alpha Mason, born *Christopher Payen* and *Alpha Mason*. Payen changed his name to Mason on their marriage in 1986. While Chris is self-taught as an artist, Alpha studied photography, filmmaking and drawing at college. The relationship has developed symbiotically, so that the works of Chris Hipkiss are, at the same time, unfettered by rigid artistic training, yet always thoughtfully composed.

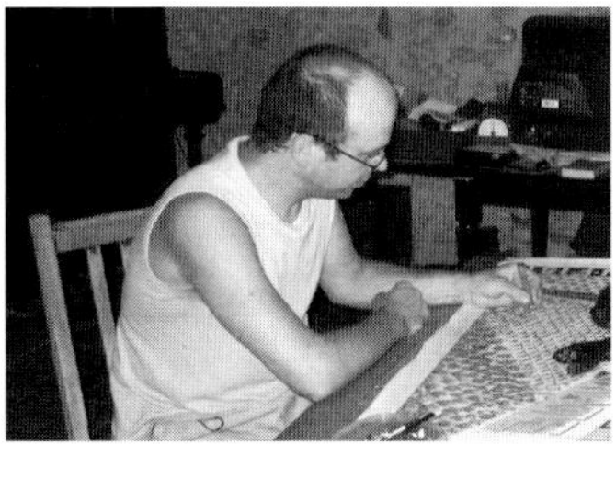

Maria Hoffmann (1969)

Nata nel 1969 a Gerasdorf, nella Bassa Austria, ha frequentato una scuola speciale per alunni sordi e diversamente abili. Per nove anni ha lavorato nel laboratorio protetto dell'organizzazione austriaca di supporto per i non udenti e i non vedenti, dove è stata coinvolta nella produzione di video. Nel febbraio 2006 è entrata nel gruppo di bild.Balance. Predilige composizioni di elaborati disegni a matita di grandi dimensioni. I suoi paesaggi sono ricchi di particolari – case, persone, animali, alberi –, non hanno prospettiva e sono costruiti a riquadri, con campiture di colore distinte. Una volta ha detto che desidera poter «volare come i dolci pipistrelli». All'inizio del 2007 ha annunciato di non voler più essere un'artista e di voler interrompere il suo lavoro artistico. Così ha lasciato lo studio bild.Balance per un'attività di artigianato in un gruppo di lavoro protetto. Nel 2012 ha lasciato Vienna per vivere in un piccolo villaggio, realizzando così un suo sogno.

Born in 1969 in Gerasdorf, Lower Austria, she attended a special school for deaf and otherwise handicapped pupils. For nine years she has been working in the sheltered workshop of the Austrian relief organisation for deaf and blind people. There she was involved in the production of videos. In February 2006 Maria Hoffmann joined the group of bild.Balance. She favours compositions of sophisticated large-sized drawings by pencil. Once she said that she has the desire for being able to «fly like the sweet bats». At the beginning of 2007 she announced that she didn't want to be an artist any longer and wanted to stop her artistic work. So she left the bild.Balance studio for handicraft working in a sheltered workshop group. In 2012 she left Vienna to live in a small village, thus realising one of her dreams.

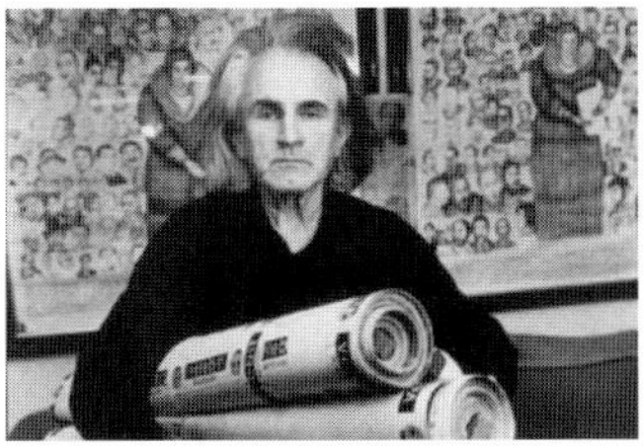

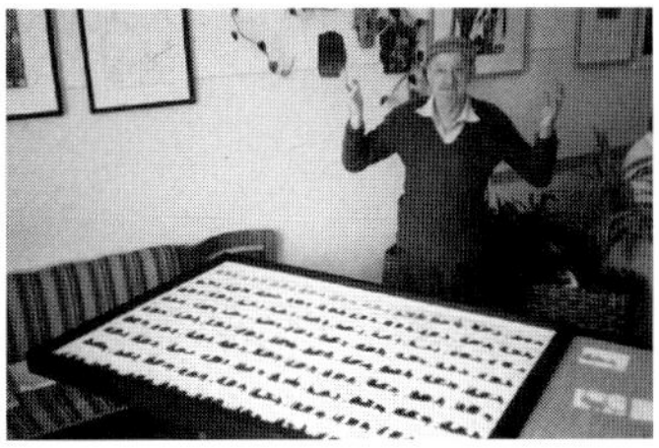

© Art Brut Center Gugging

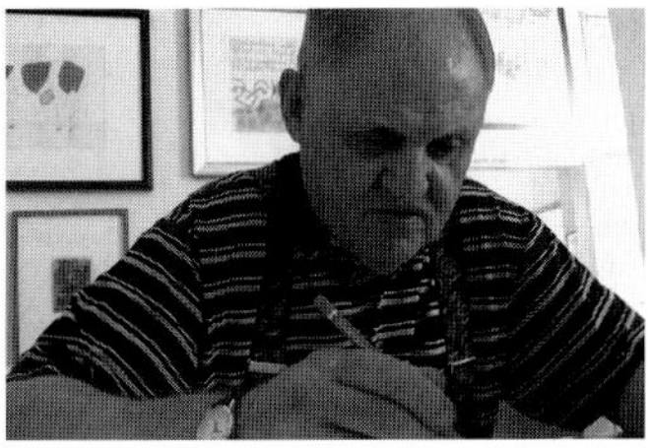

© Art Brut Center Gugging

Vojislav Jakić (1932-2003)

Nasce a Kavadarci, in Macedonia.
Incomincia a disegnare a Belgrado nel 1952 e due anni dopo produce la sua prima opera che è l'inizio di un ciclo di sculture a forma di conchiglia. Dopo questa prima fase Jakić si dedica interamente al disegno su insoliti rotoli.
Dal 1960 fino alla sua morte produce oltre 10.000 disegni talvolta di circa 50 metri di lunghezza.
Nel 1970 completa la sua seconda autobiografia intitolata *Nemenikuce* dove i momenti reali e sperimentati si intersecano con quelli della finzione e dell'ironia dell'artista.
Jakić trasmette nei suoi «rotoli» le sue più amare ossessioni e lo stato di *memento mori*, come abitualmente definisce le sue storie senza fine.
Per una delle sue opere più lunghe egli dice: «Questo non è né un disegno né un dipinto – è un dolore condensato!».
I suoi scritti più significativi sono raccolti nella Collection de l'Art Brut a Losanna.

Born in Kavadarci (Macedonia) in 1932. He began to draw in Belgrade in 1952, and two years later created his first sculpture initiating a whole cycle of in the shape of shells. Then he devoted himself entirely to drawing unusual scrolls. From 1960 until his death he did more than ten thousand drawings some of which fifty meters long. At the end of 1970 he completed his second autobiography, *Nemenikuce*, where the artist's real experiences intertwine with his pretense and irony.
He transmitted his bitter obsessions and *memento mori* atmosphere into his 'rolls', as he used to call his endless stories. His most significant works are published in the Collection de l'Art Brut in Lausanne.

Franz Kamlander (1920-1999)

Il sordomuto Franz Kamlander è cresciuto in una fattoria. Le sue origini ricorrono nelle sue numerose immagini di mucche: gialle, rosse o blu sono uscite presto e fluidamente dalla sua penna.
Non essendo mai stato introdotto al linguaggio dei segni, ha sviluppato una sua semplice versione di linguaggio simbolico facendosi capire. Ha copiato atti o gesti tipici di chi gli stava davanti e li ha usati per caratterizzare quella persona. Era particolarmente dotato nel ritrarre ogni genere di animali. Disegnando a memoria, non creava rappresentazioni realistiche, ma spesso rappresentava anche visioni animalesche.

The deaf-mute Franz Kamlander grew up on a farm. His origins are incorporated in his numerous pictures of cows. Yellow, red or blue cows sprang swiftly and fluidly from his pen. Having never been introduced to sign language, he developed his own simple version of signing and made himself understood. He copied typical movements or gestures from his vis-à-vis and used them to denote that person. He was particularly talented in portraying all kinds of animals. Drawing from memory, he didn't create lifelike representations, as much as animalistic visions.

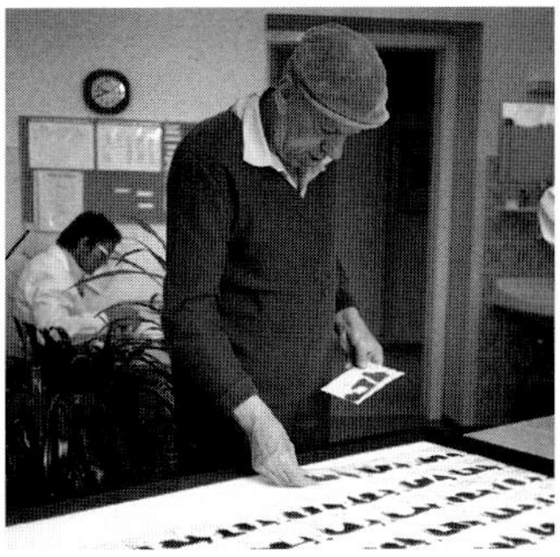

Franz Kernbeis (1935)

Dal 1981 vive alla Casa degli Artisti. L'arte di Franz Kernbeis riflette soprattutto la vita quotidiana, mostrando oggetti del suo ambiente o del suo passato, come trattori, aratri, piante, edifici, biciclette, aerei, animali. Rapido e intuitivo, egli delinea una struttura quasi ininterrotta a matita e successivamente la riempie, sempre a matita o con matite colorate. Il tratto delicato dei suoi primi lavori è diventato sempre più audace nel tempo, fino a quando nel 1990 e soprattutto nel 2000 ha preso a elaborare più pienamente le sue strutture di base astratte con varie sfumature di colore.
Nel 1990 Franz Kernbeis, insieme agli artisti di Gugging, ha ricevuto il Premio Oskar Kokoschka. Sue opere si trovano presso il Museo d'Arte Lentos di Linz, la Collezione Essl a Klosterneuburg e la Collection de l'Art Brut di Losanna, tra gli altri.

Franz Kernbeis' art mostly reflects everyday life, showing objects from his surroundings or his past, such as tractors, ploughs, plants, buildings, bicycles, aeroplanes or animals. Swiftly and intuitively he lays out an almost unbroken structure in pencil, and subsequently fills it in pencil or coloured pencils. The delicate lineation of his early works has grown bolder over time, until from the 1990s, and particularly in the 2000s, he densely elaborates his abstract base structures with lines of various colour nuances.
In 1990 Franz Kernbeis was awarded the Oskar-Kokoschka-Prize along with the group of Gugging artists. His works can be found at the Lentos Art Museum in Linz, the Essl Collection in Klosterneuburg and the Collection de l'Art Brut in Lausanne, among others.

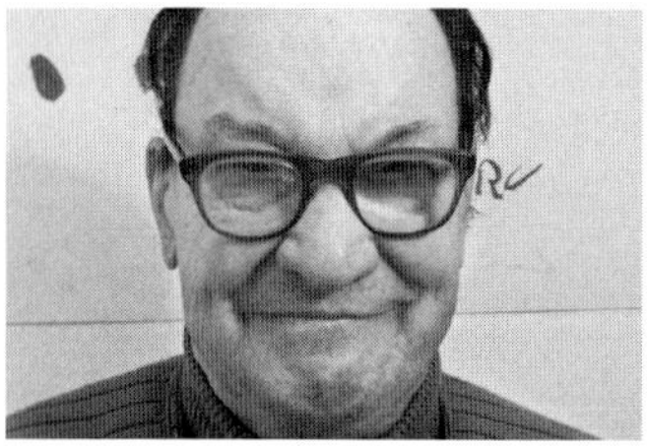

Foto di / Photo by Erich Schleyer

Gerhard Kobrc (1941-2013)

Nato e morto a Vienna. A causa della sua difficoltà di apprendimento non ha mai ricevuto una formazione professionale né ha svolto un lavoro retribuito. Negli anni Ottanta è entrato in un laboratorio protetto, dove ha svolto qualche lavoro manuale qualificato. Dal 2003 al 2013 è stato membro del gruppo bild.Balance. Gerhard Kobrc ha sperimentato diverse tecniche, creando dipinti di grandi dimensioni a tecnica mista e acrilico e piccoli disegni. Da una parte realizza campi cromatici di tipo informale, dall'altra traccia con pastelli e matite serie di segni di diverse dimensioni secondo una serialità non ordinata. Si è trovato in un rapporto speciale con Christoph Speich, altro artista del gruppo. Insieme hanno creato opere collettive in una sorta di dialogo tra le belle arti. I suoi lavori sono stati presentati in diverse mostre in Austria e Svizzera.

Born 1941 in Vienna, where he died 2013. Because of his learning disability he had never got a vocational training neither a paid job. In the eighties he entered a sheltered workshop, where he had been doing some skilled manual work. From 2003 to 2013 he'd been a member of the bild.Balance group. Gerhard Kobrc tried various techniques: he created large sized mixed media and acrylic paintings and little drawings. He had been in a special connection to Christoph Speich, the artistic companion of the group. They created collective works in a somehow fine arts dialogue. His works have been presented in various exhibitions in Austria and Switzerland.

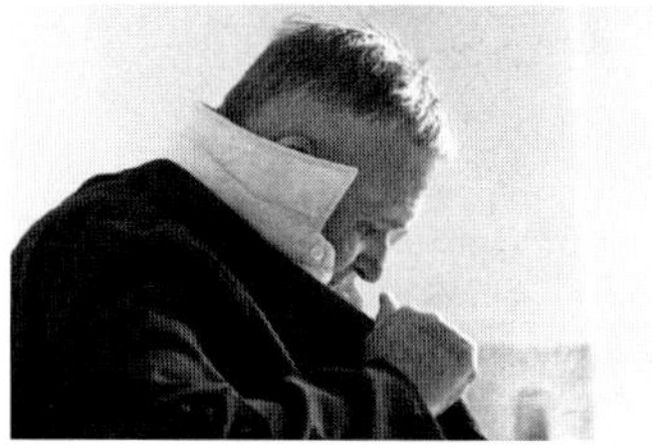

Foto di / Photo by Lillian Birnbaum

Fritz Koller (1929-1994)

L'abilità di Fritz Koller sta tutta nel suo tratto veloce, con il quale seziona figure, oggetti ed edifici nelle loro componenti, allineandole su un foglio. Disegna spesso esseri umani con profili misti. Maglie di linee coprono i suoi lavori fino al punto della completa astrazione. Qualche foglio viene completato nel giro di pochi minuti con audacia e sicurezza.

Fritz Koller's skill lay in a fast stroke, often dissecting figures, objects and buildings into their components and lining them up on the sheet. He often drew humans in a mixed profile. Meshes of lines cover his pictures to the point of complete abstraction. A sheet was completed within a few minutes, with boldness and confidence.

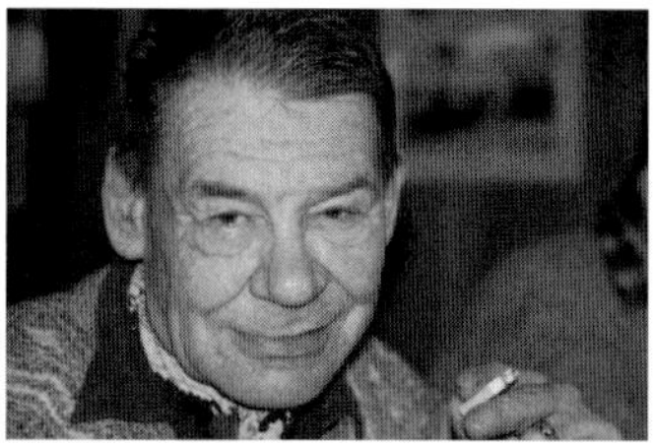

© Art Brut Center Gugging

Johann Korec (1937-2008)

Raffigurazioni di amanti – che hanno o meno rapporti sessuali – sono tra i suoi soggetti preferiti. Ha elevato il bisogno umano (di amore) al regno dell'arte e non è rimasto bloccato nella pornografia. Lavorava a penna, inchiostro di china e acquarello con un metodo peculiare: il rumore della punta d'acciaio che raschiava rumorosamente sulla carta, come in un'azione di forza contro la grana del foglio, riempiva la stanza e infastidiva mentre lui disegnava.

Depictions of lovers – with or without intercourse – are among Johann Korec's favoured motifs. He elevated human needs (for love) into the realm of art, rather than getting stuck in pornography. He worked with quill, Indian ink and watercolours, employing a rather idiosyncratic technique: the steel quill scraping loudly as it was forced across the paper against its grain filled the room and set one's teeth on edge while he was drawing.

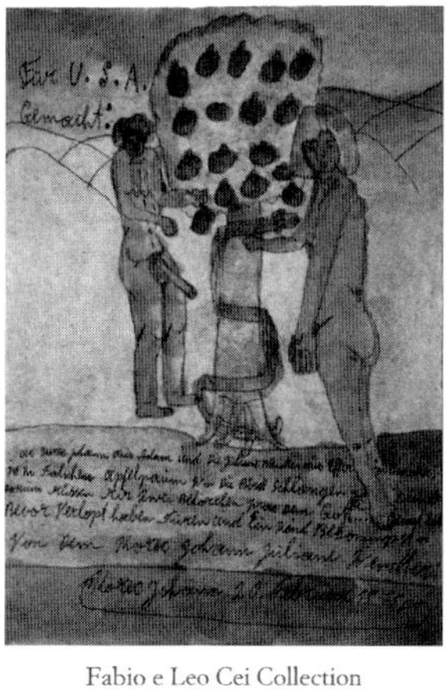

Fabio e Leo Cei Collection

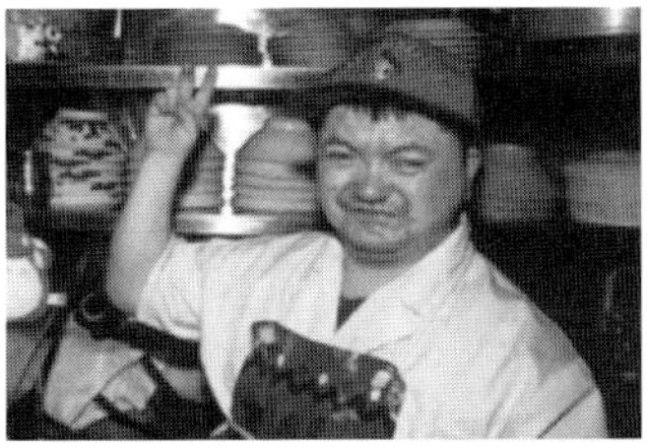

Foto di / Photo by Kyoichi Tsuzuki

Kunizo Matsumoto (1962)
Nasce a Osaka. Le sue tre passioni sono il teatro, la scrittura e il collezionismo. È solo dopo i vent'anni che, affascinato dai segni tracciati da un operatore del suo centro diurno per adulti con disabilità, comincia a dedicarvisi incessantemente, ripetendo infaticabilmente gli stessi gesti e le stesse frasi.
Quando alla sera lavora nella cucina del ristorante di famiglia dispone su una mensola una selezione dei suoi personaggi per la creazione di una scena sempre diversa, una trama che prende corpo sulle decine di calendari e piccoli fogli che è venuto realizzando a partire dalla metà degli anni Ottanta.

He was born in Osaka. His three passions are the theater, writing and collecting. It is only after twenty years of age that Matsumoto, fascinated by the signs drawn by an operator of the daily Center for adults with disabilities, begins to devote himself to this art, repeating incessantly, tirelessly the same gestures and the same sentences until the forms start to change.
When, in the evening, he is working in the kitchen of the restaurant of his family, he puts on a shelf a selection of his personages to create an ever-changing scene, a plot that takes shape on dozens of calendars and small sheets that he gradually made since the mid-eighties.

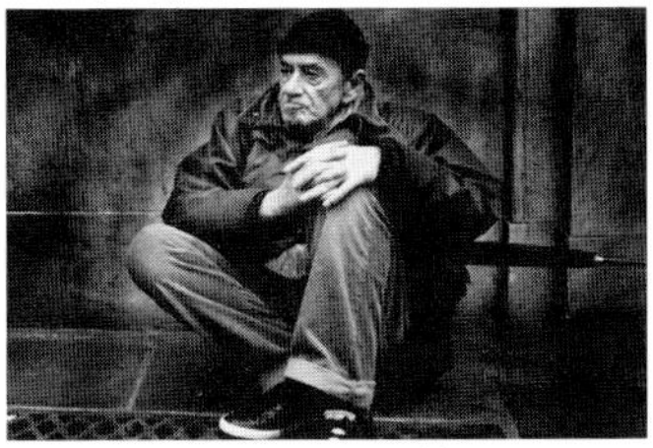

Foto di / Photo by Gianni Ansaldi, 2008

Roberto Maini (1942)
Nato a Genova, la sua formazione è avvenuta in Accademia, ma per poco. Ha amato Picabia, Cézanne, i surrealisti, Picasso e Matisse; è prevalentemente autodidatta.
A ventiquattro anni fu profondamente colpito da un testo dello psichiatra austriaco Wilhelm Reich. Ha esordito nell'arte alla fine degli anni Sessanta, sulla emergente scena dell'Arte Povera. Il suo percorso creativo ed esistenziale è poi deviato nella sofferenza e nell'isolamento, che rompe con la sua voce roca – nota nel capoluogo ligure con gli appellativi di «gola secca» o «radiolina» – per lanciare invettive, pronunciare frasi surreali, commentare ironicamente i passanti.
Da allora dipinge unicamente opere figurative a soggetto paesaggistico, mantenendo le distanze dal mercato e dalle mostre e lavorando come un poeta visionario «per un futuro ancora lontano».

Born in Genoa, he was trained at the local Fine Arts Academy, but only for a short time. He loved Picabia, Cézanne, the surrealists, Picasso and Matisse; he is prevalently self-taught.
When he was twenty-four he was very impressed by a text by the Austrian psychiatrist Wilhelm Reich.
He made his debut in art at the end of the nineteen-sixties, on the upcoming scene of Poor Art. His creative and existential journey then deviated into suffering and isolation, which he breaks with his hoarse voice – known in Genoa as «gola secca» (dry throat) or «radiolina» (portable radio) – to throw invectives, spout surreal sentences, make ironic comments on passer-byes.
Since then he paints only figurative works with a landscape, keeping his distance from the market and from exhibitions, and working like a visionary poet for a «still distant future».

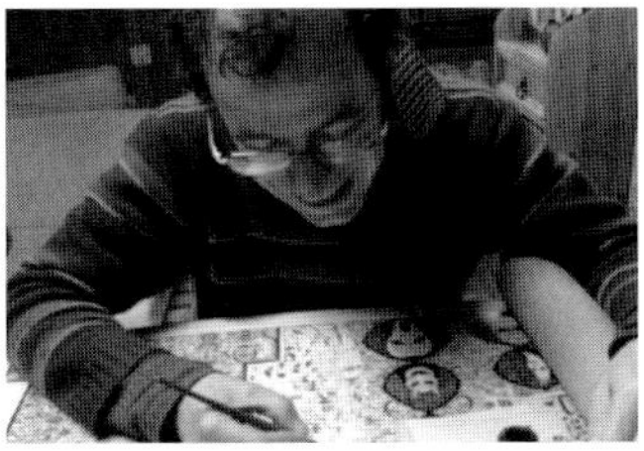

Jean-Pierre Nadau (1963)
Nasce a Melun, nella Francia del Nord. Dopo il diploma di maturità, appassionato di musica e volendo diventare attore, frequenta il corso Dullin per tre anni. Nel 1984 incontra lo scultore Chomo, l'eremita della foresta di Fontainebleau. Egli non è particolarmente attratto dalla pittura ma è, piuttosto, diviso tra teatro e scrittura. Eppure è proprio in questo periodo che inizia a produrre numerosi disegni, in bianco e nero, di piccole dimensioni, per poi «lanciarsi» sui grandi formati. Nel 1988 produce il suo primo disegno di grande formato (3 metri × 2,40) utilizzando inchiostro di china, su tela di lino.
Nelle sue composizioni, sature di una fantastica architettura, di iscrizioni e personaggi, la connotazione sessuale è costante. Spesso i suoi lavori evocano fumetti o fantascienza, scene fantastiche e richiami storici.

Jean-Pierre Nadau was born in Melun, in northern France. After his graduation, following his passion for music and cinema, for three years he attended the Dullin Course. In 1984 he met the sculptor Chomo, the hermit artist of the Fontainebleau forest.
He is not particularly attracted by painting but is rather divided between theater and writing.
He then begins to create his Indian ink drawings (using a Sergeant Major pen) on large rolls of paper or on big canvases. In 1988 he produced his first large drawing (3 meters × 2.40).
His compositions, extremely well-constructed, full of characters, fantastic scenes and historical reminders, still manifest, however, distinct sexual connotations.

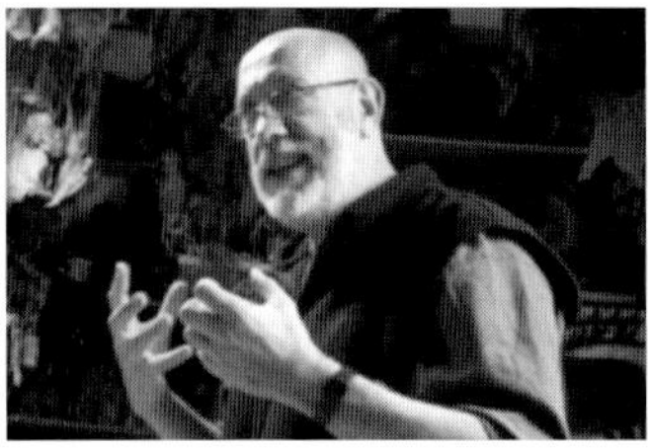

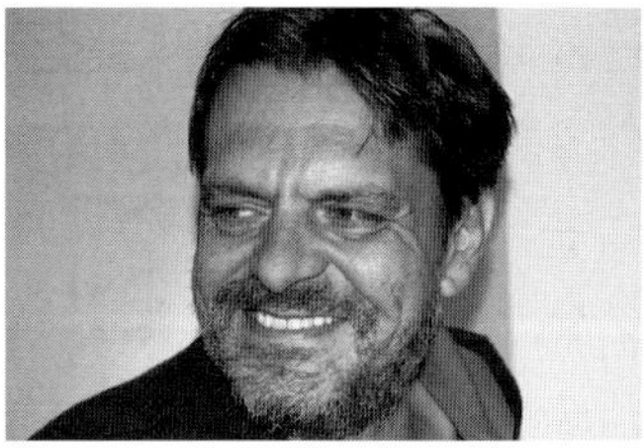

Foto di / Photo by Margret Fischbacher

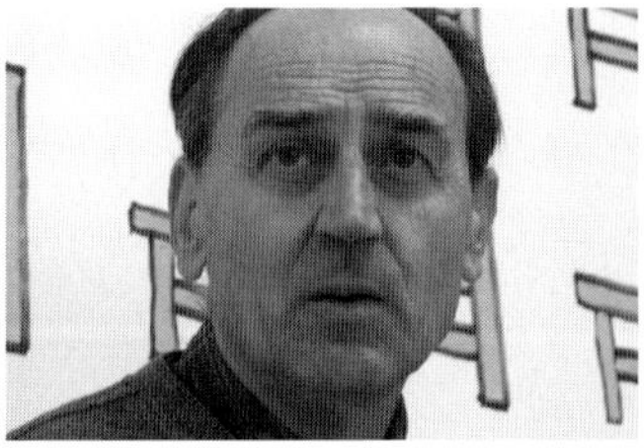

© Art Brut Center Gugging

Michel Nedjar (1947)

Nedjar inizia a disegnare nel 1980. Spesso, durante la notte, crea sequenze di immagini con materiali eterogenei, come buste, carta da parati, o sul rovescio delle copertine di vecchi LP. Il lavoro di Nedjar mostra per lo più volti, corpi o animali – soprattutto uccelli o maiali – spesso intrecciati o sovrapposti. Per i cromatismi e le forme arcaiche le sue opere spesso ricordano l'arte parietale dell'Età della Pietra.

Nedjar begins to draw in 1980. Often at night, he creates picture sequences on materials he has found, such as envelopes, wallpaper or the reverse sides of old LP covers. Nedjar's work mostly shows faces, bodies or animals – frequently birds or pigs – often intertwined or overlapping. In their archaic colours and shapes they are reminiscent of Stone Age parietal art.

Erich Prager (1956)

Nato a Salisburgo, si iscrive a Medicina interrompendo gli studi quasi al termine. Le sue letture preferite sono Schopenhauer, Nietzsche, Marx e Ringel.

Prager inizia la sua carriera artistica presso l'ambulatorio socio-psichiatrico della Clinica Christian Doppler di Salisburgo e oggi è sponsorizzato dall'atelier nell'ambulatorio socio-psichiatrico della Clinica Universitaria privata Paracelso di Salisburgo.

Nel suo lavoro ricorrono citazioni sociocritiche degli autori preferiti, che illustra in modo molto personale. Oppure dipinge moltissimi coccodrilli, esseri umani o elefanti che rimangono a sé stanti e comunicano tra loro solo per il fatto che si incrociano nella massa. Ma raffigura anche reperti degli anni dell'università.

Born in 1956 in Salzburg, he studied Medicine but interrupted his course towards the end. His favourite authors are Schopenhauer, Nietzsche, Marx and Ringel.

Prager began his artistic career at the socio-psychiatric outpatient department of the Christian Doppler Clinic of Salzburg; and today he is sponsored by the socio-psychiatric atelier of Salzburg's Paracelsus Private University Clinic.

Therefore socio-critical citations of his favourite authors recur in his work, illustrated in his very personal manner. Or he paints many crocodiles, human beings or elephants that remain self-standing and communicate with each other only because they come across each other in the mass. But he also represents vestiges of his university years.

Heinrich Reisenbauer (1938)

Ha vissuto a lungo in isolamento psichiatrico. La libertà di cui gode nella Casa degli Artisti dal 1986 non sembra necessaria per lui, perché non ne fa quasi mai uso. Anche nei suoi disegni è controllato, ordinato, pedante. Le sue figure, oggetti o altri motivi semplici, stanno tutti in piedi e in fila. Esattamente lo stesso, ma non identico: questo è ciò che rende il suo lavoro così attraente. Lavorando a opere di grandi dimensioni, inizialmente ha dovuto superare la sua insicurezza in quanto l'impossibilità di modificare i contorni tracciati a pennarello nero sulla tela sembrava scoraggiarlo. Oggi, lui che prima esitava, è diventato esperto ed efficiente anche nei grandi formati.

Heinrich Reisenbauer lived in psychiatric confinement for a long time. The freedom he has been enjoying at the House of Artists since 1986 seems unnecessary: he hardly ever makes use of it. Even in his drawings he is controlled, organised, and pedantic. His figures, objects or other simple motifs – they all stand in file. Exactly the same, yet not identical, that's what makes his works so enticing. Reisenbauer had to overcome an insecurity when working on large canvasses; the absoluteness of uncorrectable black Edding contours on canvas seemed daunting to him at first. Today, the formerly reticent has become versed and proficient with large formats also.

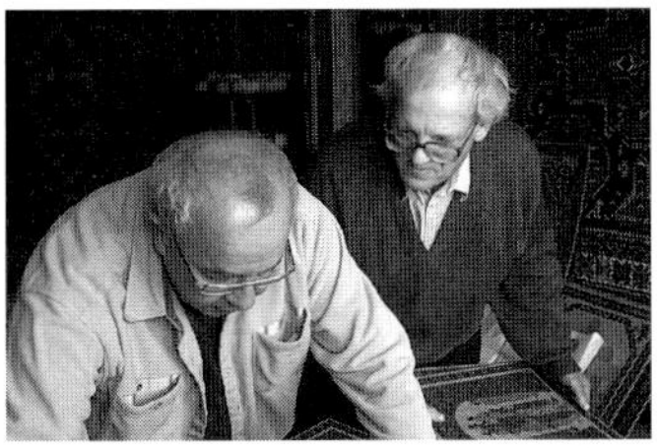

François Vertadier e Vasily Romanenkov

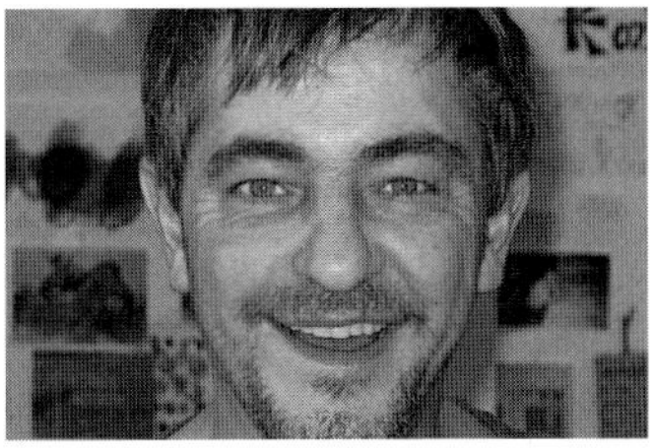

© Art Brut Center Gugging

Vasily Romanenkov (1953-2013)
Nasce in Russia nel piccolo villaggio isolato di Bogdanovka – l'anno della morte di Stalin – e muore dopo un breve periodo di malattia all'età di 59 anni. A 15 anni si trasferisce, con i suoi genitori, a Kosino, fuori Mosca, e a 17 va a lavorare nei cantieri come muratore.
Inizia a dipingere a 22 anni, affiancato dal suo insegnante-artista, Rotanov.
I disegni a matita di Romanenkov, a volte venati di inchiostro colorato e sempre incorniciati da bordi molto elaborati, sono rappresentazioni complesse di paese e, nelle sue opere più recenti, di vita cittadina. Scene di vita rurale costituiscono la maggior parte della sua opera; i suoi temi comprendono fienagione, nascite, matrimoni e funerali.

Vasily Romanenkov was born in the small isolated village of Bogdanovka in 1953, the year of Stalin's death, and died after a short illness, aged 59. At fifteen, he moved to live with his relatives near Moscow, where he first trained as a cabinet-maker and then, at seventeen, began to work as a bricklayer on construction sites. He started painting at the age of twenty-two, sustained by his teacher Rotanov. Romanenkov's pencil drawings, sometimes tinged with coloured ink and always framed by rich borders, are complex representations of village and, in his most recent works, town life. Scenes of rural life comprise most of his oeuvre; themes include haymaking, births, marriages and funerals.

Katarina Savic
La giovanissima artista serba di Belgrado, ancora minorenne, esprime il proprio disagio in opere a tempera su carta.
Qui mette a nudo il corpo femminile, che sembra volersi fondere con la panca, mentre pare arricchire i dettagli dei tratti fisiognomici nei volti rappresentati. Uno, in particolare, appare come un «ritratto-arlecchino», una sorta di collage di colori che compongono anche occhi diversi, dove le parti appaiono slegate dal tutto. Forse si tratta di un clown, forse di un autoritratto «ideale», ricco di quelle componenti diverse che rendono la vita piacevole.

This very young Serbian artist from Belgrade, still a minor, expresses her malaise with tempera paintings on paper.
Here she lays bare the female body, which appears to seek a fusion with the bench, while the details of the physiognomic traits of the painted faces seem to be enriched.
One, in particular looks like a «harlequin-portrait», a sort of collage of colours that also make up different eyes, in which the parts appear to be unhinged from the whole. Perhaps it is a clown, or maybe an «ideal» self-portrait, rich in those different components that make life pleasant.

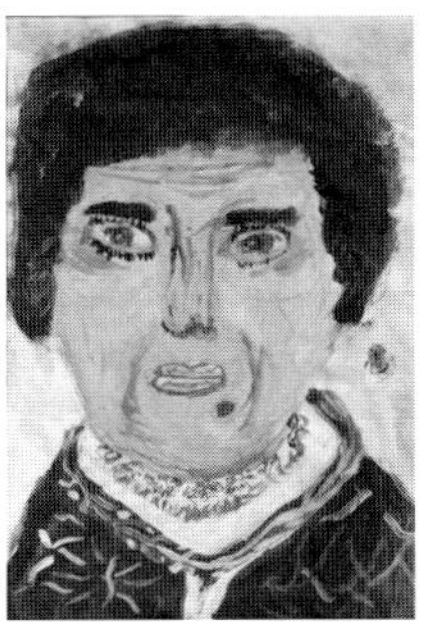

Grandmother, courtesy of the artist

Arnold Schmidt (1959)
È arrivato alla Casa degli Artisti nel 1986, giovane e dinamico. La sua energia si può vedere ancora oggi nelle sue opere: le sue linee appaiono rapide, quasi impazienti. Sviluppa i suoi temi in base alla forma che gli è più congeniale, il cerchio, raffigurando per lo più esseri umani, uccelli, biciclette. Nel suo percorso artistico si è progressivamente allontanato da certi dettagli quali gli occhi, ottenendo una nuova complessità. Con l'uso di pastelli a olio, matite e acrilici crea strutture dense di linee che esercitano grande attrazione nell'osservatore. Per le sue opere di grandi dimensioni pratica varie sessioni di lavoro.

In 1986 Arnold Schmidt came to the House of Artists when he was a young, dynamic man. His energy can still be seen in his works today: his lines appear swift, almost impatient... Based on the shape he is most comfortable with, the circle, he comes up with his themes: mostly humans, birds or bicycles. In the course of his artistic work, Schmidt has moved away from details such as eyes, achieving a new complexity. With the use of crayons, pencil or acrylic paint, he creates a dense structure of lines with a great pull on the onlooker. He revises his larger works in several sessions.

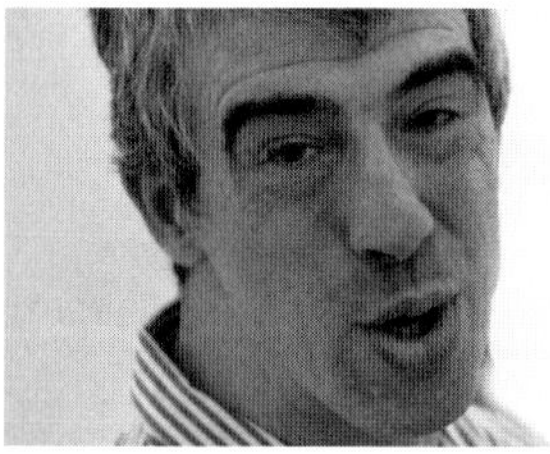

© Art Brut Center Gugging

Günther Schützenhöfer (1965)
Ha vissuto presso diverse istituzioni fino al 1999, quando si è trasferito alla Casa degli Artisti di Gugging, dove ha sviluppato un suo stile inconfondibile.
L'attenzione artistica di Günther Schützenhöfer si focalizza principalmente su oggetti di uso quotidiano, che egli riproduce stilizzati e privi di prospettiva. Con un talento incredibile per la composizione disegna i contorni dei suoi temi astratti e lentamente li elabora linea per linea finché i contorni svaniscono dietro un fitto tappeto di linee parallele.
Oltre a esporre in Austria e all'estero, Schützenhöfer ha recentemente fatto scalpore con una mostra personale alla Ricco/Maresca Gallery di New York. Sue opere si trovano presso il Museum of Everything di Londra, la Fondazione Peter Infeld di Vienna e la collezione Arnulf Rainer.

He lived in various institutions until 1999, when he moved to the House of Artists in Gugging, where he developed his unmistakable style.
Günther Schützenhöfer's artistic focus lies primarily on everyday objects, which he displays stylised and free from perspective. With an unbelievable knack for composition, he sketches the outlines of his abstract themes, and slowly elaborates on them line by line until the contours vanish behind a dense mat of parallel lines. Besides numerous exhibitions in Austria and abroad, he lately caused a sensation with his sold-out solo show at the Ricco/Maresca Gallery in New York. His works can be found at the Museum of Everything in London, at the Peter Infeld Foundation in Vienna and at the Arnulf Rainer collection.

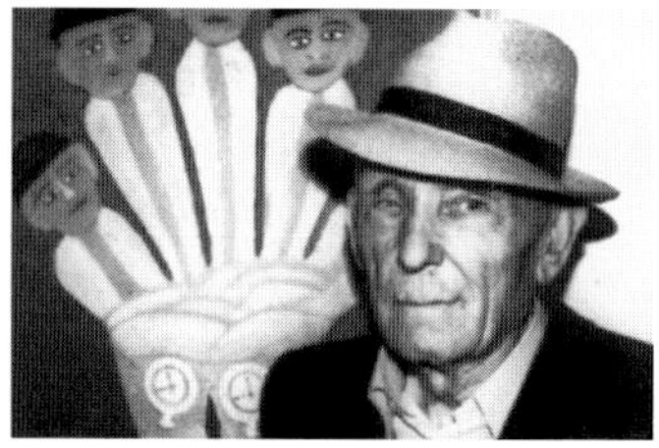

Sava Sekulić (1902-1989)
Nasce in Croazia. Non è mai andato a scuola e suo padre gli insegna a leggere e scrivere. Si guadagna da vivere lavorando come bracciante, operaio e muratore. Nel 1962 si ritira e comincia a scrivere poesie e a dipingere. Artista marginale, è personaggio solitario e asociale che crea nuove forme di bellezza. La sua insolita capacità associativa rende visibile e «materializza» la sua energia intellettuale, in modo assolutamente istintivo e intuititvo. Sekulić riesce a rappresentare le sue visioni riducendole a una definizione pittorica univoca, minimizzandole in una metafora. I personaggi sono piatti e altamente stilizzati.

Born in Croatia, he never went to school and was taught to read and write by his father, then began to work as a builder. In 1962 he retired and began to write poetry and to paint. A lonely, asocial artist he created new forms of beauty. His unusual capacity to associate rendered visible and «materialized» his intellectual energy. A truly self-taught artist, Sekulić reduced his visions to a unique pictorial definition, minimizing the subject matter to a metaphor. Figures are simplified, flat and highly stylised.

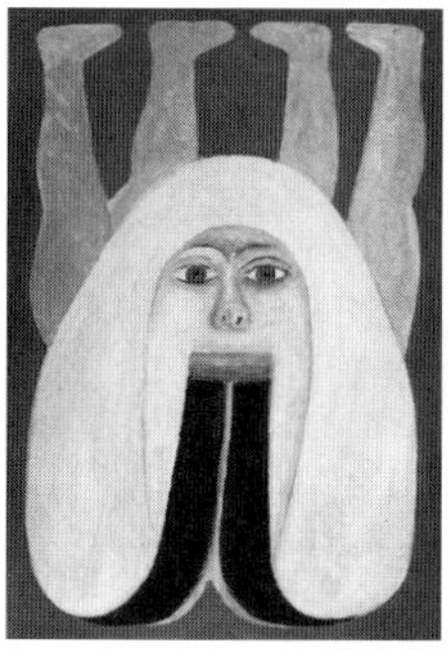

Courtesy of Museum of Naïve and Marginal Art

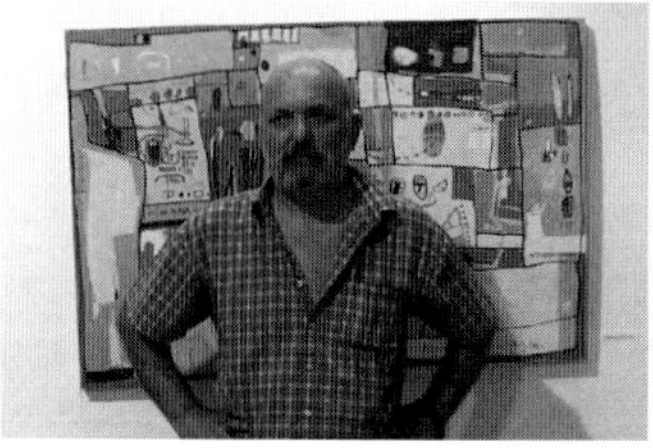

© Biophoto Archive

Joškin Šiljan (1953)
Nato a Pirot, in Serbia, dove vive e lavora, il suo nome vero nome è Nebojsa Stojkovic. Šiljan costruisce il suo vocabolario dell'invisibile nel visibile, del sonoro nell'inudibile. Trattenuto nel suo universo silenzioso.
La banalità del gesto di respirare, il momento finale dell'inspirazione ed espirazione, quasi come una canzone, diventa un miracolo necessario ed essenziale; il piacevole scopo è di fare diventare ragionevole l'irragionevole noioso.
Šiljan «rilascia» lettere scritte e immaginate: le sviluppa attraverso una sanguinante logica degli abissi che, gettata sulla carta con rapidità e chiarezza, apre parole dentro le parole, immagini dentro le immagini.
Il suo talento si esprime in campiture di colore sulle quali si stagliano forme inventate che evocano simboli lontani nel tempo, contraffatti e resi originali dall'artista.

Born in Pirot, Serbia, where he lives and works, his real name is Nebojsa Stojkovic. Šiljan builds up a vocabulary of the invisible in the visible, of the auditory in the unaudible. Held back in his silent universe. The banality of the gesture of breathing, the final moment of inhalation and exhalation, almost like a song, becomes a necessary and essential miracle; the pleasant aim is to make what is annoyingly unreasonable reasonable.
Šiljan «releases» written and imagined letters: he develops them through the bleeding logic of the abyss that, thrown rapidly and clearly on paper, opens words within words, images within images.
His talent is expressed through coloured backgrounds on which invented shapes stand out, evoking symbols that are distant in time, counterfeited and made original by the artist.

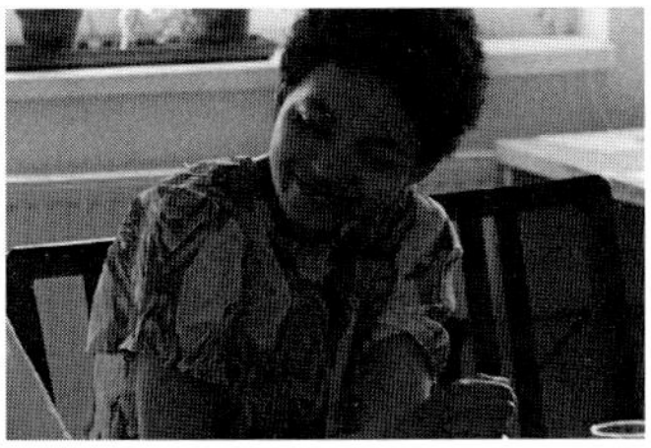

© Atelier bild.Balance

Rebecca Souradjou (1981)

Nata nel 1981 a Vienna, dopo aver lasciato la scuola è entrata in un laboratorio protetto, dove ha creato prodotti ceramici. Nel 2002 è entrata a far parte del gruppo bild.Balance. Ha scelto il disegno e la scrittura con matite colorate su carta, esprimendosi con campi circolari di colore a tempera. Nel 2005, quando il suo disturbo mentale è peggiorato, ha cessato il lavoro artistico. Ha lasciato lo studio Balance per cure mediche in un ospedale psichiatrico e non ha più fatto ritorno nel gruppo.

Born in 1981 in Vienna, after having left school, Rebecca Souradjou entered a sheltered workshop, where she was crafting ceramic goods. In 2002 she joined the bild.Balance group. She favoured drawing and writing with colored pencil on paper. In 2005, when her mental-health disease deteriorated, she stopped her artistic work. She left the Balance studio to receive medical treatment in a mental hospital and she didn't return to the group.

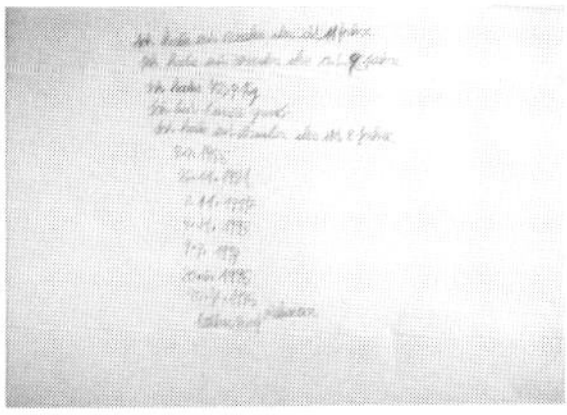

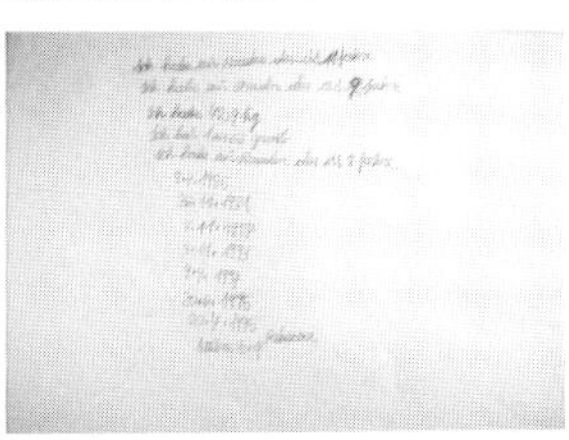

Fabio e Leo Cei Collection

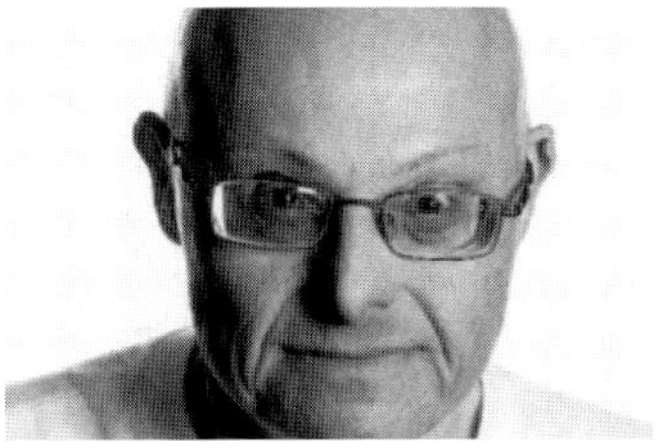

Courtesy Galleria Rizomi Art Brut, Torino

Pascal Tassini (1955)

Nato in Belgio, ha vissuto con i genitori fino alla loro morte. Suo fratello minore poi se ne prese cura e nel 1986 lo fece accogliere nell'atelier di Creahm, a Liegi. Inizia con l'argilla, dedicandosi poi al disegno e alla pittura. Si costruisce una capanna all'interno dell'atelier accumulando materiali vari tenuti insieme da pezzi di stoffa annodati tra loro.
Da dieci anni, le creazioni di Pascal Tassini sono composte solo da materiali tessili tratti da abbigliamento, abiti da sposa, acconciature.

Coming from a family of three, Pascal Tassini, born in Belgium, lived with his parents until their deaths. After that, his younger brother took care of him and, in 1986, introduced him to Créahm's atelier in Liegi.
He started by shaping clay, then tried drawing and painting. Inside the atelier he built and furnished a hut using objects, accumulated by various means, interconnecting them with pieces of knotted fabric. Since the last ten years, Tassini has used only textiles for his creations, ranging from clothing, wedding dresses, headdresses.

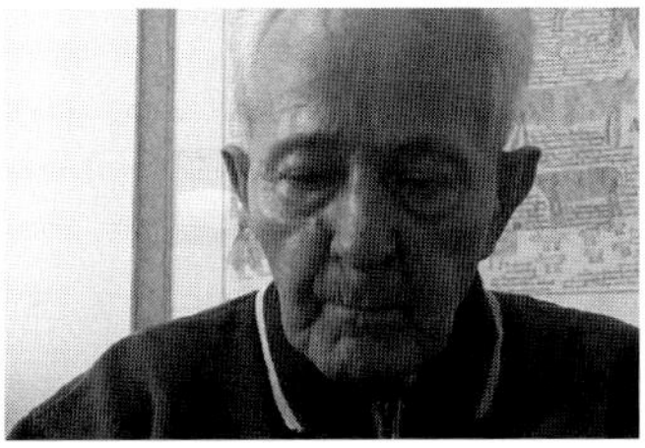

© Art Brut Center Gugging

Oswald Tschirtner (1920-2007)

O.T., come Tschirtner usava firmare le sue opere, ha vissuto un'esistenza molto introversa, attaccato davvero soltanto alla sua Bibbia. La sua vita si riflette nella sua opera artistica. Le «persone» (*Menschen*) di Tschirtner sono spogliate di qualsiasi ornamento; nessun indumento o sesso può andar bene in quegli umanoidi, i suoi «cefalopodi». Quando affronta altri soggetti l'artista diventa ancora più parco nella sua interpretazione delle forme.
Un «paesaggio» può attraversare la carta con una sola linea, un animale può apparire come un semplice punto; al contrario, «pace» può assumere qualsiasi forma. Di tanto in tanto Tschirtner colora i suoi disegni – usando un solo colore, raramente due, mai di più. La concentrazione elaborata sui suoi temi, combinata con una radicale semplificazione, esprime un messaggio interiore più profondo.

O.T., as Tschirtner used to sign his works, lived a very introverted life, really attached only to his bible. His life is reflected in his artistic oeuvre. Tschirtner's «people» (*Menschen*) are devoid of all attire; no garments or genders can be made out in those humanoids, his «cephalopods». When he tackles other subjects, the artist becomes even more frugal in his portrayal of shapes. A «landscape» may cross the paper in a single line, an animal appear as a mere dot; inversely, «peace» can adopt any shape. Occasionally Tschirtner also coloured his drawings – using one colour, rarely two, never more. The elaborate focus placed on his themes, combined with the radical simplification, speaks of a deep inner message.

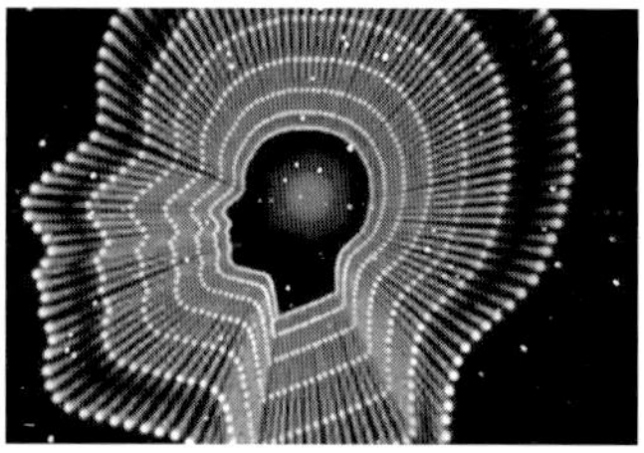

© Biophoto Archive

Nelly Valenti
(XX secolo, 20th century)
Celebre chiaroveggente visionaria a Milano nella prima metà del '900, era dotata di straordinarie e provate capacità metapsichiche, estranee alle comuni e conosciute leggi fisiche e alle esperienze sensoriali; conosceva eventi, persone, oggetti lontani nel tempo e nello spazio; in contatto con altre dimensioni riceveva messaggi notturni da entità sconosciute che ispiravano le sue creazioni fatte con cere colorate, stagno e altri materiali.

She was a famous visionary *clairvoyant* who, born at the beginning of the 20th century, lived in Milan. Gifted with extraordinary and proven meta-psychic powers, unknown to common and well-known physical laws and to sensorial experiences, she could see, into far distant space and time, events, people and objects; she was in contact with other dimensions and received nocturnal messages from unknown entities which inspired the artworks she created with colored waxes, tin and other materials.

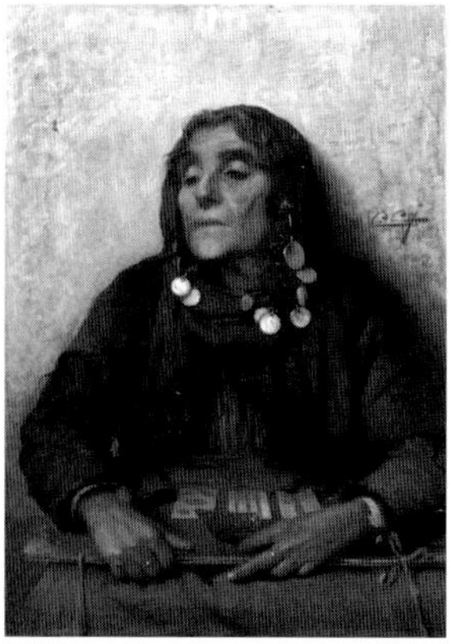

Cipriano Cei, *La cartomante* (*The fortune-teller*), 1906

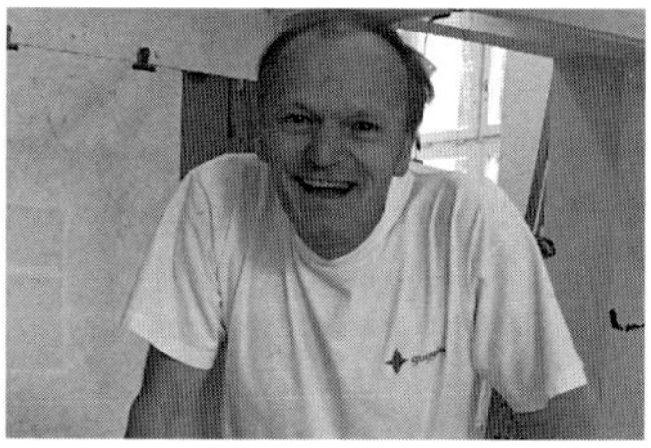

© Art Brut Center Gugging

Karl Vondal (1953)
Vive nella Casa degli Artisti dal 2002, eppure può già mostrare un'opera completamente indipendente. L'ex hobbista, che incollava insieme fiammiferi per assemblare ville e giardini, incolla ora carta con carta, una sopra l'altra, e le fa tanto grandi fino a che riesce a trasportarle. Una volta iniziato, non lascia un lavoro finché non è completato. La sua preferenza per la rappresentazione erotica delle donne e della sessualità è affine a quella di Johann Korec, ma il suo stile è completamente diverso. Un delicato, morbido tratto di matita delinea le figure. Coppie da fiaba, ultimamente circondate da testi corrispondenti, animano un paradiso artisticamente erotico della dualità pittorica.

Karl Vondal has lived at the House of Artists only since 2002. Yet he already has a completely distinct oeuvre to show for it. The former hobbyist used to glue matches together, thus compiling villas and gardens. He now glues paper to paper, one over the other, making shapes as large as he can carry. Once begun, he doesn't leave a work until it is complete. His preference for depicting erotic women and sexuality is something he shares with Johann Korec, but his style is completely different. Delicate, soft pencil outlines his figures. Fairytale couples, lately shrouded in apposite texts, animate the artistically elevated heaven of pictorial togetherness.

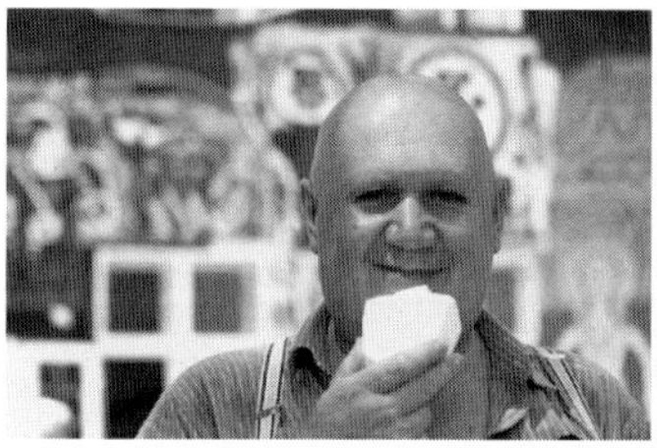

© Art Brut Center Gugging

August Walla (1936-2001)
Walla era un originale, conosciuto in tutta la città già molto tempo prima che qualcuno lo prendesse sul serio come artista. Lui e sua madre «sconvolgevano» Klosterneuburg, di cui ignoravano le norme civili. Solamente quando la donna, ottantottenne, perse la sua autonomia, madre e figlio furono accolti nella Casa degli Artisti. August Walla era probabilmente l'artista più universale sulla scena dell'Art Brut, paragonabile allo svizzero Adolf Wölfli. Come lui, ha scritto migliaia di pagine – per se stesso e ad altri. E quando i fogli di carta sono diventati troppo piccoli per lui, ha decorato strade, alberi e case. La sua personale filosofia religiosa politeista ha riempito i suoi quaderni e le pareti della sua stanza. Gli interi dintorni della Casa degli Artisti sono stati dipinti e occupati. Aveva già lasciato la sua impronta nel mondo terreno quando ha raggiunto, troppo presto, il suo «Paese-Mondo-Tutto-Fine» (*Weltallendeland*).

Walla was something of an original – well known far and wide long before anybody took him seriously as an artist. He and his mother disregarded any civil norms and regulations, «in-securing» their hometown Klosterneuburg. Only when the 88-year-old lady lost her bearings, mother and son were admitted to the House of Artists. August Walla was probably the most universal artist of the Art Brut scene, comparable with the Swiss Adolf Wölfli. Like him, he wrote thousands of pages – for himself and to others. When paper became too small for him, he took to decorating streets, trees and houses. His personal polytheistic religious philosophy spilled from his notebooks onto the walls of his room. He painted and appropriated the House of Artists' entire surroundings. He had already left his stamp on the earthly world when he moved to his «World-All-Ends-Land» (*Weltallendeland*) far too early.

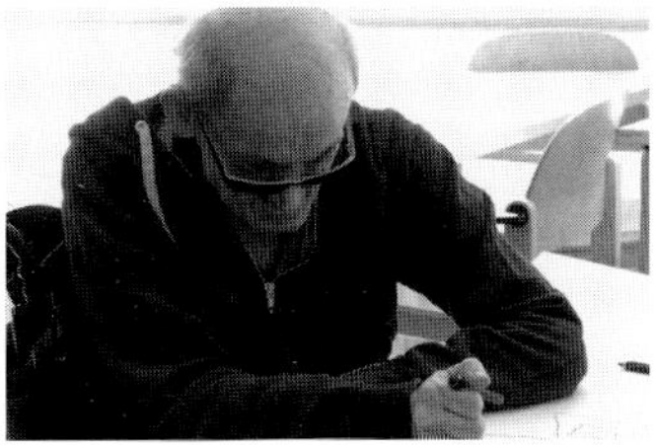

Foto di / Photo by Erich Schleyer

Ewald Wikidal (1941-2011)

Nato e morto a Vienna. Dopo aver lasciato la scuola ha vissuto con i genitori per molti anni. Si è sempre dispiaciuto di non aver avuto la possibilità di ricevere una formazione professionale a causa della sua spasticità. Inizialmente ha cercato di creare rilievi sulle tavole di legno delle scatole che trovava nel magazzino di generi alimentari dei genitori. Negli anni Ottanta è entrato in un laboratorio protetto, dove ha prodotto cestini. Dal 2001 al 2011 si è appassionato alla creazione di rilievi su legno, al disegno e alla scrittura di storie della sua vita nell'Atelier bild. Balance a Vienna. Le sue tavole scolpite riproducono i temi preferiti: carte geografiche, palazzi di città d'arte ed edifici sacri, soggetti che Wikidal ricava da ingrandimenti di francobolli o cartoline. Con i pastelli a cera e la grafite crea anche intensi paesaggi astratti. Le sue opere sono state più volte esposte in diverse mostre in Austria, Germania e Svizzera. Sono stati pubblicati anche i suoi testi letterari.

Born in 1941 in Vienna, where he died 2011. He'd lived with his parents several years after having left school. He always regretted not having been allowed to start a vocational training because of his spasticity. He first had tried to create reliefs in planks of boxes he'd found in the storage of his parents grocery. In the eighties he entered a sheltered workshop, where he was binding baskets. From 2001 to 2011 he had been passionate about creating wooden reliefs, drawing and writing the stories of his life in the Atelier bild.Balance in Vienna. His works have been and are still presented in various exhibitions in Austria, Germany and Switzerland. His literary texts have also been published.

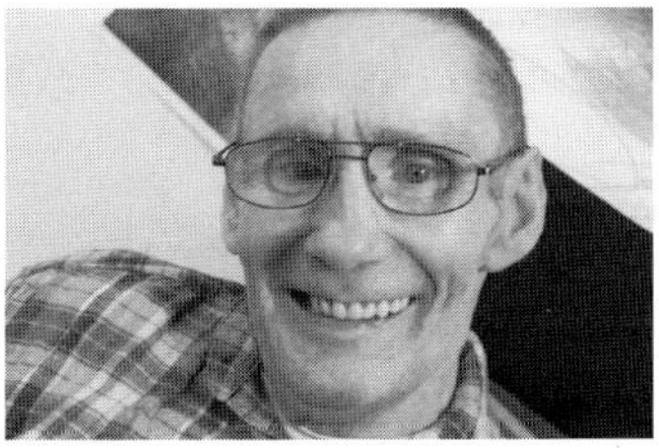

Foto di / Photo by Erich Schleyer

Herbert Ziegler (1947-2010)

Nato e morto a Vienna. Dopo aver lavorato per molti anni come giardiniere in un cimitero, quando la sua malattia muscolare è peggiorata è entrato in un laboratorio protetto di Balance per essere assistito. Alla fine degli anni Novanta, Ziegler ha iniziato a disegnare con i pastelli a olio ed è diventato membro di bild.Balance. Le sue opere affrontano la spazialità del foglio concentrandovi la forza di segni sovrapposti, arcuati, tracciati con un energico moto antiorario che tende a occupare in successione ogni angolo della carta. Le sue opere sono state presentate con successo in diverse mostre in Austria e Svizzera.

Born 1947 in Vienna, where he died 2010. He'd been working many years as a gardener on a graveyard. When his muscle disease worsened, he entered a sheltered workshop of bild.Balance to get assistance. Ziegler started drawing with oil pastels at the end of the nineties, became a participant of bild. Balance. His works have been and are still presented successfully in various exhibitions in Austria and Switzerland.

Breve storia dell'Art Brut
OUTSIDER ART IN EUROPA

Brief History of Art Brut
OUTSIDER ART IN EUROPE

1857 - **Parigi**: Allan Kardec (pseudonimo del pedagogista francese Hippolyte Léon Denizard Rivail) pubblica *Le Livre des Esprits* nel quale utilizza il termine «spiritismo», in relazione alle sue investigazioni su fenomeni paranormali.

1864 - **Milano**: Cesare Lombroso, fondatore dell'antropologia criminale, pubblica *Genio e follia*, scritto teorico sullo stretto rapporto tra la follia e l'arte. Lombroso dà anche inizio alla più importante raccolta ufficiale di opere d'arte di pazienti psichiatrici in Italia, conservata al *Museo Criminale* dell'Istituto di Medicina Legale di Torino.

1879 - Ferdinand Cheval, fattorino nella regione francese del Rodano-Alpi, inizia a costruire il suo *Palais Idéal*.

1890 - **Auvers-sur-Oise**: Vincent van Gogh muore a 37 anni. Negli ultimi dieci anni di vita, pur soffrendo di frequenti disturbi mentali, realizza i capolavori che lo resero famoso dopo la morte.

1900 - **Londra**: Al Bethlem Royal Hospital si tiene *The Exhibition of artworks by the insane*, la prima mostra di opere di «malati mentali».

1907 - **Parigi**: Marcel Réja, psichiatra presso il manicomio francese di Villejuif, pubblica *L'art chez les fous: le dessin, la prose, la poésie*, dove sottolinea il valore artistico delle opere dei malati mentali.

1921 - **Berna-Lipsia**: Walter Morgenthaler, direttore della clinica di Waldau pubblica *Ein Geisteskranker als Künstler*, la monografia di Adolf Wölfli, la prima dedicata a un artista manicomiale.
- **Francoforte**: la galleria Zingler espone *Les Dessins de fous*.

1857 - **Paris**: Allan Kardec (pseudonym of the French educationalist Hippolyte Léon Denizard Rivail) publishes *Le Livre des Esprits* (the Book of Spirits) where he uses the term «spiritism», in relation to his research on paranormal phenomena.

1864 - **Milan**: Cesare Lombroso, founder of criminal anthropology, publishes *Genio e Follia* (Genius and Insanity), a theoretic text on the close relationship between madness and art. Lombroso also starts up the most important official collection of artworks by psychiatric patients in Italy, kept at the *Criminal Museum* of the Institute of Legal Medicine of Turin.

1879 - Ferdinand Cheval, messenger employee at the French region Rodano-Alpi, begins building his *Palais Idéal* (Ideal building).

1890 - **Auvers-sur-Oise**: Vincent van Gogh dies at 37. In the last ten years of his life, although suffering from frequent mental disorders, he created the masterpieces which made him famous.

1900 - **London**: At the Bethlem Royal Hospital is held *The Exhibition of artworks by the insane* – it is the first exhibition of works by the «mentally ill».

1907 - **Paris**: Marcel Réja, psychiatrist at the French Villejuif mental hospital, publishes *L'art chez les fous: le dessin, la prose, la poésie* (Art by the insane: drawings, prose, poetry), where he highlights the artistic value of the work created by the mentally ill.

1921 - **Bern - Leipzig**: Walter Morgenthaler, director of the Waldau clinic, publishes *Ein Geisteskranker als Künstler* (a mental patient as an artist), the monography of Adolf Wölfli, the first text dedicated to a mentally disturbed artist.

1922 - **Berlino**: Hans Prinzhorn, storico dell'arte e psichiatra all'Università di Heidelberg, pubblica *Bildnerei der Geisteskranken*, testo rivoluzionario nel campo degli studi psichiatrici e artistici sull'arte e follia.

1924 - **Parigi**: Jean Vinchon pubblica *L'Art et la folie*.
- Esce il primo *Manifesto del Surrealismo*.
- Augustin Lesage, il minatore francese che divenne pittore spinto dalla voce degli spiriti, espone le sue prime opere all'Hôtel de Ville di Douai, nella Francia del Nord.

1937 - **Monaco**: nell'esposizione nazista *Entartete Kunst* (*L'arte degenerata*), opere della collezione Prinzhorn di Heidelberg vengono accostate a quelle degli artisti d'avanguardia.
- **Parigi**: apre il *Museo delle Arti e Tradizioni popolari* che crea le basi della Folk Art statunitense.

1945 - **Jean Dubuffet** conia il termine Art Brut, dopo il suo primo viaggio negli ospedali psichiatrici elvetici.

1948 - **Parigi**: Jean Dubuffet fonda la *Compagnie de l'Art Brut*, che vede tra i membri fondatori André Breton, Jean Paulhan, Michel Tapié.

1956 - **Parigi**: Robert Volmat pubblica *L'Art psychopathologique*, che sottolinea i legami tra l'arte moderna e le opere dei malati mentali.
- André Breton pubblica *L'Art des fous, la clé des champs*.

1960 - **Jagodina (Serbia)**: viene fondata la *Gallery of Self-tought Artist* (oggi *National Museum of Naïve and Marginal Art*, diretto dalla prof.ssa Nina Krstić).

1961 - **Svezia**: Michel Foucault pubblica la sua tesi scritta in Svezia, *Folie et Déraison. Histoire de la folie à l'âge classique*, uno studio sugli sviluppi dell'idea della follia attraverso la storia.
- **New York**: viene inaugurato l'*American Folk Art Museum*.

1963 - **Berna**: Harald Szeemann organizza alla Kunsthalle la mostra *Bildnerei der Geisteskranken, Art Brut, Insania Pingens*.

1965 - **Monaco**: Leo Navratil pubblica *Schizophrenie und Kunst*.

1967 - **Parigi**: nella mostra *L'Art Brut* al Museo di Arti decorative vengono presentate per la prima volta al pubblico 700 opere di 75 autori.

1972 - **Londra**: Roger Cardinal pubblica *Outsider Art*, definizione che nel mondo anglo-americano diventerà l'equivalente di Art Brut.

- **Frankfurt**: the Zingler gallery exhibits *Les Dessins de fous* (the drawings of the mad).

1922 - **Berlin**: Hans Prinzhorn, art historian and psychiatrist at the Heidelberg University, publishes *Bildnerei der Geisteskranken* (the artwork of the mentally ill), a revolutionary text in the field of psychiatric and artistic research on art and insanity.

1924 - **Paris**: Jean Vinchon publishes *L'Art et la folie*. (Art and Madness).
- The first *Manifesto del Surrealismo*. (Manifesto of Surrealism) is published.
- Augustin Lesage, the French miner who became a painter, driven by voices of the spirits, exhibits his first works and the Hôtel de Ville in Douai, in North France.

1937 - **Munich:** in the nazi exhibition *Entartete Kunst* (Degenerate art) works from the Heidelberg Prinzhorn collection are exhibited alongside those by avant-garde artists.
- **Paris**: The *Museo delle Arti e Tradizioni Popolari* (Museum of Popular Arts and Traditions) opens, creating the bases for United States Folk Art.

1945 - Jean Dubuffet coins the term Art Brut (Outsider Art), after his first journey to the Swiss psychiatric hospitals.

1948 - **Paris**: Jean Dubuffet creates the *Compagnie de l'Art Brut* (the Outsider Art Company) with other founder members: André Breton, Jean Paulhan, Michel Tapié.

1956 - **Paris**: Robert Volmat publishes *L'Art psychopathologique* (Psycopathological Art) emphasizing the bonds between modern art and works by the mentally ill.
- André Breton publishes *L'Art des fous, la clé des champs* (Art by the Insane, The Key Fields)

1960 - **Jagodina (Serbia)**: the *Gallery of Self-taught Artists* is founded (today *National Museum of Naïve and Marginal Art*, directed by Prof. Nina Krstić).

1961 - Michel Foucault publishes his thesis, written in Sweden, *Folie et Déraison. Histoire de la folie à l'âge classique* (Madness and Unreason. A History of Madness in the Classical Age) a study on the developments of the idea of madness throughout history.
- **New York:** inauguration of *American Folk Ar Museum*.

1963 - **Berna**: Harald Szeemann organizes at the Kunsthalle *Bildnerei der Geisteskranken, Art Brut, Insania Pingens* (Artworks by the Mentally Ill, Outsider Art, Insanity Painting).

1965 - **Munich**: Leo Navratil publishes *Schizophrenie und Kunst* (Schizophrenia and Art).

- **Kassel**: Harald Szeemann a *Documenta 5. Befragung der Realität – Bildwelten heute*, dedica una sezione all'arte dei «malati mentali».

1976 - **Losanna**: Viene inaugurato il museo della *Collection de l'Art Brut* grazie a un'importante donazione da parte di Jean Dubuffet.
- **Berna**: Harald Szeemann organizza al Kunstmuseum una retrospettiva su *Adolf Wölfli*.

1977 - **Vienna:** viene fondato bild.Balance.

1981 - **Klostenerburg (Vienna)**: Leo Navratil, celebre psichiatra austriaco, fonda la *Haus der Künstler*, residenza di artisti Outsider che vivono e lavorano insieme presso la clinica psichiatrica Maria Gugging. Oggi l'istituzione è diretta dal professor Johann Feilacher, ed è suddivisa in tre sezioni: Atelier, museo Gugging diretto da Feilacher (inaugurato nel 2006) e galleria Gugging sotto la guida di Nina Katschnig.

1982 - **Nizza**: viene inaugurato il museo *Musée International d'Art Naïf Anatole Jakovsky*.

1986 - **Gent**: viene inaugurato il *Museum Dr. Guislain*.

1988 - **St. Gallen**: viene fondato il *Museum im Lagerhaus* e la fondazione *Stiftung für schweizerische Naïve Kunst und Art Brut* (*Foundation for Swiss Naive Art and Art Brut*) dai collezionisti Erna e Curt Burgauer.
- **Colonia**: viene inaugurata la *Galerie Susanne Zander*.

1989 - **Londra**: John Maizels fonda la rivista *Raw Vision*, con l'intento di presentare artisti outsider di tutto il mondo, autodidatti e in gran parte sconosciuti, architetture e ambienti visionari, giardini di sculture.
- **Mosca:** viene fondato il Museo di Outsider Art.

1993 - **Berna**: viene inaugurato il *Stiftung Psychiatrie - Museum Bern*.

1994 - **Zwolle**: si apre *De Stadshof Museum voor Naïve Kunst en Outsider Art*.

1995 - **Lille:** apre il museo *LaM - Lille Métropole Musée d'art moderne, d'art contemporain et d'art brut*.
- **Parigi, Montmartre**: viene inaugurato il museo «Halle Saint Pierre».

1997 - **Lione**: Harald Szeemann, commissario della *Biennale 4. L'Autre*, sceglie questo tema per ricomporre i criteri di giudizio alla fine del XX secolo.
Vienna: mostra *Kunst & Wahn*.

1967 - **Paris**: in the *Outsider Art* exhibition at the Decorative Arts Museum, 700 works by 75 authors are presented to the public for the first time.

1972 - **London**: Roger Cardinal publishes *Outsider Art*, a definition which in the Anglo-Saxon world will become the equivalent of Art Brut.
- **Kassel**: Harald Szeemann in *Documenta 5. Befragung der Realität – Bildwelten heute* (Document 5. Questioning reality – Imagery today) dedicates a section to the art of the «mentally ill»).

1976 - **Lausanne:** inauguration of the museum of the *Collection de l'Art Brut* (Outsider Art Collection). The collection came into being thanks to Jean Dubuffet's generous donation of works to the city.
- **Bern**: Harald Szeemann organises at the Kunstmuseum (City Museum) a retrospective exhibition of artworks by *Adolf Wölfli*.

1981 - **Klostenerburg (Vienna)**: Leo Navratil, the famous Austrian psychiatrist, sets up the *Haus der Künstler* (Artists' Home), a residence where Outsider Artists live and work together. Currently the institute is directed by Professor Johann Feilacher and is sub-divided into three sections: Atelier, the Gugging museum managed by Feilacher, inaugurated in 2006, and the gallery Gugging supervised by Nina Katschnig.

1982 - **Nice**: inauguration of the *Musée International d'Art Naïf Anatole Jakovsky* (Anatole Jakovsky International Art Naïve Museum).

1986 - **Ghent**: inauguration of the *Museum Dr. Guislain* (Dr. Guislain Museum).

1988 - **St. Gallen**: founding of the *Museum im Lagerhaus* (Museum in the Warehouse) and the *Stiftung für schweizerische Naïve Kunst und Art Brut (Foundation for Swiss Naïve Art and Outsider Art)* by the collectors Erna and Curt Burgauer.
- **Cologne**: Inauguration of the *Galerie Susanne Zander* (Susanne Zander Gallery).

1989 - **London**: John Maizels starts up the magazine *Raw Vision*, intending to present outsider artists from all over the world, self-taught and mostly unknown, visionary architecture, sculpture gardens.
- **Mosca:** foundation of the *Museum of Outsider Art*.

1993 - **Bern**: inauguration of *Stiftung Psychiatrie - Museum Bern* (Psychiatry Foundation – Bern Museum).

1994 - **Zwolle**: opening of the *De Stadshof Museum voor Naïve Kunst en Art Brut* (City Museum of Naïve and Outsider Art).

1998 - **Pavia**, e **Genova**: mostra *Figure dell'Anima*, curata da Bianca Tosatti che conia il termine «arte irregolare».

1999 - **Parigi**: il collezionista Bruno de Charme fonda l'associazione *abcd* (*art brut connaissance & diffusion*).

2000 - **Parigi**: viene inaugurata la *Maison Rouge, Fondation Antoine de Galber*.

2001 - **Vienna**: viene aperto l'*Atelier bild.Balance*, per il sostegno di artisti con disagi, dediti spontaneamente all'arte.
- **Heidelberg**: viene inaugurato il *Museum Sammlung Prinzhorn*.

2002 - **Randers**: viene inagurato in Danimarca il *GAIA Museum of Outsider Art*.

2006 - **Bergamo:** viene inaugurata la mostra *Oltre la ragione. Le figure, i maestri e le storie dell'arte irregolare*.

2009 - **Londra**: James Brett fonda il *Museum of Everything*, la prima istituzione mondiale itinerante per gli artisti dei tempi moderni non allineati, non intenzionali, sconosciuti e inclassificabili.
- **Randers**: in Danimarca viene fondata la prima associazione europea di Outsider Art.

2010 - **Vienna**: la mostra *Madness & Modernity. Kunst und Wahn in Wien um 1900* esplora il rapporto tra psichiatria e arti visive, architettura e design.
- **Risskov**: viene inaugurato il *Museum Ovartaci*.

2011 - **Montenegro**: Vladimir Abakumov fonda *Art Brut Outsider Art Centre Autsajder art*.

2013 - **Parigi**: prima *Outsider Art Fair* in Europa, sul modello dell'*Outsider Art Fair* di New York, fondata nel 1994.
- *Raw Vision. 25 ans d'Art Brut* celebra la rivista londinese fondata nel 1989 esponendo 80 artisti Outsider provenienti da Europa, America, Africa, India e Giappone.
- **Ravenna**: *Borderline*, mostra curata da Claudio Spadoni e Giorgio Bedoni che indaga i rapporti tra avanguardie artistiche, arte contemporanea ed i principali autori dell'Art Brut.

2014 - **Pavia**: mostra *Outsider Art. Espressione artistica di libertà o disagio* che ad artisti Outsider unisce espressioni in musica e in poesia di persone affette da autismo.

2015 - **Belgrado**: viene inaugurata la mostra *Art in spiritual exile* al *Museum of Naïve and Marginal Art*. Curata dalla prof.ssa Nina Krstić.

1995 - **Lille**: opening of the *LaM - Lille Métropole Musée d'art moderne, d'art contemporain et d'art brut* (LaM – Lille Metropolitan Museum of modern art, contemporary art and outsider art).
- **Montmartre:** Inauguration of the *Halle Saint Pierre Museum* (St. Peter's Hall).

1997 - **Lyon**: Harald Szeemann, administrator of the *Biennale di 4. L'Autre* (Biannual of 4, The Other) chooses this theme to reconstruct the judging criteria at the end of the 20th century.
- **Vienna:** *Kunst & Wahn* (Art and Mania) exhibition.

1998 - **Pavia**, and **Genoa**: *Figure dell'Anima* (Figures of the Soul) exhibition, organised by Bianca Tosatti who coins the term «art irregular».

1999 - **Paris**: the collector Bruno de Charme sets up the association *abcd (Art Brut connaissance & diffusion)* (outsider art knowledge and dissemination).

2000 - **Paris**: inauguration of *la Maison Rouge, Fondation Antoine de Galbert* (the Red House, Antoine di Galbert Foundation).

2001 - **Vienna**: the *Atelier bild.Balance* (Artwork and Equilibrium Atelier) to support artists with mental disorders, spontaneously devoted to art.
- **Heidelberg**: inauguration of the *Museum Sammlung Prinzhorn* (Sammlung Prinzhorn Museum).

2002 - **Randers**: inauguration in Denmark of the *GAIA Museum of Outsider Art*.

2006 - **Bergamo:** inauguration of the exhibition *Oltre la ragione. Le figure, i maestri e le storie dell'arte irregolare* (Beyond reason. The figures, masters and stories of irregular art).

2009 - **London**: James Brett establishes the *Museum of Everything*, the first worldwide itinerant institute for non-aligned, non-intentional, unknown and unclassifiable modern era artists.
- **Randers**: in Denmark foundation of the first European Outsider Art association.

2010 - **Vienna**: *Madness & Modernity. Kunst und Wahn in Wien um 1900* (Art and Madness in Vienna) explores the relationship between psychiatry and visual art, architecture and design.
- **Risskov**: inauguration of the *Museum Ovartaci* (Ovartaci Museum).

2011 - **Montenegro**: Vladimir Abakumov sets up the *Outsider Art Centre Autsajder art*.

2013 - **Paris**: first *Outsider Art Fair* in Europe, based on

2015 **Casale Monferrato**: al Castello del Monferrato, mostra *Outsider Art. Contemporaneo Presente.*

the model of the *New York Outsider Art Fair*, established in 1994.

- *Raw Vision. 25 ans d'Art Brut* (25 years of Outsider Art) celebrates the London magazine founded in 1989 by exhibiting 80 outsider artists from Europe, America, Africa, India, Japan.

- **Ravenna:** *Borderline*, an exhibition which investigates the relations between avant-garde art movements, contemporary art and the main Outsider Art authors.

2014 - **Pavia:** *Art Brut. Espressione artistica di libertà o disagio* (Outsider Art. Artistic expression of freedom or distress) which combines music and poetry by autistic patients to outsider artists' work.

2015 - **Belgrade**: inauguration of the exhibition *Art in spiritual exile* at the *Museum of Naïve and Marginal Art*. Organised by Prof. Nina Krstić.

- **Casale Monferrato**: at the Castello del Monferrato the exhibition *Outsider Art: Contemporaneo Presente* (Outsider Art: The Contemporary Present).

Finito di stampare nel novembre 2015
presso Ingraf srl, Milano